www.vulkani.rs
office@vulkani.rs

Naziv originala:
Tilly Bagshawe
SIDNEY SHELDON'S RECKLESS

ISBN 978-86-10-01680-2

ČUVAMO PRIRODU

Ova knjiga štampana je na prirodnom recikliranom papiru od drveća koje raste u održivim šumama. Proces proizvodnje u potpunosti je u skladu sa svim važećim propisima Ministarstva životne sredine i prostornog planiranja Republike Srbije.

ŠTA DONOSI SUTRA

Sidni Šeldon

& Tili Bagšo

Prevela Nataša Andrić

Izdavaštvo
vulkan

Beograd, 2017.

Za Belen.

S ljubavlju.

PRVI DEO

PRVO POGLAVLJE

KRALJEVSKA VOJNA AKADEMIJA SANDHERST, ENGLESKA
SUBOTA, 22. NOVEMBAR, DEVET SATI UVEČE

„Gospodine!"

Oficirski kadet Sebastijan Vilijams nahrupio je u kancelariju general-majora Frenka Dorijena. Lice mu je bilo bledo, kosa razbarušena, a uniforma u nimalo odobravajućem stanju. Frenk Dorijen izvi gornju usnu. Da zatvori oči, praktično bi *čuo* kako standardi klize poput izmeta s mokre stene.

„Šta je?"

„Radi se o princu Ahilu, gospodine."

„*Princu Ahilu?* Hoćeš da kažeš, o oficirskom kadetu Konstantinosu?"

Vilijams pogleda u pod. „Da, gospodine."

„Pa? Šta s njim?"

Tokom nekoliko užasnih trenutaka koji su usledili, general Dorijen pomislio je da bi Vilijams mogao briznuti u plač.

„Mrtav je, gospodine."

General-major je lakim udarcem sklonio trinju s koporana. Visok i vitak, žilave građe maratonskog trkača i lica tako isklesanog i uglastog da je izgledalo kao da je izrezano iz kremena, nije odavao nikakvo osećanje.

„Mrtav?"

„Da, gospodine. Pronašli smo ga... obešenog. Ovog časa. Bilo je grozno, gospodine!" Kadet Vilijams počeo je da se trese. Gospode, kakva je on bruka za vojsku.

„Pokaži mi."

Frenk Dorijen poneo je svoju pohabanu akten-tašnu i krenuo za nevoljnim kadetom duž hodnika bez prozora koji je vodio nazad prema kasarni. Dok je napola hodao, a napola trčao, dečakovi udovi mlatarali su nalik na marionetu čije su se uzice zamrsile. Frenk Dorijen odmahnu glavom. Vojnici poput oficirskog kadeta Sebastijana Vilijamsa predstavljali su sve što je u današnjoj vojsci pogrešno.

Nema discipline. Nema reda. Nema proklete hrabrosti.

Čitavu generaciju činili su tikvani.

Ahil Konstantinos, princ Grčke, bio je podjednako loš. Razmažen, s titulom. Reklo bi se da su ti momci smatrali pridruživanje vojsci nekom vrstom igre.

„Unutra, gospodine." Vilijams je pokazao ka muškim toaletima. „Još je... Nisam znao da li treba da ga skinem."

„Hvala, Vilijamse."

Lice Frenka Dorijena isklesano u granitu nije pokazalo emocije. U ranim pedesetim, sedokos i krutog držanja, Frenk je bio rođeni vojnik. Njegovo telo bilo je proizvod životne stroge fizičke discipline. Bilo je savršena dopuna uređenom, iskontrolisanom umu.

„Voljno."

„Gospodine?" Kadet Vilijams kolebao se, zbunjen. Da li je general-major zaista želeo da mu vidi leđa?

Ne bi se moglo reći da bi voleo ponovo da vidi Ahila. Prizor prijateljevog leša već mu se urezao u pamćenje. Naduveno lice sa iskolačenim očima groteskno se njihalo s kose krovne grede poput prepunjene lutke u Noći lomače*. Vilijams se nasmrt prepao kad ga je pronašao. Možda je bio vojnik na papiru, ali, istini za volju, nikada nije video mrtvaca.

„Jesi li gluv?", prasnuo je Frenk Dorijen. „Rekao sam *voljno*."

„Razumem, gospodine."

Frenk Dorijen sačekao je dok kadet Vilijams nije otišao. Zatim je otvorio vrata kupaonice.

Prvo što je ugledao bile su čizme mladog grčkog princa koje su se ljuljale u nivou očiju ispred otvorene kabine. Predstavljale su sastavni deo

---

* Svakog 5. novembra u Velikoj Britaniji obeležava se Noć lomače, u znak sećanja na Gaja Foksa, koji je 1605. godine pokušao da digne u vazduh engleski parlament. Taj dan proslavlja se uz vatromet i logorsku vatru. (Prim. prev.)

uniforme, crne i predivno izglancane. Predmet lepote u očima generala Dorijena.

Svaki kadet Sandhersta trebalo bi da ima jedne takve.

Dorijen pogleda nagore. Pantalone prinčeve uniforme bile su uprljane. Sramota, mada se nije iznenadio. Nažalost, creva često popuste u trenutku smrti – poslednje poniženje. Dorijen nabra nos kad ga je zapahnuo gadan smrad.

Još malo je podigao pogled i zagledao se u lice mrtvog mladića.

Princ Ahil Konstantinos uzvratio mu je pogled staklenim smeđim očima široko otvorenim u smrti, kao da je trajno zaprepašćen tolikom okrutnošću sveta.

Glupi dečak, pomislio je Frenk Dorijen.

Frenk je lično bio vrlo dobro upoznat sa surovošću. U najmanju ruku nije ga čudila.

Uzdahnuo je, ne zbog leša koji se njihao, već zbog oluje govnarija koja će ih sada sve zahvatiti. Pripadnik grčke kraljevske porodice izvršio je samoubistvo. U Sandherstu! Obešen, ništa manje, poput običnog lopova. Poput kukavice. Poput nikogovića.

Grcima se to neće dopasti. Kao ni britanskoj vladi.

Frenk Dorijen okrenuo se na peti, vratio se mirnim korakom u kancelariju i podigao slušalicu.

„Ja sam. Bojim se da imamo problem."

BIVŠA SLOVAČKA SOVJETSKA REPUBLIKA
NEDELJA, 23. NOVEMBAR, DVA SATA POSLE PODNE

Kapetan Bob Dejli u Velškoj streljačkoj regimenti pogledao je u kameru i održao kratak govor koji mu je uručen prethodne noći. Bio je umoran i bilo mu je hladno, a uz to nije shvatao zbog čega njegovi otmičari priređuju tu šaradu. Ljudi koji su ga držali nisu bili glupi. Svakako su znali da su zahtevi koje su izneli britanskoj vladi bezumni.

Raspustiti Englesku banku.

Konfiskovati imovinu svakog građanina Velike Britanije čija neto vrednost iznosi više od milion funti.

Zatvoriti berzu.

Niko u Grupi 99, radikalno levičarskoj organizaciji koja je kidnapovala Boba Dejlija na atinskoj ulici, nije zaista verovao da će se sve to obistiniti. Bobova otmica i govor koji je upravo držao nedvosmisleno su predstavljali tek puko izazivanje velikog publiciteta. Za nekoliko sedmica, njegovi otmičari pustiće ga i smisliće neki drugi način da dospeju u međunarodne novinske naslove. Ako bi se išta moglo tvrditi za Grupu 99, to je da su njeni članovi majstori samopromovisanja.

Imenovana prema devedeset devet odsto svetskog stanovništva koje kontroliše manje od polovine svetskog bogatstva, Grupa 99 činila je bandu koja je sebe opisala kao „robinhudovske hakere" i ciljala na velike poslovne interese u ime „obespravljenih". Mladi, dobri poznavaoci kompjutera i potpuno nehijerarhijski nastrojeni, sve do sada svodili su svoje aktivnosti na sajbernapade usmerene protiv onih meta koje su smatrali korumpiranim. One su obuhvatale multinacionalne kompanije poput Mekdonaldsa, kao i svaku vladinu agenciju za koju se činilo da je na strani bogataša, onih omraženih jedan odsto. Hakovali su sisteme CIA i objavili na stotine veoma kompromitujućih privatnih mejlova. Čak se i britansko ministarstvo odbrane našlo ogoljeno s metaforički spuštenim pantalonama posle prihvatanja mita za primanje sinova imućne evropske elite u ustanove poput Sandhersta. Posle svakog pojedinačnog napada, monitori meta ispunili bi se slikama lebdećih crvenih balona – logom grupe i duhovitim upućivanjem na pop pesmu *99 crvenih balona* iz osamdesetih. Zahvaljujući takvim i sličnim aluzijama, njihovom humoru i nepoštovanju vlasti, Grupa 99 postala je gotovo kultna, pa su je sledili mladi ljudi širom planete.

Tokom poslednjih osamnaest meseci grupa je usmerila pažnju na globalno poslovanje u domenu frakovanja i izvela razorna hakovanja protiv kompanija Ekson mobajl i BP, kao i na dva vrhunska kineska igrača. Skretanje pažnje na ekologiju još više je privuklo omladinu, kao i pridobijanje podrške brojnih istaknutih holivudskih ličnosti.

Kapetan Bob Dejli lično im se divio, iako se nije slagao s njihovom politikom. Međutim, posle tri sedmice koje je proveo zaključan u planinskoj kolibi u nekoj šumi u Slovačkoj, zaboravljenoj i od boga, šala je postajala sve manje smešna. Sad su ga još probudili u prokleta dva sata ujutro i odvukli ga napolje da snime neki apsurdni video na minus beskonačno. Vazduh je bio toliko hladan da su Boba Dejlija zaboleli zubi.

Pa ipak, rekao je sebi, bar ću posle ovoga otići kući.

Njegovi otmičari već su mu to saopštili. On će ići prvi. Zatim, za nekoliko sedmica, doći će red na Amerikanca. Hanter Dreksel, američki novinar, uhvaćen je na ulicama Moskve iste nedelje kad je i Bob upao u zasedu u Atini. Hanterova otmica činila se poput nasumičnog, spontanog čina radi ponovnog zadobijanja publiciteta u Sjedinjenim Državama. Bobova je daleko pažljivije isplanirana. Bio mu je to prvi odlazak u inostranstvo za MI6, nešto poput obuke ili vežbe, a neko iz Grupe 99 očigledno je tačno znao gde će se on nalaziti i u koje vreme. Bob je bio ubeđen da imaju nekoga u samoj službi. Nije moglo biti nijednog drugog racionalnog objašnjenja. Njegova otmica organizovana je da prouzrokuje najveće moguće sramoćenje i vojsci i MI6. Tom cilju Grupe 99 pomogla je i činjenica da je Bob, zapravo, bio uvaženi Robert Dejli iz bogate i ugledne britanske porodice s jakim vezama. Niko nije voleo kicoše.

„Nemojte ovo da shvatate lično", rekao mu je jedan od otmičara na savršenom engleskom jeziku, pritom se osmehujući. „Međutim, vi ste pomalo i predstavnik preimućstava. Naprosto mislite o tome kao o iskustvu. Svojim malim učinkom doprinosite jednakosti."

Pa, ispostavilo se da to i *jeste* bilo iskustvo. Hanter Dreksel postao mu je dobar prijatelj. Njih dvojica bili su potpune suprotnosti, dva pola. Bob Dejli bio je tradicionalan, konzervativan i gajio je duboku ljubav prema otadžbini, dok je Hanter bio disident, individualac i ljubitelj opasnosti u svim njenim oblicima. Međutim, ništa se nije moglo uporediti s tri meseca zatočeništva u kolibi usred nedođije, kada je reč o međusobnom povezivanju. Kad konačno bude stigao kući, Bob će moći da proda svoje uspomene i povuče se i iz vojske i iz promašene špijunske karijere. Njegova supruga, Kler, svakako će se oduševiti.

„Molim vas, gledajte pravo u kameru. I držite se scenarija."

Obratio mu se Grk, onaj koga su ga zvali Apolon. Svi u Grupi 99 imali su šifrovano grčko ime koje su, takođe, koristili u onlajn komunikaciji, mada su članovi organizacije poticali iz svih krajeva sveta. Apolon je, međutim, zaista bio Grk i jedan od osnivača Grupe 99. Počeci su joj se mogli pratiti do Atine i euforije koja je usledila posle izbora najlevičarskijeg državnog premijera do tada, sindikalnog podstrekača, Elijasa Kalesa. Možda su se, upravo zbog tog razloga, i zadržala grčka imena.

Ni Bob Dejli ni Hanter Dreksel nisu mirisali Apolona. Bio je nadmen i bez smisla za humor, za razliku od ostalih. Tog dana nosio je crnu uniformu i pletenu balaklavu koja mu je pokrivala lice.

Izigrava vojnika, pomislio je Bob Dejli. *Veliku facu u kampu.*

To je uistinu bilo patetično. Čime će ova deca da se bave kad odrastu? Kad se čitava avantura Grupe 99 završi? Kada Apolona uhvate, u šta Bob nije sumnjao da će se naposletku desiti, odslužiće ozbiljnu zatvorsku kaznu. Da li je ikada razmotrio tu mogućnost?

„Zovem se kapetan Robert Dejli", otpoče Bob. Dok je gledao pravo u kameru, besprekorno je govorio svoj tekst. Što se pre ovo završi, pre će se vratiti u kolibu i svoj topao krevet. Čak je i hrkanje Hantera Dreksela bilo podnošljivije od ovog stajanja u snegu i skakanja kroz obruče za ovog glupaka.

Završivši, okrenuo se i pogledao u Apolona.

„Dobro?"

„Vrlo dobro", odgovorio je čovek s kapom.

„Jesam li sada gotov?"

Kroz prorez na masci, Bob Dejli video je kako se Grk osmehuje.

„Jeste, kapetane Dejli. Gotovi ste."

Zatim je, dok je kamera još zujala, Apolon izvadio pištolj i razneo glavu Bobu Dejliju.

MENHETN

SUBOTA, 22. NOVEMBAR, DEVET SATI UVEČE

Alteja je na ekranu laptopa gledala kako metak razorno prolazi kroz lobanju Boba Dejlija. Sedela je prekrštenih dugih nogu na kauču od prevrnute kože u svom stanu vrednom pet miliona dolara. Napolju je sneg meko padao preko Central parka. Bila je prelepa zimska noć u Njujorku, vedra i hladna.

Krv i moždano tkivo pljusnuli su po sočivu kamere.

Baš je divno, pomisli Alteja dok ju je obuzimao nalet zadovoljstva, *pratiti ovo u realnom vremenu iz udobnosti dnevne sobe. Tehnologija je zaista očaravajuća.*

Pružila je ruku i dodirnula monitor savršeno izmanikiranim prstima, napola očekujući da bude mokar. Dejlijeva krv bila je još topla.

Dobro je, pomislila je. *Mrtav je.*

Telo Engleza skljokalo se napred, tresnuvši o šumsko tlo poput vreće. Zatim je Apolon krenuo prema kameri. Skinuo je kapu, obrisao sočivo i nasmešio joj se.

Alteja je primetila nabreklinu u njegovim pantalonama. Ubijanje ga je očito uzbudilo.

„Srećan?", upitala ga je.

„Veoma."

Isključila je kompjuter, odšetala do frižidera i izvadila flašu klo dambonea iz 1996. godine. Izvadila je čep i natočila vino u čašu, pa nazdravila praznoj sobi.

„Za tebe, mili moj."

Za nekoliko sati smaknuće kapetana Dejlija biće na naslovnim stranama širom sveta. Otmice i ubistva postali su opšta mesta na celom Bliskom istoku. Međutim, ovo je ipak Zapad. Ovo je Evropa. Ovo je Grupa 99, njeni robinhudovski hakeri. Dobri momci.

Kako će samo svi biti zaprepašćeni i zgroženi!

Alteja je provukla ruku kroz dugu, crnu kosu.

Jedva je čekala.

DRUGO POGLAVLJE

„Ovo je noćna mora."

Džulija Kabot, novi britanski premijer, zabila je glavu u ruke. Sedela je za stolom u svojoj privatnoj kancelariji u Dauning stritu 10. U sobi su bili i Džejmi Makintoš, direktor MI6, i general-major Frenk Dorijen. Visokoodlikovani profesionalni vojnik, Dorijen je bio i stariji agent MI6, što je bilo poznato tek nekolicini probranih ljudi, u koje nije spadala generalova supruga.

„Molim vas, recite mi da ću se probuditi."

„Bob Dejli je taj koji se neće probuditi, premijerko", primetio je Frenk Dorijen suvo. „Mrzim što moram kazati da sam vam to rekao."

„Onda nemojte", prasnu Džejmi Makintoš. Frenk je spadao u hrabre ljude i briljantne agente, ali je njegova sklonost tome da drži moralne pridike umela da bude izuzetno naporna. „Niko od nas nije to mogao da predvidi. Ovo je Evropska prokleta unija, a ne Alep."

„I gomila tinejdžera kompjuteraša u kapuljačama u obliku crvenog balona, a ne Islamska država", dodala je Džulija Kabot očajnički. „Grupa 99 ne *ubija ljude*. Jednostavno, ona to ne radi!"

„Sve dok ne počne", ubaci Frenk. „A upravo jeste. Krv kapetana Dejlija na našim je rukama."

Bilo je teško ne primiti smrt Boba Dejlija lično. Delimično zato što ga je Frenk Dorijen poznavao. Obojica su zajedno služili u Iraku, pod okolnostima koje ni Džulija Kabot ni Džejmi Makintoš nisu mogli da zamisle, a kamoli da razumeju. A delom i zato što ih je Frenk zaista upozorio na opasnost od ophođenja prema Grupi 99 kao da je reč o šali. Te grupe uvek kreću s visokim idealima, a prema Frenkovom iskustvu, gotovo neizostavno završe tako što počnu da primenjuju nasilje. Uzdići će se frakcija, podmuklija i opasnija od ostatka, i naposletku prigrabiti moć umerenjaka. To se dogodilo s komunistima u Rusiji posle revolucije. To se desilo s pravom IRA. Isto se dogodilo i sa ISIS-om. Nije bilo važno o kojoj je ideologiji reč. Potrebni su samo ljuti, obespravljeni, testosteronom pokrenuti mladi ljudi sa žeđu za moći i pažnjom, i naposletku će se odigrati loše, vrlo loše stvari.

MI6 je već nedeljama pritiskao obaveštajce da saznaju gde bi kapetan Dejli i Hanter Dreksel mogli biti zatočeni. Ipak, niko se nije lomio da to ispita, zato što niko nije verovao da su taoci u ozbiljnoj opasnosti. Uistinu, kada je Frenk predložio slanje pripadnika SAS-a u oružanu spasilačku misiju, protestima su ga zasuli i vlada i obaveštajna zajednica.

„Je li vam svraka popila mozak?“, upitao ga je tada Džejmi Makintoš. „Slovačka je evropska država, Frenk.“

„Dakle?“

„Dakle, ne možemo da šaljemo trupe u drugu suverenu zemlju. Savršeni *saveznik*. Ne dolazi u obzir.“

Tako ništa nije preduzeto, pa je stotine miliona ljudi širom planete videlo kako mozak Boba Dejlija prska po ekranu. Slavne ličnosti koje su u večernjim toaletama još koliko prošle sedmice stajale u redu da se fotografišu s bedževima na kojima su naslikani crveni baloni, kako bi podržale uzvišene ciljeve grupe okrenute ka ekonomskoj ravnopravnosti, sada su žurile da se distanciraju od tog užasa. Otmica i ubistvo, usred Evrope.

„Razumem da ste ljuti, Frenk“, rekla je Džulija Kabot smrknuto. „Međutim, potrebne su mi konstruktivne informacije i gledišta. Amerikanci su podigli strahovitu buku. Brinu se da su njihovi taoci sledeći na redu.“

„I treba da brinu“, reče Frenk.

„Svi želimo da se dokopamo tih skotova.“ Kabotova se okrenula ka šefu obaveštajne službe. „Džejmi, šta znamo?“

„Grupa 99. Osnovali su je vrsni grčki informatičari u Atini 2015, a zatim se munjevito širi preko Evrope do Južne Amerike, Azije, Afrike i dalje celim svetom. Navedena agenda odnosi se na ekonomiju i ukazuje na siromaštvo i neuravnoteženu raspodelu svetskog bogatstva. Labavo su klasifikovani kao komunisti, mada nisu izrazili nikakvu političku, nacionalnu ili versku pripadnost. Na internetu se služe kodiranim grčkim imenima i izuzetno su pametni.“

„Šta je s njihovim vođama?“, upitala je Kabotova.

„Jedno ili dva imena neočekivano su iskrsla. Za momka sa šifrovanim imenom Hiperion verujemo da je dvadesetsedmogodišnji Venecuelanac Hose Ernandez. Reč je o momku zahvaljujući kome su procureli privatni mejlovi nekadašnjeg Eksonovog šefa.“

„Onog lika s transseksualnom ljubavnicom i kokainskim navikama?“ Kabotova je pamtila napad Grupe 99 na nesrećnog direktora naftne kompanije. Uprkos ostavci glavnog izvršnog direktora, cena deonica pala je za stotine miliona dolara.

„Upravo tako. Ironija je u tome što Ernandez potiče iz imućne i uticajne porodice koja mu je možda pomogla da izbegne da ga vlasti otkriju. Ipak, deo problema sastoji se u tome što *nema* jasnih vođa. Grupa 99 ne odobrava tradicionalnu hijerarhiju u ma kom obliku. Pošto je anonimna i zasnovana na mreži, labavije je strukture od klasične terorističke organizacije. Različiti pojedinci i ćelije deluju nezavisno pod jednim velikim kišobranom.“

Kabotova je uzdahnula. „Dakle, reč je o hidri sa hiljadu glava. Ili bez ijedne.“

„Tačno tako.“

„Šta je s finansiranjem? Znamo li odakle nabavljaju sredstva?“

„To je još interesantniji ugao. Za grupu koja za sebe tvrdi da je protiv akumuliranog bogatstva, čini se da se mnogo bave pranjem novca. Ulažu u tehnologiju kako bi finansirali svoje sajbernapade. Skup je to posao da se stekne prednost nad sofisticiranim sistemima koje, recimo, razvijaju u Majkrosoftu ili Pentagonu.“

„Mogu misliti“, uzvrati Kabotova.

„Takođe, verujemo da stoje iza raznih multimilionskih anonimnih donacija, kako dobrotvornim organizacijama tako i levičarskim političkim partijama. Brojni izvori ukazuju na ženskog člana grupe, Amerikanku, kao na jednu od njihovih najvećih dobrotvora i pokretačku snagu kad je reč o strateškim ciljevima Grupe 99. Sećate li se prošlogodišnjeg napada na CIA, kada su objavili gomilu kompromitujućih ličnih mejlova osoblja u samom vrhu Lenglija?“

Premijerka klimnu glavom.

„Amerikanci veruju da je to njeno maslo. Radi pod šifrovanim imenom Alteja, ali je to otprilike sve što se on njoj uopšte zna.“

Džulija Kabot ustala je i otišla do prozora, svesna da je praćena prodornim pogledom Frenka Dorijena. Smatrala je starog vojnika nezgodnim. Pre samo nedelju dana sastala se s njim da rasprave tragično i diplomatski neprijatno samoubistvo mladog grčkog princa u Sandherstu. Pogodilo ju je odsustvo saosećanja koje je tada pokazao prema mladiću, način na koji je odbacio političke implikacije njegove smrti na britanskom tlu i pod starateljstvom britanske vojske.

„Možda je bio depresivan!", glasilo je njegovo najanalitičnije objašnjenje, a kada ga je pritisla, očito se iznervirao. „Uz dužno poštovanje, premijerko, ja sam mu bio nadređeni oficir, a ne terapeut."

Tako je, pomislila je tada Džulija Kabot ljutito. *A ja sam nadređena tebi.*

Pitala se da li je Dorijen bio tako grub zato što je ona žena, ili je i inače takav.

Povodom ove situacije general je, međutim, imao pravo. Krv Boba Dejlija *jeste* na njenim rukama. Ako nastrada još i američki novinar Hanter Dreksel, nikada to neće sebi oprostiti.

„Na ovome moramo raditi s Amerikancima", objavila je. „Potpuna transparentnost."

Džejmi Makintoš lakonski je podigao obrvu. *Potpuna transparentnost* nije predstavljala izraz koji ga je činio srećnim. Nimalo.

„Moraju odatle da izvuku svog čoveka, Dreksela. Džejmi, želim da agentima CIA date sve podatke koje imate. Moguće lokacije. Sve što treba."

„Dakle, pomoći ćemo im da spasu svog čoveka pošto smo mi našeg napustili?" Frenk Dorijen izgledao je prikladno besno.

„Učinićemo sve da spasemo situaciju, generale", uzvrati premijerka odsečno. „A zauzvrat ćemo očekivati od CIA da podeli s nama sve obaveštajne podatke o svetskoj mreži Grupe 99. Sve do sada njihovi sajbernapadi usredsređivali su se prvenstveno na mete u SAD. Američke kompanije i vladine agencije mnogo su pogođenije nego što smo to mi. Uverena sam da već poseduju diskriminišuća dokumenta o tim skotovima."

„Siguran sam da je tako, premijerko", suvo odgovori Frenk Dorijen. Na neki neobjašnjiv način uspevao je da svakoj primedbi da kritičan ton.

„Nešto je nateralo te ljude da promene taktiku", nastavila je Kabotova, prešavši preko njegovog komentara. „Nešto ih je preobratilo iz visokotehnoloških šaljivdžija u otmičare i ubice. Moram da saznam šta."

* * *

„Ne sviđa mi se to. *Uopšte* mi se ne sviđa."

Predsednik Džim Hejvers namrštio se na trojicu ljudi koji su sedeli za njegovim stolom u Ovalnom kabinetu. Bili su to Greg Volton, sitni i ćelavi direktor CIA; Milton Bak, glavni FBI-jev antiteroristički agent; i general Tedi Maknami, šef Združenog generalštaba američke vojske.

„Ne sviđa se nikome od nas, gospodine predsedniče", reče Greg Volton. „Međutim, kakve su alternative? Ako odmah ne izvučemo Dreksela, smesta, možda ćemo gledati kako mu mozak prska po ekranu. Ukoliko ne postupimo u skladu s ovim obaveštajnim..."

„Znam. Znam. Ali šta ako nije tamo? Mislim, ako su Britanci tako prokleto sigurni, zašto nisu izvukli vlastitog čoveka?"

Čelo predsednika Hejversa smrklo se još više. Nalazio se pod ogromnim pritiskom i Kongresa i američke javnosti da spase Hantera Dreksela. Ipak, ako su obaveštajni podaci koje su upravo primili od Britanaca tačni, Drekselovo spasavanje značilo je pokretanje vojne ofanzive na evropsku državu. Sjedinjene Države pretrpele su dovoljno oštrih kritika zbog slanja trupa u Pakistan da ubiju Bin Ladena. A ovo je bila sasvim drugačija situacija.

Slovačka je bila saveznik zapadnjačke demokratije. Njeni predsednik i narod ne bi ljubazno reagovali na američke činuke* u svom vazdušnom prostoru, koji izbacuju mornaričke foke na njihove planine, iste one za koje sami Slovaci kategorički tvrde da se ne koriste kao sigurna luka za Grupu 99, niti uopšte za bilo koju drugu terorističku organizaciju.

Šta ako su Slovaci u pravu, a britanski obaveštajci greše? Šta ako Hejvers pošalje trupe, a ispostavi se da Dreksel nije tamo? Ako zbog toga makar i jedan slovački državljanin prolije kafu, predsednika Hejversa odvući će pred Ujedinjene nacije s razbijenim jajetom preko lica pre nego što stigne da kaže „kršenje međunarodnog prava".

„Možda će ga pustiti", kaza predsednik napola za sebe.

Sva trojica prisutnih uputili su svom vrhovnom komandantu pogled koji bi se grubo mogao protumačiti kao kad na vrbi rodi grožđe.

„Naveo sam to samo kao mogućnost."

---

* *Boing CH-47 činuk* jeste višenamenski vojni helikopter s dvostrukim motorom i tandemskim rotorima. Služi za prevoz teških tereta. Primarna mu je uloga transport vojnih jedinica, premeštanje artiljerijskog oružja i snabdevanje bojnih polja potrepštinama. (Prim. prev.)

„Zamišljam da su i Britanci tako razmišljali sve do prošle sedmice", uzvrati Greg Volton.

„Ipak, možda se to što se dogodilo kapetanu Dejliju neće ponoviti", usprotivio se predsednik, hvatajući se za slamku. „Odstupanje. Naposletku, Grupa 99 nikada nije zastupala nasilje."

„Pa, potpuno je sigurno da sada to radi, gospodine", primeti smrknuto general Maknami. „Da li zaista možemo sebi da priuštimo rizik?"

„Ne razumem zašto su uopšte kidnapovali Hantera Dreksela." Predsednik Hejvers nervozno je prošao rukom kroz kosu. „Mislim, s kakvim ciljem? Nevažni novinar i zavisnik od kocke, otpušten iz *Vašington posta* i *Njujork tajmsa*, što je, usput rečeno, već samo po sebi pravo priznanje. Na koji način taj čovek predstavlja onaj jedan odsto ljudi koji ta grupa tvrdi da prezire? Po onome što shvatam, jedva da može da plati račune. Kako je on to predstavnik bilo čega?"

„Amerikanac je", primetio je tiho Milton Bak, čovek iz FBI-ja.

„I to je dovoljno?"

„Za neke ljude jeste", odgovori Greg Volton. „Oni nisu nužno razumni, gospodine."

„Ma stvarno." Predsednik ljutito odmahnu glavom. „U jednom trenutku šalju ljudima na ekrane aplikacije s balonima koje se automatski otvaraju i okupiraju pozornicu tokom dodele Oskara, a u sledećem prave snaf filmove*. Mislim, Isuse *Hriste*! Šta je sledeće? Hoće li početi da pale ljude u kavezima? To je poput prokletog ružnog sna. Ovo je Evropa."

„Kao što je to bio i Aušvic", reče general.

Na skup se spustila napeta tišina.

Ako pošalje foke i operacija se završi uspehom, predsednik Džim Hejvers postaće heroj, makar na domaćem terenu. Naravno, mnogo će dugovati Britancima. Džulija Kabot već je zahtevala više informacija o globalnoj mreži Grupe 99 i izvorima njenog finansiranja, a posebno podatke o „Alteji" koje CIA niposto nije želela da podeli. Ako bi ovo upalilo, predsednik Hejvers ne bi imao drugog izbora osim da ih joj pruži. Međutim, bili bi vredni toga. Njegova popularnost skočila bi do neba.

---

* Engl. *snuff movies* – filmovi čije postojanje nije potvrđeno, s temom snimanja realnog ubistva. Postoje snimci egzekucija, ali je reč o nemontiranom sirovom materijalu zabeleženom mobilnim telefonom ili običnom kamerom. Ovi filmovi navodno se snimaju za uski krug bogatih i poremećenih ljudi koji uživaju u tuđoj smrti. (Prim. prev.)

S druge strane, ako Dreksel ne bi bio tamo gde Britanci tvrde da jeste, Hejvers je taj koji bi snosio svu odgovornost, a ne Džulija Kabot. Američki ugled u inostranstvu naglo bi opao. Mogao bi da se oprosti od drugog mandata.

Predsednik je zažmurio i polako izdahnuo. U tom trenutku Džim Hejvers mrzeo je Hantera Dreksela isto onoliko koliko i Grupu 99.

Kako je, zaboga, došlo do ovoga?

„Dođavola s tim. Uradićemo to. Uletećemo i izvući ćemo kučkinog sina."

TREĆE POGLAVLJE

Hanter Dreksel prislonio je radio na uvo i napeto slušao. Glas spikera BBC-jevog *Svetskog servisa* pucketao je u tami.

„Dok zabrinutost za dobrobit kidnapovanog američkog novinara Hantera Dreksela raste, danas je održan minut ćutanja na Vojnoj akademiji Sandherst u sećanje na kapetana Roberta Dejlija, čije je prošlonedeljno svirepo ubistvo, počinjeno od strane terorističke Grupe 99, šokiralo svet."

Hanter je pomislio: *Dakle, sada su teroristička Grupa 99.* Gorko se nasmejao. *Smešno je kako jedno malo ubistvo sve promeni.*

Pre dve sedmice BBC nije imao dovoljno reči za Grupu 99. Poput svih ostalih svetskih medija, mahali su repom pred robinhudovskim hakerima, nalik na grupije na koncertu benda *One Direction*.

A onda, da li je Hanter zaista bio iole bolji od svih ostalih? Naposletku, i on je pogrešno procenio Grupu 99.

Kada su ga kidnapovali, pisao je slobodnjački članak o korupciji u svetskom poslovanju s frakovanjem. Naročito se interesovao za milijarde dolara koje su proticale između Sjedinjenih Država, Rusije i Kine, i za tajanstveni način dobijanja ugovora o bušenju, s naftnim gigantima u sve tri zemlje koji su delili opscene profite. Poslovi su se sklapali rukovanjem u Hjustonu, Moskvi i Pekingu, uz otvoreno kršenje međunarodnog trgovinskog prava. Tada je Hanter doživljavao Grupu 99 kao saveznika, budući da je oponirala raširenoj korupciji u poslu s energentima koliko je to činio i on. Da ironija bude veća, krenuo je da se sastane s Kameronom Kruom, osnivačem i vlasnikom istoimene korporacije i jednim od malobrojnih „dobrih momaka" u poslu frakovanja, u moskovskoj kancelariji kompanije, kada je odvučen u neku uličicu, opijen hloroformom i strpan u prtljažnik mercedesa, što nisu učinili kremaljski razbojnici, već upravo oni ljudi za koje je verovao da su na njegovoj strani.

Pamtio je malo toga u vezi s dugim putovanjem do kolibe. Promenio je automobil najmanje jednom. Bila je tu i kratka vožnja helikopterom. Zatim se obreo ovde. Nekoliko dana kasnije pojavio se Bob Dejli, a otmičari su mu ga predstavili kao „cimera". Sve je bilo veoma civilizovano. Tople postelje, radio, prihvatljivi obroci i, na Hanterovo oduševljenje, špil karata. Čak je i seks predstavljao luksuz bez koga bi mogao da nauči da živi. Međutim, život bez pokera nije vredan življenja. On i Bob igrali su ga svakodnevno, često satima bez prekida, i kladili se u kamenčiće poput dvojice dečaka. Da pred kolibom nisu stajali naoružani stražari, Hanter bi mogao da poveruje da učestvuje u nekakvoj studentskoj šali ili čak u TV rijalitiju. Štaviše, i čuvari su pokazivali malo entuzijazma i delovali kao da im je malo neprijatno, kao da su znali da je šala otišla predaleko, ali nisu sigurni kako da se povuku, a da ne izgube obraz.

Izuzev Apolona.

Hanter je mrzeo da koristi glupa grčka kodirana imena. Zvučala su previše pretenciozno. Međutim, kako se radilo o jedinom imenu koje je znao za tog skota što je upucao Boba, morao je njime da se zadovolji. Apolon se razlikovao od početka. Bio je ljući, natmureniji i samobitniji od ostalih. Hanter je još na početku mislio o njemu kao o siledžiji i pokvarenjaku. Ipak, ni za milion godina ne bi pomislio da planira ubistvo.

Bobovo pogubljenje ostavilo je čitav kamp u stanju dubokog šoka. Nije se radilo samo o Hanteru. Drugi stražari delovali su iskreno užasnuti onim što se dogodilo. Ljudi su plakali. Povraćali. Međutim, niko se nije snašao da se odlučno suprotstavi Apolonu.

To je bilo to. Nova stvarnost.

Svi su se našli u njoj do grla.

Radio-signal je bledeo. Hanter je očajnički okretao dugme, tražeći nešto, bilo šta, da mu odvrati pažnju od straha. Tokom svoje novinarske karijere dospevao je u opasne situacije. Ranjen je u Alepu i Bagdadu, i zamalo poginuo u padu helikoptera u istočnoj Ukrajini. Ipak, u ratnoj zoni, čoveka pokreće adrenalin. Nije bilo *vremena* za strah. Lako je bilo biti hrabar.

Ovde, u tišini kolibe, bez ičega osim prijateljeve prazne postelje i sopstvenih grozničavih pomisli na društvo, strah je čučnuo na Hantera poput džinovske crne žabe. Otimao mu je dah iz pluća i nadu iz duše.

Ubiće me.

Ubiće me i sahraniće me u šumi, pored Boba.

U početku, u danima i satima koji su usledili posle Bobove smrti, Hanter se usuđivao da se nada. *Neko će me pronaći. Sada će me svi tražiti. Britanci. Amerikanci. Neko će doći i izbaviti me.*

Međutim, kako su dani prolazili, a niko nije došao, nada je umrla.

Hanterov radio glasno je zakrčao, a zatim se signal potpuno izgubio. Nevoljno se vratio pod pokrivače i pokušao da zaspi, ali mu je to bilo nemoguće. Udovi su ga boleli od iscrpljenosti, ali mu je mozak radio punom parom. Slike su naletale na njega poput metaka.

Njegova majka u čikaškom stanu, van sebe zbog brige, u svojoj tapaciranoj stolici.

Njegova najskorija ljubavnica, Fiona iz *Njujork tajmsa*, koja urla na njega, jer ju je prevario onog dana kada je otišao u Moskvu. „Nadam se da će te jedan od Putinovih grubijana uhvatiti i nasmrt te pretući gvozdenom polugom. Kretenčino!“

Bob Dejli koji pravi neke glupave duhovite dosetke noć pre nego što su ga snimili.

Noć pre nego što mu je Apolon razneo mozak.

Hoće li i njega naterati da govori u kameru? Da li će fleke od Bobijeve krvi i dalje biti na objektivu?

Ne!

Hladna jeza užasa pela mu se uz kičmu i bola ga poput igala u koži.

Moram da pobegnem odavde!

Hanter se ispravio u sedeći položaj, dahćući da uhvati vazduh i nastojeći da kontroliše creva. *Molim te, bože, pomozi mi! Pokaži mi izlaz iz ovoga.*

Sve do tog trenutka nije tačno shvatao koliko očajnički ne želi da umre. Možda zbog toga što je u tom momentu postao siguran da hoće. Svaka spasilačka misija dosad bi se već desila.

Niko ne zna gde sam.

Niko neće doći.

I zaista, zašto bi došao? Hanter Dreksel nikada nije osetio ni pokazao naročitu odanost prema svojoj domovini. S kojim je pravom očekivao lojalnost zauzvrat?

Hanter nikada nije razumeo pojam patriotizma. Pripadnost državi ili ideologiji njemu su delovali sasvim zbunjujuće. Fascinirali su ga ljudi poput ovih u Grupi 99 koji su ceo svoj život posvetili određenom cilju. *Zašto?* Hanter Dreksel doživljavao je svet samo kroz ljude. Kroz ljude kao pojedince. Ljudi su važni. Ideje nisu. Hanter je imao više zajedničkog s gledištima i političkim uverenjima Grupe 99 nego s onima koje je izneo Bob Dejli. Pa ipak, Bob je bio dobar čovek. A Apolon, ili kako god da mu je glasilo pravo ime, spadao je u loše osobe. Na kraju je samo to bilo bitno, a ne oznake pod kojima su i jedan i drugi živeli:

Vojnik.

Radikal.

Terorista.

Špijun.

Sve su to bile tek prazne reči.

Ako se Hanter Dreksel ikako deklarisao, onda je to bilo kao novinar. Pisanje je nešto značilo. Istina je nešto značila. Dotle je Hanter najdalje stigao kad je reč o ideologiji.

Osvrnuo se po drvenoj kolibi koja mu je bila dom u poslednjih dva meseca i pokušao da uspori disanje. Teška drvena vrata bila su poduprta drvenim klinom gurnutim ispod njih, a naoružani stražari smenjivali su se ispred njih. Od Bobove smrti, dve čvrste gvozdene šipke pričvršćene su preko prozora. Iza barake prostirali su se kilometri neprohodne šume, armija visokih, tamnih i njišućih borova nad debelim belim snežnim pokrivačem. U trenucima razuzdanije mašte, Hanter i Bob kovali su planove za bekstvo. Svaki je bio ludački rizičan, izopačeno stvaran. Jedan od onih koji funkcionišu u crtanim filmovima. I svaki je uključivao dvojicu. Samom mu je bilo potpuno nemoguće da pobegne. Jedini izlaz odatle bio je onaj kroz koji je Bob Dejli već prošao.

Hanter se ponovo ispružio, ne baš smiren, ali van stadijuma hiperventilacije. Ključ je bio u prihvatanju. Puštanju. Ipak, kako to čovek prihvata sopstvenu smrt?

Um mu je odlutao do priče koju je dan ranije čuo na radiju, o grčkom princu koji se obesio u Sandherstu. Ahil. Zvučalo je poput jednog od onih glupih imena koje je Grupa 99 dodelila svojim članovima. Bilo je mnogo naglabanja o dečakovoj smrti i pokrenuta je „zvanična istraga".

Kao i uvek, Hantera je pogodila ljudska strana priče.

Radilo se o mladom čoveku koji je imao sve za šta bi živeo, pa ipak je *izabrao* da umre.

Kada bi Hanter mogao da razume *taj* poriv, poriv koji je naveo mladog princa da prigrli smrt poput ljubavnice, možda bi se manje bojao?

Hanter Dreksel polako utonu u isprekidan san.

Buka je isprva bila tiho zujanje. Nalik na roj insekata.

Međutim, potom se pojačala. Nepogrešivo kovitlanje elise helikoptera.

„Dimitriju." Jedan od Hanterovih čuvara zgrabio je svog druga za rame i prodrmao ga da se probudi. „Slušaj."

Drugi stražar polako se razbudio. Kao i Dimitrij, i on je imao samo devetnaest godina. Obojica momaka bili su Francuzi. Prethodne godine u to vreme studirali su informatiku u Parizu. Pristupili su Grupi 99 iz obešenjaštva, zato što je mnogo njihovih prijatelja to radilo i zato što su labavo podupirali zamisao da se svetski superbogataši malo spuste na zemlju. Nijedan od njih dvojice nije znao kako su završili u slovačkoj šumi smrzavajući se, naoružani mitraljezima.

Do časa kad su se podigli na noge, stroboskopsko svetlo već je ispunjavalo nebo. Čitav kamp kupao se u zaslepljujućoj svetlosti. Tada su odjeknuli prvi pucnji.

„Sranje!", završtao je Dimitrij. „Šta da radimo?"

Helikopteri su već bili toliko glasni da su jedva uspevali da čuju jedan drugog.

„Trči!", doviknuo mu je prijatelj.

Dimitrij se dao u trk. Čuo je pucnje iza sebe i video druga kako pada na šumsko tlo. Nastavio je dalje. Noge su mu bile poput želea, kao da je iz njih isisana sva snaga.

Kamp je bio u obliku potkovice sačinjene od platnenih šatora grupisanih oko kolibe. Tu su se nalazile i dve građevine od siporeks blokova, od kojih je jedna služila kao oružarnica, a druga kao kontrolni centar zajedno s generatorom, satelitskim telefonom i naročito konfigurisanim laptopom. Ta druga ujedno je bila i toalet. Dimitrij se teturao u njenom pravcu. Svuda oko njega, iz šatora su se pojavljivali članovi grupe, pogleda zamućenih panikom. Neki su mahali pištoljima, ali su drugi bili nenaoružani. Atlas i Kron, dva mlada Nemca, podigli su ruke u vazduh. Dimitrij je sa stravom gledao kako ih je kiša metaka svejedno pokosila, a udovi im groteskno mlatarali nalik na igrajuće marionete dok su umirali.

Onda ga je nešto udarilo otpozadi. Ne ni metak ni kamen. Bio je to nalet vetra, toliko moćan da ga je oduvao s nogu. Helikopteri su sleteli. Iznenada je sve bilo u haosu, svetlosti i buci. Glasovi Amerikanaca vikali su: „NA ZEMLJU! DOLE!“

Dimitrij je kriknuo, cviljenje prestrašenog deteta. A zatim su se iznenada ruke našle oko njega, pod njegovim ramenima, i uvukle ga u kontrolni centar.

„Dobro si.“ Apolonov glas bio je čvrst i smiren. Dimitrij se uhvatio za njega kao za pojas za spasavanje.

„Ubiće nas!“, vrisnuo je.

„Ne, neće. Mi ćemo pobiti njih.“

Dimitrij je posmatrao kako Apolon zubima izvlači iglu iz ručne granate i baca je prema ljudima koji su mu upravo pobili prijatelje. Kada su odleteli u vazduh, otkinule su im se noge.

„Drži.“ Apolon mu je dodao bombu. „Ciljaj helikoptere.“

U kolibi, Hanter Dreksel sklupčao se pod stolom.

Buka činuka predstavljala je najlepši zvuk koji je ikada čuo.

Ovde su! Pronašli su me!

Čak je i pucnjava, ono tako dobro poznato *ra-ta-ta-ta-ta* mitraljeza koje je pamtio iz Iraka i Sirije, zvučala umirujuće za njegove uši, poput uspavanke ili majčinog glasa.

Bum! Vrata kolibe nisu se otvorila, već eksplodirala, a komadići drveta leteli su na sve strane. Dim je za nekoliko sekundi ispunio sobu i dezorijentisao ga. Hanteru je zvonilo u ušima, a oči su ga nesnosno pekle. Čuo je glasove, povike, ali sve je bilo prigušeno, kao da zvuci dopiru kroz vodu. Čekao je da neko uđe, vojnik ili čak neko od njegovih otmičara, ali to se nije desilo. Puzeći na stomaku, Hanter je počeo da napipava put prema prostoru gde su nekada bila vrata.

Kada se našao napolju, orijentacija mu se brzo povratila. Zvezde gore. Sneg dole. Amerikanci – pretpostavljao je – nalazili su se uglavnom pred njim i zdesna, okrenuti pravo ka kampu. Njemu sleva, ono što je preostalo od Grupe 99 zauzelo je položaj u dvema građevinama od blokova i uzvraćalo vatru. Pucnji su plamsali u mraku poput svitaca. S vremena na vreme, stroboskopsko svetlo ili blesak osvetlili bi sve. Tada su se mogli videti ljudi u trku. Hanter je gledao kako trojica američkih vojnika padaju na pola metra ispred njega. Njegovi otmičari očito se nisu predavali bez borbe.

Cvileći glas s njegove leve strane, nalik na ranjenu životinju, naterao ga je da se okrene.

„Pomozi mi!“

Puzio je prema zvuku i pronašao mladića iz Engleske, po imenu Persej, opruženog u snegu. Hanter je bio posebno osetljiv prema Perseju, s njegovim mršavim pilećim nogama, kokni akcentom i debelim, staromodnim naočarima. Dao mu je nadimak Nerdijus*. Često su igrali poker. Dečko je bio dobar.

Sada je bespomoćno ležao na hladnoj zemlji, očiju razrogačenih u šoku. Okruživala ga je velika grimizna mrlja. Kada je pogledao naniže, Hanter je video da su mu obe noge raznete.

„Hoću li umreti?“, zajecao je.

„Nećeš“, slagao je Hanter pa legao pored njega.

„Ne osećam noge.“

„To je zbog hladnoće“, reče Hanter. „I šoka. Bićeš dobro.“

Persej otvori pa zatvori oči. Nije mu ostalo još mnogo.

„Žao mi je“, prošaputao je. „Nikada nisam nameravao... sve ovo.“

„Znam to“, uzvrati Hanter. „Nisi ti kriv. Kako se zoveš? Mislim na pravo ime.“

Mladiću su zacvokotali zubi. „Dž-Džejms.“

„Odakle si, Džejmse?“

„Iz Haknija.“

„Hakni. U redu.“ Hanter ga pomilova po kosi. „Kako je u Hakniju?“

Dečak je sklopio oči.

„Imaš li braće i sestara, Džejmse? Džejmse?“

Dugo i isprekidano je izdahnuo i ostao mirno da leži.

---

* Verovatno se misli na internet zajednicu *Nerdeus* koja okuplja zagriženike za filmove, video-igrice, stripove, nauku, tehnologiju itd. (Prim. prev.)

Hanter je osetio kako mu naviru suze i obuze ga ljutnja.

Ne ljutnja. Bes.

Džejms mu je bio prijatelj. Bio je samo običan klinac.

„*NE!*", povikao je. Sav potisnuti strah tokom poslednja dva dana izbio je iz njega u jednom divljem, životinjskom urliku punom gneva i bola usled gubitka. U tom trenutku nije mario da li će poginuti. Ni najmanje. Nežno pomilovavši Džejmsovo hladno, mrtvo čelo, ustao je i potrčao prema svetlu činuka.

I tada se dogodilo.

Jedan helikopter je eksplodirao, izbacivši vatrenu kuglu pedeset metara uvis, ispaljenu u vazduh poput komete. Hanter ju je zaprepašćeno gledao. U tom času sinulo mu je da će Amerikanci možda izgubiti tu bitku. Nije to bilo čisto spasavanje koje su imali u planu. Sve je krenulo nizbrdo. Vojnici su ginuli. Grupa 99 uzvraćala je vatru, boreći se za život.

Hanter je nastavio da trči, jer zaista, šta je drugo mogao? Trčaće sve dok se ne desi nešto što će ga zaustaviti. Dok mu ne raznesu noge kao Džejmsu, ili dok mu metak ne raznese lobanju kao Bobu Dejliju, ili dok se ne dočepa slobode da napiše istinu o onome što se te večeri desilo. Istinu o svemu.

Svetlost je postala jača. Zaslepljujuća. Hanter je smatrao da je sada prošao kontrolni centar Grupe 99, ali nije bio siguran. Baš tada oživeli su motori drugog činuka, a elise su mu se okretale u punoj brzini na samo nekoliko metara od mesta na kome je Hanter zastao. Hanter je gledao kako ljudi u maskirnim uniformama uskaču u letilicu jedan po jedan, dok je lebdela svega nekoliko centimetara iznad tla. Meci su mu fijukali iznad glave. A onda, tačno ispred njega, neko je ispružio ruku u opštem pokolju.

„Ulazi!"

Američki vojnik koji se naginjao iz činuka posegnuo je da ga uhvati za ruku. Bio je mlađi od Hantera, ali samouveren. Reči su mu zvučale kao naređenje, a ne kao molba.

Hanter je oklevao poput zeca pred farovima.

Pomislio je na priču zbog koje je isprva i otet.

Na istinu, onu gorku istinu koju je toliko ljudi želelo da potisne.

Kada bude ušao u taj helikopter, da li će ikada biti u stanju da je ispriča? Hoće li ikada završiti svoju misiju?

Osvrnuo se iza sebe. Desetine leševa prekrivalo je ugljenisane ostatke kampa koji je bio njegov svet u protekla dva meseca. Sve se odigralo za nekoliko minuta. Loši momci i dobri momci i naivni mladi dečaci ležali su poubijani poput stoke. Baš kao što je i jadni Bob Dejli bio ubijen.

A sada je samouvereni mladi Amerikanac pružao ruku, nudeći Hanteru izlaz. To je bilo ono za šta se molio.

Ulazi!

Hanter Dreksel sa zahvalnošću pogleda svog spasioca u oči.

Potom se okrenu i otrča u noć.

ČETVRTO POGLAVLJE

„Kako to misliš – pobegao?“

Predsednik Džim Hejvers udaljio je telefon od uha u neverici.

„Pobegao je, gospodine“, ponovi general Tedi Maknami. „Dreksel je odbio da uđe u helikopter.“

Nastupila je duga tišina.

„Sranje“, reče predsednik.

„Kako to mislite – pobegao?“

Britanska premijerka umorno je protrljala oči.

„Ne znam koliko ima drugih načina da to kažem, Džulija“, prasnuo je predsednik Sjedinjenih Država. „Nije hteo da uđe u helikopter. Otrčao je u prokletu šumu. *Propali* smo.“

Džulija Kabot pomisli: *Misliš, ti si propao, Džime.*

Mozak joj je radio punom parom dok je pokušavala da smisli najbolji način da ovo odigra.

„Već imam na vezi slovačkog predsednika, koji je podigao strašnu dreku“, nastavio je da brblja predsednik Hejvers. „Generalni sekretar Ujedinjenih nacija zatražio je da hitno dam izjavu.“

„Šta ste mu rekli?“

„Još ništa.“

„Šta ćete mu reći?“

„Da Dreksel nije bio tamo. Da su ga premestili. Ali da su uspešno pobili gomilu terorista.“

„Dobro“, uzvratila je Džulija Kabot.

„Mogu li da računam na vašu podršku?“

„Naravno, Džime. Uvek.“

Predsednik Hejvers je odahnuo. „Hvala vam, Džulija. Potreban nam je zajednički sastanak obaveštajnih službi. Da smislimo šta ćemo dalje.“

„Dogovoreno.“

„Za koliko vaši momci mogu da budu u Vašingtonu?“

„Čini mi se da je, pod ovim okolnostima, Džime, razumnije da *vaši* ljudi dođu u London. Da li se slažete?“

Džulija Kabot se osmehnula. Bio je dobar osećaj bar jednom biti u prednosti nad Amerikancima. U tom trenutku ona je bila jedini prijatelj kog je Džim Hejvers imao na svetu, i on je to znao. Morala je da odigra ovu partiju za sve pare.

„Videću šta mogu da učinim“, odgovorio je Džim Hejvers osorno.

„Divno.“ Džulija Kabot prekinula je vezu.

Tačno nedelju dana kasnije, četvorica ljudi okupili su se za stolom u Vajtholu*, oprezno odmeravajući jedan drugog.

„Lepo od vas što ste došli, gospodo.“ Džejmi Makintoš podvio je rukave na košulji i nagnuo se napred, osmehujući se prijateljski svojim američkim kolegama. „Znam da ste obojica sigurno imali tešku sedmicu.“

„To je slab izraz.“ Greg Volton iz CIA izgledao je očajnički umorno. Bunio se protiv okupljanja u Londonu, posebno dok Kongres tamo kod kuće kida njegovu voljenu agenciju na komade. Međutim, potrudio se da pokaže učtivost, za razliku od kolege iz FBI-ja, Miltona Baka.

„Nadam se da imate nešto važno da dodate ovoj operaciji“, zarežao je Bak na Džejmija Makintoša. „Zato što, iskreno govoreći, nemamo vremena za gubljenje da bismo podržavali vas Britance.“

Frenk Dorijen, koji je sedeo pored Džejmija Makintoša, ukočio se na to. „Ma, kako da ne“, rekao je jetko. „Posle haosa koji ste napravili od nečega što je trebalo da bude savršeno jednostavna spasilačka misija, utemeljena na *našim* potpuno preciznim obaveštajnim informacijama,

---

* Vajthol: ranije kraljevska palata na Temzi u Londonu; sada naziv za ulicu u zapadnom delu Londona u kojoj se nalaze zgrade ministarstava. (Prim. prev.)

zamišljam da želite da posvetite onoliko radnih sati koliko je potrebno da obučite sopstvene ljude. Nebo zna da im je to potrebno."

Milton Bak izgledao je kao neko ko je spreman da udari sagovornika.

„U redu, dosta je bilo." Džejmi Makintoš netremice je gledao u Frenka Dorijena. „Niko od nas nema vremena za busanje u prsa. Ostavimo to političarima. Ovde smo da kombinujemo naše izvore i podelimo informacije o Grupi 99, i upravo ćemo to i uraditi. Zašto ne bih počeo?"

Greg Volton zavalio se u stolicu. „Sjajno. Šta imate?"

„Za početak, imamo ime ubice kapetana Dejlija."

Volton i Bak razmenili su šokirane poglede. „Ozbiljno?"

Frenk Dorijen gurnuo je fasciklu preko stola.

U gornjem levom uglu nalazila se fotografija lepog tamnoputog muškarca jake vilice, dugog orlovskog nosa i zasenjenih, nepoverljivih očiju. Bilo je nečeg ravnodušnog u njegovom liku, i izvesne budne nadmenosti, kao u ptice grabljivice.

„Aleksis Argiros", objavi Džejmi Makintoš. „Kodirano ime – Apolon. Jedan od osnivača Grupe 99 i sasvim neprijatan čovek. Odrastao je u hraniteljskoj porodici u Atini. Moguće je da je zlostavljan. Napustio je srednju školu, ali je genije za kompjutere i opsednut nasilnim video-igricama još od ranog puberteta. Mrzi žene. Sadista. Narcis. Sve su to podaci dobijeni od njegovog socijalnog radnika."

„Kriminalni dosije?", upita Greg Volton.

„Oh, da. Sitne krađe, vandalizam, piromanija. Dve godine u maloletničkom zatvoru zbog silovanja. Osim toga, osumnjičen je za gnusni slučaj okrutnosti prema životinjama, kada su mačka i mačići živi spaljeni."

„Samo dve godine za silovanje?", pitao je Greg Volton.

„Grci nemaju sredstava da upravljaju zatvorima", odgovori Džejmi Makintoš činjenički. „Ne otkad je počela primena mera štednje. Kako bilo, verujemo da je Argiros povukao okidač u video-zapisu Dejlijevog smaknuća. Vodio je kamp na koji ste izvršili napad, a njegova je zvezda u usponu unutar Grupe 99. Već mesecima nastoji da uskomeša grupu i usmeri je ka nasilnijim metodama, boreći se protiv savremenih elemenata u okviru nje. Argiros apeluje na nezadovoljne mlade muškarce na isti način na koji džihadisti vrbuju dečake na zapadu posle rata u Siriji. Nudi im cilj i osećaj pripadnosti, pa sve to lepo umota u paket socijalne pravde..."

„I onda ubija ljude", upade Greg Volton.

„Tačno tako. Bojimo se da bi smrt kapetana Dejlija mogla da označi početak nove ere svetskog terorizma. Ogromna je šteta što niste smakli Argirosa kad ste imali priliku."

„Kako znate da nismo?", upita Greg Volton.

„Zato što smo presreli internet komunikaciju između Apolona i nepoznatog kontakta u Sjedinjenim Državama. Aleksis Argiros živ je i zdrav i uveliko traga za Drekselom, kao što to radimo i mi. Nema greške. Grupa 99 želi Hantera Dreksela mrtvog."

„A kako vi sve to znate?", zahtevao je da čuje Milton Bak kiselo. Nabijen, lep sredovečan muškarac crne kose i lica koje je trebalo da bude prijatno, uspešno je sakrio kakav god šarm da je posedovao ispod debele glazure nadmenosti.

„Naši metodi nisu vaša briga", prasnu zauzvrat Frenk Dorijen. „Ovde smo da razmenimo obaveštajne informacije, a ne da vam kažemo kako smo došli do njih. A sada, šta *vi* imate za *nas*?"

Milton Bak uputio je pogled Gregu Voltonu, a on klimnu glavom u znak odobravanja. Bak izvadi staromodni diktafon i spusti ga na sto.

„Dok ste se vi bavili demaskiranjem majmuna", naruga se čovek iz FBI-ja, „mi smo se usredsredili na verglaša."

Džejmi Makintoš je uzdahnuo. Razmetljiv stav Miltona Baka počeo je mnogo da ga nervira.

„Vaš čovek, Apolon, možda jeste povukao obarač", nastavio je Bak, „ali je slušao naređenja odozgo."

Pritisnuo je dugme za reprodukciju. Ženski glas ispunio je prostoriju. Zvučao je američki, obrazovano, meko i tiho, a kvalitet zvuka bio je izvrstan, kao da je sedela tu s njima.

„Da li je sve spremno?"

Muški glas odgovorio je: *„Jeste. Sve je obavljeno prema tvojim uputstvima."*

„I ja ću to videti u prenosu uživo, zar ne?"

„Tako je. Bićeš tamo s nama. Ne brini."

„Dobro." Ženin osmeh bio je čujan. *„Neka prvo održi govor."*

„Naravno. Kako smo se i dogovorili."

„I u devet uveče po njujorškom vremenu, tačno tada, *pucaćeš mu u glavu."*

„Hoću, Alteja."

Milton Bak zaustavio je snimak i samozadovoljno se osmehnuo.

„*To je*, gospodo, bilo ovlašćenje za egzekuciju kapetana Dejlija. Žena na tom snimku, koja se vodi pod šifrovanim imenom Alteja, predstavlja pravi mozak Grupe 99. Pratimo je poslednjih osamnaest meseci."

„Već smo znali za Alteju", reče Džejmi Makintoš prezrivo, na veliku muku čoveka iz FBI-ja.

„Ipak, niste znali da je direktno naredila Dejlijevo ubistvo. Je li tako?", usprotivio se Greg Volton.

„Tako je", priznao je Džejmi. „Šta još znate o njoj? Identifikaciju?"

„Još ne", odgovori Greg Volton iskreno, uz primetnu nelagodnost.

„Pratite tu osobu osamnaest meseci, a i dalje ne znate *ko* je ona?", upitao je Frenk Dorijen s nevericom. „Šta *onda* znate?"

„Znamo da kanališe sredstva za Grupu 99 putem složene mreže ofšor-računa koju smo u najvećoj meri mapirali", prasnu Milton Bak.

„Imamo izvesne nepotvrđene fizičke podatke", dodade nešto mirnije Greg Volton. „Svedoci u raznim bankama i hotelima za koje verujemo da ih je koristila, izneli su da je visoka, fizički privlačna i tamnokosa."

„Dakle, to sužava mogućnosti", promrmlja sarkastično Frenk Dorijen.

Milton Bak izgledao je kao da će se svakog trenutka spontano zapaliti.

„Znamo da je orkestrirala napad na sisteme CIA i blokadu berzanskih servera u Volstritu pre dve godine", progunđao je. „Znamo da je lično uredila otmicu i ubistvo jednog od vaših ljudi, generale Dorijene. Sve u svemu, rekao bih da znamo daleko više nego vi."

„Koliko ste dugo snimali to?", upita Džejmi Makintoš.

Greg Volton ispali upozoravajući pogled Miltonu Baku, ali već je bilo kasno.

„Tri sedmice", odgovori Bak samozadovoljno. „Pustio sam ovo predsedniku dan pošto su smaknuli Dejlija."

Mišić na Džejmijevoj vilici se zgrčio. „Tri sedmice. I nikome nije palo na pamet da ranije podeli tu informaciju s nama?"

„Delimo je s vama sada", odgovori Greg Volton.

Frenk Dorijen tresnu pesnicom o sto. Čaše s vodom se zatresoše.

„To nije dovoljno dobro!", zagrmeo je. „Dejli je bio jedan od naših. S prijateljima poput vas, kome su potrebni neprijatelji?"

„Frenk." Džejmi Makintoš spustio je ruku na mišicu prekaljenog vojnika, ali je Dorijen ljutito otrese.

„Ne, Džejmi. Ovo je farsa! Hranimo Amerikance dragocenim obaveštajnim podacima, detaljnim informacijama, uistinu im pružamo *tačnu* lokaciju njihovog taoca, a oni sve to vreme sede na informaciji od životne važnosti, koja se tiče ubice Boba Dejlija? To je neprihvatljivo."

Bak se agresivno nagnuo napred.

„A ko ste vi, zapravo, generale, da nam kažete šta je prihvatljivo? Da li vam je palo na pamet da možda nismo verovali Britancima u vezi s ovim informacijama? Naposletku, ljudi vam u poslednje vreme padaju kao muve."

„Molim?"

„Razmislite o tome. Najpre grčki kraljević strada u vašoj smeni, generale", kaza Bak optužujućim tonom, „mladić koji je, igrom slučaja, lični prijatelj kapetana Dejlija. Zatim, svega nekoliko dana kasnije, i sam Dejli biva ubijen, što je, recimo, potpuno nekarakteristično za Grupu 99, sve do sada. Možete da kažete da ne postoji nikakva povezanost između ta dva događaja..."

„Naravno da ne postoji!" Frenk Dorijen se namrgodio. „Princ Ahil izvršio je samoubistvo."

Milton Bak podiže obrvu. „Da li je? Zato što druga mogućnost glasi da je Grupa 99 ubacila nekoga u britansku vojsku. Možda u Sandherst, ili u više ešalone Ministarstva odbrane – koje je, takođe, pretrpelo napad Grupe 99, ako se sećate."

„Kao i CIA!", uzvrati Dorijen povišenim tonom. „Princ Ahil bio je homoseksualac. Čovek se obesio zbog stida, kretenu."

„Kako ste me to nazvali?" Bak je bio na nogama.

„Sad. Je. DOSTA." Greg Volton naposletku je izgubio strpljenje. „Sedi, Miltone. ODMAH."

Greg je tu bio nadređeni. Nije preleteo hiljade kilometara da gleda kolegu iz FBI-ja i generala Dorijena kako se hvataju ukoštac poput loše disciplinovanih pasa.

Još nešto u tonu koji je general upotrebio govoreći o grčkom princu navelo je Grega Voltona da ustukne. I Greg je bio homoseksualac. Generalov manjak saosećanja za mrtvog mladića primio je s gađenjem i uznemirenošću.

„Šta god da se desilo u prošlosti, u pogledu razmene informacija, gotovo je", rekao je gledajući čas u Baka, čas u Dorijena. „Od sada imamo direktna naređenja iz Bele kuće i Dauning strita da bez zadrške sarađujemo jedni s drugima, i upravo to ćemo uraditi. Ovo je zajednička operacija. Dakle, ako bilo ko od vas ima problem s tim, predlažem da ga prevaziđe. Smesta."

Frenk Dorijen pogledao je u Džejmija Makintoša u iščekivanju podrške, ali je nije dobio. Dobacio je poslednji pogled pun mržnje Miltonu Baku i naslonio se u stolici, sumoran, ali saglasan. Bak je učinio isto.

„Dobro. A sada se ispostavlja da imamo još jedan važan napredak da podelimo s vama", nastavio je Greg Volton. „Da li je iko od vas ikada čuo za osobu po imenu Trejsi Vitni?"

Frenk Dorijen primetio je kako se Milton Bak ukočio na samo pominjanje tog imena.

„Nikada nisam čuo za nju", odgovorio je.

„Trejsi Vitni, prevarantkinja?" Džejmi Makintoš se namrštio.

„Prevarantkinja, kradljivica dragulja, kompjuterski mag, spretna provalnica", dopunio ga je Greg Volton. „Siže gospođice Vitni dugačak je i raznolik."

„To ime dugo nisam čuo. Mislili smo da je mrtva", kaza Džejmi. Objasnio je Frenku Dorijenu kako je, sa svojim partnerom, Džefom Stivensom, Trejsi Vitni pre deset godina osumnjičena za niz smelih zločina širom Evrope, prevarivši korumpirane bogataše za milionske iznose u nakitu i slikama, i da je čak izvukla remek-delo iz madridskog Prada. Međutim, ni Interpol ni CIA ni MI5 nikada nisu uspeli da iznesu dokaze protiv nje. „Ježim se od pomisli na rad i novac koji smo straćili da nadmudrimo tu ženu." Zvučao je gotovo nostalgično. „Međutim, ona je potom nestala, činilo se preko noći, i to je bilo sve. Džef Stivens se, verujem, i dalje vrzma po Londonu, ali izgleda da se povukao." Džejmi se ponovo okrenuo ka Gregu Voltonu. „Zbunjen sam. Šta Trejsi Vitni uopšte može da ima sa svim ovim?"

„I mi smo", priznao je Greg. „Dan posle propalog prepada u Slovačkoj, primili smo u Lengliju šifrovanu poruku od Alteje, u kojoj upućuje na Trejsi Vitni."

„I ne samo što upućuje", ubacio se Milton Bak. „Te dve žene se sasvim izvesno poznaju."

„Šta je pisalo u toj poruci?", upita Džejmi Makintoš.

„U osnovi je reč o izrugivanju", odgovori Volton. „'Vi me, momci, nikada nećete uhvatiti. Nadigraću vas, baš kao što vas je nadigrala Trejsi Vitni. Kladim se s vama da bi Trejsi mogla da me pronađe. Zašto ne kažete agentu Baku da je pozove...' I sve tako. Jasno je da poznaje Trejsi, ali u tome ima još nečega. Zna da je agent Bak pravio nagodbe s njom."

Potom je Greg Volton sažeto informisao britanske kolege o operaciji od pre nekoliko godina koja je imala za cilj otkrivanje i hvatanje Ubice s Biblijom. O tome kako su se i Trejsi i Džef Stivens u to vreme ponovo pojavili, i kako je Trejsi sklopila nelagodan savez i s Interpolom i s FBI-jem da privede Danijela Kupera pravdi. „Ovde prisutni agent Bak vodio je tu operaciju. Bila je uspešna, ali bilo bi pošteno reći da je odnos između Miltona i Trejsi bio", tražio je pravu reč, „buran. Alteja je to znala."

„Shvatam", reče Frenk Dorijen ironično. „Dakle, možda ste *vi* ti s doušnikom Grupe 99 iznutra?"

Ta primedba bila je upućena Miltonu Baku, ali je na nju odgovorio Greg Volton. „Sve je moguće, generale. U ovom trenutku držimo sve opcije otvorene."

Džejmi Makintoš upita: „Jeste li stupili u vezu s gospođicom Vitni? Ja bih bio radoznao da saznam šta ona kaže na sve ovo."

„Nismo još", uzvrati Volton. „Želimo da otvorimo tu temu licem u lice. Trejsi ima gadnu naviku da nestane kad se uplaši. Ako unapred sazna za Alteju, mogla bi, jednostavno, da pobegne."

„U ovom času bili bismo s njom, da nas nisu preusmerili na let ovamo radi sastanka s vama", dodade Milton Bak grubo. „Traćimo dragoceno vreme."

„Znate, Trejsi je nekada i sama imala robinhudovski kompleks", rekao je Džejmi, prešavši preko podsmeha. „Ona i Džef krali su samo od ljudi za koje su verovali da zaslužuju takvo nešto. Osim toga, Trejsi je prava čarobnica s kompjuterima. Verujem da je međunarodno bankarstvo bilo oblast u kojoj je briljirala. Ne bih se naročito iznenadio da saznam da su ona i Džef imali veze s Grupom 99."

„U to sumnjam", reče Greg Volton. „Ne mogu da tvrdim za Džefa Stivensa. Ali Trejsi Vitni se promenila. Bila nam je od neprocenjive važnosti poslednji put. Mislim da joj možemo verovati."

Frenk Dorijen se namrštio, ali nije ništa rekao. Nije mu se sviđalo spominjanje Trejsi Vitni, baš ni najmanje. Žena je profesionalni lopov i lažov. Teško da spada u tip ličnosti kakva je potrebna njihovom timu.

„Ne mislim da je Grupa 99 veza. Nagađam da se njih dve poznaju odranije", produži Greg Volton. „Alteja je možda upoznala Trejsi u zatvoru. Ili posredstvom Džefa Stivensa. Možda je bila jedna od Džefovih ljubavnica, ili rivalka u poslu, ili čak neko koga su Trejsi i Džef odredili za metu u danima svoje najveće slave. Naposletku, znamo da je bogata. Postoji milion mogućnosti. Nadam se da će nam Trejsi to rasvetliti kad uspemo da popričamo s njom uživo."

„Postoji li još nešto što treba da znamo u ovoj fazi?", upita Džejmi tonom koji je nagovestio da se sastanak bliži kraju.

„Mislim da ne." Greg Volton ustade da pođe. „Ništa opipljivo. Pronalaženje Hantera Dreksela i njegov bezbedan povratak kući zvanično ostaju u žiži naše operacije. Međutim, utvrđivanje Altejinog identiteta naša je najvažnija strateška misija. Nadamo se da će nam gospođica Vitni pomoći u tome. Naravno, bilo bi lepo da uz to dobijemo i glavu tog momka, Argirosa, na tacni. Možda biste vi, momci, mogli to da preuzmete na sebe?"

Džejmi Makintoš klimnu glavom.

Dvojica Amerikanaca krenuli su ka vratima.

„Još samo ovo, gospodine Voltone", doviknu Frenk Dorijen za njima.

„Da?"

„Hanter Dreksel. Šta mislite, zašto je odbio da pođe sa spasiocima? Zašto je pobegao?"

Greg Volton i Milton Bak razmeniše kratak pogled.

Potom Volton reče ozbiljnog lica: „Pojma nemam, generale. Međutim, kada ga pronađemo, biće to prvo pitanje koje ćemo mu postaviti."

Četrdeset minuta kasnije Džejmi Makintoš primio je poziv od premijerke.

„Možete li da radite s njima?", upitala je Džulija Kabot čim ju je Džejmi obavestio o sastanku s Amerikancima.

„Svakako, premijerko. Frenk nije oduševljen njihovim momkom iz FBI-ja. Ipak, pružili su nam neke vrlo korisne informacije."

„Verujete li im?"

Džejmi Makintoš se nasmejao. „Da li im verujem? Kakva neobična ideja! Naravno da im ne verujem."

Džulija Kabot široko se osmehnula. „Odlično. Samo proveravam."

„Lažu besomučno u vezi s Drekselom", dodade Džejmi.

„Mislite li da znaju zbog čega je pobegao?"

„Mislim da znaju i da će preduzeti sve da spreče *nas* da saznamo. Mnogo bih voleo da pronađemo gospodina Dreksela pre njih i otkrijemo šta to prećutkuju."

„Dakle", kaza Džulija Kabot, „onda ćemo, naprosto, morati to i da ostvarimo, zar ne?"

„Možete li da sarađujete s njima?", glas predsednika Hejversa zvučao je napeto do pucanja.

„Možemo, gospodine", odgovori Greg Volton. „Agent Bak loše je započeo odnos s jednim od njihovih ljudi. Međutim, sastanak je bio konstruktivan. Makintoš je razuman čovek."

„Budite veoma oprezni, Greg", upozorio ga je predsednik. „Postoje mesta oko kojih želimo da MI6 njuška, i ona oko kojih ne želimo."

„Naravno, gospodine. Razume se. Držaćemo ih pod kontrolom."

„Šta je s Trejsi Vitni?"

„I nju ćemo kontrolisati."

„Dobro. Samo se postarajte da bude tako. Laku noć, Greg."

„Laku noć, gospodine."

General-major Frenk Dorijen bio je kod kuće u svojoj dnevnoj sobi i gledao predsednika Hejversa na televiziji.

Dok je sedeo u Ovalnom kabinetu, s američkom zastavom iza sebe, odeven u skupo tamno odelo dopunjeno svilenom kravatom, i sa srebrnosivom kosom zalizanom unazad, Hejvers je izgledao kao ono što i jeste: najmoćniji čovek na svetu.

„Pre nedelju dana Sjedinjene Države izvršile su prepad na središte grupe terorista čija je želja da unište naš način života. Grupa 99 već je svirepo ubila britanskog taoca, kapetana Roberta Dejlija. Imali smo razloge da verujemo da će njihovog drugog taoca, američkog novinara Hantera Dreksela, uskoro zadesiti ista sudbina. Takođe, imali smo obaveštajne naznake da gospodina Dreksela čuvaju u istom kampu u Slovačkoj u kom je ubijen kapetan Dejli.

Izveli smo brižljivo isplaniranu tajnu operaciju na osnovu tih obaveštajnih informacija. Ne može se poreći da su američke trupe nakratko ušle u slovačku teritoriju. Sjedinjene Države neće se izviniti zbog te akcije. Iako se čini da su gospodina Dreksela njegovi otmičari premestili na neku drugu lokaciju neposredno posle smrti kapetana Dejlija, utvrdili smo da su obojica *uistinu* čuvana na slovačkoj teritoriji – suprotno poricanjima te države o pružanju zaštite teroristima. Štaviše, naša misija nije bila uzaludna. Nastradao je veliki broj terorista, istih onih pojedinaca odgovornih za varvarsko ubistvo kapetana Dejlija. Nažalost, i šestorica američkih vojnika izgubili su život.

Nema mesta sumnji. Sjedinjene Države i dalje će biti posvećene borbi protiv terorista koji prete našim građanima i našoj bezbednosti, *gde god* možemo da ih otkrijemo i kakvi god da su im takozvani motivi ili opravdanja za akcije koje sprovode. Naravno, možda ima sveta koji nas zbog toga kritikuje. Međutim, to je oduvek bila i biće politika ove vlade. Grupa 99 nije bezopasna. Nije reč o borcima za slobodu niti o zaštitnicima siromašnih, već o teroristima.

I dalje smo uvereni da ćemo u dogledno vreme i u saradnji s našim britanskim partnerima locirati gospodina Dreksela. U međuvremenu, njegovi otmičari treba ovo da znaju: ne možete pobeći. Ne možete se sakriti. Pronaći ćemo vas i uništiti.“

General-major Frenk Dorijen uzdrhta i isključi televizor. Hejvers je bio toliko nečastan da su Frenka zaboleli zubi. Svakako, većina političara je nepoštena, ali Amerikanci su bili tako spektakularno *blistavi* lažovi. Virtuozi neiskrenosti. Majstori lažnog prikazivanja.

Koliko ih je samo prezirao!

Frenkove misli usmeriše se ka Hanteru Drekselu, čoveku zbog koga su sve te laži izrečene. Sjedinjene Države rizikovale su gotovo potpunu diplomatsku izolovanost radi čoveka koji ne samo što je pobegao od vojnika poslatih da ga spasu već je, po svemu sudeći, bio tipičan ovlašćeni novinar zainteresovan jedino za priču i odan isključivo samome sebi. Kockar i zagriženi ženskaroš, Hanter Dreksel otputovao je u Moskvu s niskom slomljenih srdaca, rasrđenih urednika i neisplaćenih poverilaca za sobom. Ljudi poput njega ne zaslužuju spasavanje. Da hrabri, pošteni, odani ljudi reskiraju život da spasu takve.

General-major Frenk Dorijen mnogo je polagao na lojalnost. Vernost porodici, religiji (Frenk je odrastao u vernika Engleske crkve i smatrao sebe konzervativnim, s upadljivo velikim početnim K), državi. Međutim, iznad svega, Dorijen je verovao u odanost britanskoj vojsci.

Frenk bi drage volje umro za britansku vojsku.

Takođe, ubio bi za nju.

U svetu Frenka Dorijena ljudi su radili ono što su morali. Čovek je izvršavao svoju *dužnost* u bilo kom njenom obliku. Nedavno je dužnost odvela Frenka u nekim neočekivanim pravcima. Bio je prinuđen da donese izvesne teške odluke. Neprijatne odluke. Ipak, nijednom nije doveo svoje postupke pod znak pitanja, niti preispitivao ili kritikovao svoje nadređene. To nije bilo svojstveno jednom vojniku.

Vojska je za Frenka Dorijena predstavljala život. Naravno, imao je suprugu, Sintiju, koju je voleo. I svoju operu, i ruže, i crkveni hor, i knjige o istoriji Vizantije. Međutim, sve su to bili plodovi stabla. Vojska je bila to drvo. Bez nje bi Frenkovo postojanje bilo ništa drugo do besmisleni niz dana bez reda, ili discipline, ili svrhe.

Šta je bio cilj ljudima poput Hantera Dreksela? Ili tim razuzdanicima poput Grupe 99, revoltiranim komunistima čak i pre nego što su počeli da kasape ljude? Ili ženi kao što je Trejsi Vitni, kradljivici i prevarantkinji kojoj se, zbog nekog neobjašnjivog razloga, Džejmi Makintoš očito zaista divio?

Ne prvi put, Frenk Dorijen čudio se nemoralnom svetu u kome je radio igrom slučaja. *Obaveštajna služba.** Nikada nijednoj industriji nije dat neprikladniji naziv.

Pa ipak... dužnost zove.

„Želiš li šolju čaja, Frenk?"

Glas Sintije Dorijen doplutao je iz kuhinje, ohrabrujuće uobičajen i razuman.

„Može, draga", odgovorio je Frenk.

Jednoga dana doći će kraj svemu ovome.

Jednoga dana svi će se vratiti u normalu.

Umotana zbog oštrog njujorškog vetra u dugačku bundu i odgovarajuću kapu, i s Tifanijevim dijamantskim visećim naušnicama koje su svetlucale

---

* Engl. *Intelligence*, što znači i inteligencija, razum. (Prim. prev.)

poput stalaktita na zaslepljujućem zimskom suncu, Alteja je rukom u crnoj rukavici prešla preko gornje površine nadgrobnog spomenika, i s ljubavlju prešla prstom preko natpisa od jedne reči.

Danijel.

„Mrtav je, dragi moj“, prošaputala je. „Bob Dejli je mrtav. Sredili smo ga.“

Zadovoljilo ju je posmatranje Englezove lobanje koja eksplodira preko kompjuterskog ekrana. Međutim, to joj, samo po sebi, nije donelo spokoj kojem se nadala. Tog dana posetila je Danijelov grob u nadi da će pronaći malo mira.

Nije.

Možda je to zato što nije zaista ovde? Jednostavna mermerna ploča bila je samo spomenik. Pod njim ništa nije počivalo. Zahvaljujući njima, Alteja nikada neće saznati gde je uistinu ležao njen voljeni Danijel, niti da li su ga ikada i sahranili. Ukrali su joj tu utehu, baš kao i sve ostalo.

Zbog toga ne osećam da je završeno, iznenada je shvatila. *Kapetan Bob Dejli samo je početak.*

Moram sve da ih uništim.

Upravo onako kako su oni uništili mene.

Alteja se pitala zbog čega CIA još nije pozvala Trejsi Vitni.

Od životne je važnosti da Trejsi bude deo toga. U tome je njena poruka bila kristalno jasna. Zašto su čekali?

Ako taj kreten, Greg Volton, uskoro nešto ne preduzme, biće primorana da uzme stvar u svoje ruke. Dok joj je ledeni vetar grizao obraze, Alteja se ponadala da neće doći do toga.

Obavivši bundu još čvršće oko sebe, okrenula se i otišla do limuzine koja ju je čekala.

Lepo je biti bogat.

Međutim, još je lepše imati moć.

PETO POGLAVLJE

Trejsi Vitni posmatrala je kroz prozor kako snežne pahulje meko padaju na zemlju, dok je prišivala tračice s imenom na sinovljevu opremu za fudbal. *Nikolas Šmit, 9G.* Bila je to druga oprema koju je Trejsi morala da kupi Niku od leta. U četrnaestoj, sin joj je rastao kao iz vode. *Sada je već viši od Džefa*, pomislila je.

Nikolas je poznavao Džefa Stivensa kao čika Džefa, međunarodnog trgovca antikvitetima i starog maminog prijatelja. Verovao je da mu je pravi otac čovek po imenu Karl Šmit, nemački industrijalac koji je tragično izgubio život u skijaškoj nezgodi dok je Nik još bio u majčinom stomaku. Tako je glasila priča koju mu je Trejsi ispričala, a tako su mislili i svi drugi u Stimbout Springsu, malom mestu u Koloradu koje je bilo njihov dom gotovo već petnaest godina. Nikada nije postojao nikakav Karl Šmit, niti je bilo ikakve skijaške nesreće. Nikov otac bio je Džef Stivens. I on je bio prevarant i lopov, jedan od najboljih na svetu. Mada nikada *toliko* dobar kao Trejsi.

Kada je odložila šorts, Trejsi je prionula na Nikovu majicu. Tamnoplave boje tima isticale su boju Nikovih očiju – prodorno plavih, poput očevih. Imao je i Džefovu atletsku građu i gustu, crnu kosu, i onu neodoljivu kombinaciju muževnosti i šarma koja je žene privlačila Džefu Stivensu kao sijalica noćne leptire. Trejsi nije videla Džefa tri godine, ne otkako mu je spasla život izbavivši ga iz ruku psihotičnog bivšeg agenta po imenu Danijel Kuper. Međutim, često je pomišljala na njega. Zapravo, svaki put kada se Nikolas osmehne.

Taj poslednji susret sa Džefom Stivensom predstavljao je ludi period u Trejsinom životu, kratak, surov povratak adrenalinu i opasnosti sveta za koji je verovala da ga je zauvek napustila. Kasnije je napravila pogodbu sa FBI-jem da joj daju imunitet od krivičnog gonjenja, pa se vratila u mirnu anonimnost Stimbout Springsa. Čika Džef im je jednom došao u posetu i održavao komunikaciju s njima putem razglednica koje je slao iz udaljenih delova sveta. Osnovao je i fond za Nika vredan deset miliona dolara. *Šta da kažem?* Pisao je Trejsi. *Posao s antikvitetima cveta. Kome drugom da ostavim novac?*

Džef je znao da je Blejk Karter, stari kauboj koji je upravljao Trejsinim imanjem i praktično odgajio Nikolasa, daleko bolji, sigurniji i pouzdaniji otac nego što bi on to ikada bio. Poput Trejsi, i Džef je priželjkivao da im sin vodi stabilan, srećan život. Tako je prineo najveću žrtvu i udaljio se. Trejsi ga je zbog toga volela više nego zbog ma čega drugog.

Ponekad ju je mučilo to što je sve što Nik zna o njoj i svom pravom ocu, zapravo, laž. *Moj rođeni sin uopšte me ne poznaje.* Ipak, tešile su je reči Blejka Kartera: „Zna da ga voliš, Trejsi. Kada se sve sabere i oduzme, jedino je to važno."

Naposletku je velika gomila opreme imenovana i složena. Trejsi se protegla, sipala sebi viski i ubacila još jednu cepanicu u ogroman kamin koji se isticao u prostranoj i otvorenoj dnevnoj sobi. Gledala je kako se plamenovi podižu visoko u vazduh, a pucketanje oblice zvučalo je poput pucnjave. Topli, ugodni mirisi dima od borove smole i borovine ispunili su sobu, mešajući se s aromom cimeta iz kuhinje. Trejsi je zadovoljno uzdahnula.

Volim ovo mesto.

Vitke figure, s kestenjastom kosom do ramena i živim, inteligentnim očima čija se boja menjala od mahovinastozelene do tamnozelene u zavisnosti od njenog raspoloženja, Trejsi je oduvek bila lepotica. Nije više bila mlada, ali je i dalje zračila opijajućom privlačnošću prema suprotnom polu. Bilo je nečeg nedostižnog u vezi s njom, neke varnice izazova ili iskušenja u tim nečitljivim očima koje su prevazilazile godine. Čak i u farmerkama, ags čizmama, rolki i bez šminke, onako kako je izgledala u tom trenutku, Trejsi Vitni očito je obasjavala prostoriju. Oni koji su je najbolje poznavali, poput Blejka Kartera, videli su u njoj nešto drugo – tugu duboku poput okeana i lepu na svoj način. Bila je to baština gubitka

– izgubljene ljubavi, izgubljenih nada, izgubljene slobode. Trejsi je sve to preživela. Preživela i napredovala. Međutim, ta tuga i dalje je bila deo nje.

Trejsi otpi gutljaj tamne tečnosti i pusti da joj njena toplina sklizne niz grlo u grudi. Zapravo, nije trebalo da pije – bilo je tek četiri posle podne – ali zaslužila je osveženje posle sveg tog šivenja. Uz to, sticao se utisak da je već veče. Napolju je sumrak uveliko pripremao put tami, a nebo boje indiga polako je bledelo i postajalo crno. Na tlu je sneg počivao u sloju debelom tridesetak centimetara, iskonski, poput glazure na svadbenoj torti, proboden samo tamnozelenim smrekama i borovima koji su pružali svoje zelene ruke ka nebesima. Kuća je dostizala vrhunac zimi, kada su njena stakla od poda do tavanice kao u izlogu prikazivala vrhove Stenovitih planina s njihovim snežnim kapama, u svoj njihovoj veličanstvenosti. Izraz „izuzetna osamljenost" mogao je biti skovan za ovo mesto. Bio je to jedan od glavnih razloga što ga je Trejsi izabrala pre toliko godina.

Snažno kucanje na vratima prekinulo ju je u razmišljanju.

Trejsi se osmehnula.

Toliko o izolovanosti.

Položaj imanja možda je bio udaljen, ali je Stimbout Springs i dalje bio gradić, a Trejsi majka jednog od njegovih najproblematičnijih tinejdžera. U mislima je protrčala kroz sve mogućnosti dok je išla prema vratima.

Školski savetnik?

Direktor?

Razdražena majka navijačice iz osmog razreda?

Šerif?

O bože, ne daj da bude šerif. Blejk bi probio plafon da Nik ponovo sprovodi neku od svojih prevara. Poslednji put uspeo je da reprogramira kompjutere u školskoj biblioteci kako bi pokazao da polovina srednjoškolaca ima pravo na popust. Škola je greškom isplatila više od dve hiljade dolara Nikovim drugarima pre nego što se glavni bibliotekar opametio i pozvao policiju.

Šerif Rivs je tog puta blago postupio prema Niku. Međutim, ako bi se takvo nešto još jednom ponovilo, morao bi da ga kazni za primer.

Trejsi je razvukla svoj najdražesniji osmeh i otvorila vrata.

Pogodio ju je nalet ledenog vazduha. Trejsi se stresla.

Na tremu su stajala dvojica ljudi. Obojica u dugačkim kašmirskim kaputima, sa šeširima i šalovima. Jednog od njih nije prepoznala. Drugog, na svoju veliku žalost, jeste.

„Zdravo, Trejsi."

Agent Milton Bak iz FBI-ja pokušao je da se nasmeši, ali to toliko nije bilo uobičajeno za njega da je izgledalo kao da je napravio podrugljiv izraz.

„Ovo je moj kolega, gospodin Gregori Volton iz CIA." Bak pokaza na znatno nižeg čoveka kraj sebe, premeštajući se s noge na nogu usled hladnoće. „Možemo li da uđemo?"

Pet minuta kasnije, Trejsi i dvojica agenata stajali su u nelagodnoj tišini oko trpezarijskog stola. Trejsi ih je poslužila kafom. Kaputi su skinuti, ljubaznosti odbačene. Uskoro je postalo jasno da je niži muškarac iz CIA ovlašćen za istragu.

„Hvala što ste nas primili, gospođice Vitni."

Trejsi se odmah mnogo više svideo agent Volton, onako ćelav, blagog govora i preterano uglađen, nego agent Bak. Međutim, treba reći da je Trejsi Vitni više volela čak i pantljičare nego agenta Baka. Njih dvoje delili su više uspomena, a nijedna od njih nije bila dobra.

„Ovde sam gospođa Šmit", reče Trejsi. „I ne bih ostavila čoveka da se nasmrt smrzne na mom pragu, gospodine Voltone. Ma koliko da ne želim da ga vidim", dodala je smišljeno, gledajući pravo u Miltona Baka.

„Molim vas, zovite me Greg."

„U redu." Trejsi se osmehnula. „Greg. Preskočimo formalnosti. Zbog čega ste ovde?"

Volton je zinuo da nešto kaže, ali Trejsi još nije završila.

„Imala sam gvozdenu garanciju Biroa, pošto sam pre tri godine pomogla da se neutrališe Danijel Kuper i uhapsi Rebeka Mortimer, da ćemo moja porodica i ja biti ostavljeni na miru."

„Razumem to", kaza Greg Volton uverljivo. „I bićete. Imate moju reč."

„Pa ipak, eto vas u mojoj kuhinji." Trejsi je podigla obrvu i prebacila jednu dugu, vitku nogu preko druge.

Greg Volton je pomislio: *Ova dama zaista je zverka.* Iako se nije prvi put nalazio u prisustvu veoma lepe žene, osetio je olakšanje što je homoseksualac.

„To o čemu danas treba da porazgovaramo s vama, gospođice Vitni, nije ni u kakvoj vezi s tim slučajem niti s vašom prošlošću. Radi se o nacionalnoj bezbednosti."

Trejsi se zbunila. „Ne shvatam."

„Kada biste slušali, možda biste i razumeli", prasnu Milton Bak. I dalje je zgodan na taj čulan i arogantan način, primetila je Trejsi. I potpuno lišen šarma, isto onako kako ga se i sećala.

„Gospodin Volton hoće da kaže da nismo ovde da vas gonimo zbog vaših prestupa poput krađe dragog kamenja i umetnina."

Trejsi reče: „Mislim da niste, jer nisam počinila nijednu."

„Došli smo da zatražimo od vas da obavite dužnost prema svojoj zemlji."

„Tako, dakle?" Trejsi je zaškiljila. Što se nje tiče, Milton Bak mogao je da nabije svoje *zahteve* tamo gde sunce ne sija. Pre tri godine taj skot hteo je da ostavi Džefa da umre kad ga je onaj manijak Kuper razapeo na krst u brdima iznad Plovdiva u Bugarskoj. Samo su Trejsi i njen prijatelj Žan Rizo iz Interpola spasli Džefa i priveli Danijela Kupera pravdi, mada je, naravno, FBI uživao zasluge, a od svih najviše upravo agent Bak.

„Ne tražimo", ispravi ga Greg Volton pa uputi Baku neprijatan pogled. „Reč je o molbi. Došli smo da vam predložimo – da vas zamolimo da nam pomognete. Suština je, Trejsi, da nam je potrebna vaša pomoć."

Trejsi je s nepoverenjem proučavala Voltonovo lice. Pogledala je na sat. „Idem po sina u pola šest. U narednih sat vremena imate moju pažnju, ali posle toga *morate* otići."

Milton Bak očito je pobesneo. Zinuo je da nešto kaže, ali ga je Greg Volton presekao pogledom. „Dogovorili smo se, gospođice Vitni", odgovorio je Volton. „Sada mi dozvolite da vam kažem zašto smo tu."

Narednih četrdeset minuta Greg Volton nije prestajao da priča. Trejsi ga je slušala nagnuta preko kuhinjskog stola, i kafa joj je najpre postala mlaka, a zatim se sasvim ohladila. Poput većine u Americi, i Trejsi je videla priču o kapetanu Dejliju i njegovom morbidnom ubistvu koje je onlajn izvršila Grupa 99. Znala je za kontroverzni prepad u Slovačkoj i da je jasno da je reč o propalom pokušaju spasavanja američkog novinara Hantera Dreksela, uprkos svem spinovanju vlade.

Međutim, nije znala da Hanter Dreksel nije više u rukama Grupe 99, kako je predsednik Hejvers izričito saopštio naciji u izjavi datoj za televiziju, već da je iz nepoznatih razloga naprosto pobegao. Niti da je žena sa šifrovanim imenom Alteja, za koju se verovalo da je imućna *građanka Sjedinjenih Država*, ne samo mozak Grupe 99 i neko ko se stara o njenom finansiranju već i direktni naredbodavac Dejlijevog pogubljenja.

„Opa", kazala je Trejsi čim je Volton završio. „Hejvers je sigurno skrenuo pameću. Da iznese tako direktnu laž? Šta će se desiti ako se Dreksel iznenada pojavi negde u stilu Edvarda Snoudena i održi konferenciju za štampu?"

„To bi bila velika nesreća", priznao je Greg Volton. „Međutim, bila bi još veća kada bi došlo do globalne eskalacije nasilja i ubistava nalik na ono kojem smo svedočili u slučaju kapetana Dejlija. Otmice, pogubljenja, bombaški napadi. Sve je moguće kada su prešli tu crvenu crtu. Mi ne znamo koliko je tačno velika mreža Grupe 99. Ipak, znamo da je ogromna, naročito tamo gde je ekonomska podeljenost akutno izražena. Recimo, kao u Južnoj Americi."

„Na našem pragu", iznese Trejsi naglas svoju misao.

„Upravo tako."

Trejsi je nekoliko trenutaka razmišljala o svemu tome, pre nego što se obratila Voltonu.

„Sve je to veoma interesantno. Međutim, i dalje ne vidim gde se ja tu uklapam."

Greg Volton naže se napred. „Ta žena, Alteja, poslala je šifrovanu poruku našem štabu u Lengliju pre nešto više od nedelju dana. U njoj vas pominje po imenu, Trejsi."

„Mene?" Trejsi se sasvim opravdano zapanjila.

Volton klimnu glavom.

„Šta je napisala?"

„Da nas je nadmudrila baš kao što ste to učinili i vi. Da samo vi možete da je razotkrijete. Da ovde prisutan agent Bak treba da vas poseti. Gotovo da je sročila tako da zvuči poput igre. Nadmetanja između vas dve."

Da izraz lica Grega Voltona nije bio toliko ozbiljan, Trejsi bi prsnula u smeh. *Ovo je svakako šala, zar ne?*

„Imate li ikakvu predstavu o tome ko bi mogla biti ta žena, Trejsi? Bilo kakvu?"

Trejsi odmahnu glavom. „Ne. Volela bih da imam, ali nemam. Za mene ovo nema nikakvog smisla."

„Saslušajte ovo."

Greg Volton pustio joj je isti onaj snimak gde Alteja naređuje pogubljenje Boba Dejlija, koji je pustio pripadnicima MI6 nekoliko dana ranije.

„Da li ste ikada čuli taj glas?"

„Žao mi je", odgovori Trejsi. „Nisam. Bar se ne sećam da jesam."

„Dobro promislite. Možda je neko iz vaše daleke prošlosti. Možda čak i iz detinjstva. Ili iz Kaznenog doma u Luizijani?"

Trejsi je dopustila sebi mali smešak. Glas s trake odavao je obrazovanje, prefinjenost. Niko iz zatvora nije zvučao ni približno tome.

„Postoji li mogućnost da vam je bila koleginica u Filadelfijskoj banci?", pritiskao ju je Volton. „Ili možda neko koga ste vi i Džef poznavali u Londonu?"

Iz moje prošlosti kao kradljivice, hoćeš da kažeš? Završila je Trejsi pitanje umesto njega. *Ne, ne bih rekla.*

Slušanje Grega Voltona, čoveka koga nikada nije srela, kako brblja o mestima i ljudima iz njenog života kao da je lično poznaje, bilo je u najmanju ruku uznemirujuće. Ipak je ostala pribrana.

„Ne", odgovorila je. „Sigurna sam da bih se setila."

„Pa, poznajete je", izgubi Milton Bak strpljenje. „To je bar činjenica. Dakle, ako ona nije neko iz vaše prošlosti, onda je neko iz sadašnjosti. Kakve ste kontakte imali ranije s Grupom 99?"

„*Molim?*" Trejsi se namršti na njega.

Nije bilo reči kojima bi mogla da izrazi svoju mržnju prema Miltonu Baku, čoveku spremnom da žrtvuje sve ili svakoga samo zarad napredovanja u karijeri. Da je Bak radio po svome, Džefa bi ostavili da umre u poremećenim rukama Danijela Kupera. Trejsi mu to nikada nije zaboravila.

„Razmislite vrlo pažljivo pre nego što odgovorite, gospođice Vitni", upozorio ju je Bak. „Ako nas sada slažete, prestaće da važi svaki dogovor postignut u prošlosti. Postaće ništavan."

„Nema potrebe da pažljivo razmislim", odsečno uzvrati Trejsi. „Nikada nisam imala nikakav kontakt s Grupom 99."

„Hm." Milton Bak izvi gornju usnu. „Ipak, vi im se divite, zar ne?" Činilo se da uživa u tome da je provocira. „Čitava ta subverzivna glupost okrenuta protiv sistema. Idealno za vas."

„Nekada sam im se prilično divila", reče Trejsi prkosno. „Pre Dejlijevog pogubljenja oduševljavale su me njihove tehnike. Međutim, nisam jedina, mnogi su ih voleli. Mislim, nema sumnje da su pametni. Hakovanje kompjutera u Lengliju nije mačji kašalj."

„Ne, nije", gorko promrmlja Greg Volton.

„Nadigrali su i vlade, i obaveštajne agencije, i naftne kompanije", nastavi Trejsi. „Međutim, nikada nisam delila njihovo stanovište, agente Bak.

Mimo njihove antipatije prema industriji frakovanja. Uz to, svakako se ne divim teroristima niti ubicama."

„Dakle, ne verujete u preraspodelu bogatstva oduzimanjem od onog jednog procenta?", upita Milton Bak skeptično. „U pljačkanje bogatih da bi se pomoglo siromašnima?"

„Svakako da ne", uzvrati Trejsi. „Osvrnite se naokolo, agente Bak." Pokazala mu je rukom na skupa ulja na platnu koja su visila na zidovima i na kredenac pun poliranog srebra u trpezariji. „Ja spadam u jedan procenat. Pa opet, sudeći po vašem opisu, spada i ta žena, Alteja." Ponovo se okrenula ka Gregu Voltonu. „Ako je dovoljno bogata da finansira Grupu 99 milionima dolara, nije li i ona, u njihovim očima, deo problema?"

„Mnogo je toga u vezi s Grupom 99 što za nas u ovom trenutku nema smisla", odgovori Volton. „Mnogo nedoslednosti. Zajedno s Britancima sklapamo jasniju sliku njihovih promenljivih ciljeva. Međutim, znamo da su dani njihovog mirnog protesta okončani. Tamo negde upravo imamo taoca čiji je život u neposrednoj opasnosti."

„Znam za to", reče Trejsi prekorno. „Hanter Dreksel."

„I on neće biti poslednji. Verujemo da Alteja možda drži u rukama ključ čitave mreže, Trejsi. Potrebna nam je vaša pomoć da je pronađemo. Pođite s nama nazad u Lengli."

Trejsi raširi oči. Da situacija nije bila toliko ozbiljna, nasmejala bi se.

„Želite da *ja* pođem u Lengli? *Ovog momenta*?"

„Mi to ne želimo", glas Grega Voltona bio je smrtno ozbiljan. „Nama je to potrebno. U vas polažemo najviše nade."

„Ne", reče Trejsi mehanički. „Neću. Ne mogu. Imam sina..."

Ustala je i odšetala do prozora. Sada je mrak već sasvim pao. Trejsi je videla samo sopstveni odraz.

Izgledam poput domaćice koja stoji u svojoj kuhinji.

Ovo je apsurdno. Ja jesam *domaćica koja stoji u svojoj kuhinji.*

Okrenula se ka dvojici agenata i kazala: „Vidite, ne poznajem tu ženu. To vam je čista, najčistija istina. Nikada se nismo srele. Jasno je da zna ko sam. Ipak, to ne znači da je i obratno istina."

Greg Volton se u žurbi nagnuo napred. „Čak i da je to tačno, Trejsi. Čak i da se ispostavi da je *ne* znate, i dalje nam možete pomoći."

„Ne vidim kako."

„Vi i Alteja imate mnogo zajedničkog."

Trejsi se namršti. „Kako to zaključujete?"

„Obe ste bogate, nezavisne žene s prošlošću koja obuhvata rad na kompjuterima, obe ste uspešno izbegle da vas otkriju vlasti u više država. Obe igrate po sopstvenim pravilima, skrivate svoj identitet i uspele ste se do vrha u nečemu što je tradicionalno isključivo muška sfera. Obe ste sklone riziku."

„Više ne", čvrsto reče Trejsi. „Moji dani nemarnosti su završeni. Ona je terorista, gospodine Voltone."

„Greg."

„Ja sam domaćica."

„Ona vas poznaje", navaljivao je Volton. „Najmanje što možete učiniti jeste da nam pomognete da razumemo njenu strategiju, njen način rada. Ako možemo da predvidimo njen sledeći korak i utvrdimo njene slabosti, imamo šansu da je zaustavimo. *Kako* se provlači kroz mrežu? Ko joj pomaže? Šta biste vi radili da ste na njenom mestu?"

„*Ne znam* šta bih radila." Trejsina ljutnja je rasla. „Grupa 99, Altejin svet, za mene su zatvorena knjiga."

„Dakle, da je otvorimo." Ton Grega Voltona postajao je navalentniji. „Sažeto ćemo vas informisati o Grupi 99. Daćemo vam sve što znamo i mi i britanska obaveštajna služba. Verujte mi, Trejsi, da nisam siguran da možete da nam pomognete, ne bih bio ovde. Lično me je predsednik zamolio da vam se približim."

Trejsi je delovala skeptično. „Zaista?"

„Predsednik Hejvers bio bi srećan da vas lično pozove i to potvrdi", odgovori Volton, hvatajući se za njeno oklevanje. „U ovom trenutku, pronalaženje Alteje i sasecanje Grupe 99 prvenstveni je cilj u domenu nacionalne bezbednosti. Bez izuzetka. Poziv iz Bele kuće mogao bi se urediti ako biste to želeli."

Trejsi je zagladila kosu rukom. „Žao mi je, Greg. Polaskana sam, zaista jesam. Ali, ako predsednik misli da mogu pomoći, onda se bojim da je ozbiljno dezinformisan. Dajem vam reč da ću vas pozvati ako se dosetim bilo kakve povezanosti između mene i Alteje, ili bilo kog traga koji biste mogli da iskoristite. Međutim, ne idem u Lengli. Imam sina."

„Znam", uzdahnu Greg Volton. „Nikolasa."

„Tako je. Kada sam ga poslednji put ostavila, malo je nedostajalo da se ne vratim. Tada sam se zarekla i njemu i sebi da se više nikada neću izložiti opasnosti."

„Čak ni za svoju zemlju?"

Trejsi je odmahnula glavom.

„Volim moju zemlju. Međutim, mog sina volim više." Ponovo je pogledala na sat. „A sada, gospodo, moraćete da me izvinite. Vreme je da krenem po njega."

Milton Bak ljutito je skočio na noge. „Niste vi ovde glavni, Trejsi. Mislite li da se nekoga tiču vaši majčinski fudbalski prioriteti kada Amerikance tamo kidnapuju i muče, a američkim kompanijama nestaju s računa milijarde dolara? Šta ste, zaboga, umislili da ste?"

„Dosta." Greg Volton nije podigao glas, ali je njegov izraz lica jasno govorio da je besan na kolegu. „Izvinjavam se, gospođice Vitni. Zahvalni smo vam na vašem vremenu." Predao je Trejsi karticu. „Ako se predomislite ili budete imali neku informaciju ili pitanja, molim vas, pozovite me. U pola dana ili noći. Ne morate da nas ispratite."

Krenuo je prema vratima, a Milton Bak pratio ga je poput smrknutog deteta.

Dok su izlazili, Trejsi reče: „Žao mi je."

Milton Bak sačekao je sve dok se Greg Volton nije dovoljno udaljio da ne čuje, pa prosiktao Trejsi na uho: „Tek će vam biti."

Dvojica muškaraca vozili su se pet minuta niz planinu u potpunoj tišini.

Zatim se Greg Volton obrati Miltonu Baku.

„Sredi to", rekao je. Zaštitnički ton koji je koristio s Trejsi sada je nestao. Te dve reči izgovorio je sa zlobom.

„Kako?", upita Bak.

„To je tvoj problem. Nije me briga kako ćeš to da uradiš, ali dovedi Trejsi Vitni u Lengli, ili se oprosti od karijere. Je li to jasno?"

Milton Bak proguta knedlu. „Kristalno."

Nik i Trejsi sedeli su za trpezarijskim stolom i gledali video na Nikovom telefonu.

„To je *odvratno*", reče Trejsi, a suze izazvane smehom slivale su joj se niz lice.

„Znam", ozario se Nik. „Staviću ovo na Vajn."

„*Nećeš*“, gromoglasno kaza Blejk Karter. „Daj mi taj telefon.“

„Molim? Ne!“, uzviknu Nik. „Ma daj, Blejk. Smešno je. Kladim se da će postati viralno.“

„Ponižavajuće je, eto šta je“, odgovori Blejk. Zanemarivši dečakove proteste, uzeo je telefon i izbrisao snimak direktora srednje škole koji je najpre osmotrio hodnik za koji je verovao da je prazan, pa glasno prdnuo.

„Mama!“, pobunio se Nik.

Trejsi je slegla ramenima, pa obrisala suze. „Izvini, dušo. Blejk je u pravu. Ne bi trebalo tako da uhodiš ljude.“

„Ne *ljude*“, ispravio ju je Blejk. „Odrasle. Nastavnike, zarad smejanja naglas. U moje vreme išibali bi te za takvo nešto.“

„U tvoje vreme nije bilo telefona“, uzvrati Nik, i dalje ljut. „Tvoja predstava o provodu svodila se na udaranje loptice na lastiš-traci. Znaš li u čemu je tvoj problem? Ne *umeš* da se zabavljaš.“

„Nik!“, uzviknu Trejsi. „Izvini se.“

„Izvini.“ Rekao je to sarkastično. „Idem u svoju sobu.“

Nekoliko sekundi kasnije, Nikova vrata zatvorila su se s treskom.

Blejk pogleda Trejsi. „Zašto ga ohrabruješ?“

„O, ma *daj*. Bilo je smešno.“

„Bilo je detinjasto.“

„Zato što je još dete“, odgovori Trejsi. „Ne moraš uvek da budeš tako rigorozan u pogledu svega.“

Blejk je delovao povređeno.

„Ja mu nisam prijatelj, Trejsi. Ja sam mu roditelj.“ Shvativši šta je upravo rekao, Blejk pocrvene. „Pa, mislim... znaš... ja sam...“

„Ti si mu roditelj“, kaza Trejsi ozbiljno i spusti ruku preko Blejkove. „Srećan je što te ima. Oboje smo srećni.“

Trejsi je osećala ogromnu ljubav prema Blejku Karteru. Gurajući sedamdesetu, stari kauboj bio je divna očinska figura Nikolasu i najdraži prijatelj kog je Trejsi ikada mogla da poželi. Znala je da je Blejk voli. Pre nekoliko godina čak ju je jednom i zaprosio. I mada nije mogla da mu uzvrati ljubav na isti način, u potpunosti ga je smatrala članom porodice.

„Je li sve u redu, Trejsi?“, upitao ju je. „Mimo Nika?“

To je bila druga stvar u vezi s Blejkom Karterom. Video je pravo kroz nju. Pokušaj da sakrije nešto od Blejka bio je kao da pokušava da sakrije nešto od boga – protraćen trud.

„Danas sam imala posetu“, odgovorila mu je. „Iz FBI-ja.“

Blejk Karter ukočio se poput jelena kad predoseti opasnost.

„I CIA“, dodade Trejsi. „Zajedno.“

„Šta su želeli?“

Trejsi mu je ispričala. Ne sve, ali suštinu onoga što je rečeno, zajedno s predlogom Grega Voltona da otputuje u Lengli.

„Šta si odgovorila?“, upita Blejk.

„Odbila sam, naravno. Sigurna sam da nikada nisam upoznala tu ženu. Osim toga, sve što znam o antiterorizmu može da stane na poleđinu poštanske marke.“

„Ali ti momci mislili su da možeš da im pomogneš?“, upita Blejk nežno.

„Pa, da“, priznade Trejsi. „Jesu, ali su pogrešili. Nemoj mi reći da *želiš* da odem u Lengli?“

„Naravno da ne želim da ideš“, kaza Blejk glasom koji je postao hrapav usled emocija. „Ipak, možda se ne radi o tome šta ja želim. Ili šta ti želiš. Ljudi iz Grupe 99... potpuno su izgubili kontrolu. Neko treba da im se suprotstavi. Oni su protivnici svega na čemu je ova država utemeljena. Svega na čemu je Amerika izgrađena.“

„Vidiš, opet to radiš“, reče Trejsi ironično. „Orao Sem*.“

„Samo hoću da kažem da neko mora da ih zaustavi. Zar se ne slažeš?“

„Naravno da se slažem“, prasnu Trejsi. „I biće zaustavljeni. Jedino što to neću učiniti ja. Nisam ja špijun, Blejk. Nemam ovde šta da ponudim. Nebo će znati kako ta žena Alteja zna za mene, ili zašto je spomenula moje ime. Međutim, sada je ubedila FBI, CIA i Belu kuću da imam nekakve insajderske informacije, neku magičnu moć da je pronađem i obavim njihov posao umesto njih. Sve je to besmisleno! Osećam se kao Alisa kad propada kroz zečju rupu!“

„U redu, Trejsi. Smiri se.“

„Pa čak i da nije besmisleno, čak i da mogu da pomognem – što nije u mojoj moći – neću da ostavim Nika. Nikada.“

„To razumem.“

„Zapravo, mislim da ne razumeš.“ U Trejsinim očima sada je bilo suza. Bila je ljuta i vidno uznemirena, mada nije mogla da odredi na koga se srdi: na sebe ili na Blejka Kartera. „Mislim da je bolje da odeš kući, Blejk.“

---

* Engl. Eagle Sam jedan je od junaka iz televizijske serije *The Muppet Show*. Njegov patriotski duh razlikuje ga od ostatka postave, kao i kruto i pompezno držanje. (Prim. prev.)

Stari kauboj izvio je obrvu. „Dobro. Ako to želiš."

Pre nego što je Trejsi uspela da sabere misli, uzeo je šešir i otišao. Trejsi je čula udaljavanje njegovog kamioneta, a posle toga treštanje razdražljive tinejdžerske muzike koje je dopiralo iz Nikove sobe. Umorna i nesrećna, raspremila je sto posle večere i otišla u krevet.

Dva sata kasnije Trejsi je i dalje bila potpuno budna i zurila je u tavanicu.

Razmišljala je o Blejku Karteru. Zašto je morao stalno da bude toliko dobar? Tako prokleto nesebičan, i ispravan, i pravičan? Zar ne shvata koliko to nervira?

Mislila je na Nikolasa i koliko liči na svog oca. Džef bi se smejao tom videu. Pokušala je da porekne to pred sobom, ali Džef joj je ponekad veoma nedostajao, toliko da je imala utisak da joj na grudima leži kamena ploča.

Naposletku, uprkos naporima da se obuzda, razmišljala je o dvojici posetilaca. Nizak, šarmantan šef CIA, Greg Volton, sa svojim iskrenim preklinjanjima, i siledžijski nastrojen, mrzak Milton Bak s neprikrivenim pretnjama.

„Žao mi je."

„Tek će vam biti."

Trejsi taj deo nije prenela Blejku. Nije želela da brine. Blejk nije znao za krađu dijamanata koju je Trejsi izvela pre samo nekoliko godina u Los Anđelesu, ukravši smaragde Brukstajnovih pred nosem svoje rivalke, Rebeke Mortimer. FBI je sklopio dogovor s Trejsi posle rešavanja slučaja Ubice s Biblijom i obećao joj imunitet za to i niz drugih krivičnih dela. Trejsi je njima učinila uslugu, pa su obećali da će njoj učiniti protivuslugu. Međutim, ako je znala nešto o agentu Miltonu Baku, onda je to bilo da čovek nema nikakve skrupule. Bez razmišljanja bi pregazio njihov dogovor i poslao je u zatvor, samo ako bi pomislio da će to unaprediti njegovu karijeru.

Ne vraćam se u zatvor, reče Trejsi sebi. *Nikada više.*

Milton Bak nije bio jedini s opasnim tajnama u rukavu. Ucena je, davno je naučila Trejsi, igra s dva igrača, pa je još odavno pripremila vlastiti sledeći potez. Ako Bak bude pokušao da je proganja posle tog posla s Grupom 99, biće spremna.

Naposletku je san počeo da je savladava. Dok je tonula u njegov zagrljaj, čas tonući, a čas se osvešćujući, Trejsi je razmišljala o Alteji, toj tajanstvenoj, ubilačkoj bogatašici koja je predsednika Sjedinjenih Država i tolike njegove podanike naterala da se uhvate za slamku.

Ko je ona?

Gde se nalazi?

I kako to da mi zna ime?

Kako se uplela s Grupom 99? I da li je ona odgovorna za to što su od organizacije miroljubivih, prevratničkih idealista postali teroristička grupa, krvožedna i nemilosrdna poput svih ostalih?

Vratile su joj se reči Blejka Kartera: *Ne radi se o tome šta ja želim, Trejsi. Ili šta ti želiš. Te ljude potrebno je zaustaviti.*

Iscrpljena, Trejsi konačno utonu u san.

ŠESTO POGLAVLJE

Sali Fejers strpljivo je čekala da se četiri ključa pred njom spoje u jedan, pa da može otključati ulazna vrata. Takođe, pomoglo bi joj kada bi vrata prestala da se ljuljaju. Međutim, posle četiri duple votke s tonikom, čovek ne može baš sve da ima.

Salin stan nalazio se u Ulici Bofort u Čelsiju, u jednoj od stotinu tipičnih stambenih zgrada od crvene cigle u viktorijanskom stilu. Po novinarskim merilima, bilo je to fino mesto u skupom delu Londona i s pristojnim saobraćajnim vezama. Bez buđi po zidovima. Kao nagrađivana kolumnistkinja u *Tajmsu*, Sali Fejers bila je na vrhuncu karijere, ali bez izgleda da će ikada zaraditi bogatstvo. Niko nije ulazio u istraživačko novinarstvo zarad novca. Ipak, Sali je posedovala svoj stan, sama plaćala hipoteku i čak, kad je to situacija zahtevala, plaćala sopstvenu votku.

Ključ je konačno ušao u bravu, tako neočekivano da se Sali zateturala napred i bolno udarila glavom o vrata.

„Sranje", progunđala je sebi u bradu.

Četiri niza stepenica bila su pravi užas. Zaista će morati da počne trenirati nekada u ovom veku. Kada se teturavo i bez daha dokopala stana, zaključala je vrata za sobom i žustrim pokretom zbacila s nogu cipele s visokim potpeticama.

Kakva noć! Sali je u šest sati posle podne predala svoju najnoviju priču, ekspoze o jednom od najviših katoličkih sveštenika u Engleskoj koji je u tajnom sporazumu s krugom pedofila, pa potom otišla u najbliži pab da proslavi. U tom trenutku bila je u vakuumu između prošle i buduće veze, ali je iskoristila priliku da u taksiju na putu do kuće malo petinguje sa

Džonom Vilerom iz sportske redakcije. Razmatrala je ideju da ga pozove u stan na jednu čašicu pred spavanje – kružila je glasina da Džon ima najveću alatku u Vopingu* – ali onda se setila šta se dogodilo poslednji put kada je imala avanturu za jednu noć s nekim s posla. S Vilom, seksepilnim stažistom koji je radio u redakciji vesti. Siroti Vil čeznuo je za Sali nedeljama posle toga, stalno je „navraćao" do njenog stola da popiju kafu dok je pokušavala da piše. Naposletku je morala da popriča s urednikom i izdejstvuje da ga prebace na čitulje. Još se osećala loše zbog toga.

Kada je ušla u kupatilo, skinula je haljinu i helanke i otvorila tuš, pa pogledala svoj odraz u ogledalu pre nego što je zakoračila u kabinu. U trideset drugoj godini Sali je još imala dobru figuru, uprkos fobiji od teretane, graničnom alkoholizmu i uopšte razuzdanom stilu života. Struk joj je bio uzan, grudi velike i napete, a duge noge mišićave taman koliko treba. Imala je mali, prćast nos koji je mrzela, ali koji su muškarci neobjašnjivo smatrali privlačnim, i bledosive oči koje su podsećale na jutarnju izmaglicu i veoma široka usta poznata po tome što su proizvodila zaprepašćujući broj psovki, kletvi i vulgarnosti, naročito kada se njihova vlasnica nalazila pred probijanjem krajnjeg roka. Njena plava kosa bila je oblikovana u paž i gotovo uvek prljava, usled hroničnog nedostatka vremena i volje.

Kada je otvorila vrata tuš-kabine, zazvonio je telefon.

Sali jeknu. *U prokleta dva ujutro!* Za nju nije bilo neuobičajeno da je neko zove u sitne sate. Međutim, kada konačno preda priču, obično je nastupalo zatišje sve dok ponovo ne započne istraživanje. U vezi s poslednjom pričom, neki od tih poziva bili su izuzetno stresni. Javljali su se slomljeni muškarci koji su joj jecali u slušalicu dok su se prisećali zlostavljanja iz detinjstva. Nepristrasnost je bila onaj jedan deo novinarskog posla kojim Sali nikada nije uspela da ovlada. Time i sposobnošću da zanemari telefon koji zvoni.

Obmotavši se peškirom – *Zašto? Pa nema nikoga?* – odgegala se nazad u predsoblje i javila se.

„Sali Fejers."

„Zdravo, lepotice."

Salino srce potonulo je u stomačnu duplju. Bio je to loš tekst, ali bi uvek i svuda prepoznala taj glas, dubok, muževan, američki glas koji je bio napola otezanje, a napola režanje.

---

* Wapping, opština u istočnom delu Londona. (Prim. prev.)

„Hantere." I samo izgovaranje njegovog imena bilo je bolno. „Dakle, živ si."

„Ne moraš zbog toga da zvučiš toliko srećno."

„Nisam srećna. Ti si prokleti kreten."

„E sad, to nije lepo. Znaš da sam prošlu godinu preživeo jedino zahvaljujući tome što sam te zamišljao golu, s tim savršenim nogama oko mog struka. Sećaš se Stokholma?"

„Ne", odgovorila je Sali. „*Mene* je spaslo to što sam te zamišljala lancima privezanog za zid u nekoj zabačenoj jazbini Grupe 99, s dvema elektrodama zalepljenim na testise."

Hanter se nasmejao. „Nedostajala si mi."

„Dakle, pustili su te?"

„Zapravo, pobegao sam."

Bio je red na Sali da se nasmeje. „Kako da ne! Imaš otprilike isto onoliko veština za preživljavanje kao i jež koji pokušava da se odgega preko auto-puta."

„Napredovao sam." Hanter je zvučao povređeno. „Imao sam malu pomoć od mojih sunarodnika. U početku."

Kroz izmaglicu pijanstva, Sali je čitala između redova. „Misliš, bio si tamo? U slovačkom kampu?"

„Bio sam tamo", potvrdio je Hanter.

„I ostavili su te za sobom?", upitala ga je nepoverljivo.

„Ne baš", priznao je. „Pobegao sam."

Sali je skliznula niza zid i sela na pod. „Molim? Zašto?"

„Duga je to priča."

Oluja osećanja protutnjala je kroz nju. Najjače je bilo olakšanje što je Hanter živ. Razbio joj je srce na milion delića kad ju je ostavio zbog one kučke Fione iz *Njujork tajmsa.* Ipak, čak ni Sali nije želela da vidi kako komadi njegove lobanje lete kroz vazduh poput Dejlijevih.

Za olakšanjem je neposredno sledilo uzbuđenje. Čitav svet tražio je Hantera Dreksela i nagađao o njegovoj sudbini. A ona, Sali Fejers, razgovarala je s njim telefonom i slušala ga dok joj je pričao kako je pobegao od svojih američkih spasilaca – i da je izjava predsednika Hejversa bila čista laž! Prva saznaje tu vest!

Ispružila je ruku i ščepala olovku i blokče sa stočića u hodniku.

„Gde se nalaziš?"

„Izvini“, odgovorio joj je Hanter, rešeno odbivši da pruži informaciju. „To ti ne mogu reći.“

„Makar mi daj neki nagoveštaj.“

„Takođe, ne možeš nikome da kažeš ni za ovaj telefonski razgovor.“

Sali se nasmeja. „Odjebi. Ovo su vesti za naslovnu stranu. Čim prekineš vezu, zovem redništvo.“

„Sali, ozbiljan sam, ne možeš ništa da preneseš.“ Hanterov glas najednom je postao smrtno ozbiljan. „Ubiće me ako me pronađu.“

„Ko to?“, upita Sali.

„Zanemarimo to zasad“, presekao ju je Hanter. „Potrebna si mi da mi učiniš uslugu.“

Bilo je zadivljujuće koliko se brzo olakšanje može pretvoriti u bes. „U kom to paralelnom univerzumu *ja tebi* činim uslugu?“, pitala je Sali.

„Treba da mi nešto iskopaš“, odgovorio je Hanter prešavši preko toga. „Sećaš se grčkog princa kog su pronašli obešenog u Sandherstu?“

„Svakako. Ahil. Samoubistvo. Hantere, ne govoriš mi valjda ozbiljno da upravo radiš na priči? Zato što...“

„Mislim da to nije bilo samoubistvo“, preseče je Hanter. „Na Sandherstu postoji jedan stariji oficir, general-major Frenk Dorijen. Potrebno mi je da mi pronađeš sve što možeš o njemu.“

Sali je poćutala. „Smatraš da je taj tip, Dorijen, ubio grčkog princa Ahila? Jesi li na drogama?“

„Samo proveri“, odgovori Hanter. „Molim te.“

„Reci mi gde si i razmisliću o tome“, kaza Sali.

„Hvala. Pravi si anđeo.“

„Hej, nisam pristala! Hantere?“

„Gubiš mi se.“ Počeo je da proizvodi smešne pucketave zvuke u mikrofon.

„*Ne* gubim se. Hantere! Nemoj da si se usudio da prekineš vezu. Kunem ti se bogom, ako sada prekineš, istog časa pozvaću CIA i reći ću im za ovaj poziv. Svaku reč. A onda ću da pustim priču u sutrašnji *Tajms.*“

„Ne, nećeš“, kaza Hanter.

Prekinuo je vezu.

Sali Fejers dugo je sedela naga u predsoblju, držeći telefon u ruci.

„Nosi se, Hantere Dreksele“, rekla je naglas.

Iščupao si mi srce. Potpuno si me izdao. A sada očekuješ od mene da sedim na najvećoj priči u svojoj karijeri i da tiho izađem i umesto tebe obavim tvoje prljave stvari o nekoj uzaludnoj potrazi, o nebuloznoj priči u Sandherstu?

„Neću to da radim", viknula je niz prazan hodnik svog stana. „Ovog puta ne."

Ali već je znala da hoće.

Hanter je prekinuo vezu u javnoj govornici i iskoračio u vetar koji je urlikao.

Kako je samo želeo da je u Londonu sa Sali! Po mogućstvu, u krevetu. Otkrio je da se uzbuđuje pri pomisli na nju. Te noge. One fenomenalne grudi... Šta li ga je zaposelo da je uopšte ostavi?

U pravu je, pomislio je. *Pravi sam skot.*

Nesrećno se osvrnuo oko sebe. Na ulici po kojoj se kotrljalo smeće slabo odeveni ljudi sklanjali su se u ružne betonske stambene zgrade, kancelarije ili kafiće, bilo gde, samo da se sklone s hladnoće. Nekolicina jadnika primoranih da čekaju na autobuskoj stanici neveselo se šćućurila zajedno, nalik na ovce na putu ka klanici, trupkajući nogama, pušeći i bez prestanka pljeskajući rukama u rukavicama, da se odupru ljutoj zimi.

Rumunija je bila prelepa zemlja. Ali Veliki Varadin, grad u kome je Hanter proveo poslednja tri dana, bila je deponija ispunjena napuštenom komunističkom arhitekturom i depresivnim, nezaposlenim ljudima. Bolnice su bile dupke pune ostavljene dece, a prljave romske porodice lutale su ulicama poput životinja. Neki od njih zacelo su spavali na vrhu hrpa đubreta, ostavljeni da trunu, ili se smrznu, ili opiju do smrti.

Ako je Rumunija supermodel, pomislio je Hanter, *Veliki Varadin je prišt na njenoj zadnjici*. Ovde se nije ni nazirala lepota Transilvanije niti prefinjenost Bukurešta. Nigde ni znaka o ekonomskom oporavku o kome se toliko trubilo. Gde god da su trošeni rumunski milioni iz Evropske unije, to nije bilo ovde. Veliki Varadin ostavljao je utisak zaboravljenog grada. Međutim, baš ga je to činilo savršenim za Hantera Dreksela. Tog trenutka Hanteru je bilo potrebno da ga svi zaborave. Tu ga niko ne bi tražio.

Ipak, nije da se novac nije mogao pronaći. U Starom gradu, uz obale reke Brzi Kereš, bogati privatni vlasnici povratili su nekoliko veličanstvenih vila, relikvije iz prekomunističkog doba. Krcate umetničkim slikama i neprocenjivim starinama, a njihove formalne bašte oivičene žbunovima lavande i uredno potkresanim živicama, ti domovi sijali su poput zvezda na inače potpuno crnom horizontu i svetlucali neumesno nalik na tek izrezane dijamante bačene na gomilu gnojiva. Njihovi vlasnici bili su uglavnom domaći Rumuni, gangsteri, korumpirani lokalni zvaničnici i mali broj legitimnih biznismena od kojih su se neki danas vraćali u svoj rodni grad posle godina izgnanstva u inostranstvu.

Hanter je odseo u jednoj od tih kuća. Njen vlasnik, po imenu Vasil Rinesku, koji se obogatio na nekretninama, bio je revnostan pokeraš i nekakav prijatelj.

„Ako ste došli da igrate, dobrodošli ste", rekao je Vasil Hanteru kada je ovaj stigao na njegov prag, drhtav i očajan. „Ne znam za krv, ali poker je svakako gušći od vode."

„Hvala bogu za to", odgovorio je Hanter.

„Kako se ispostavlja, ove subote igra se kod mene. Biće nekih zanimljivih igrača. Veliki su ulozi."

„Dobro", reče Hanter. „Potreban mi je novac. Trenutno sam... u teškoj situaciji."

Vasil se nasmejao. „Mi smo možda žabokrečina, ali pratimo vesti, prijatelju moj", uzvratio je Hanteru. „Čitav svet zna za tvoju 'tešku situaciju'."

Izraz panike preleteo je preko Hanterovog lica.

„Ne brini." Vasil ga je potapšao po leđima. „Moji prijatelji su diskretni. Niko te neće prijaviti agentima CIA, niti Grupi 99. Osim, naravno, ako izgubiš, a ne možeš da platiš. U tom slučaju prijaviće te onome ko ponudi najviše."

„Jasno."

„Kad završe s mučenjem."

„Razumem." Hanter se široko osmehnuo. „Pretpostavljam da mi je onda bolje da ne izgubim."

„Ja bih se veoma potrudio", uzvratio je Vasil. On se nije osmehivao.

Hanter nije izgubio. Posle tri dana provedenih kod Vasila, gde je uživao u prvim domaćim jelima i toplim kupkama još od dana kada su ga oteli u Moskvi, uspeo je da osvoji dovoljno novca da finansira bar još mesec dana u bekstvu.

Kako je bio korak ispred Amerikanaca, Hanter je shvatio da su oni lakši deo. Brinula ga je Grupa 99, a naročito Apolon. Sadistički stražar doživeo je Hanterovo bekstvo kao lično poniženje, takvo za koje neće postojati prepreke da se osveti. Ako bi Hanter makar samo i virnuo u kompjuter, Apolon bi ga pronašao. To je značilo da nema slanja mejlova, korišćenja kreditne kartice, mobilnog telefona, iznajmljivanja automobila, letova, prisustva ikakvog traga koji je moguće elektronski pratiti. Od sada pa nadalje, sve dok njegova priča ne bude završena i distribuirana po celom svetu, Hanter će morati da živi u potpunosti van domašaja radara.

Srećom, poker je obezbeđivao savršenu priliku da stvori tu novu, isključivo gotovinsku, nevidljivu verziju sebe. Igrači pokera bili su prirodni čuvari tajni, sa usađenim osećajem lojalnosti jedan prema drugom. Zahvaljujući pokeru, Hanter je imao „prijatelje" poput Vasila Rineskua raštrkane po celoj Evropi. Mogao je da preleće od jedne sigurne kuće do druge, zarađujući dovoljno za život i radeći na svojoj priči između partija. Naravno, bez kompjutera ili telefona istraživanje bi bilo teško. Ne bi u tome uspeo bez Saline pomoći. Ipak, znao je da će ona priskočiti.

Možda mi ne veruje kao muškarcu. Ali veruje mi kao novinaru.

Zna da je ovo krupno.

Kada bude objavio priču - čim istina, cela istina o Grupi 99 konačno dopre do sveta - predaće se Amerikancima. Moraće štošta da razjasni, naravno, ali će, na kraju krajeva, morati i mnogi drugi.

Obavivši šal čvrsto oko donje polovine lica, Hanter se uputio preko mosta ka vili.

Vasil Rinesku bio je divan domaćin, ali su mu se prijatelji umorili od gubljenja.

Sutra će Hanter produžiti dalje.

SEDMO POGLAVLJE

Džef Stivens odmerio je devojku koja je sedela na kraju šanka.

Bio je u ekskluzivnom privatnom klubu Kod Mortona i upravo mnogo izgubio na kartama. Međutim, nešto u načinu na koji mu je graciozna plavuša uzvratila osmeh navelo ga je da pomisli da će se njegova sreća uskoro promeniti.

Naručio je čašu dom perinjona iz 2003. i jednu perijea, pa prešao preko uglačanog parketa do mesta gde je sedela. Njene beskrajno duge noge dražesno su se klatile s ivice barske stolice tapacirane somotom. Bila je u ranim dvadesetim, s visokim jagodicama i onom vrstom sjajne kože karakteristične samo za mladost. Da joj je srebrna haljina bila iole kraća, bilo bi to u jasnoj suprotnosti sa zakonom o opisu robe.

Ukratko, radilo se o Džefovom tipu devojke.

„Čekaš nekoga?"

Pružio joj je čašu sa šampanjcem.

Za trenutak se ustručavala, zatim prihvatila i zagledala se tamnoplavim očima u Džefove sive.

„Više ne. Ja sam Lijana."

„Džef." Džef se široko osmehnuo dok je u sebi računao koliko će minuta flertovanja morati da uloži pre nego što povede Lijanu kući sa sobom. Nadao se ne više od petnaest. Još jedno piće. Sutra ga je čekao veliki dan.

Džef Stivens bavio se prevarama otkad je znao za sebe. Savladao je osnovne veštine trgovine kao dečak na vašaru ujka Vilija, a one su ga odvele svuda po svetu, do mesta vrtoglavije glamuroznih i zastrašujuće opasnih nego što je mladi Džef uopšte znao da postoje. Zahvaljujući britkom, dovitljivom umu, neusiljenom šarmu i razorno dobrom izgledu, Džef je brzo dospeo u sam vrh svoje „profesije". Ukrao je neprocenjive slike iz svetski poznatih umetničkih galerija, lišio naslednice dragog kamenja i milijarderske gangstere njihovog imovinskog portfolija. Uspešno je izvodio krađe u Orijent ekspresu, KE centru i Konkordu pre tog tragičnog pada aviona. Dok je radio s Trejsi Vitni na vrhuncu karijere, Džef je izvršio neke od najsmelijih i najbriljantnijih pljački ikada izvedenih u nizu gradova širom Evrope, uvek ciljajući pohlepne i korumpirane, i uvek uspevajući da ostane korak ispred nesrećne policije, kad je pokušavala i nije joj pošlo za rukom da bilo njega ili Trejsi poveže s bilo kojim krivičnim delom.

Bili su to srećni dani. Najbolji period njegovog života na mnogo načina.

Pa ipak, pomislio je Džef, i sada je bio srećan. Pošto je ostao bez Trejsi na deset dugih godina – posle venčanja, Trejsi je posumnjala da Džef ima ljubavnicu, pogrešno, kako se ispostavilo, pa je nestala s lica zemlje – ponovo su stupili u vezu. Pre nekoliko godina Trejsi je Džefu spasla život kada je poremećeni bivši agent FBI-ja Danijel Kuper pokušao da ga ubije. Tek je posle tog mučenja saznao da ima sina, Nikolasa. Džef nije znao da je Trejsi bila trudna kada je otišla, niti da je podigla dečaka sama u Koloradu, uz pomoć upravnika imanja, dragog čoveka po imenu Blejk Karter.

Džef je odmah primetio da je taj Blejk u stvarnosti već Nikov otac, i to prokleto dobar. Džef je dovoljno voleo sina da ne pokuša to da promeni. Trejsi ga je predstavila kao starog prijatelja i u međuvremenu je postao neka vrsta nezvaničnog kuma sopstvenom sinu.

Možda je to bilo neobično, ali je funkcionisalo. Džef je obožavao Nika, ali je živeo previše ludo da pruži stabilno okruženje detetu, ili pak tinejdžeru u kog je Nik već izrastao. Na ovaj način mogli su da budu prijatelji i druže se neobavezno, i da jedan drugome šalju glupave snimke na Vajnu koje Nikova majka nikada ne bi odobrila. Džef je *zaista* želeo da ga češće viđa. Ipak, nadao se, Trejsi će s vremenom doći na to.

Što se nje tiče, ljubav između njih dvoje i dalje je postojala, još jaka kao i uvek. Međutim, i ona je za sebe stvorila novi život, spokojan, miran, ispunjen zadovoljstvom. Za Džefa je nalet adrenalina usled uspešno obavljene prevare ostao neodoljiv. Bio je deo njega podjednako kao što su to bile njegove noge, ruke ili mozak. Čak i uprkos tome, svega bi se odrekao za Trejsi, kao što je već jednom učinio pre nego što su se venčali. Međutim, kako je to Trejsi objasnila: „Ako od toga odustaneš, Džefe, ti nećeš biti ti. A ti si onaj koga volim."

Tako se Džef vratio u London, starom životu. Samo što je ovoga puta bilo drugačije. Bolje.

Sada je znao da je Trejsi živa. I to ne samo živa već bezbedna i srećna. Što je bilo još čudesnije, imao je sina, fantastičnog sina. Nik je postao svrha svega. Svaki posao koji bi Džef prihvatio, svaki novčić koji bi zaradio, bio je za njegovog dečaka.

Prestao je da pije i samo se povremeno kockao. Počeo je da odbija sve poslove za koje bi procenio da su isuviše rizični. Više se nije radilo samo o njemu. Džef više nije mogao da priušti sebi da bude toliko nepažljiv.

S druge strane, pomislio je kad je spustio ruku na Lijaninu puterastu butinu i istog trena osetio talas uzbuđenja, *čovek mora da ima neka uživanja u životu.*

Džef se nikada više neće ženiti. Nikada više neće voleti, ne posle Trejsi. Ipak, tražiti od Džefa Stivensa da se odrekne žena bilo bi isto što i tražiti od kita da živi bez vode ili pak narediti suncokretu da raste u mraku.

Nagnuo se napred i spremao da zatraži račun, pa da ljupku Lijanu strpa u taksi, kada je visok, vitak, stariji čovek ljutito zakoračio između njih.

„Ko ste, dođavola, vi?“, upitao je čovek piljeći u Džefa. „I šta će vaša ruka na mojoj verenici?“

Džef je podigao obrvu ka Lijani, a ona mu je u sekundi uzvratila poluosmeh izvinjenja.

„Džef Stivens.“ Pružio je ruku ljutitom muškarcu, ali susreo se s još jednim ubilačkim pogledom. „Nije uopšte pomenula da je... da ste se, ovaj... čestitam. Kada je veliki dan, gospodine?“

„Klinsman.“

Džef s mukom proguta. Din Klinsman bio je verovatno najveći razvojni programer nekretnina u Londonu posle braće Kendi i već je upravljao pozamašnom operacijom u domenu organizovanog kriminala. Posedovao je malu vojsku Poljaka, danju građevinskih preduzimača, koje je posle radnog vremena koristio kao uterivače dugova da obilaze Klinsmanove neprijatelje i poslovne rivale, a čiju posetu Džef Stivens sasvim sigurno *nije* želeo da primi.

„Drago mi je što sam vas upoznao, gospodine Klinsmane. Odlazim.“

„Učinite to.“

Bacio je svežanj novčanica od pedeset funti na šank i praktično otrčao kroz vrata.

„Kako reče da se zove?“, zarežao je Din Klinsman na svoju mladu verenicu čim je Džef otišao.

„Madli“, odgovorila je devojka i ne trepnuvši. „Maks Madli. Ovde je na odmoru. Nije li tako, Džejmse?“

Pogledala je u barmena koji je prebledeo od straha.

„Verujem da je tako, madam.“

„Živi u Majamiju“, produžila je. „Mislim da se bavi proizvodnjom kafemata. Takvo nešto.“

„Hm“, promumlao je Din Klinsman. „Ne želim da ikada više razgovaraš s njim.“

„Oh, Dino!“ Lijana se obmotala oko poznatog razvojnog programera poput pohotne zmije. „Tako si ljubomoran. Samo se poneo prijateljski. Ionako ne treba da brineš. Sutra se već vraća u Sjedinjene Države.“

Džefova vožnja kući taksijem potrajala je duže nego što je trebalo, i to zahvaljujući tome što je vozač krenuo nekom glupom obilaznicom oko parka. Dok su mileli pored grandioznih omalterisanih kuća Belgravije, Džef je uhvatio sebe kako sluša emisiju uživo na radiju u kolima.

Dvojica, obojica političari, žustro su raspravljali o Grupi 99 i tekućoj ali zasad jalovoj potrazi i za ubicom kapetana Dejlija, i za američkim taocem, Hanterom Drekselom.

„Za ovo treba da krivimo Amerikance“, insistirao je jedan. „Hoću reći, ako već hoćete da upotrebite moć da naređujete drugima, pregazite međunarodni zakon i pucate u tuđoj zemlji, najmanje što možete da uradite jeste pod A: da budete sigurni da vam je talac uistinu *tamo*, i pod B: ubijete pravog tipa kad stignete na tu lokaciju. Umesto toga, znamo da je Dejlijev ubica sada na slobodi, Hanter Dreksel i dalje je negde u zatočeništvu, a gomila poubijanih tinejdžera leži u slovačkoj mrtvačnici.“

„Nisu oni poubijani“, uzvrati oponent, paralisan besom. „Reč je o borcima nastradalim u akciji. Opravdanoj akciji, rekao bih, posle onoga što su učinili Bobu Dejliju. Bili su teroristi.“

„Bili su deca! Momak koji je ubio Boba Dejlija je terorista, međutim, nije on onaj s metkom u lobanji, zar ne?“

„Svi su deo iste grupe“, viknu sagovornik. „Svi snose odgovornost.“

„O, stvarno? Onda su, po toj logici, svi muslimani odgovorni za ISIL?“

„Molim? Naravno da nisu! Te dve situacije nisu čak ni izdaleka slične."

„Stigli smo, druže."

Na Džefovo olakšanje, taksi je konačno stigao do njegovog stana na Čejni voku. Pošto je čoveku dao veći bakšiš nego što zaslužuje, Džef je izašao u hladnu noć. Vetrić koji je dopirao s reke, u kombinaciji s mekim treperavim svetlima Albertovog mosta, umirivao mu je nerve.

Poput mnogih drugih u Engleskoj, i Džefa je povukla složena situacija u aferi koja se podigla oko Grupe 99. S jedne strane pronašao je da je nemarni antiamerikanizam koji je iskazao onaj prvi političar u radijskoj emisiji ujedno uvredljiv i zastranjen. Džef je živeo u Engleskoj dovoljno dugo da zna da bi pripadnici SAS-a bili pozdravljeni kao heroji da su išli u akciju spasavanja britanskog taoca, dok teritorijalni integritet Slovačke nikoga ne bi ni najmanje zanimao.

A opet, moguće je da sasovci ne bi baš toliko zabrljali da ugroze čitavu situaciju.

S druge strane, postojao je deo njega koji se slagao s prvim političarem kada je nastradale ljude u slovačkom kampu okarakterisao kao „decu". Sve do Dejlijevog smaknuća, Grupa 99 nikada nije bila nasilna i zaista se na nju retko kad upućivalo kao na terorističku. Treba li sada svakoga ko se pridružio organizaciji strpati u isti koš sa čudovištem koje je ubilo Dejlija?

Džef Stivens znao je da nije podesan branilac članova Grupe 99. Kada je bilo u trendu diviti im se, Džef je uvek nalazio da im politika nije prefinjena, a da im je takozvana misija neiskrena. Ti mladići iz raspalih evropskih država možda su opravdavali svoje akcije pod barjakom društvene pravde. Međutim, iz onoga što je Džef video, ono što ih je zaista pokretalo bila je zavist. Zavist, i gnev, i rastući osećaj moći koji su pothranjivali levičarski huškači poput Grka Elijasa Kalesa i Španca Lukasa Kolomara. Možda je Džef stario. Ipak, u njegovo vreme štos je bio zgrnuti bogatstvo i uživati u njemu do poslednje pare. Istini za volju, Džef je prekršio mnogo zakona u mladosti. Pretpostavljao je da bi ga tehnički bilo moguće opisati kao lopova. Međutim, uvek je krao od iskreno neprijatnih ljudi. Osim toga, činio je to na veliki sopstveni rizik, hrabro i smelo; nije se kroz zadnji ulaz uvlačio u nečiji kompjuterski sistem. Po mišljenju Džefa Stivensa, hakeri su predstavljali samo gomilu bednih kukavica koje su sasvim slučajno dobre u matematici. A što se tiče nišanjenja u industriju frakovanja? Ma nije valjda! Ako se za nešto moglo garantovati da će naljutiti Džefa, onda je to bila pobožna ekipa ekoloških daveža. Ako se Nikolas ikada bude pretvorio u jednog od tih nabeđenih, ogorčenih malih štrebera, Džef će umreti od stida. Međutim, bile su male šanse da se to desi.

Popevši se liftom u svoj stan u potkrovlju, Džef je osetio radost što je kod kuće. Ogroman stambeni prostor koji je zauzimao čitavo potkrovlje zgrade ispunjavao je Džefa ponosom i radošću. Sa otmenim višepanelnim prozorima, visokom tavanicom, parketom i spektakularnim pogledom preko reke, pre je podsećao na muzej nego na privatni stan. Džef je tokom godina napunio prostor neprocenjivim antikvitetima, blagom sa svojih putovanja, koje je stekao što legalno, što ilegalno. Police su bile krcate svim i svačim, od drevnih egipatskih vaza, preko prvog izdanja viktorijanskih romana, pa sve do mumificiranih pigmejskih glava, jezivo ukiseljenih u teglama. Bilo je tu novčića i statua, fosila i pogrebnih odora, delića vrhova strela i čitav jedan nordijski runski kamen u postolju stuba. U Džefovoj zbirci nije bilo ni rime ni smisla, osim što se radilo o unikatnim predmetima, stvarima koje su imale prošlost i koje je voleo. Neka njegova bivša ljubavnica jednom je iznela teoriju da se Džef okružio stvarima kako bi nadoknadio nedostatak ljudske bliskosti u svom životu, i to zapažanje duboko ga je uznemirilo. Verovatno zato što je tačno. Ili je bar bilo pre nego što je ponovo pronašao Trejsi, a Nik ušao u njegov život.

Otišao je u kuhinju i ubacio paket kafe u kjurig mašinu, pa izašao na terasu dok se skuva. Kako je ostavio alkohol, kafa je zamenila viski u njegovom noćnom ritualu. Zbog nekog razloga činilo se da ga nikada nije održala u budnom stanju, a on je detinjasto uživao u tehnološkim dodacima, u novoj generaciji kafemata, u svem tom sjajnom hromu i dugmićima koje treba pritisnuti, i u savršeno penastom mleku.

Bila je nedelja pre Božića i London se nalazio u čeljustima hladnoće koja je sve prekrila svetlucavim sivim injem. Još nije pao sneg, ali je park ipak izgledao poput viktorijanske božićne čestitke, bezvremeno, mirno i ljupko. Džef je oduvek voleo Božić. Činio je da se opet oseća poput deteta koje sanja o slatkišima i poklonima, s nosem prislonjenim uz izloge radnji. Pa ipak, kako je Trejsi imala običaj da ga podseća, Džef zapravo nikada nije ni prestao da bude dete. Jedina razlika bila je u tome što je kao odrasla osoba zamenio gledanje kroz izloge prodavnica upadima kroz krov. „Postao si neizostavna stavka na Deda Mrazovoj listi nestašnih“, govorila je.

Osmehnuvši se na tu uspomenu, i dalje napola razmišljajući o Nikolasu – tokom Božića nedostajao mu je više nego inače – Džef je izvadio telefon i, sledeći trenutni poriv, pozvao Trejsi. Uključila se govorna pošta, što ga je razdražilo.

„Ja sam", rekao je s nelagodom. Džef nikada nije voleo da ostavlja poruke. „Vidi, stvarno želim da vidim Nika. Znam da smo se dogovorili da ćemo pustiti da prođe malo vremena, ali želim da dođem tamo. Prošlo je suviše vremena i... nedostaje mi. Pozovi me, hoćeš?"

Prekinuo je vezu ljut na sebe i vratio se unutra da uzme kafu. Trebalo je da sačeka da Trejsi odgovori. Sve je uvek teklo bolje u ličnom razgovoru.

Glasno zujanje koje je dopiralo od zvona na vratima nateralo ga je da poskoči.

Ko bi to, dovraga, mogao biti u ovo doba? Džefu se želudac iznenada zgrčio. Din Klinsman svakako nije mogao toliko brzo da mu uđe u trag. Ili ipak jeste. *Neko u klubu mogao je da mu dâ moju adresu. Bio je potreban samo telefonski poziv.*

Džef je brzo ušao u spavaću sobu, otključao fioku u toaletnom stočiću i izvadio revolver. Leđa prislonjenih uza zid, krenuo je prema ulaznim vratima stana i nervozno provirio kroz špijunku.

„Isuse", odahnuo je i otvorio vrata. „Nasmrt si me isprepadala."

Lijana je stajala sama u hodniku, obavijena tamnosivim kašmirskim kaputom, u zimskim čizmama.

„Pomislio sam da je tvoj verenik. Ili jedan od njegovih plaćenika. Došao da me dokrajči."

„Ne", osmehnula se Lijana lascivno. „Samo ja."

Otkopčala je kaiš na kaputu i otvorila ga veoma polako, ne odvojivši pogled od Džefovih očiju. Ne računajući čizme, bila je potpuno i veličanstveno naga.

„Gde smo stali?", upitala je i krenula prema njemu poput amazonske boginje, a zenice su joj se raširile u požudi.

U najmanjem deliću sekunde Džef je pomislio koliko bi samo glupo bilo spavati s devojkom Dina Klinsmana. Zatim je obema rukama zgrabio Lijanu oko struka i uvukao je u stan.

Sve dok je Trejsi Vitni živa, srce Džefa Stivensa biće rezervisano.

Međutim, ostatak njegovog tela bio je sasvim druga priča.

OSMO POGLAVLJE

Trejsi je osmotrila poznate zidove kancelarije Dejvida Hargrivsa. Božićne čestitke pristigle od osoblja i zahvalnih nekadašnjih učenika pokrivale su svaku raspoloživu površinu. Škola će se završiti za nekoliko dana.

Samo kad bi Nik uspeo još malo da se kontroliše, pomislila je Trejsi očajno.

Upoznala je direktora Nikove srednje škole skoro podjednako dobro kao što je znala upravnicu osnovne škole, gospođu Džensen. Sirota gospođa Džensen. Pravo je čudo što nije u nekom sanatorijumu i ne lupa ćutke glavom o tapacirani zid posle svega kroz šta je prošla zbog Nikolasa.

„Reč je o tome, gospođo Šmit, što to nije tek pitanje novca. Ono što je Nikolas uradio predstavlja očigledan i razmetljiv čin nepoštovanja."

Trejsi je ozbiljno klimnula i pokušala da izbaci iz glave sliku gospodina Hargrivsa koji glasno ispušta gasove u hodniku za koji je verovao da je prazan.

Nik, koji je sedeo pored majke, navukao je grimasu povređenosti.

„Šta je s umetničkim izražavanjem? Nastavnik nam je baš prošle sedmice rekao da umetnost ne poznaje granice."

„Ćuti!", uzviknuli su istovremeno i Trejsi i direktor Hargrivs.

Nikova odluka da provali u sobu za rekreaciju posle časova i naslika niz crteža na zidovima, prikazavši razne nastavnike u karikaturi, verovatno je trebalo da okonča njegovu karijeru u školi Džon Di. On i neki neimenovani drug naslikali su nastavnike u različitim „smešnim" situacijama (zla, debela nastavnica matematike, gospođa Finč, u Nikovoj mašti izgledala je poput viršle koja leži u zemički, a na nju kečap odozgo štrca fudbalski trener). Posmatrani kao umetničko delo, crteži, zapravo, nisu bili loši. Međutim, kako je to direktor Hargrivs rekao, suština nije bila u tome.

„Razgovaraću s odborom tokom nedelje", kazao je direktor Trejsi. „Međutim, da budem iskren, ne vidim da ovde imamo neki naročiti prostor za manevrisanje. Nikolas je imao mnogo šansi."

Direktor Hargrivs nije želeo da izgubi prelepu gospođu Šmit kao roditelja. Trejsin sin možda jeste bio nepromišljen, ali je ona bila očaravajuća žena. Što je još važnije, godinama je davala veoma velikodušne donacije školi i nudila da „više nego nadoknadi" štetu koju je Nik ovog puta pričinio školskom dobru. Međutim, ruke su mu bile vezane.

Trejsi reče: „Znam. Hvala vam što uopšte raspravljate o tome. Molim vas, obavestite odbor da sam zahvalna."

Posle tog sastanka Trejsi je sačekala dok nisu seli u kola i bezbedno napustili kamp, a zatim se besno obratila Niku.

„Ne razumem te. Moraš da pohađaš školu, Nikolase. Takav je *zakon*. Ako te izbace odavde, naprosto ćeš morati da ideš u neku drugu. U neku dalju, strožu, u kojoj nemaš drugove."

„Mogla si da me školuješ od kuće", Nik je bezazleno izneo svoje mišljenje. „To bi baš bilo kul."

„O, ne." Trejsi je odmahnula glavom. „Dragi moj, šanse da će se to desiti jednake su nuli. Pre bih se obesila."

Školovati Nikolasa od kuće bilo bi isto što i pokušati da se tek uhvaćena šimpanza nauči redu.

„Mogla bih da te pošaljem u internat", rekla je Trejsi. „Šta kažeš na to?"

Nik je delovao užasnuto. „Nećeš!"

Ne, pomislila je. *Neću. Ne bih mogla da živim bez tebe ni dan.*

„Mogla bih."

„Kada bi to uradila, pobegao bih. Šta će meni uopšte škola? Čika Džef je napustio školu u dvanaestoj. Naučio je sve što mu treba na vašaru ujka Vilija."

„Čika Džef nije dobar uzor."

„Zašto nije? Bogat je. Srećan. Bavi se odličnim poslom, putuje po svetu."

„Nije u tome... suština", odgovorila je Trejsi sve očajnija. Nije želela da priča o Džefu i njegovom „odličnom poslu".

„Dobro, a šta je s Blejkom?", upitao je Nik. „*On jeste* dobar uzor, zar ne?"

„Naravno."

„Pa, počeo je da radi na očevom imanju kada je bio mojih godina. I to puno radno vreme."

U tom trenutku već su stigli kući. Bilo je tek vreme za ručak. Trejsi se premišljala da li da pošalje Nika u sobu – bez kompjutera, telefona i bilo koje druge zanimacije – ali pomisao na to da ga zatvori u četiri zida i ostavi ga da se dosađuje nije joj se činila ispravnom. Umesto toga poslala ga je s dvojicom radnika da čisti nanose snega koji su se nagomilali na visokim pašnjacima.

„Želiš da radiš puno radno vreme na imanju?", rekla je Niku, koji je izgledao pogođen kad ga je ugurala na zadnje sedište kamioneta. „Onda možeš odmah početi."

Uz malo sreće, nekoliko dana s bolovima u leđima i promrzlinama makar će ga izlečiti od te romantične predstave. Pa ipak, Trejsi se nije radovala što će Blejku Karteru morati da izloži najskorije Nikolasove nestašluke. Već joj je u ušima odzvanjala rečenica starog kauboja: „Rekao sam ti".

„Lepo sam ti rekao", kazao je Blejk. „Izvini što to kažem, Trejsi, ali jesam."

„Ne izgledaš kao neko kome je žao", požalila se Trejsi, pruživši mu činiju goveđe čorbe s povrćem. U danima punim stresa Trejsi je volela da razara stvari u blenderima. „Nisam mu ja rekla da uđe tamo i napravi sve te slike, znaš. Nije on igračka koju ja kontrolišem."

„Nisi", složio se Blejk. „On je dečko na kog imaš uticaj. Stalno ga ohrabruješ da se loše ponaša."

„*Nije* tačno!", ljutito uzviknu Trejsi. „Kako sam podstakla ga na ovo?"

„Rekla si mu da je to umetničko delo dobro."

„Bilo je dobro."

„Trejsi." Blejk se namrštio. „Kad ti je direktor Hargrivs pokazao matematičarku nacrtanu kao hot-dog, ti si se nasmejala! I to pred Nikom! Sama si mi to ispričala."

Trejsi je bespomoćno slegla ramenima. „Znam. Nije trebalo, ali bilo je smešno. Nik *jeste* duhovit, u tome je problem, Blejk. A meni se to kod njega sviđa."

Istini za volju, Trejsi je volela sve kod svog sina. Svaku vlas na njegovoj glavi, svaki osmeh, svako mrštenje. To što je postala majka predstavljalo je veliko čudo u njenom životu. Stvaranje Nikolasa bila je jedna jedina čista i potpuno dobra stvar koju je uradila u životu, neosenčena kajanjem, netaknuta gubitkom ili patnjom. Kakve god mane da je imao, Trejsi ga je bezuslovno volela.

„Bilo mi je teško da ostanem ozbiljna u toj kancelariji", priznala je Blejku. „Svaki put kad bih pogledala u Hargrivsa, nisam mogla da se ne setim tog prdenja." Zakikotala se. A kad je počela, više nije mogla da se zaustavi.

Blejk je sedeo u potpunoj tišini dok su se Trejsi suze slivale niz obraze.

„Žao mi je", rekla je naposletku.

„Stvarno?", upitao je Blejk strogo. „Zato što ne vidim da jeste, Trejsi. Želiš li da dečko završi kao njegov otac?"

Trejsi je poskočila kao da ju je nešto ubolo. Blejk nikada nije pominjao Nikovog oca. Baš nikada. Znao je da je Džef Stivens Nikov pravi otac. Videvši njih dvojicu zajedno kad je Džef ostao neko vreme na imanju, Blejk je učvrstio sumnje u vezi s tim u neospornu činjenicu. Međutim, nikada nije raspravljao o tome s Trejsi. Nikada se nije raspitivao za bilo kakve pojedinosti niti iznosio svoj sud. Sve do sada.

Na sopstveno iznenađenje, Trejsi je otkrila da neočekivano brani Džefa Stivensa.

„Misliš, želim li da Nik bude duhovit? I šarmantan, i hrabar, i slobodnog duha?"

„Ne", odgovorio je Blejk ljutito. „Nisam na to mislio. Hteo sam da čujem želiš li da postane kriminalac, lažov i lopov? Zato što si na pravom putu, ako je tako."

Trejsi je odgurnula svoju činiju i ustala, a oči su joj se napunile suzama.

„Znaš šta, Blejk? Nije važno šta ja želim, niti šta ti želiš. Nik *jeste* poput Džefa. Jednostavno jeste! Misliš da ćeš to predavanjima isterati iz njega, li pak kaznama, ali ne možeš."

I Blejk je ustao od stola. „Pa, mogu da pokušam. Izvešću ga večeras u grad na večeru. Popričaću s njim kao muškarac s muškarcem. Jedan od roditelja mora da ukaže tom dečku na razliku između ispravnog i pogrešnog."

„Šta to treba da znači?", povika Trejsi. Blejk je već krenuo prema izlazu. „Tako i prokleto moralno nadmoćan, Blejk. Jesi li se ikada zapitao zašto sam ti jedini prijatelj? Nisi ni ti savršen, znaš."

Blejk je produžio dalje.

Trejsi je viknula za njim: „Ako je Nik razbojnik, onda je razbojnik kojeg si *ti* odgajio! Ne Džef Stivens. Ti! Pogledaj se u ogledalo, ti... licemeru!"
Blejk joj je dobacio pogled pun bola.
Zatim je izašao, tresnuvši vratima za sobom.

Ostatak popodneva Trejsi se bavila dokumentacijom. Zatim je čistila kuhinju sve dok svaka površina nije zasijala, pa preuredila knjige u biblioteci. Dvaput.

Zašto je Blejk morao da bude toliko kritičan?

Još gore, zašto je uvek morao da bude u pravu?

Popodne se pretvorilo u veče, a zatim u noć. Kad su se radnici vratili s polja, Nik nije bio s njima.

„Došao je gospodin Karter i odveo ga", rekao je Trejsi jedan od ljudi. „Mislim da su se uputili ka gradu. Da li ste želeli da ga vratimo ovamo, madam?"

„Ne, ne. U redu je", odgovorila je Trejsi. „Idite slobodno kući."

Napolju je vladala oštra hladnoća. Nije padao sneg, ali je duvao takav vetar koji je mogao da oguli kožu s kostiju poput žileta. Trejsi je obično najviše volela da se sklupča ispred vatre u zimskim noćima poput ove, da se baškari u toploti i uživa u časovima osame uz knjigu. Ipak, te večeri shvatila je da je pročitala jednu stranu, a da ništa nije zapamtila. Otišla je u kuhinju da pripremi sebi nešto za jelo, pa zaključila da nije gladna. Da je Nik tu, gledali bi zajedno neku emisiju – nešto besmisleno i smešno poput *Simpsonovih* – ali je Trejsi mrzela da sama gleda televiziju. Naposletku se prepustila uznemirenosti i ushodala se po sobi, iznova se u mislima vraćajući na raspravu s Blejkom, poput deteta koje tvrdoglavo čačka krasticu na rani.

Nije trebalo da mu kažem da je licemer.

Arogantan, možda. I prestrog. Ali ne licemer.

Izgledao je toliko pogođeno kad je izašao. To ju je ubijalo. A opet, i Trejsi je bila povređena. Da li je zaista zasluživala kaznu zbog toga što je kod Nika volela taj slobodni duh? Što je nalazila da je smešan i šarmantan, i kada je nervirao sve oko sebe? Što mu je držala stranu?

Trejsini roditelji, oboje odavno mrtvi, uvek su bili na njenoj strani. Posebno otac. S druge strane, Trejsi im kao dete nikada nije davala povoda za brigu. Nikada nije prekoračila crtu niti u školi zapala u nevolju.

Bila sam arhetipski dobra devojčica. A vidi kako se moj *život izokrenuo.*

Po svemu što je Blejku Karteru ili ma kome drugom bilo poznato, Nik je mogao odrasti u misionara ili humanitarnog radnika. Buntovni dečaci nisu neizostavno postajali buntovni ljudi. Zar ne?

Ipak, nije trebalo da kaže Blejku ono što mu je rekla. Izviniće se čim doveze Nika kući. Osim toga, zahvaliće mu za ovo večeras.

Trejsi je pogledala na sat. Bilo je deset i petnaest. Baš su se zadržali. Većina restorana u Stimboutu prestajala je da služi u devet. Trejsi je zamislila Blejka udobno smeštenog u nekom separeu kako Niku drži govor o moralnoj odgovornosti sve dok se jadnom dečku uši ne istope.

Nadam se da je dobro.

Kucanje na vratima trglo ju je iz sanjarenja.

Vratili su se!

Sigurno je Blejk zaboravio ključ. Trejsi je poletela ka vratima. Kada ih je otvorila, prvo što je primetila bila su svetla patrolnih kola, koja su u mraku treptala plavo i belo. Potom se usredsredila na dvojicu policajaca koji su stajali pred njom.

„Gospođa Šmit?"

„Da", odgovorila je Trejsi oprezno.

Jedan policajac skinuo je šešir. Uputio joj je pogled od kog su joj zadrhtala kolena.

„Bojim se da je došlo do nesreće."

Ne, nije.

„Čini se da je gospodin Karter kamionetom sleteo s puta gore u Kros Kriku."

Ne, nije. Nije. Blejk je veoma pažljiv vozač.

„Tako mi je žao, gospođo Šmit, ali plašim se da je poginuo na licu mesta."

Trejsi se pridržala za dovratak.

„Šta je s Nikom? S mojim sinom?"

„Sin vam je dobro. Odveden je u bolnicu. U Medicinski centar u Jampanskoj dolini."

Trejsi su izdale noge. Blejk je poginuo – njen Blejk, njena stena – ali u tom trenutku osećala je samo olakšanje. Nik je živ! Stidela se da to prizna, ali samo je to bilo važno.

„Morali su da seku kamionet da ga izvade. Međutim, bio je u svesnom stanju kad je ušao u kola hitne pomoći. Ako želite, odmah ćemo vas odvesti do njega."

Trejsi je nemo klimnula glavom. Krenula je prema patrolnim kolima, teturajući se kroz sneg poput zombija.

„Imate li kaput, gospođo?", upitao ju je policajac. „Večeras je prilično hladno."

Ali Trejsi ga nije čula, kao što nije osećala ni hladnoću.

Dolazim, Nik. Dolazim, mili moj.

Svi u Medicinskom centru u Jampanskoj dolini poznavali su Trejsi Šmit. Bila je jedan od najvelikodušnijih donatora bolnice.

Sestra ju je odvela do Nikove sobe. Na beskrajno Trejsino olakšanje, bio je budan.

„Zdravo, mama."

Lice mu je bilo u masnicama, a donja usna mu je drhtala. Trejsi ga je zagrlila kao da ga nikada neće pustiti. Zaplakao je.

„Blejk je mrtav."

„Znam." Trejsi ga je držala. „Znam, mili moj. Da li se sećaš šta se desilo?"

„Ne baš", plakao je. „Blejk je mislio da nas neko prati. Žena."

„Koja žena?" Trejsi se namrštila. „Zašto bi to pomislio?"

„Ne znam. Nisam je uistinu video. Ali Blejk je, mislim, bio nekako pometen. U jednom trenutku smo se vozili, a u sledećem..." Briznuo je u plač.

„Ššššš. Biće dobro, Niki. Obećavam."

Trejsi ga je milovala po potiljku. Pod dlanom je osetila čvorugu veličine kokošjeg jajeta.

Nateravši se da ne paniči, upitala ga je: „Da li se dobro osećaš?"

„Recimo. Malo mi se vrti. I mnogo sam umoran. Lekari su obavili neke preglede."

„U redu", reče Trejsi vedro. „Odmori se. Pronaći ću tog lekara i saznaću šta je šta."

Nije morala daleko da ode. Doktor Nil Šeridan već joj je dolazio u susret niz hodnik kad je zatvorila vrata Nikove sobe. Trejsi je poznavala doktora Šeridana s prikupljanja sredstava za bolnicu kome je prethodnog leta prisustvovala s Blejkom Karterom. Setila se da je nosila crvenu balsku haljinu i dijamantske minđuše koje joj je Džef poklonio na dan venčanja. Blejk je sijao od ponosa što je u njenoj pratnji, iako su svi znali da su njih dvoje prijatelji. Sada je sve to izgledalo kao neki drugi život.

„Gospođo Šmit?"

„Napipala sam čvorugu", izletelo je Trejsi. „Na glavi. Je li to u redu?"

„Bojim se da nije", odgovorio je doktor Šeridan ozbiljno.

Trejsi je osetila kako joj se stomak grči, kao da je bila u liftu, a neko iznenada presekao kabl. „Molim? Kako to mislite – bojite se da nije?"

„Moramo smesta da ga operišemo."

Trejsi je trepnula, ne shvativši. Na gala večeri, setila se, zaključila je da je doktor Šeridan zgodan. Sada je izgledao odvratno, poput đavola. Zašto je govorio te grozote?

„Ovde su formulari za davanje pristanka."

Trejsi je pogledala u lekara, a zatim u obrasce koje je gurao pred nju.

„A... ali", promucala je. „Pričao je sa mnom. Upravo."

„Razumem. To nije neuobičajeno posle saobraćajnih udesa. Takvim traumama glave često su potrebni sati da se pokažu."

„Ali bio je dobro", insistirala je Trejsi. „On *jeste* dobro."

Doktor Šeridan spustio je ruku na Trejsinu mišicu.

„Ne, gospođo Šmit. Obavili smo testove. Nije dobro. Žao mi je. Čvoruga koju ste osetili rezultat je masivne traume mozga. Imao je sreću što nije momentalno poginuo."

Trejsi se zaljuljala. *Onesvestiću se.*

„I dalje ima solidne šanse da se oporavi", obavestio ju je lekar. „Ipak, bez operacije, vaš sin će *stvarno* umreti."

Reč *ne* oblikovala se na Trejsinim usnama. Međutim, zvuk nije izašao.

„Žao mi je što sam tako netaktičan, ali vreme ovde nije na našoj strani. Potrebno je da potpišete ove formulare, gospođo Šmit. Odmah."

Trejsi je zurila u nalivpero u svojoj ruci. Grlo joj se osušilo. Pokušala je da proguta, ali se ništa nije dogodilo. Osvrnuvši se preko ramena, gledala je neobično visoku medicinsku sestru kako tiho ulazi u Nikolasovu sobu. Imala je blato na patikama koje je ostavilo tragove na čistom bolničkom podu. Trejsi je usredsredila pogled na blatnjave mrlje, u nastojanju da se uhvati za bilo šta što je stvarno. Zato što ono što joj je doktor Šeridan govorio nije bilo realno. Nije moglo da bude.

Ovo je šala. Stvarno, stvarno grozna.

Kad se potpišem ovim perom, prsnuće mi voda u lice i svi ćemo prasnuti u smeh.

„Evo tu."

Doktor Šeridan pokazao je na dno papira.

Trejsi je nažvrljala svoje ime.

„Hvala. Odmah ćemo ga pripremiti za operaciju."

„Biće... dobro?", graknula je Trejsi. Mrzela je strah u sopstvenom glasu. „Kad ga operišete? Možete to da sredite, zar ne, doktore Šeridane?"

Doktor Šeridan pogledao ju je u oči.

„Znaćemo više kad otpočnemo operaciju. Nadam se. Međutim, snimci sa skenera govore nam samo toliko."

„Ali..."

„Obećavam da ću vas obavestiti čim završimo, gospođo Šmit."

Otišao je.

Trejsi je sedela ispred operacione sale i molila se.

Nije verovala u boga. Međutim, svakako je pokušala da se nagodi s njim.

Dozvoli mu da živi i uradiću sve što tražiš.

Pusti ga da živi i uzmi mene umesto njega.

Da se samo nije onako glupo posvađala s Blejkom! Oduvek je bio izuzetno obazriv vozač. Da li je bio dekoncentrisan zato što se i dalje ljutio na nju?

Nije trebalo da ga pustim da izvede Nika. Ne dok se ne smiri.

Pitanja *šta ako* beskrajno su se kotrljala Trejsinim umom, sve dok više nije bila u stanju da razmišlja. *Šta bi bilo da sam poslala Nika u njegovu sobu umesto na imanje? Šta da sam ga ja izvela umesto Blejka? Šta da su krenuli kući drugim putem?* Iscrpljena, spustila je glavu u ruke. Želela je da je Blejk tu da je drži za ruku. Ali Blejk Karter nikada više neće biti tu. Blejk je mrtav, zauvek otišao, a Trejsi nije čak pronašla ni sekundu da ga ožali. Nik je ispunjavao svaki atom njenog bića.

Samo ga pusti da živi, bože. Molim te, molim te, dozvoli da živi.

Doktor Šeridan bio je najbolji neurohirurg u Koloradu i jedan od najboljih u čitavoj državi. Ko šiša boga. Nika će spasti doktor Šeridan.

Senka je pala preko Trejsi i ona se trgla iz sna.

Kako sam mogla da zaspim u ovakvom trenutku? Pomislila je s osećajem krivice.

Zatim je pogledala gore u lice doktora Šeridana, a krivicu je zamenilo nešto drugo. Nešto mnogo, mnogo gore.

Poslednje što je Trejsi čula pre nego što se onesvestila bili su njeni vlastiti krici.

DEVETO POGLAVLJE

„Oh, Džefe! Džefe! Oh, bože!"

Džef Stivens osetio je kako Lijana pod njim doživljava vrhunac i široko se osmehnuo. Nikada mu nije teško padalo da priušti zadovoljstvo lepoj ženi. Tokom godina mnogo njih reklo mu je da je predivan ljubavnik. Međutim, svaka nova devojka predstavljala je novi izazov.

„Šta je s tobom, dragi?" Lijana se našla na njemu. Njene divne, pune grudi ležale su na Džefovim grudima poput blizanačkih želea istresenih iz kalupa. Din Klinsman bio je srećan čovek. S plavom kosom i beskrajno dugim nogama, ta devojka bila je fenomenalno seksi, mada na potpuno suprotan način u odnosu na Trejsi.

Džef nikada nije spavao s devojkama koje su podsećale na Trejsi. Slamale su mu srce.

„Zar ne želiš i ti da svršiš?", gugutala je Lijana. „Šta mogu da učinim za tebe?"

Uputila je Džefu znalački pogled i počela da klizi niz njegovo telo, spuštajući mu se do prepona.

„Zapravo, anđele", odgovorio je Džef, nežno je povukavši nazad, „sve što trenutno stvarno želim jeste hrana. Mrtav sam gladan. Voliš li Bajronov hamburger?"

„Ali... nisi zadovoljen?" Devojka je napućila usne, dureći se.

„Naprotiv, veoma sam zadovoljan", uverio ju je Džef.

To je bilo delimično tačno. Naprosto je bio preumoran da svrši, osim ako bi uložio izvestan napor. Pošto je Lijanina potreba bila ispunjena, njegov um već je plovio ka drugim stvarima. Posebno prema čizburgeru sa slaninom i svim dodacima.

Džef je, zapravo, i dalje uživao u seksu. Obožavao je žene. Sve žene, pa i čudne feministkinje operisane od smisla za humor, mada su čak i one pružale zanimljiv izazov. Međutim, tih dana strogo je držao svoje seksualne veze u odvojenim odeljcima. Zaljubio se dvaput u životu i oženio se obema. Luiza Holander, njegova prva supruga, bila je dvadesetpetogodišnjakinja, naslednica zlatne kose koja je unajmila Džefa da radi na njenoj jahti i ubrzo ga zavela. Džef je voleo Luizu sve do onog dana kada je saznao da ga vara sa čitavim nizom bogatijih ljubavnika. Pošto su se razveli, Džef se zarekao da ga žena nikada više neće povrediti.

Naravno, to je bilo pre nego što je upoznao Trejsi Vitni.

Trejsi nije toliko bila žena koliko sila prirode, obožavana ljubav Džefovog života. Posle njihovog poslednjeg zajedničkog posla u Holandiji, briljantne krađe Magelanovog dijamanta ispred nosa i lokalnoj i međunarodnoj policiji, Džef i Trejsi su se venčali. Možda je u tome bila njihova greška koju su kasno uočili? Blaženstvo toplog ognjišta svakako se pokazalo kao daleko iluzornije kad je nestalo adrenalina iz njihovog starog života.

Ali, da se nismo venčali, nikada ne bismo dobili Nika, podsetio se Džef.

„Trebalo bi da pođeš kući, dušo“, kazao je Džef Lijani, poljubivši je u obraz, dok je navlačio farmerke. Kad se bolje razmisli, zadivljujuće dvadesettrogodišnje ruske manekenke retko kada su bile obožavateljke velikih čizburgera. „Ne želimo da tvoj budući muž posumnja.“

„Ne“, složila se. „Ali videću te opet? Pozvaćeš me, zar ne?“

U njenom glasu već je bilo nagoveštaja sumnje.

„Naravno“, odgovorio je Džef.

„Uskoro?“

„Onoliko brzo koliko je bezbedno“, uverio ju je. Što, naravno, neće biti nikada, ako se zaista uda za Dina Klinsmana. Odvođenje Lijane u krevet jednom bilo je opasno. Stvaranje navike od toga bilo bi potpisano samoubistvo.

Čim je čuo da su se ulazna vrata stana zatvorila, Džef je odahnuo. Tih dana nije mogao da proceni u čemu više uživa – u stvarno sjajnom seksu ili u stvarno dobrom hamburgeru posle toga, bezbedan u saznanju da nikada više neće morati da vidi devojku s kojom je bio.

Baš je hteo da ode do vrata, kad je telefon zazvonio.

Džef je uzdahnuo. Prokletstvo. Lijana je možda tek napustila zgradu. Nije delovala kao nametljiv tip te večeri u baru, niti sada u krevetu. Iskreno se nadao da je nije pogrešno procenio. Igranje izmicanja osveti opsesivnog partnera dok Din Klinsman pokušava da mu sredi prebijanje nasmrt nije se poklapalo sa Džefovom predstavom o srećnom Božiću.

Pustio je da se uključi govorna pošta.

„Džefe."

Trejsin glas proburazio ga je kao strela. Jurnuvši ka telefonu, sapleo se na gomilu knjiga i malo je nedostajalo da se povredi u očajničkom nastojanju da se javi na vreme.

„Trejsi? Hvala ti što si tako brzo uzvratila poziv. Da li to znači da je u redu da dođem? Nemaš pojma koliko umirem da ga vidim i ja..."

Trejsi ga je prekinula.

Godinama posle toga Džef Stivens sanjaće taj telefonski poziv. Sećaće se svega. Kako mu je tačno slušalica pala na dlan. Kako je u tom trenutku mirisao stan. Dalekog, šupljeg odjeka Trejsinog glasa, kako je to bila ona, ali *ne* ona. Kako nije plakala niti pokazala bilo kakvu emociju, već mu samo iznela hladnu, užasnu, neshvatljivu činjenicu da je Nikolas mrtav.

Moj Nik.

Moj sin.

Mrtav.

„Dolazim, Trejsi", rekao joj je tupo. „Krećem prvim avionom."

„Nemoj. Molim te."

„Trejsi, moram. Ne mogu dozvoliti da sama prolaziš kroz to."

„Ne."

„*Ja* ne mogu sam kroz ovo."

„Nemoj da dođeš, Džefe."

Kao da je razgovarao sa zombijem.

Džefu je glas napukao. „Za boga miloga, Trejsi. Bio je i moj sin."

„Znam. Zato sam te i pozvala", rekla je Trejsi logično. „Imaš pravo da znaš."

„Volim te, Trejsi."

Prekinula je vezu.

Džef je skoro minut stajao kao zaleđen, dopustivši da mu šok prođe kroz telo poput strujnog udara. Zatim je uzeo telefon i rezervisao let.

Kasnije će biti vremena za druge emocije. Imaće pred sobom čitavu večnost da tuguje za sinom koga nikada nije zaista upoznao, ne onako kako treba. Vremena za sva pitanja, za sva zašto i kako koja nije bio u stanju da artikuliše preko telefona.

Međutim, sada je morao da dopre do Trejsi pre nego što uradi nešto glupo.

Bilo je potrebno skoro tačno trideset šest sati otkad je Džef primio Trejsin poziv u Londonu, dok se nije parkirao na prilazu njenog osamljenog imanja u Koloradu.

Kada je poslednji put došao tu – jedini drugi put kada je uopšte i došao u tu kuću – Džef je bio toliko slab da je jedva hodao. Njegovo mučenje u rukama Danijela Kupera, bivšeg osiguravajućeg agenta koji se pretvorio u osvetoljubivu hulju gonjenu ubilačkom opsesijom prema Trejsi, fizički je slomilo Džefa. Međutim, ironično, naposletku je Danijel Kuper učinio uslugu Džefu Stivensu. Možda najveću uslugu u Džefovom životu. U redu, dakle, Kuper je pokušao da ga razapne i spali ga živog unutar zidina neke drevne bugarske ruševine. Ipak, takođe je postigao ono što Džefu nije uspelo tokom decenije traganja. Vratio mu je Trejsi, a s njom i Nikolasa. Za to će mu Džef Stivens uvek biti zahvalan. Trejsi je pronašla Džefa, spasla ga i sačuvala mu život. Zauzvrat se Džef složio da će je pustiti da živi *svoj* život, kao povučena mama u malom planinskom mestu. Ostavio ju je da podiže njihovog sina uz pomoć upravnika imanja, Blejka Kartera, zato što je znao da je Karter bolji čovek od njega. Osim toga, Blejk je voleo Nika, i obratno.

Bila je to ispravna odluka, govorio je Džef sada sebi, ne uspevši da potisne suze. *Nik je bio srećan. Bio je!*

Džef je odavno rekao sebi da će imati vremena da sve nadoknadi sinu čim dečko malo poraste. Kada Nik bude odrastao čovek, kada bude pravi trenutak, Džef i Trejsi sešće s njim zajedno i reći će mu istinu. Kao odrasla osoba, Nik će praviti sopstvene izbore. Džef nije umeo da objasni zašto, ali je od početka bio siguran da će mu sin oprostiti. Da će Nik razumeti i da će njih dvojica ostvariti pun i topao odnos i nadoknaditi izgubljeno vreme.

Međutim, sada su i Blejk i Nik bili mrtvi.

Nije bilo više vremena.

Sve je izgubljeno.

Bol je bio neopisiv. Džef je sve vreme leta jecao. Putnici oko njega tražili su da ih premeste. Žaljenje je imalo fizičku težinu, veliki kamion parkiran na Džefovim grudima koji mu lomi rebro po rebro i naposletku gnječi srce u kašu.

Zašto sam to uradio?

Zašto sam ga pustio?

Napravio sam strašnu, užasnu grešku. I više je nikada ne mogu ispraviti.

Prekasno je.

Do trenutka kada je avion sleteo u Denver, Džefu su suze presahle. Nije toliko osećao olakšanje, koliko je bio istrošen, emocionalno i psihički prazan. Tokom duge vožnje u planine, razmišljao je o Trejsi. Ako je patnja za njega bila ovoliko strašna, kako li je tek njoj? Džef je izgubio ideju o sinu, nadu da će uspostaviti odnos. Trejsi je izgubila stvarnost. Nik je bio dete za kojim je čeznula celog života. Dete za koje je verovala da ga nikada neće imati. Nosila ga je, rodila ga i volela svakog dana njegovog života s divljom strašću lavice koja štiti svoje mladunče. Čak ju je i sopstveno telo sigurno podsećalo na Nika. Za Trejsi nije bilo nikakvog bekstva od tuge niti kraja suzama.

S gubitkom poput ovog, pomislio je Džef, *samoubistvo sigurno izgleda poput prilično razumne mogućnosti. Možda i kao jedina racionalna.*

Obuzela ga je panika kada se setio Trejsinog čudnog, praznog glasa preko telefona.

„Desila se saobraćajna nesreća. Blejk je poginuo na licu mesta. Nik je umro narednog jutra usled pretrpljenih povreda. Žao mi je.“

Govorila je kao da nije prisutna. Kao da se već odjavila.

Džef je dodao gas. Kada je naposletku stigao do imanja, osetio je ogromno olakšanje, videvši svetla u kući i dvoja kola parkirana ispred. Unutra su se kretali ljudi, prolazeći pored prozora.

Dobro. Trejsi ima prijatelje, ljude koji znaju da ne smeju da je ostave samu.

Džef se nakratko zapitao kako će im se predstaviti – šta će reći za sebe, ko je on? – ali ubrzo je odbacio tu misao. Sada to više nije bilo važno. Videće Trejsi, držaće je u zagrljaju, plakaće zajedno. Posle toga...

Džef nije mogao da zamisli šta će biti posle.

Ustrčao je uz stepenice prednjeg trema i spremao se da pokuca, kad je shvatio da su vrata već otvorena.

„Zdravo?" Zakoračio je unutra. Napola spakovani sanduci ležali su razbacani po predsoblju. Sto za kojim je Džef igrao karte s Nikom bio je okrenut naopako, a nogari umotani u foliju s mehurićima. Neka žena zvaničnog izgleda, s ajpedom okačenim oko vrata, skidala je slike sa zidova.

„Šta se dešava?", odsečno ju je upitao Džef. „Ko ste vi?"

„Karen Kodi. Nekretnine Prudenšel." Spremala se da se namrgodi, no tada je primetila koliko je taj tamnokosi muškarac zgodan. Oči su mu delovale umorno i kosa sedela na slepoočnicama, ali čvrsta vilica, senzualna usta i mišićava atletska građa više su nego nadoknađivali sve nedostatke. Karen trepnu lažnim trepavicama. „Mogu li da vam pomognem?"

„Gde je Trejsi?"

„Gospođa Šmit trenutno je na Istočnoj obali." Agentkinja je odlučila da zanemari Džefov grub ton.

„Gde?"

„Razumela sam da je odsela kod rođaka."

Džef je pomislio: *Trejsi nema nikoga od rodbine. Svakako ne živog.*

„Takva tragedija." Karen je žalostivo protresla glavom. „Jeste li joj vi... blizak prijatelj?"

Džef nije odgovorio. Umesto toga jurnuo je na sprat, očajnički otvarajući i zatvarajući vrata, kao da bi se Trejsi iznenada mogla materijalizovati. Naposletku se, očajan, vratio do mesta gde je ostavio agentkinju nekretnina.

„Da li je rekla kada se vraća?"

Karen Kodi sažaljivo je pogledala zgodnog čoveka.

„Bojim se da se ne vraća. Prodaje kuću. Zbog toga smo ovde." Karen Kodi pokazala je na kutije naokolo.

„Ali... š-šta je sa sahranom?", promucao je Džef.

„U sredu je pogreb gospodina Kartera. Verujem da su Nikolasovi ostaci već kremirani."

„Već?" Džef je izgledao kao da ga je pogodio grom.

„Njegova majka želela je da se sve brzo obavi. Koliko shvatam, rasula je pepeo bez ičijeg prisustva. Ako biste želeli da odate počast, srednja škola održava bdenje u..."

„Da li je Trejsi ostavila adresu?", prekinuo ju je Džef. Nisu ga zanimala bdenja niti memorijali. Nije želeo da „oda počast". Želeo je odgovore. Kako je Nik poginuo? Trejsi je pomenula nesreću, ali o *kakvoj* se nesreći radilo? Šta se, zaboga, dogodilo?

„Broj za kontakt? Bilo šta?"

„Nije. Da budem iskrena, mislim da je jadnica, naprosto, morala da ode. Prodaja imanja prepuštena je poverenicima gospođe Šmit. Možda bi trebalo s njima da porazgovarate?"

Džefa je preplavila malodušnost.

Trejsi je znala da dolazim. Znala je da neću moći da budem daleko.

Znala je, i pobegla je.

Isprepadao sam je.

Agentkinja je rekla: „Mogu da vam dam broj telefona upraviteljske kancelarije, ako želite. Gospodine... kako ste ono rekli da se zovete?"

„Nisam rekao", odgovorio je Džef. „Gde je Nikova soba?"

Karen Kodi se naježila. Zgodan ili ne, taj čovek počinjao je da je nervira. „Uz stepenice, prva desno. Ipak, ne možete samo da..."

Džef se popeo.

„Usred smo pakovanja", doviknula je Karen za njim. „Ovo zaista nije dobar trenutak."

Džef joj je uzvratio preko ramena: „Ne dirajte njegove stvari."

„Upustva mi je dala gospođa Šmit", odgovorila je Karen vičući. „Savršeno jasno rekla je da..."

„REKAO SAM, NE DIRAJTE NJEGOVE STVARI!", zagrmeo je Džef.

Agentkinja je razrogačila oči. Ko je ovaj čovek?

Popevši se na sprat, Džef je seo na Nikov krevet, isuviše iscrpljen da bi plakao.

Zašto je Trejsi pobegla?

Zašto nije htela da me vidi?

On čak nije znao ni šta se desilo, ne stvarno. Saobraćajna nesreća. Povreda glave. Sićušni fragmenti činjenice, bez ikakvog konteksta, ikakvog objašnjenja. Prazna soba i ormar pun odeće. Trejsi mu je ostavila samo to.

Džef se naljutio.

Prljava majica s kratkim rukavima ležala je zgužvana na podu. Nik ju je sigurno bacio tu pre nesreće.

Pre dva dana. Pre dva dana bio je živ. Kako je to uopšte moguće?

Džef ju je podigao, pritisnuo na lice, zatvorio oči i udahnuo miris svog sina. Za dan ili dva miris će izvetriti. Za nedelju dana potpuno će iščileti. Tada više neće ostati ništa.

Stežući majicu u rukama, Džef je strčao niz stepenice, prošao pored agentkinje za nekretnine i izleteo iz kuće. Nije se zaustavio sve dok nije stigao do iznajmljenog automobila.

Ako je Trejsi pobegla, učinila je to jer nije želela da bude pronađena. Džef Stivens proveo je polovinu svojih zrelih godina u pokušajima da pronađe Trejsi Vitni. Nije mogao ponovo da prođe kroz to. Ne posle ovoga. Ne bi preživeo. Međutim, nije mogao ni da izneveri sina.

Otkriće istinu. Celu istinu.

Nik će počivati u miru.

Pošto je okrenuo ključ u bravi, Džef se odvezao nazad do aerodroma i uhvatio prvi let za London.

Zaspao je iznad Atlantika, s Nikovom majicom u rukama.

Sedeći potpuno uspravno i sasvim budno na jednom drugom letu, Trejsi je stoti put pročitala poruku na telefonu.

„Možda imam informacije u vezi s vašim sinom. Molimo vas da nam se javite. G. V."

Greg Volton obezbedio je siguran broj u Lengliju na koji je Trejsi mogla da pozove.

Međutim, nije to učinila. Šta bi to Greg Volton uopšte mogao da joj kaže o Niku?

Kako se CIA usuđuje da se poigrava s njom u periodu poput ovog? Da igra na kartu njenog bola zarad sopstvenih ciničnih ciljeva?

Bum! Avion je iznenada upao u takvu turbulenciju da se činilo da su udarili u zid. Trejsi je telefon izleteo iz ruku. Svuda oko nje pića su se prolivala, a torbe ispadale iz pregradaka iznad glava. Mnogi su zavrištali kada je avion iznenada propao, izgubivši stotine metara visine za svega nekoliko sekundi.

„Molimo da se vratite na svoja sedišta i pričvrstite pojaseve." Čak je i kapetan zvučao uznemireno. „Obraćam se kabinskom osoblju. Sada, molim vas, sedite."

Trejsi je pratila kako stjuardese razmenjuju prestravljene poglede. Žena pored nje ljutito je mrmljala sve vreme, žmureći i stiskajući pesnice.

Molitva, pomislila je Trejsi sažaljivo. *Nema nikakvog boga, znate. Tamo nema nikoga.*

Duboki osećaj mira zapljusnuo ju je kada je avion poskočio i zadrhtao pri prolasku kroz oluju. Osećala se isključeno i zgrejano. Duboko spokojno.

Sada ništa nije važno.

Greg Volton probudio se kasno na božićno jutro.

Njegov partner Danijel otišao na je odmor te godine i poveo svoju staru majku na krstarenje Karibima. Danijel je bio Jevrejin, tako da svakako nije slavio Božić. Greg je bio prezbiterijanac i prethodnih godina stvarno se trudio. Kitio je jelku, posećivao službu na kojoj su se pevale božićne pesme u Vestern presu na Aveniji Virdžinija, nadomak Bele kuće, i pekao ćurku za njih dvojicu. Ipak, istini za volju, činio je to pretežno zbog osećaja krivice ili nekog pomerenog osećaja za tradiciju. Božić je za decu. Bilo je nečega uvrnutog, nečega usiljenog i protivrečnog u tome što su dva neverujuća homoseksualca otvarala praskave bombone, jela precenjenu pitu od hikorija i pevala *Počujte! Anđeli glasnici pevaju*, samo zato što svi drugi rade to isto.

Ove godine Greg je imao njihovu prelepu, istorijsku kuću u Džordžtaunu samo za sebe. Nameravao je da dan provede izvaljen na kauču, u gledanju treš televizijskog programa, jedenju čokolade i pokušaju da izbaci iz glave Grupu 99, Slovačku i Hantera Dreksela.

Greg nije patio ni od kakvih iluzija. Predsednik Hejvers mnogo je rizikovao kad je naredio prepad u Slovačkoj. Ako uskoro ne pronađu Dreksela, Alteju ili kasapina Aleksisa Argirosa, Hejvers će ostati bez funkcije. A ako Hejvers padne, povući će i Grega Voltona sa sobom. Niko nije zaplakao kad je CIA primila udarac. *Mi smo momci koje svi vole da mrze*, pomislio je Greg ogorčeno. S druge strane, znao je u šta se upušta. Greg Volton je čitavog života bio špijun. Ovo je bilo upravo ono što su obaveštajne agencije radile – spasavale svačiji život, a nisu dobijale nimalo slave. Preuzimale su krivicu političara i vojske, čak i glupavih, pažnje željnih novinara poput Hantera Dreksela. Što se tiče Britanaca, njihovog takozvanog postojanog saveznika, Greg Volton znao je da će se izvući ukoliko Hejvers ne uspe da preokrene situaciju, da iščupa neku vrstu pobede iz čeljusti poraza.

Međutim, do danas nisu ništa saznali.

Trejsi Vitni bila je velika nada. Altejina opsednutost njome bila je jedini čvrst trag koji su imali. Trejsi je imala vezu s Grupom 99, važnu vezu, znala to ili ne. Međutim, uprkos Gregovim pretnjama, Milton Bak potpuno je omanuo u pokušaju da je navede na saradnju. *Još jednom FBI ne postiže željeni rezultat.* A sada, dok joj je sin u mrtvačnici, Vitni je potpuno nestala iz sistema. Greg Volton radio je za agenciju dovoljno dugo da zna kako neće uspeti da pronađu Trejsi Vitni ukoliko ona to ne želi. U očajanju joj je poslao direktnu poruku. Međutim, kao što je i očekivao, radijska tišina bila je zaglušujuća.

Srećan Božić i vama.

Greg se istuširao, pripremio sebi jaja i ponovo razmestio jastuke u glavnoj dnevnoj sobi. Zatim je upalio vatru i mirisne italijanske sveće, one koje su Danijel i on otkrili u Veneciji, a mirisale su na pomorandže, karanfilić, tamjan i cimet. Kada bi se mirisi izmešali, dobila bi se izvanredna začinska bomba. Naposletku je pustio muziku, božićne pesme s Kraljevskog koledža u Kembridžu, a čisti dečački glasovi zaplovili su kroz kuću, kao da peva mnoštvo anđela.

Savršeno.

Kada je scena postavljena, posvetio se svojim grešnim zadovoljstvima – DVD serijalu o Kurtu Valanderu* i pakovanju rizis pisisa (jeftine čokolade uvek su bile bolje) – kada se, na njegovo silno nerviranje, oglasilo zvonce na ulaznim vratima.

Ma stvarno? Na Božić?

Kliknuvši na ajped, Greg je skenirao snimke s dvanaest bezbednosnih TV kamera koje su okruživale imanje. On i Danijel raspravljali su o tome kada je Greg prihvatio visoko radno mesto u agenciji, i odlučili da odbiju ponudu dvadesetčetvoročasovnog fizičkog obezbeđenja. Da, uvek je napolju bilo ludog sveta. Uvek su postojale opasnosti. Međutim, tehnologija je pružala neslućene mogućnosti u pogledu obezbeđivanja zaštite bez nečijeg stalnog ometajućeg prisustva. Kamere su činile samo jedan deo sveobuhvatnog sistema koji je uključivao sobu za paniku, prozore otporne na metke i softver za otkrivanje eksplozivnih naprava. Nije bio savršen, ali je Gregu i Danijelu davao izvestan privid privatnosti i osećaj da žive u domu, a ne tvrđavi.

---

* Kurt Vallander je lik iz kriminalističkih romana švedskog pisca Heninga Mankela. (Prim. prev.)

Međutim, osoba na ekranu Gregovog ajpeda nije bila nikakav terorista. Sama, seda žena jadnog izgleda stajala je na malom tremu. Izgledala je krhko, povijenih ramena i moguće je da je bila zbunjena. Greg je to zaključio po tome što nije nosila nikakvu torbu, stalno se osvrtala kao da nije sasvim sigurna šta traži na njegovom pragu, i nije nosila kaput, a kamoli rukavice ili šal, što se u vašingtonskoj zimi graničilo sa samoubistvom.

Moraću da je zamolim da uđe, pomislio je ozlojeđeno. *Da pokušam da pronađem nekoga iz njene porodice. Ili socijalnu službu.* Ljudi bi zaista trebalo da povedu više računa o svojim ostarelim rođacima, posebno na prokleti Božić.

Otvorio je vrata. „Zdravo. Mogu li da vam pomognem?"

„Možete", odgovorila je žena, a maleni revolver čudesno se pojavio iz rukava njenog kardigana. „Možete da mi kažete istinu, gospodine Voltone. Celu istinu. Ili ću vas ubiti."

Greg je razrogačio oči. Prigušio je dah. „Trejsi?"

Seda kosa nije bila perika. Bila je stvarna koliko i kilogrami koje je izgubila. Trejsi Vitni sigurno je ostarila dvadeset godina za dve sedmice, otkad ju je poslednji put video.

„Unutra", naredila je. „Polako."

„Možete to da spustite, znate", rekao je Greg Volton kad je zatvorio vrata za njima i smireno se uputio nazad u dnevnu sobu. „Oboje znamo da niste ubica, gospođice Vitni. Veoma mi je žao zbog vašeg sina."

„Napisali ste mi tu poruku", kazala je Trejsi i dalje nepokolebljivo držeći Voltonovu glavu na nišanu.

Greg se spustio na kauč. „Jesam."

„Zašto? Ne postoji nikakva mogućnost da išta znate o Nikovoj smrti."

„Je li tako?"

„Jeste. Nikova smrt bila je nesreća."

Greg Volton je pomislio: *Pokušava li u to da uveri mene ili sebe?*

„Možda je bila. Možda nije. Kako bilo, gospođice Vitni, nisam siguran šta mislite da ćete postići ako ubijete glasnika."

Trejsi je oklevala. Glava joj je pulsirala, a telo ju je bolelo. Dve sedmice nije dobro spavala i uz to jedva da je jela. Došla je u Voltonovu kuću u nastupu besa, ubeđena da joj je on neprijatelj. U stanju sluđenosti i ožalošćenosti, to joj se činilo smislenim. Volton i Bak došli su na imanje. Blejk i Nik su poginuli. Sada Volton pokušava da je namami u Lengli. U Trejsinom umu, ta tri događaja stopila su se u kobni lanac. Međutim, pošto je stajala tu i gledala u Grega, obuzele su je sumnje. Na sopstvenu sramotu i snažno iznenađenje, shvatila je da počinje nekontrolisano da se trese.

„U redu je." Greg joj je prišao i nežno joj uzeo pištolj. Kad je obavio ruku oko njenih ramena da je povede prema kauču, užasnuo se koliko je mršava. Mogao je da oseti svaku kost. „Pretrpeli ste ogroman udarac." Trejsi je sela pored njega, i dalje drhteći. „Skuvaću vam čaj."

Nekoliko minuta kasnije, umotana u debelo ćebe poput putnice koja je preživela brodolom i pijuckajući vreo i veoma sladak čaj, Trejsi se izvinila.

„Bio mi je potreban neko da iskalim bes. Morala sam nešto da *preduzmem*", kazala je Gregu.

„Razumem, stvarno. Nema potrebe da se izvinjavate. Da budem iskren, Trejsi, naprosto mi je drago što ste ovde."

„Šta znate o mom sinu?", upitala je Trejsi.

„Ne znamo ništa", priznao je Greg. „Međutim, postoje sumnjive okolnosti u vezi s tom nesrećom."

„Kakve okolnosti?"

„FBI je pregledao kamionet Blejka Kartera. Pokazalo se da postoji mogućnost da je neko nešto petljao oko upravljača."

Trejsina ruka polete ka ustima. „Ne! Nije moguće. Ko bi želeo da naudi Blejku? Nije imao nijednog neprijatelja na svetu."

„Slažem se", odgovorio je Greg Volton. „*On* nije."

Poćutao je nekoliko trenutaka kako bi te reči doprle do Trejsi.

„Imamo izveštaje o ženi koja je bila u restoranu u kome su Blejk i Nik jeli te večeri. Visokoj, tamnokosoj, privlačnoj. Nije je prepoznao niko od meštana. Napustila je restoran odmah posle gospodina Kartera. Vozila je crnu impalu."

Trejsi se odmah setila poslednjeg razgovora s Nikom.

„Blejk je mislio da nas neko prati. Žena. Bio je nekako pometen."

„Nik je nešto rekao", promrmljala je koliko sebi u bradu, toliko i Voltonu. „U bolnici. Pre nego što je... Rekao je da ih je pratila neka žena."

Greg Volton ozbiljno se nagnuo napred. „Njen fizički opis poklapa se s našim mišljenjem o Altejinom izgledu."

Trejsi je odmahnula glavom u neverici.

„To je tek teorija“, nastavio je Volton. „Ipak, znamo da vas ta žena poznaje, Trejsi. Da želi da vas uvuče u čitavu ovu zbrku oko Grupe 99 i talaca. Neko je petljao s Blejkovim kamionetom – a Blejk, kako ste sami rekli, nije imao nijednog neprijatelja.“

Trejsi je još žustrije odmahnula glavom.

Ne. Ovo ne može biti zbog mene. Nik i Blejk ne mogu biti mrtvi zbog mene.

„Nepoznata žena koja odgovara Altejinom opisu pratila je potom Blejka i vašeg sina i verovatno ih naterala da slete s puta.“

Uz ogroman napor volje, Trejsi se naterala da razmišlja logično.

„To nema smisla. Kao prvo, kakve bi koristi imala od povređivanja Blejka i Nika?“

„Ne znam“, priznao je Greg. „Možda je, jednostavno, želela da povredi vas. Ili je možda mislila da ćete pristati da nam pomognete kada izbaci vašu porodicu iz igre. Da vas natera da se umešate.“

To je zvučalo užasno i uvrnuto uverljivo, toliko da je Trejsino srce brže zakucalo. Pa ipak...

„Ali reč je o velikoj zbrci. Saobraćajna nesreća“, rekla je. „Šta da su preživeli? Mislim, Nikolas skoro da jeste. Kad sam ga videla posle udesa u bolnici, on je...“

Naglo je zaćutala. Najednom je izgledala kao da je videla duha.

„Šta je?“, upitao ju je Greg Volton. „Trejsi, šta je bilo?“

„U bolnici“, prošaputala je. „Videla sam nekoga ko je ušao u njegovu sobu.“

„Koga?“

„Medicinsku sestru. Pomislila sam da je sestra. Nosila je uniformu. Ali...“

Greg ju je uzeo za ruke. „Recite mi, Trejsi. Kako je izgledala?“

„Videla sam je samo otpozadi. Ipak, zapazila sam je zato što je imala blato na patikama. Kao da je došla s pešačenja.“

„Šta još?“

Trejsi ga je pogledala u oči. „Imala je dugu, crnu kosu. I bila je vrlo, vrlo visoka.“

Pošto se Trejsi smestila u hotel, Greg Volton okrenuo je jedan broj.

„Kako je psihički?“, upitao je Milton Bak.

„Klimavo. Još je u šoku.“

„A fizički?“

„Užasno. Izgleda kao da je ostarila dvadeset godina. Kosa joj je potpuno seda.“

„Isuse.“ Bak je zviznuo kroza zube. „Ipak, učiniće to? U igri je?“

„Jel' ti to mene zavitlavaš?“ Uprkos svemu, Greg Volton nije uspeo da sasvim eliminiše osmeh iz glasa. „Trejsi Vitni više se neće skrasiti sve dok ne pronađe Alteju. U igri je, naravno. Do smrti.“

Milton Bak prekinuo je vezu, okrenuo se ka ženi i čvrsto je zagrlio.

„Čemu treba da zahvalim?“, zakikotala se Lejsi Bak. U protekle dve sedmice, Milton je bio poput medveda s glavoboljom. Uvek je bio takav kada je posao tekao loše.

„Ničemu.“ Bak se ozario. „Izvini što sam bio toliko zajedljiv. Ispostavlja se da će ovo naposletku možda ipak biti srećan Božić.“

DRUGI DEO

DESETO POGLAVLJE

ŽENEVSKO JEZERO, ŠVAJCARSKA, MESEC DANA KASNIJE...

„Kada se vraćaš kući, Henri? Seti se da večeras idemo na večeru kod Alenkonovih."

Henri Kranston pogledao je suprugu Klotildu i poželeo da je mlađa. I lepša. I manje zahtevna. Da li je ikada osetio da ga privlači? Nije se sećao. Možda, pre nego što je rodila blizance, a stomak joj se opustio i namreškao poput kore na prezreloj jabuci.

„Doći ću kad dođem", odgovorio je grubo. „Danas me čeka gomila poslova."

Klotilda Kranston pokušala je da se naduri, ali su joj injekcije botoksa koje je primila prethodne sedmice učinile donji deo lica gotovo nepomičnim. Zaista će morati da promeni dermatologa. Za doktora Truvoa smatralo se da je „vrhunski" u Ženevi, ali to nije mnogo govorilo. Klotildi je nedostajao Njujork. Tamo je makar imala prijateljice da joj odvuku pažnju od njenog braka bez ljubavi. Prijateljice i pristojnog dermatologa. I Bergdorfove prodavnice dizajnerske garderobe.

„Volim te!", viknula je za Henrijem, očajnički i neistinito.

„I ja tebe", slagao je zauzvrat Henri Kranston.

Kada je zatvorio vrata svog bentlija uz zadovoljavajuće težak i tup zvuk, istog trena osetio se bolje. *Zaista* je tog dana imao mnogo posla. Provešće jutro u tucanju nove sekretarice, vesele male brinete koja tek što je izašla iz puberteta i bila fantastično rada da mu udovolji.

Zatim će odobriti podmićivanje Poljaka i konačno potvrditi najnoviji posao tako što će kompaniji Kranston enerdži inkorporejšen obezbediti prava na frakovanje na ogromnom potezu u unutrašnjosti Poljske koji puca po šavovima koliko je bogat gasnim škriljcem. Nije to bio tako dobar ugovor poput onog koji mu je doneo ekskluzivna prava na frakovanje u zapadnoj Grčkoj, na zemlji koja je i dalje bila u posedu kraljevske porodice u egzilu. Nažalost, zahvaljujući njihovom glupom pederastom sinu koji se obesio, sve se razmrsilo brže nego politička obećanja posle izbora. Ipak, posao u Poljskoj predstavljao je pristojnu utešnu nagradu.

Kad to bude završio, Henri će otići na kasni ručak sa svojom ljubavnicom, Kler. Kler je, takođe, postajala prezahtevna. Uskoro će morati da je se otarasi, ali ne dok ne upotpuni zbirku kućnih snimaka i ne prisili je da s njim ima analni seks. Pa stvarno, šta je glupa kučka mislila, čemu služi? Da je želeo dosadni, misionarski seks, mogao je da ga ima sa svojom ženom, a da ne plaća dodatnih pola miliona evra godišnje na iznajmljeni stan u potkrovlju!

Henri Kranston ubacio je ključ u bravu i pokrenuo motor.

U Rojtersovoj kancelariji na Menhetnu, u istom tom trenutku, novinar Dejmon Piters gledao je kako se monitor njegovog kompjutera gasi, a zatim ispunjava poznatom kompjuterski generisanom slikom crvenih balona.

Isto se dogodilo u londonskom *Tajmsu*, *Njujork tajmsu*, *Čajna postu* i *Sidnej morning heraldu*, zajedno sa stotinama drugih novinskih i medijskih organizacija širom sveta.

Osim što je ovog puta prvi balon koji je dosegnuo vrh ekrana pukao. Iz rasprsnutih delova izašla je jeziva poruka ispisana teškim, tamnim, masnim slovima:

ŽIVELA ŽENEVA. HENRI KRANSTONE, POČIVAJ U MIRU.

Na Menhetnu, Dejmon Piters okrenuo se na stolici. Pogledavši u kolegu, Marijana Dženija, upitao je: „Ko je Henri Kranston?"

„Nemam pojma."

„I šta se, dovraga, upravo desilo u Ženevi?"

Meštani su prijavili da se eksplozija čula u prečniku od tri kilometra.

Klotilda Kranston proletela je kroz ulazna kućna vrata, smrskavši karlicu i slomivši četiri rebra.

Samim čudom ostala je živa.

Kao i njen pas Vilbur.

Henri Kranston raznet je u milion lažljivih, preljubničkih, zlobnih delova.

Trejsi Vitni ponovo je proučavala slike ženevske bombaške scene.

Nije bilo ničeg naročitog da se vidi. Izuvijani grumenovi metala. Delići oblutaka koji su nekada sačinjavali baštenski zid. Jedan jedini otkinuti prst.

Greg Volton ju je upitao: „Koliko brzo možete otići tamo?"

Trejsi se nalazila u kancelariji Grega Voltona u Lengliju i upravo su je obavestili o najskorijem razvoju borbe protiv Grupe 99. Bio je februar, tri dana posle ubistva Henrija Kranstona. Trejsi je poslednjih mesec dana provela u Vašingtonu, u nastojanjima da povrati i fizičku i psihičku snagu. Na insistiranje Grega Voltona, stavljena je na visokokaloričan program ishrane i, mada je i dalje ostala veoma mršava, nije više podsećala na onu anoreksičnu beskućnicu koja mu se pojavila na kućnom pragu. Kosa joj je ofarbana u prirodnu nijansu kestenjastosmeđe i prepisane su joj jake tablete za spavanje, koje su, činilo se, delovale.

Jedini deo programa lečenja koji je sastavila CIA i koji nije davao rezultate bila je terapija. Trejsi je na sva pitanja psihoterapeuta odgovorila učtivo, sarađujući u svakom segmentu. Ipak, odbijala je da uopšte počne da se bavi Nikovom smrću.

„Ako otvorim ta vrata", objasnila je jednostavno, „neću preživeti."

Njena uverenost u to bila je toliko čvrsta da je čak i terapeut CIA počeo da misli da Trejsi možda ima pravo. Umesto da ulazi u razgovore, Trejsi je terapiju pretvorila u posao, unoseći se psihološki u tajna dokumenta o Alteji.

Posle višestrukih upućivanja u važne pojedinosti i sati provedenih u proučavanju svake niti dokaza, i elektronskih i fizičkih, Trejsi je naposletku znala o Alteji onoliko koliko i svako drugi na svetu.

Izuzev toga ko je ona.

Ili kako to da me poznaje.

Ili zbog čega je umešana u aktivnosti Grupe 99.

Ili da li mi je zaista ubila sina.

Trejsi nije mogla da dočeka da krene da je traži. Međutim, sve do bombaškog napada u Ženevi nije bilo nikakvih novih tragova.

Ipak, sada su presretanja sumnjivog elektronskog saobraćaja snažno sugerisala da se Alteja fizički nalazila *u* Švajcarskoj kada se desio bombaški napad na Kranstona. Postojala je mogućnost da je čak prisustvovala sastanku u ciriškoj Privatnoj banci dva dana pre napada. CIA je i dalje pokušavala da se domogne snimka s tog sastanka, načinjenog internim bezbednosnim kamerama, kao i dozvole da obavi razgovor s dotičnim bankarom, mada do tog trenutka bez uspeha.

„Pokušaj da se od Švajcaraca izvuku informacije jednak je pokušaju da se od advokata dobije direktan odgovor", požalio se Greg Volton dan ranije. „Ozbiljno, pomislili biste da smo mi neprijatelji."

Trejsi je podigla obrvu. „Zamislite to."

Greg Volton se ozario. „Šta se dogodilo s poverenjem, eh, Trejsi?"

Njih dvoje razvili su dobar poslovni odnos, prijateljski i pun poštovanja. To je delimično bilo tako zato što je Milton Bak bio prezauzet traganjem za Hanterom Drekselom – koji je, kako se činilo u tom trenutku, potpuno nestao s lica zemlje – da bi se pojavljivao na sastancima, a delimično zbog toga što je za Trejsi Vitni bilo važno jedino da sazna istinu o tome šta se desilo njenom sinu. Za to joj je bio potreban Greg Volton, isto onoliko koliko i ona njemu.

„Mogu da pođem večerašnjim letom, ako smatrate da je nužno", rekla je sada Gregu.

„Mislim da bi to bila dobra ideja. Ako ste spremni za to."

„Jesam." Trejsi se osmehnula.

„Dobro." Greg joj je uzvratio osmehom.

U klasičnoj beloj svilenoj bluzi i crnim cigaret-pantalonama, s kosom tek vraćenom u tamnu nijansu i prikupljenu na potiljku, i kožom sjajnom od kombinacije sna izazvanog lekovima i prisilne zdrave ishrane, Trejsi je tog dana izgledala fantastično. Spremno. Predivno. Dobro.

„Možete podići kartu na aerodromu", kazao joj je Volton. „Zapamtite, vi ne radite zvanično za nas. To vam može pružiti više slobode sa Švajcarcima."

„Razumem."

„Vidite možete li da ih šarmirate. Ako to ne prođe, potražite nešto... neke alternativne kanale... koje možete smisliti da pronađete Alteju."

Trejsi je klimnula glavom. To je mogla da uradi. „Alternativni kanali" bili su njena specijalnost. Bar su nekada bili.

„Znam da ste snalažljivi." Greg Volton pružio joj je fasciklu sa spisima, na čijim je koricama odštampana reč *Poverljivo*. „Malo lakog štiva za avion. Srećno, Trejsi."

„Smestio si mi!"

Aleksis Argiros, alijas Apolon, držao je telefon dalje od uha. Alteja je urlala na njega, siktala i pljuvala u nemoćnom gnevu, poput zmije pod njegovim stopalom. Kako se samo situacija preokrenula!

Fantastičan osećaj.

„Ne budi smešna", odgovorio joj je kada je naposletku ućutala. „Ovo su organizovala naša švajcarska braća. Nemam ništa s tim. Prezauzet sam lovom na našeg prijatelja, Hantera. Ili si zaboravila na njega?"

„I te kako si umešan u to! Hoćeš da mi kažeš da je puka slučajnost što se to desilo ovde, dok sam u zemlji?"

„Ne vrti se sve oko tebe, Alteja."

Pre nekoliko meseci ne bi bilo šanse da se usudi da joj se obrati tako drsko. Ali sada? Sada je imao moć.

Osetivši njegovo uživanje, Alteja mu žestoko uzvrati: „Bolestan si, Apolone. Svi to znaju. Ubio si Henrija Kranstona zato što ti se diže kad ga vidiš mrtvog."

„A tebe nije uzbudilo gledanje kako Bobu Dejliju eksplodira mozak?", podsmehnuo se Apolon.

Na njegovo oduševljenje, Alteja je zvučala uzdrmano kad je odgovorila. „Naravno da nije. Bob Dejli bio je nešto drugo. Ti *znaš* zašto je morao da umre."

„Znam li?", zadirkivao ju je Apolon, igrajući se s njom kao mačka s mišem.

„Nikada nije trebalo da bude drugih!"

„Oh, ali drugih će biti, draga moja. Mnogo, mnogo njih. Jedan odsto svetske populacije predstavlja veliki broj, znaš. Potlačeni pravednici konačno su okusili osvetu. I žele još!" Glas mu je zadrhtao od uzbuđenja. „Pohlepne, nezajažljive siledžije planete poput Kranstona zaslužuju da umru."

Siledžije planete. Bio je to izraz koji su ekološki ratnici Grupe 99 dugo koristili da opišu frakovanje. Ranije ga je Alteja uvek smatrala smehotresnim, nezrelim i melodramatičnim, nečim što je jedino samopravedni student mogao da skuje. Postojale su neke strane Grupe 99 koje su je oduvek mučile, ali je zaglavila s tom organizacijom radi Danijela. Ipak, kada je čula kako Apolon koristi termin u smislu cilja u koji može da umota svoj sadizam i krvožednost, smrzla se do kostiju.

Apolon je prasnuo u smeh. „Samo se seti, Alteja", rugao se, „*ti* si otvorila vrata pakla. Nisam ja."

Jesam li to učinila? Zapitala se čim se veza prekinula, zagledana preko jezera u moćne Alpe u daljini. *Da li sam otvorila vrata pakla?*

Izvukla je kofer i užurbano počela da se pakuje.

„Želite li nešto da popijete, gospođo?"

Glas domaćice leta vratio je Trejsi u stvarnost.

„Kafu, molila bih. Crnu."

Biće joj potrebna. Dokument koji joj je Greg Volton dao – njegova predstava o „lakom štivu" – pokazao se kao praktično nedokučiva analiza ne samo poslovanja Henrija Kranstona već i industrije frakovanja uopšte. Grupa 99 već dugo se suprotstavljala hidrauličnom lomljenju ili frakovanju, verujući da su nove tehnike izvlačenja gasnog škriljca upumpavanjem ogromnih količina vode pod pritiskom duboko ispod stena veoma štetne za životnu sredinu. *Da li je Kranston zbog toga ubijen?*

Ako je tako, to je označilo napuštanje prvobitnog načina rada Grupe 99. Raniji napadi na industriju frakovanja bili su svi i sajber i finansijske prirode. I zaista, svega nekoliko sati pre Kranstonove smrti, četiri miliona dolara misteriozno je prebačeno s dva njegova korporacijska računa. Računi su vođeni u istoj onoj privatnoj banci u Cirihu u kojoj se verovalo da je Alteja imala sastanke. Sve to bilo je sumnjivo isprepleteno, posebno kad je Trejsi saznala da je Hanter Dreksel pisao priču o frakovanju kada je otet. Sve ranije Drekselove priče bile su vrlo slične spektru ekspozea, podjednako eksplozivno kotroverzne koliko i fascinantne. U svojoj promenljivo uspešnoj novinarskoj karijeri bavio se takvim tabu temama poput zlostavljanja dece u katoličkoj crkvi, policijske brutalnosti i sveprisutne korupcije u svetu međunarodne humanitarne pomoći.

Dakle, zašto bi Grupa 99 kidnapovala čoveka koji se spremao da napiše ekvivalent ličnom stavu u njihovo ime, koji će rasturiti industriju frakovanja?

Uz to, zašto bi ubili Henrija Kranstona, kad su se već namučili da izvedu genijalan i uspešan ekonomski napad?

Brutalno smaknuće kapetana Dejlija svakako je izgledalo poput prekretnice u pogledu spremnosti Grupe 99 da prihvati nasilje. Činilo se da su preko noći napravili skok od aktivista do terorista.

Zašto? Pitala se Trejsi dok je prečešljavala materijal. *Na koji način ubijanje ljudi doprinosi njihovom cilju?*

Poslednja trećina Voltonove fascikle bila je posvećena čoveku s kojim je želeo da se Trejsi sretne na povratku iz Švajcarske, a radilo se o američkom milijarderu, naftnom i gasnom magnatu po imenu Kameron Kru.

Trejsi je s vremena na vreme nailazila na njegove biografske podatke. Pre nekoliko godina postojao je tekst u *Njujork tajmsu*, pa članak u *Njuzviku* nešto skorije, o njegovom raširenom humanitarnom delovanju. Ako je frakovanje imalo neko prihvatljivo lice, onda je to bilo lice Kamerona Krua. Kru oil bio je dobro poznat po svojim ekološki osetljivim praksama bušenja, makar suprotno drugima unutar te industrije, i po reinvestiranju miliona dolara u pomoć i grantove zajednicama u kojima je kompanija poslovala. Kru oil izgradio je škole u Kini, medicinske centre u Africi i projekte pristupačnog stanovanja u Grčkoj, Poljskoj i u nekoliko osiromašenih bivših sovjetskih republika, pa i u Slovačkoj. Kompanija je otvarala radna mesta, sadila drveće i darivala bolnice širom sveta. Možda zbog toga što je bila jedinstvena među pet najvećih u industriji frakovanja, nikada nije predstavljala metu Grupe 99.

Kameron Kru bio je lično taknut tragedijom. Njegov sin jedinac, Markus, umro je u četrnaestoj godini od leukemije – u istom uzrastu kao i Nikolas. Kruov brak raspao se ubrzo posle toga. Te jasne, žalosne činjenice poslužile su da humanizuju milijardera u svesti javnosti. Ljudi su voleli Kamerona Krua.

Ironično, Hanter Dreksel bio je na putu da porazgovara s njim u Moskvi kada su ga negativci iz Grupe 99 ugrabili s ulice. Osim toga, veze se nisu tu završavale. Henri Kranston bio je i direktni suparnik Kamerona Krua. U stvari, kako je Trejsi upravo pročitala, kompanija Kru oil bila je potponuđač u poslednjem dogovoru o zemlji za koju se borila korporacija Kranston enerdži inkorporejšen radi započinjanja frakovanja gasnog škriljca u Poljskoj. Posle smrti Henrija Kranstona činilo se verovatnim da će preuzeti taj ugovor. Bilo je glasina da je Henrijeva kompanija već obavila zakulisne radnje u vezi s početnim grčkim poslom na kome je Henri radio pre nesrećnog samoubistva princa Ahila u Sandherstu.

Svetla u kabini su se prigušila. Trejsini saputnici počeli su da se pripremaju za san. Umesto toga, Trejsi je uključila svetlo za čitanje i otpila kafu. Kada se za trenutak naslonila licem na staklo, zagledala se u potpunu tamu.

Tada su joj nadošle misli o Nikolasu. Mogla je samo tek toliko da ih zadrži. San je bio najgori. Čim bi utonula u nesvesno, počeli bi snovi. Čudno, ali to nikada nisu bili košmari o udesu. Uvek su bili prelepi snovi, snimci trenutaka iz prošlosti. Blejk je bio u nekima od njih. Džef u nekim drugim. Ali Nikolas je uvek bio tu, smešio se, smejao, njegova ruka bila je u Trejsinoj, prsti isprepleteni u ljubavi. U snovima je čula sina, osećala ga, mirisala. Bio je tako stvaran. Tako živ.

A onda bi se probudila i gubitak bi se iznova svalio na nju, istovetno intenzivan kao da se desio malopre, poput nakovnja ispuštenog na srce. Nije mogla da se seti kada se poslednji put probudila bez vrištanja ili povika, hvatajući rukama vazduh oko sebe, kao da nekako može da zadrži Nika, da posegne u svoje predivne snove i vrati ga sebi...

Pomislila je na Džefa.

Da li je Džef imao takve snove?

Da li je večeras tamo negde, mrtav u duši i bez nade poput nje, grebući po praznini koju je za sobom ostavila Nikova smrt?

Trejsi je osećala krivicu zato što je umakla Džefu. Znala je da i on sigurno očajnički pati. Međutim, istina je glasila da, jednostavno, nije imala snage da ga vidi. Nik je toliko ličio na njega, bio je toliko sličan njemu. Preteško bi to podnela. Osim toga, iskustvo je govorilo Trejsi da podeljena tuga nikada nije i prepolovljena. Gubitak osobe nije bio timska igra. Svaki čovek drugačije se nosio s tragedijom.

Trejsi Vitni s tim se borila sama.

Vrativši se dokumentima CIA, Trejsi je iz misli prognala Džefovu sliku, zajedno s dragim Blejkom Karterom i njenim voljenim Nikom.

Kasnije će biti vremena za oplakivanje. Čitav život ispunjen suzama.

U ovom trenutku Trejsi je nameravala da pronađe ženu koja joj je ubila sina.

JEDANAESTO POGLAVLJE

Trejsi je izletela na Ulicu Crvenog krsta u besu koji je dosegao stepen belog usijanja.

Laka prašina novog snega pokrila je pločnik, a oštar vetar duvao je dok je Trejsi prelazila ulicu prema Katedrali Sen Pjer. Međutim, njoj je krv tako gnevno ključala da nije osećala hladnoću.

Nadmeno kopile! Kako se samo usuđuje?

Mesje Žerald le Du, rukovodeći partner privatne banke Rond Svis, bio je seksista, snishodljiv, superioran i uopšte odvratan, onoliko koliko je mogao da bude za vreme kratkog sastanka s Trejsi u njegovoj kancelariji. Podsetio ju je na švajcarsku verziju Klarensa Dezmonda, starijeg potpredsednika Povereničke banke i trusta u Filadelfiji, gde je Trejsi nekada radila kao kompjuterski stručnjak, pre stotinu života. Čak i onda Dezmond je izgledao poput dinosaurusa, s neprestanim insinuacijama, tapšanjem po kolenima i „bezazlenim" internim šalama koje su bile vrlo zajedljive i rezervisane samo za momke. Pa ipak, ovde se radilo o gospodinu Le Duu na vrhuncu bankarskog novog doba modernizma i transparentnosti, koje je i dalje na sve strane mahalo samoproklamovanim šovinizmom.

„Kako mogu da pomognem tako lepoj dami?"

„Vi, dame, imate vaše tajne, gospođice Vitni, pa ih tako moramo imati i mi."

„Usuđujem se da primetim da niste upoznati s našim bankarskim zakonima ovde u Švajcarskoj, mlada damo. Međutim, ja nisam ni u kakvoj obavezi da vam pružim informacije o našim privatnim klijentima, a još manje da vam dam video-zapis."

„Pretpostavljam da ćete ići u kupovinu dok ste u našem prelepom gradu?“

Mrski čovečuljak.

Trejsi bi se možda osećala bolje u pogledu tog jalovog sastanka, da su ostali susreti u Ženevi bili produktivniji. Njena poseta udovici Henrija Kranstona, njegovoj ljubavnici i sekretarici doprinela je slici čoveka toliko temeljno neprijatnog da je bilo pravo čudo što ga niko nije razneo u paramparčad mnogo godina ranije. Među ženama koje je izdao, poslovnim partnerima koje je izradio i zaposlenih nad kojima se iživljavao, Henri Kranston imao je listu neprijatelja dugačku poput obe Trejsine ruke. A opet, nije bilo ničega u pozadini opšte prirode njegovog posla što bi ga povezalo s Altejom ili Grupom 99.

Kako bilo, potonji su sada zvanično i onlajn preuzeli odgovornost za njegovo ubistvo, mada je sama Alteja ostala odlučno nema. Nikakve šifrovane poruke nisu poslate CIA ni švajcarskoj obaveštajnoj službi. Trejsi je obavila uobičajeno pročešljavanje hotela i gostionica, i obimnu kompjutersku potragu letova, vozova i izveštaja o iznajmljivanju automobila. Ipak, Alteja je nestala u vidu lastinog repa, baš kao i onih Henrijevih četiri miliona dolara.

Kako su joj u ušima odzvanjale reči Grega Voltona o tome da „bude snalažljiva“, Trejsi je potegla dva stara kontakta iz svojih prevarantskih dana. Pjer Bonsen bio je bivši bankar koji je prešao u povremene lopove, mada on sâm nikada ne bi upotrebio tu reč. Kao čarobnjak s finansijskim modelima svih vrsta i demonski razbijač algoritama, Pjer je sebe doživljavao kao neku vrstu nitkovskog šahiste koji nadmudruje mašinu koja je međunarodni bankarski sistem. Trejsi ga je zamolila da pokuša da pronađe bilo kakav dokaz Altejinog postojanja u sistemima Ronda.

Zamolila je drugog starog prijatelja, Džima Kejdža, brokera jahti i noćnog razbijača sefova, da li bilo ko od njegovih kontakata zna bilo šta o ženi koja je nabavljala eksplozive u sedmicama koje su vodile ka Kranstonovoj smrti.

„Bila je Amerikanka, obrazovana, atraktivna i bogata. Visoka, tamnokosa, mada je isto tako mogla i da se preruši.“

Na Trejsino veliko razočaranje, nijedan nije ništa saznao. Zaštitni sistemi Ronda uistinu su napadnuti i potencijalno kompromitovani.

„Nažalost, to se dogodilo četiri puta u poslednjih šest sedmica", objasnio je Pjer Bonsen. „U svakom od tih slučajeva možda je vinovnik tvoja devojka, ali nemamo nikakav način da saznamo. Ovo je hakersko doba, Trejsi. To znaš. Danas su te vrste sajbernapada sastavni deo svakodnevice, za sve velike banke."

Džim Kejdž bio je podjednako opušten.

„Nijedna žena sa opisom koji si mi dala nije ovde nabavljala opremu za pravljenje bombe", rekao je Džim Trejsi u svojoj raskošnoj kancelariji s pogledom na jezero. „Zapravo, nije se pojavila nikakva žena."

Džim Kejdž bio je zgodan na klasičan način, poput idola u privlačnim srednjim godinama, visok i tamnokos i malo više preplanuo, s izuzetno belim zubima. Oduvek je voleo Trejsi i bilo mu je drago što vidi kako se godinama dobro drži. Bila je malčice premršava tih dana. Tamnozelena kašmirska haljina koju je nosila tog dana isticala joj je rebra. Nekim muškarcima to se dopadalo, ali je za Džima bilo preterano. Međutim, Trejsi je i dalje bila lepotica. Njene smaragdne oči obarale su s nogu. Ili su bile boje žada? Kako bilo, sada su ga gledale prekorno. Nadala se boljim vestima.

„Suština je u tome, Trejsi, što smo ti i ja stara škola. Mi i dalje volimo da završavamo poslove lično. Da razgovaramo sa stručnjacima, umetnicima. Članovi Grupe 99 nisu takvi, zar ne? To su klinci. Sve što im je potrebno za pravljenje bombe mogu da nabave na mreži. Nema više romantike."

Alteja nije dete, pomislila je Trejsi. *Osim toga, bilo je dragocene male romantike u smrti Henrija Kranstona*. Međutim, shvatila je suštinu. Alteja je prepametna da rizikuje da bude viđena ili da ostavi trag kad ne mora.

Dok je obavijala bundu čvršće oko sebe, približavajući se mostu koji je vodio prema Hotelu San Žerve le Berg, Trejsi je uradila nešto što je mrzela: priznala je poraz. Ako su bilo Alteja, bilo četiri nestala miliona dolara Henrija Kranstona i dalje bili u Ženevi ili čak Evropi, veoma bi se iznenadila. Mesje Le Du i njegovo zaštitničko odbijanje da sarađuje tamo u banci predstavljali su gorku trešnju na vrhu već temeljno razočaravajuće torte. Čitavo Trejsino putovanje bilo je potpuno gubljenje vremena.

„Ej tamo!"

Trejsi je bila toliko izgubljena u sopstvenim mislima da nije gledala kuda ide i iznenada se silovito sudarila sa čovekom na pločniku. Kako je izgubila oslonac usled udara, uspela je da ispusti akten-tašnu koja se naglo otvorila, pa su se papiri rasuli na sve strane.

„Dozvolite da vam pomognem", rekao je čovek kada je Trejsi počela da ih prikuplja s asfalta. Njegov odgovor na engleskom bio je prvo što ju je zbunilo. Drugo je bio osmeh. Širok i iskren, obasjao mu je celo lice.

„Hvala vam", promrmljala je Trejsi posramljeno. Uspeli su da između sebe pokupe sva rasturena dokumenta. „Mnogo mi je žao", rekla je potom. „Bojim se da sam bila kilometrima daleko."

„To vidim." Čovek se i dalje smešio. Predavši joj svežanj pisama, zapazio je ime na onom koje je bilo na vrhu. Zaprepašćeno je pogledao u Trejsi, pa upitao: „Vi ste... Trejsi Vitni, zar ne?"

Trejsi se namrštila. „Poznajemo li se?"

„Ne još." Njegov osmeh još više se razvukao. „Ipak, verujem da je trebalo da se sretnemo naredne sedmice u Njujorku. Ja sam Kameron Kru."

DVANAESTO POGLAVLJE

Za vreme jela iste te večeri u Razoi baj Vinit, indijskom restoranu s Mišlenovom zvezdicom u Trejsinom hotelu, Trejsi je naučila mnogo toga o Kameronu Kruu.

Najpre je otkrila da su blistavi osmesi kojima ju je isprva obasuo retki. Ne bi se moglo reći da nije bio prijateljski nastrojen prema njoj, niti pak da nije bio ljubazan ili topao. Bio je sve to. Međutim, njegovo usađeno ophođenje bez sumnje je bilo ozbiljnog karaktera.

Trejsi je započela razgovor očiglednim pitanjem: „Šta radite u Ženevi?"

Kru je već prethodno objasnio kako je znao za *nju*. Pre dva-tri dana pozvao ga je Greg Volton i predložio da se susretne s njom. Međutim, nije joj kazao šta je radio tu, u Švajcarskoj.

„Ovde sam zbog istog razloga kao i vi, pretpostavljam", odgovorio je Kameron. „Ili nekog povezanog, u svakom slučaju. Smrt Henrija Kranstona ima ozbiljna račvanja u našem poslu. Postoje izvesni dogovori iz kojih se kompanija Kranston enerdži povukla, a gde moja može da uskoči. Doleteo sam ovamo da se sastanem s Henrijevim partnerima i porazgovaram o uslovima."

„Bez uvrede", rekla je Trejsi, „ali nije li to pomalo lešinarski? Hoću da kažem, čoveka samo što su ubili. Teško da su se njegovi ostaci ohladili."

Kameron Kru slegnuo je ramenima, ne bezosećajno, ali na način koji je govorio da tako stoje stvari. „To je posao. Henri i ja nismo bili lični prijatelji. Mada, da budem iskren, sve i da jesmo, poželeo bih da brzo pređem na ugovor u Poljskoj. Frakovanje je sektor koji se veoma brzo kreće. Ako ne uđemo tamo, verujte mi, Ekson ili Kinezi hoće."

„Da li je Henri Kranston zbog toga poginuo?", upitala je Trejsi iznevši svoje zapažanje.

Kameron je otpio malo vina. „Možda."

„Zar vas to ne čini nervoznim?"

„Ne. Ne baš. Da budem iskren, Trejsi, malo je toga što može da me unervozi."

Naručili su i jeli i razgovarali. Hrana je bila izvrsna – Trejsina piletina dopijaza bila je najukusnija koju je ikada probala, ukusnija nego u Delhiju – ali se posle obroka, zapravo, sećala razgovora.

Kameron Kru bio je fascinantan čovek i uopšte ne onakav kakvog ga je Trejsi zamišljala. Prema Trejsinom iskustvu, većina milijardera bila je ohola i arogantna, a to se odnosilo i na filantrope među njima. Međutim, Kameron nije bio ništa od toga. Zapravo, bio je kontrolisan, pomalo ozbiljan i izuzetno ljubazan. Umeo je da bude topao – njegovi osmesi, kada su nailazili, bili su nalik na sunce koje sija kroz oblake. Međutim, glavno što je Trejsi pogodilo u vezi s Kameronom Kruom bila je neprestana, proganjajuća tuga u njegovim očima.

Nije delovao uznemireno. U stvari, ostavljao je sasvim suprotan utisak. Očito je bio uvučen i zainteresovan za razgovor podjednako kao i Trejsi, naročito kada su načeli temu o Grupi 99, njenoj umešanosti u smrt Henrija Kranstona i taktici koja se nedvosmileno menjala. Tuga je naprosto bila *tu*, stalno, nepromenljivo stanje, poput crne zavese u pozadini postavljene scenografije. Glumci su možda pevali, ili igrali, ili se smejali. Međutim, iza njih, uvek je postojala tama.

Trejsi je imala istu tu zavesu. Prvi put spustila se kad je njena majka počinila samoubistvo. Zatim ponovo, godinama kasnije, kada je mislila da ju je Džef Stivens izdao. Sa svakim gubitkom postajala je za nijansu mračnija. Nikova smrt obojila ju je u ponoćnu crnu.

Da li je za Kamerona sinovljeva smrt spustila zavesu?

Trejsi je instinktivno osetila povezanost s njim, nit koja ih je spajala.

Konobar je počeo da mu doliva još ohlađenog šablija, ali mu je Kameron učtivo položio dlan na ruku.

„Moći ću sam", rekao je. „Treba da razgovaramo nasamo."

„Svakako, gospodine Kru."

Ovde ga poznaju. Trejsi se iznenadila. Ipak, možda je često poslovno dolazio u grad? Bio je zadatak skupih restorana da upamte bogate i moćne klijente poput Kamerona Krua.

„Pitali ste me za mišljenje o Grupi 99", rekao je Kameron dok je dopunjavao Trejsinu čašu.

„Tako je."

Trejsi se za večeru presvukla u jednostavnu crnu haljinu na kopčanje i ležerne cipele sa štiklom. Na nekoj drugoj ženi takav stil delovao bi dosadno i trezveno, ali je Trejsi u ovome izgledala predivno elegantno. Isticalo joj je vitke mišice i glatku kožu nalik na alabaster. Kestenjasta kosa bila joj je raspuštena, a oko vrata nosila je mali smaragdni privezak koji je, kako se činilo, sijao istom zelenom nijansom kao njene oči. Kameron je iznenađeno shvatio da ga snažno privlači. Prošlo je mnogo vremena otkad je nešto slično osetio prema bilo kojoj ženi. Isuviše.

Mora da bude pažljiv.

„Da vam pravo kažem, oduševljen sam Grupom 99", rekao joj je. „Na izvesne načine razlikuju se od ma koje terorističke pretnje s kojom smo se ranije susreli. Ipak, s druge strane, staromodni su."

Trejsi je čekala da razradi saopšteno.

„Mislim, s jedne strane, njihov model, ako se to može tako nazvati, jedinstven je. Gotovo da nema nikakve birokratije. Nema zvanične hijerarhije niti vođstva. Nema nikakvih barijera za ulazak. Dohvate se jednostavne ideje i prošire je planetom. Vrlo brzo i vrlo efikasno."

„A koja je to ideja?"

„Da je svet nepošten", odgovorio je Kameron. „Da sistem koji omogućuje da jedan odsto stanovništva kontroliše daleko više od pedeset odsto svetskog bogatstva i resursa predstavlja inherentno neispravan sistem. Teško je naći protivargumente."

Da, pomisli Trejsi. *Jeste.*

„Grupa 99 saopštila je ljudima da *oni*, devedeset devet odsto, ne moraju da budu pasivni i to prihvataju. Da bi ljudi mogli da *preduzmu* nešto u vezi s tom nepravdom. Potrebni su im samo kompjuterski ekran, malo domišljatosti i sloge. Tako glasi ta neodoljiva poruka koja, očito, funkcioniše."

„I to je ono što je novo u njihovom pristupu?", htela je Trejsi da raščisti.

Kameron je klimnuo glavom. „To, i tehnologije. Mislim, razmislite o tome. S današnjim kompjuterima mogućnosti su, jednostavno, neograničene. Sve što sadrži kompjuterizovani element može biti hakovano. *Sve.* Obaveštajne agencije. Sistemi nuklearnog oružja. Banke. Vlade. Vojske. Objekti za kontrolu bolesti. Tamo gore su sateliti koji ne samo što predviđaju vremenske prilike već na njih i utiču, a ranjivi su na napad. Zamislite *to.*" Oči su mu sinule. „Bili u stanju da kontrolišete vreme, da zauzdate prirodne katastrofe, recimo, ili protok voda. Šta ako teroristi mogu da oslobode poplave ili cunamije? Ili da raširе bubonsku kugu?"

Trejsi se namrštila. „Ma dajte, molim vas. Ipak je to naučna fantastika, zar ne?"

„Da li je?" Kameron je podigao obrvu. „Upitajte Grega Voltona za program CIA u vezi s vremenskim terorizmom. Ozbiljan sam, Trejsi. Uz to, nismo mi jedini koji se time bave. Svi razmišljaju o terorizmu 2.0*. Grupa 99 iznela je tu agendu, u priličnoj meri bez ičije pomoći."

„U redu", uzvratila je Trejsi, grickajući indijski hlepčić. „Dakle, recimo da ste u pravu. Uzmimo da je sve to moguće makar u teoriji i da je Grupa 99 prednjačila u toj promeni. Čemu vraćanje na praksu stare škole? Otmice. Pogubljenje. Podmetanje bombe u automobil. Hoću reći, ako imaju svu tu potencijalnu moć u vrhovima prstiju, nije li to korak unazad? Da i ne spominjem veliki PR kiks. Preko noći su od heroja postali zločinci."

„Tačno tako!" Kameron je lupio pesnicom o sto. Njegov osmeh se vratio. „U tome i jeste paradoks. Grupa 99 je nova i drugačija, ali, takođe, uopšte *nije* nova. Za trenutak zaboravite taktiku – mada je ona važna – pa zavirimo u njihove motivacije. Strgnite Robina Huda, društvenu dobrobit, eko-ratničku fasadu, i šta uistinu imate? Reći ću vam šta. Imate zavist. I bes. I testosteron. Mlade, nemoćne, uskraćene muškarce koji traže kavgu."

„Mnogo je žena u Grupi 99", primetila je Trejsi. „Samo pogledajte Alteju."

Kameron je prezrivo odmahnuo rukom. „Ona je jedna. Jedina žena u ulozi pretpostavljenog, koliko nam je poznato, u toj grupi. I to pretpostavljenog u najlabavijem smislu, zato što kod njih nema centralnog liderstva."

„Pa čak i tako..."

„Pa čak i tako ništa." Kameron je bio čvrst. „To je kao da se upre prstom u Benazir Buto i kaže: 'Opa, žena predsednik. Pakistan je sigurno sjajno mesto za ženska prava!' Ne nasedajte, Trejsi. U Grupi 99 radi se

---

* Terorizam 2.0 u najužoj je sprezi s razvojem Weba 2.0. Web 2.0 pre svega označava novu i poboljšanu generaciju World Wide Weba, čiji je razvoj započeo još 1989. godine. Glavna promena odnosi se na interaktivnost veb-stranica – posetioci su prestali da budu samo čitaoci kojima se servira gotova i nepromenljiva informacija, već su postali saradnici i dobili su priliku da sami učestvuju u stvaranju sadržaja i pritom dele svoje stavove i sadržaje s drugima. (Prim. prev.)

isključivo o muškarcima. Reč je o istom fenomenu koji ćete uočiti u svim terorističkim organizacijama u poslednjih stotinu godina. Možda i hiljadu. Razmislite o tome. Islamisti, IRA, Baskijski separatisti, čak i Crni panteri. Svi se kriju iza jedne ili druge ideologije – religijske, nacionalističke, rasne – naprosto je nevažno. Kod Grupe 99 radi se o ekonomskoj. Nije bitno. U svim ovim slučajevima govorimo o onome što oni zaista jesu, a to je gomila mladića na dnu ekonomskih lestvica. Ljudi koji se osećaju nemoćno i gnevno. Ljudi koji osećaju da nemaju budućnost. Možda ne mogu da pronađu posao. Možda nemaju priliku da nekog povale. Nije važno. Oni se ne bore za cilj. Borba *jeste* njihov cilj. Okreću se nasilju, jer se zbog toga osećaju dobro. Toliko je prosto. Zovem ih Izgubljenim dečacima."

Trejsi je napeto slušala, upijajući svaku reč.

„Da su pripadnici Grupe 99 bili pametni, koristili bi svoju prednost i držali se sajbernapada. Međutim, nisu pametni. Ili su makar pametne elemente utišali Izgubljeni dečaci. Znate da su započeli u Grčkoj, zar ne?"

„Znam", odgovorila je Trejsi. Bila je pomalo iznenađena što Kameron toliko zna. A opet, s druge strane, bio je špijun/savetnik CIA, baš kao i ona. Možda su pročitali iste dokumente?

Da li zna za Hantera Dreksela koji je pobegao od svojih američkih spasilaca? Pitala se Trejsi. Greg Volton naglasio joj je da je reč o vrhunski poverljivoj informaciji. Ne sme ništa da pretpostavlja. Ipak, priželjkivala je da zna više o tome koliko su zaista Kameron Kru i CIA bliski.

„Poznajem Grčku", nastavio je Kameron. „Tamo obavljamo veliki broj poslova i imam udela u brojnim humanitarnim akcijama. Tragedija je šta se dogodilo s tom državom. Klasičan slučaj onoga što se desi kada gurate narod preko njegovih granica."

„Njihov premijer nazvao je to humanitarnom krizom", primetila je Trejsi.

„Ima pravo. Poput Nemačke s obnovom posle Prvog svetskog rata, patnja ljudi na ulici naprosto je postala preteška za podnošenje. Politički počinjete da uviđate uspon ljudi poput Kalesa. A ispod površine, ljudi poput Argirosa pokreću Grupu 99. Aleksis Argiros možda je mudriji od vašeg prosečnog aktiviste ISIS-a. Međutim, njegova agenda naposletku je uvek nasilje."

Konobar je sklonio njihove prazne tanjire. Trejsi nije bila gladna, ali je uhvatila sebe kako, svejedno, naručuje desert, neku vrstu mlečnog pudinga s pirinčem koji joj je Kameron preporučio. Zvučalo je odvratno, ali je, zapravo, bilo neverovatno ukusno. Potom su nastavili razgovor.

„Šta je s taktičkim pitanjima?“, upitala je Trejsi. „S Drekselovim i Dejlijevim kidnapovanjem, Dejlijevim smaknućem, bombaškim napadom na Kranstona? Sigurno to ne svodite isključivo na momke s viškom testosterona koji žude za nasiljem što se prikazuje na televiziji?“

„Ne isključivo, ne“, složio se Kameron. „Čak i da Izgubljeni dečaci preuzimaju Grupu 99, a oni slični vašoj Alteji bivaju isterani, morali su pokušati interno da prodaju ideju promene ka nasilju na način stare škole.“

„Kako su to uradili?“

„Postoji mnogo argumenata koji bi mogli da se upotrebe“, odgovorio je Kameron živo. „Otmica i ubistvo pokazali su se kao visokoefikasno oružje za druge terorističke grupe, posebno ako se za cilj ima uvlačenje neprijatelja radi eskalacije sukoba. Zatim, to predstavlja udarac na sistem neprijatelja. Ljudi su navikli da gledaju srednjovekovno varvarstvo na Bliskom istoku i u Africi, ali ne u Evropi. Ironija je u tome što povratak na metode stare škole vidimo upravo *zato* što je hakovanje postalo toliko prefinjeno i virtuelno nezaustavljivo. U današnje vreme, nuklearne šifre se u Sjedinjenim Državama pohranjuju u papirnim dokumentima. Kada jednom spoznate da Pentagon može da bude hakovan do srži, samo vas mali korak deli od vraćanja glavnih sila na topove i luk i strele.“

Trejsi se nasmejala.

„Dobro, možda ne na luk i strele. Ipak, tehnološko oružje poput dronova moglo bi lako da postane nepopularno. A kada vojske jednom budu počele da se vraćaju ka mračnom dobu, zašto to neće učiniti i kompanije ili banke? Svakako bi odgovaralo ciljevima Grupe 99 da dožive povratak, recimo, na razmenu. Na aboliciju finansijskih tržišta, možda čak i na sam papirni novac. Znam, to nama zvuči suludo dok ovde sedimo i spremamo se da platimo obrok ocenjen s pet zvezdica našim platinastim viza karticama.“

„*Vašom* platinastom viza karticom“, ispravila ga je Trejsi.

Kameron se nasmejao. „Vi zaista pripadate staroj gardi, zar ne?“

„Pokušavam.“ Trejsi je podigla čašu.

„Međutim, takav razvoj događaja je moguć. Finansijska anarhija. Ili pak utopija, u zavisnosti od načina na koji na to gledate. To što je Grupa 99 prigrlila tradicionalniju terorističku taktiku sigurno predstavlja korak u tom pravcu. Tako će strategija biti dosledna njihovim gledištima.“

Trejsi je promenila temu. „Pričajte mi o Hanteru Drekselu." Otkrila je da je Kameron oduševljava i da može slušati njegove teorije čitave noći. Međutim, bila je tu da pronađe Alteju, a da bi to uradila, bile su joj potrebne činjenice, a ne teorije. Bila je uverena da postoji veza između Alteje i otetog američkog novinara. Nešto na šta niko od njih još nije pomislio.

„Ubeđen sam da znate daleko više o gospodinu Drekselu nego ja", oprezno je odvratio Kameron.

„Znam da je krenuo da se sastane s vama u Moskvi kad ga je kidnapovala Grupa 99."

„Tako je."

„Zašto ste tog dana pristali da se sretnete s njim?"

Izgledalo je da je pitanje iznenadilo Kamerona.

„Dreksel je radio na tekstu o industriji frakovanja, kao što pretpostavljam da već znate. Posebno o korupciji u tom poslu."

„Čujem da je toga mnogo."

„I ja." Kameron se nakratko osmehnuo. „Zamišljam da je o tome želeo da razgovara sa mnom, ali nisam siguran. Preko telefona je zvučao kao da govori u šiframa. I, naravno, na kraju se nismo ni sreli."

„Vi obično ne dajete intervjue", rekla je Trejsi. „U stvari, nikada ih ne dajete. Sudeći po dokumentima CIA, notorno izbegavate medije."

„Notorno? Je li to stvarno tako?" Kameron je uputio Trejsi pogled iskosa i otpio gutljaj čaja od jasmina. „Šta još dosije Grega Voltona kaže o meni?"

Trejsi je pocrvenela pri pomisli na Markusa, Kameronovog jedinca umrlog od leukemije, i na razvod. Bilo je neprijatno znati te lične podatke o nekome. Već je izrekla previše.

„U redu je", kazao je Kameron. „Istina je da sam veoma povučen čovek. Pošto mi je sin umro, skoro potpuno sam se povukao iz javnog života. Takođe, tačno je da ne volim novinare. Svi nas oni stalno napadaju kako treba da okončamo zavisnost od saudijske nafte, ali ne prezaju od nemilosrdnog kritikovanja frakovanja niti trpanja svih naftnih i gasnih kompanija u isti koš."

„Dakle, zašto ste hteli da se sastanete s Drekselom?"

„Bio sam radoznao. Hanter Dreksel jednostavno se razlikovao od svih drugih."

„Na koji način?"

Kameron je razmišljao nekoliko trenutaka. „Bolji, pretpostavljam. Bio je bolji čovek i *mnogo* je bolje pisao. Jeste li pročitali njegov članak u *Tajmsu* o lovcima na naciste?"

Trejsi je priznala da nije.

„Morate", rekao je Kameron. „Prelepo napisan tekst, dirljiv ali bez sentimentalnosti, pritom zasnovan na pažljivom istraživanju. Hanter Dreksel je zaista, zaista dobar u svom poslu. I neustrašiv. Međutim, naravno, sve to ima i svoje mane, što je i naučio u Moskvi. Pretpostavljam da ima mnogo neprijatelja."

„Kao što su?"

„Bivše ljubavnice. Nezadovoljni pokeraši. U svoje vreme Dreksel je propustio da isplati mnogo dugova. Ozbiljni zavisnik od kocke. Teme njegovih sukoba s urednicima. S gotovo svakim urednikom s kojim je radio." Kameron je smireno pobrojao moguće Drekselove mrzitelje. „Sjajan je pisac, ali je i disident. Grozničav. Izuzetno impulsivan. Spada u one momke koji mnogo veruju svom instinktu, a da ne smatraju obaveznim potkrepljivanje priče činjenicama. Kada ga neko tuži za klevetu, naposletku urednik izvuče deblji kraj."

„Ipak, rekli ste da je članak u *Tajmsu* zasnovan na temeljnom istraživanju?", podsetila ga je Trejsi.

„Bio je. Ipak, nisu svi. Napisao je neke nečuveno uvredljive tekstove o javnim ličnostima – poput onog o senatoru Brejvermanu, sećate li ga se?"

Trejsi se napregla da se seti. „Onome što je voleo orgije?"

„Da, osim što nije. Drekselov izvor informacija potpuno je pogrešio u vezi s tom pričom, jer ga je pomešao s nekim drugim nepoštenim republikancem. Časopisa koji je objavio tu priču više nema. Otišao je u bankrot po Članu jedanaest Stečajnog kodeksa Sjedinjenih Država, zbog plaćanja odštete Brejvermanu. Međutim, senator nikada nije uspeo da povrati političku karijeru. Dreksel se izvukao bez ogrebotine, ili trunke kajanja. Tužili su ga više puta nego duvansku kompaniju, a otkaze koje je popio ni sam ne bi mogao da pobroji."

„Šta je s Grupom 99? Šta mislite, zašto bi želeli da mu naude?"

„Ne znam", priznao je Kameron. „Možda ih je uzdrmalo nešto što je otkrio tokom istraživanja? Spolja gledano, nisu prirodni neprijatelji."

Trejsi je rešila da baci udicu. „A šta je s američkom vladom? Da li mu je ona neprijatelj?"

Kameron je nabrao obrve. „Kako to mislite?"

Greg Volton dao je Trejsi precizna uputstva da nikome ne kaže za Hanterovo bekstvo od jedinice poslate da ga izbavi. Na Voltonovu nesreću, Trejsi nikada nije bila veliki sledbenik instrukcija. Poput Hantera Dreksela, verovala je svojim instinktima, a oni su joj govorili da može verovati Kameronu Kruu.

Udahnuvši duboko, iznela je Kameronu celu priču. Kako je Hanter pobegao. Kako su se CIA i MI6 udružili da ga pronađu pre nego što to učini Grupa 99, ali do sada bez uspeha. Kako je predsednik Hejvers bez pardona slagao svetske medije o onome što se dogodilo te sudbonosne noći u Slovačkoj.

„Za boga miloga", kazao je Kameron kada je završila. „Ali zašto? Zašto je pobegao od spasilaca? Naročito posle onoga što se dogodilo kapetanu Dejliju?"

„Ne znam", odgovorila je Trejsi. „Međutim, očekujem da Alteja ima odgovor. Postoji veza između nje i Dreksela. Osećam to u kostima."

Bilo je već kasno, ali ni Kameron ni Trejsi nisu bili spremni da okončaju razgovor. Kameron je platio račun, pa su se premestili u jedan od manjih i intimnijih barova u sklopu Mandarin orijentala. Smestivši se u ugao, za sto s upaljenom svećom, Trejsi je naručila konjak, a Kameron obično pivo od slada.

„Pričajte mi o sebi, Trejsi", rekao je. „Volton mi je ispričao da im pomažete da pronađu Alteju, ali nije rekao zašto. Gde se vi tu uklapate?"

Trejsi mu je iznela skraćenu verziju. Da je Alteja, pošto je direktno naredila brutalno smaknuće Boba Dejlija, poslala šifrovanu poruku CIA u kojoj je pomenula Trejsi po imenu. „Misli da me poznaje. Svakako zna *za* mene."

„Ali vi nju ne znate?"

„Razbijala sam glavu, očito. Pokušavala da se dosetim neke povezanosti. Postoje mnogobrojna poglavlja u mom životu gde su staze mogle da nam se ukrste. Imam ono što biste mogli nazvati mešovitom prošlošću", priznala je Trejsi.

Kameron razigrano podiže obrvu. „Stvarno? Greg mi je kazao da ste penzionisani stručnjak za umetnine."

Trejsi se naglas nasmejala. „To je, pretpostavljan, jedan način da se to kaže."

„Koji je drugi? Hajte. Radoznao sam. Neću zucnuti ni reč, obećavam vam."

„Komplikovano je", reče Trejsi. „Provela sam neko vreme u zatvoru u svojim dvadesetim. Međutim, sigurna sam da tamo nisam upoznala Alteju."

„Zbog čega?" Kameron je shvatio da mu je teško da zamisli tu pribranu, prelepu, inteligentnu ženu iza rešetaka.

„Zbog nečega što nisam uradila." Trejsi se slatko osmehnula. „Takođe, radila sam u bankarstvu, kao kompjuterski stručnjak."

„To već više liči na Alteju."

„Tako je", složila se Trejsi. „Međutim, bila sam jedina žena koju sam poznavala u mojoj banci u to vreme, osim sekretarica. Kasnije sam, ovaj, razvila interesovanje za umetničke slike", dodala je taktično. „I za veoma skup nakit."

„Veoma skup nakit drugih ljudi?", pretpostavio je Kameron.

„Ne zadugo." Trejsi se ozarila. „Tada sam živela u Londonu, ali sam mnogo putovala. U tom životnom poglavlju upoznala sam veliki broj zanimljivih ljudi, ali mi i dalje niko nalik na Alteju ne pada na pamet. Zatim, kada se moj brak završio, vratila sam se u Sjedinjene Države sa sinom."

Nije nameravala da pomene Nika. To joj je najprirodnije izletelo. Kao da je još živ. Iste sekunde kada je Trejsi to izrekla, oblak joj je prešao preko lica. Promena u njoj bila je tako iznenadna i potpuna da Kameronu nije mogla da promakne.

„Trejsi?" Bez razmišljanja je ispružio ruku preko stola i spustio je preko njene. „Da li vam je dobro?"

„Jeste", slagala je. Trudila se da ne susretne Kameronov pogled. Bilo je nečega neverovatno intenzivnog u vezi s njegovim očima, zbog čega ju je preplavila panika. Tek je u tom trenutku shvatila o čemu se radi.

Podseća me na Džefa.

Kameron blago reče: „Nije vam dobro. Molim vas, recite mi šta nije u redu."

Na sopstveno iznenađenje, Trejsi je podigla pogled i začula sebe kako odgovara. „Moj sin je mrtav."

Nije bila sigurna da je do tada izgovorila te reči naglas. Sada je shvatila da ih je zadržavala u sebi, kao da će ih neizgovaranje učiniti manje stvarnim. Naravno, to nije pomoglo. Kada su joj se omakle pred Kameronom Kruom, gotovo potpunim strancem, osetila je duboko olakšanje.

„Veoma mi je žao.“ Kameron joj je stegao ruku još jače. „Kako se zvao?“

„Nikolas. Nastradao je u saobraćajnoj nesreći.“

„Kada?“

„Pre šest sedmica.“

Kameron nije uspeo da sakrije zaprepašćenost. „Pre šest *sedmica*? Bože moj, Trejsi, kakav užas. To se tek desilo?“

Trejsi mu je uputila prazan pogled. *Da li se tek desilo?* Imala je osećaj kao da se dogodilo u nekom prethodnom životu. Eoni gušenja u bolu došli su i prošli od dana kad se dogodio udes.

Moram prestati da to nazivam nesrećom. Reč je o ubistvu.

Alteja, gde god da je, ubila mi je sina.

Lice joj je postalo bezizražajno.

„Ne bi trebalo da budete ovde, znate. Da radite“, kazao je Kameron. „Morate dati sebi malo vremena. Šest nedelja nije ništa. To je treptaj oka. Ne možete još da obradite šta se desilo, a kamoli da prihvatite bol.“

Trejsi je jednostavno rekla: „Da ne radim, umrla bih.“

Kameron je klimnuo glavom. Razumeo je to bolje od bilo koga. Naravno, to je bila greška, ali ju je razumeo. Potrebu da se skrene pažnja. Potrebu da se pronađe svrha, bilo kakav cilj, izvan patnje.

„Znate, i ja sam izgubio sina“, rekao joj je. „Markusa. Imao je četrnaest godina.“

„Znam“, uzvratila je Trejsi tupo. „Imao je koliko i Nik. Bolovao je od leukemije. Vaša fondacija donirala je mnogo novca u istraživanje kancera i razvijanje lečenja pomoću matičnih ćelija.“

Deklamuje iz mog dosijea, shvatio je Kameron. Jadnica. Kao da je pala u trans. Bio je i sam u tom stanju tokom tih prvih, mračnih meseci posle Markusove smrti.

„Tako je“, potvrdio je smireno. „Markus je dugo bolovao. Bilo je teško, ali je, takođe, značilo da smo imali vremena, njegova majka i ja. Da se pripremimo. Sada sam na tome veoma zahvalan. Nisam siguran da bih se izborio da sam ga tako nenadano izgubio. Kao što se vama dogodilo s vašim dečakom.“

„Kako ste se nosili s tim?“, Trejsi je uhvatila sebe kako postavlja pitanje. Kameron je delovao tako mirno, tako sabrano. Ni nalik na nju. Da li je za to postojao neki trik, nekakva putanja koju je promašila?

Kameron ju je brzo izveo iz te zablude.

„Veoma teško“, odgovorio je. „Šarlot i ja pokušali smo da se držimo zajedno posle toga. Međutim, žalili smo na potpuno suprotne načine. Njoj je bilo potrebno da priča. Meni je bilo potrebno da radim.“

Kao i meni.

„I, znam da zvuči glupo, ali sâm pogled na njeno lice stalno me je podsećao na Markusa.“ Zatim je dodao: „Nisam to mogao da potisnem.“

Trejsi je pomislila na Džefa. Na to kako je Nik bio njegov klon, sličan njemu na svaki način. Kako ju je pomisao na to da opet vidi Džefa i razgovara s njim o Niku ispunila neopisivom panikom, takvim užasom da je pobegla i od njega i od svog starog života u Koloradu, zalupivši vratima za sobom tako silno da je njihov tresak bez sumnje i dan-danas odjekivao planinama.

„Greg Volton misli da je Alteja možda umešana u Nikovu smrt“, rekla je Kameronu. Bilo je bizarno to kako su joj se reči uporno prevaljivale preko usta, kao da je telo povraćalo usled mučnine. „Zbog toga sam ovde. Zato sam pristala da se umešam. Greg smatra da je možda sabotirala auto u kom se moj sin te noći vozio. Možda je čak petljala i s njegovim lekovima kasnije u bolnici, kada su lekari pokušavali da mu spasu život.“

„Isuse Hriste“, izgovorio je Kameron dahćući. „Zašto?“

„Da me primora da reagujem? Da bih pokušala da je pronađem? Ili samo da me povredi? Ne znam, zato što ne znam ko je ona. Ali saznaću“, mračno je rekla Trejsi. „Na kraju ću znati sve.“

Saznanje te neće učiniti srećnijom, pomislio je Kameron. *Neće ga vratiti. Niti će ti doneti spokoj, zato što takvo nešto ne postoji.*

„To što sam bila Nikova majka učinilo me je drugačijom osobom. Boljom osobom. Ali, pošto ga nema, nestala je i ta moja strana“, rekla je Trejsi. „Sva nežnost. Sav oprez, obuzdavanje, davanje dobrog primera. Nemam više koga da štitim.“

„Izuzev same sebe“, podsetio ju je Kameron.

„Ali to je sve“, reče ona. „Nisam sigurna da sada imam *sebe*, bar ne sebe za koju marim. Zvuči strašno, ali je, zapravo, neverovatno oslobađajuće. Nemam ograda, nemam granica. Osećam se bezbrižno.“ Potpuno neprimereno, ona prasnu u smeh. „Pretpostavljam da zvučim poput lujke!“

„Meni ne.“

Iznenada, kao što je i počeo, Trejsin smeh je prestao. Kada je ponovo progovorila, bila je smrtno ozbiljna.

„Bila je ovde, u Ženevi. Alteja. Znam da jeste. Ovog puta sam je izgubila, ali joj se približavam."

„Pa, ako vam ikako mogu pomoći, ma čime, voleo bih to da učinim", rekao je Kameron. Nevoljno joj pustivši ruku, izvadio je iz džepa poslovnu karticu. Predao joj ju je kada je na poleđini nažvrljao poseban, privatni broj svog mobilnog telefona. „Pozovite me u svako doba, Trejsi. U vezi s bilo čim."

Trejsi je uzela karticu. „Hoću", odgovorila je zahvalno. „I hvala vam za večeru."

„Zadovoljstvo je moje." Kameron je ustao od stola. „Bolje da krenem. Sutra imam sastanke rano ujutro."

Trejsi ga je posmatrala dok je odlazio. I dalje nije sasvim verovala da je provela celo veče u prisnom razgovoru s čovekom kojeg jedva da je poznavala. Međutim, možda je upravo zato što se nisu dobro znali osetila da može da priča s Kameronom Kruom. Da otkrije svoja prava osećanja, svoj istinski bol. *Mi smo poput dvoje vijetnamskih veterana. Stranci, ali i porodica na neki način, povezani gubitkom naše dece.*

Zavesa tuge usled gubitka koja je pala i preko njenog i preko njegovog života pružila im je neku vrstu skraćene, ubrzane emocionalne komunikacije. Poput dugmeta za ubrzavanje u njihovom odnosu. *Ali ubrzavanje prema čemu?*

Trejsi je još osećala toplinu Kameronovog dlana na svom. S krivicom je prepoznala davno zaboravljene kovitlace uzbuđenja u telu. Blede tragove onog dela sebe koji je nekada bio tu, nekada poznate prisnosti drugačije vrste.

Život ide dalje. Zar nije to ono što ljudi tvrde? Trejsi se nije slagala. Činilo joj se da život nema zbog čega da se nastavi, ne bez njenog dragog Nikolasa. Ono što je sada radila nije bilo življenje. Bilo je postojanje. Čisto mehaničko pitanje. Udahni, izdahni. Jedi, spavaj. Dan, noć. Sve preko toga bilo bi izdaja.

To veče delovalo je kao nešto više. Razgovor s Kameronom Kruom, gledanje u njegove izražajne oči. Bilo je dobro.

To se više ne sme ponoviti.

* * *

Našavši se ponovo u svom ženevskom stanu – Kameron Kru imao je stanove u svakom gradu gde je poslovao – Kameron je ležao budan i zurio u tavanicu.

To se više ne sme ponoviti.

Bio je isuviše otvoren s Trejsi Vitni. Previše nezaštićen. Kameron je iz iskustva znao koliko je opasno otvoriti srce. Kakve razorne posledice mogu da nastupe.

Pa ipak, osećao je moćnu povezanost s Trejsi. Saosećanje. Sličnost. I još nešto. Nešto mnogo opasnije.

Želju.

Kameron je želeo Trejsi.

Ta spoznaja ispunila ga je uzbuđenjem, i strahom.

Zatvorio je oči, uključio gvozdenu disciplinu i naterao se da zaspi.

TRINAESTO POGLAVLJE

„Ful."

Debeljko se široko osmehnuo, otkrivši niz najružnijih zuba koje je Hanter ikada video, i ispružio ruku preko stola da pokupi dobitak. Hanter je brzo izbacio ruku da ga zaustavi.

„Žao mi je, Antoane." Hanter je bez žurbe položio četiri prelepa žandarma na sto. „Bojim se da sam pobedio."

Francuz je ispustio zvuk koji je delimično izražavao ljutnju, a delimično nevericu. Džek Henli, ili kako god da se zaista zvao, pojavio se u Rigi nedelju dana ranije i bez prestanka čistio sve glavne pokerske stolove u gradu. Te večeri ulozi nisu bili naročito visoki. Francuz je mogao da priušti sebi da izgubi, kao što je to mogao i letonski biznismen u večerašnjoj igri. Ipak, bilo je nečega u vezi sa Džekom Henlijem, izvesne američke nadmenosti preodevene u poniznost, koja je svima počinjala da ide na nerve. To, kao i činjenica da je uvek odustajao kad je bio u velikoj prednosti.

„Je li sat tačan?" Hanter je pogledao na starinski zidni sat u uglu sobe. „Mislim da je bolje da vam poželim laku noć."

Ignorišući gunđanje saigrača – naposletku, ponoć je već prošla – Hanter je dograbio kaput i izašao u noć.

Više mu se sviđala Letonija od Rumunije, a naročito je voleo Rigu, grad podjednako utopljen u istoriju koliko i u romantiku. Njegov hotel gledao je pravo preko kupole katedrale u Vekrigi, starom delu grada, građevine koja je datirala iz trinaestog veka i još šaputala o vitezovima u sjajnim oklopima i damama u nevolji. Pre samo dve sedmice Grupa 99 orkestrirala je preletom preko katedrale i ispuštanjem stotina crvenih balona ispunjenih gotovinom za prosjake koji su se tamo i dalje skupljali, nadajući se milostinji. Samo u poslednjih mesec dana Grupa je preraspodelila sigurno preko milion evra evropskoj sirotinji putem puštanja balona ili, manje dramatično, jednostavnim deponovanjem novca na bankovne račune osiromašenih građana i punjenjem kofera različitih dobrotvornih i nevladinih organizacija, naročito u Grčkoj.

Hanter je provodio dane u Rigi, radeći na svojoj priči, a noću se kartao. Voleo bi da može da ostane duže, ali je takvo nešto bilo isuviše rizično. Posle Rumunije počeo je da se služi lažnim imenima i da preduzima male korake u menjanju svog izgleda. CIA će ga naposletku pronaći i toga je bio svestan. Samo se nadao da će ostati ispod radara dovoljno dugo da završi priču i izvuče istinu. Ako...

Fiju! Zrno je prozviždalo pored Hanterovog levog uha. Dovoljno je vremena proveo u ratnim zonama da prepozna taj zvuk, iako je sam pucanj bio nečujan. *Profesionalac.* Hanter je instinktivno pao na tlo i grebao rukama i nogama do strane uličice koja je bila opasana zidom, daleko od sjaja uličnih svetiljki. *Fiju!* Još jedan pucanj. Ovog puta lupio je u nešto metalno. Možda u kantu za smeće, napred uz ulicu? Ili u stub ograde.

Hanter se osvrnuo oko sebe. Uske ulice oko Antoanovog stana bile su sasvim puste u to doba noći. Nije video napadača niti bilo koga u tami. Preostajalo mu je jedino da trči i pokuša da se domogne jedne od glavnih ulica ili trgova gde bi pronašao sigurnost u mnoštvu.

Dok je trčao prema Ulici Remtes, Hanterov um vrteo se brže od njegovih nogu. U džepovima je imao oko pet hiljada dolara, ali je bio prilično siguran da novac ne zanima onoga ko puca na njega, ma ko to bio. Pretpostavio je da ga Amerikanci žele živog – očito je tako bilo u Slovačkoj. Međutim, nešto se očigledno promenilo. *Osim ako nije CIA. Osim ako je to...*

Fiju! Još jedan pucanj i ovog puta čuo je trčanje iza sebe, bat čizama na kaldrmi, nalik na njegove. Svetla tramvaja tačno pred njim zaslepila su ga u trenutku. Uspaničen, Hanter se okrenuo. Poslednje što je video bilo je Apolonovo lice koje zuri u njega, a sadističke oči zažarile su mu se od uzbuđenja kada je podigao pištolj. Nanišanivši Hanteru između očiju, mirno je povukao oroz.

* * *

Sali Fejers bila je u dubokom snu kada joj je zazvonio telefon.

„Možeš li da pričaš?"

Bio je to prvi put da čuje Hantera u skoro mesec dana. Zvučao je kao bez daha i nervozno. *Verovatno se upravo izvukao kroz prozor sobe neke udate dame dok ga proganja pobesneli muž.* U tipičnom drekselovskom stilu zamoliće Sali da uradi nešto za njega, nešto složeno i vremenski zahtevno i svakako ni od kakve koristi za nju, posle čega će preći u status „odsutan bez dozvole". Opšte je poznato da ga je vijala najmoćnija vlada na svetu, a da ne pominjemo grupu potencijalno ubilačkih terorista. Ipak, ovo je i dalje bilo duboko uznemirujuće.

„Ne."

„Jesi li nešto iskopala? O general-majoru Frenku Dorijenu?"

„Koji deo reči *ne* ne razumeš, Hantere? Znaš li da je jedan ujutro?"

„Nemoj da prekineš!" Bio je to krik, uspaničen i očajan. Sali je prvi put prepoznala pravi strah u Hanterovom glasu. „Molim te."

„Gde si?" Ton joj je smekšao. „Šta se desilo?"

Hanter je oklevao.

„Ili mi veruješ ili ne", dodala je Sali ljutito, protrljavši oči da se rasani. „Jer, ako mi ne veruješ, prestajem da stavljam glavu u torbu zbog te tvoje glupe priče. I više neću da čuvam tvoje tajne."

„U Rigi sam", odgovorio je Hanter. „Grupa 99 upravo je pokušala da me ubije."

Ispričao joj je za Apolona, momka koji ga je držao u zatočeništvu u Slovačkoj i koji je ubio Boba Dejlija.

„Pucao je pravo u mene. Izleteo je kamion niotkuda i blokirao pucanj. Kad je prošao, Apolon je nestao."

„Zna li gde si odseo?"

„Pretpostavljam da zna", rekao je Hanter dahćući. „Sigurno me je pratio kad sam krenuo da igram poker. Osim ako me jedan od igrača nije odao. U svakom slučaju, ne mogu nazad u hotel. Tamo sam ostavio gomilu beležaka. Istraživanje. JEBEM TI!"

Sali se uspravila u postelji. „U redu je. Živ si. Osim toga, ionako imaš sve u glavi, zar ne?"

„Valjda." Hanterovo disanje počelo je da se normalizuje. „Dakle, jesi li nešto pronašla?"

„To zavisi od tvoje definicije tog *nešto*", odgovorila je Sali, sada već sasvim budna. „General Frenk nije ubio princa Ahila. U toliko sam prilično sigurna."

Hanter je ispustio dug, razočaran izdah.

„Ali zaista radi za MI6. I deo je tima koji traga za tobom."

„Traži me MI6?"

„Da", reče Sali. „Posle ubistva Boba Dejlija, američka i britanska vlada obrazovale su obaveštajnu operativnu grupu da parira Grupi 99. Što se tiče deljenja informacija, pretpostavljam da su Jenkiji rekli našim momcima istinu o događaju u Slovačkoj i da si u bekstvu. Izgleda da veruju da si u savezu s Grupom 99. Da je tvoja otmica možda inscenirana."

Hanter nije ništa rekao.

„Da li je?", upitala je Sali.

„Upravo sam ti rekao, pokušali su da me ubiju", odgovorio je. „Šta si još saznala?"

„Ovo je sve rekla-kazala. Međutim, izgleda da Britanci žude da te pronađu pre Amerikanaca. Tvoj čovek, Frenk Dorijen, naročito nema poverenja u CIA."

„Naposletku imamo nešto zajedničko", ubaci duhovito.

„Nisam baš sigurna da je tako", produži Sali. „Predstava koju sam stekla o Dorijenu jeste da je veoma disciplinovan i duboko konzervativan čovek. Nije odobravao ponašanje princa Ahila. Dečko je očito bio gej. General Dorijen možda ga nije ubio, ali ga je svakako kinjio. Mogao bi da tvrdiš da je naveo jadno dete na samoubistvo."

Hanter nije bio uveren da bi nazvao privilegovanog grčkog princa „jadnim detetom", ali shvatio je Salinu poentu.

„Ahil jeste poznavao Boba Dejlija. Nisu baš bili prijatelji, ali činilo se da se dobro slažu. General Dorijen znao ih je obojicu, a Dejli mu se dopadao."

„Boba je bilo lako voleti", kazao je Hanter. To nisu vesti kojima se nadao da će ih čuti o Frenku Dorijenu. To je značilo da će ponovo morati da razmisli o nekim stvarima. Međutim, svakako je zvučalo zanimljivo, a posebno onaj deo da ga i Britanci traže.

„Hantere?", Salin glas iznenada je zvučao kao da dolazi iz velike daljine.

„Da?"

„Ispričaj mi na čemu radiš. Pošalji mi beleške, bilo šta, kao rezervu."

„To ne mogu da uradim."

„Noćas umalo nisi poginuo", podsetila ga je Sali. „Ako umreš, želiš li da i ova priča umre s tobom?"

„Ne. Ali više bih voleo da umre sa mnom nego s tobom."

„Ne razumem."

Hanter objasni: „Nisam ja taj koga svi pokušavaju da sahrane, Sal. U pitanju je istina. Ne mogu da te izložim opasnosti."

„*Ja* sebe izlažem opasnosti", uzvratila je Sali.

„Hvala na pomoći."

Sali je pomislila da ga zamoli da ne prekida, ali znala je da će to biti besmisleno.

Pošto je prekinuo vezu, ona se srušila nazad na jastuk i zagledala u plafon.

Šta si to, dovraga, naumio, Hantere Dreksele? O čemu se ovde stvarno radi?

Pitala se na koji su način stvari mogle da budu drugačije među njima, da je ikada mogla da mu veruje.

Frenk Dorijen čekao je da njegova žena čvrsto zaspi pre nego što se iskrao iz kreveta.

U prizemlju, u svojoj radnoj sobi, uključio je stonu lampu, podesivši je da slabo svetli, i uključio laptop princa Ahila. Bilo je vrlo malo vremena posle dečakove smrti da mu se pretraži soba. Međutim, grčka verzija makbuk era bila je od vitalnog značaja. Frenk je ćušnuo kompjuter u svoju akten-tašnu dok se princ još njihao na konopcu. Nije osetio ni najmanju trunku krivice.

MI6 preuzeo je na desetine izbrisanih mejlova, od kojih su mnogi bili šifrovani.

Frenk Dorijen sve ih je pročitao.

Sada je s gađenjem izvio gornju usnu dok gledao pornografske slike pred sobom. Sve su prikazivale izopačene mladiće u različitim fazama seksualnog samoponiženja. *Šta ne valja sa svetom? Odvratno.*

Neka novinarka njuškala je oko kasarne poslednje dve-tri sedmice i postavljala pitanja. Bez sumnje, bila je još jedna slobodoljubiva duša koja je očekivala da britanska vojska poštuje civilna pravila, dok na neki magičan način čuva bezbednost države. Zar ljudi ne shvataju da je rat u toku? Ne rat među nacijama, već rat ideologija, rat između dobra i zla?

Frenk Dorijen bio je svestan gospođice Fejers. Međutim, zasad je morao da se bavi krupnijom ribom, ali neće trpeti nikoga ko pokušava da se ispreči između njega i njegove dužnosti. Gospođici Fejers bilo bi bolje da se pripazi.

Kada je ponovo usmerio pažnju na prepisku, Frenk je prikovao pogled u gornji levi ugao i kao paralisan zurio u Ahilov poslednji izbrisan mejl.

Tamo je, veselo lebdeći, bio jedan usamljeni crveni balon.

Agent Milton Bak imao je težak dan.

Koji se spremao da postane još gori.

Britanci su ga lagali. Bio je siguran u to. Tvrdili su da uopšte nisu napredovali u potrazi za Apolonom ili Altejom, niti išta čuli o sudbini Hantera Dreksela. Međutim, već po samom tonu generala Dorijena, agent Bak znao je da ga čovek laže od početka do kraja. *Zatvaraju mrežu. Napraviće budale od svih nas!*

Naravno, dvojica bi mogli da odigraju igru prikrivanja informacija. Problem je bio u tome što obaveštajna služba Sjedinjenih Država nije napravila nikakav progres sa svoje strane, a koji bi zadržala u tajnosti od MI6. Odlazak Trejsi Vitni u Ženevu bio je čista propast, potpuni ćorsokak. Grupa 99 igrala je na grobu Henrija Kranstona, a ni FBI ni CIA nisu ništa mogli da učine povodom toga. Trejsini neuspesi direktno su se odražavali na Miltona Baka. Mrzeo je što mora da radi s njom, ali Altejina bizarna veza ostavila ga je bez izbora. Bio je siguran da ga i Trejsi isto tako laže – svakako zna ko je Alteja, ili makar podozreva – ali, naravno, nije imao nikakav način da to i dokaže.

Povrh svega toga, Milton Bak još je imao i Grega Voltona koji mu je danonoćno disao za vratom. Verovatno zato što je predsednik dahtao njemu za vrat, ali agent Bak nije za to mario. Ticala ga se činjenica da mu je, još jednom, prilika da napreduje u karijeri klizila kroz prste, i to zahvaljujući glupavosti Trejsi Vitni. A šlag na torti predstavljala je njegova supruga usred ciklusa, koja mu je probijala glavu svaki put kad bi prošao kroz vrata. To je objašnjavalo zbog čega se Milton Bak i dalje nalazio za stolom u svojoj kancelariji i u osam uveče nemarno piljio u kompjuterski monitor.

Kada je kliknuo na folder s dokumentima, Miltonov ekran najednom je pocrneo.

Šta je, dođavola?

Pokušao je da otvori dve-tri druge aplikacije. Jedna po jedna, sve su se zatvarale poput domina.

Uzeo je telefon. „Džarede. Dolazi gore", zalajao je na rukovodioca sistemom. „Laptop mi je upravo crkao."

„Svima je, gospodine", odgovorio je tehničar. „Izgleda da... čini se da smo oboreni. Nešto... O, sranje."

Milton Bak ponovo je pogledao u ekran.

Crnilo se postepeno ispunjavalo crvenim balonima.

Greg Volton javio se posle prvog zvona.

„Znam", kazao je Baku. „Isto se dešava u Lengliju dok pričamo. Naši momci rade na tome. Ulazimo napadu u trag."

Prekinuo je vezu.

Deset minuta kasnije pozvao je opet.

„Haker je u Londonu."

„Jeste li sigurni?", upitao je Milton Bak.

„Sasvim. Trejsi je uspela da isprati njen trag do tamo."

„Njen?"

„Aha. Reč je o Alteji. Manje od minuta pošto je Trejsi otkrila lokaciju, uputila nam je direktnu poruku, prihvativši odgovornost."

„Ali to je nemoguće", dreknuo je Bak. „Kako se, dovraga, ponovo probila? Iznova smo napisali ceo sistem posle poslednjeg prodora. Svaki zaštitni zid, svaku lozinku, svaki red koda."

„Znam šta smo uradili, Miltone", prasnuo je Greg Volton. „To, očigledno, nije bilo dovoljno. Ovaj virus daleko je moćniji od poslednjeg. Tri četvrtine mojih fajlova je zaraženo. I pogoršava se."

„Pogoršava? Kako?" Miltonu Baku počelo je da pulsira u glavi.

„Prema Trejsi, virus je potekao s adrese Albert embankment 85, SW1."

„Albert embankment?" Bol se pojačao. „Zar to nije..."

„Aha." Greg Volton teško je uzdahnuo. „Sedište MI6."

ČETRNAESTO POGLAVLJE

„Nema šanse da je krenuo odavde. Nema. Da budem iskren, gospođice Vitni, ne mogu čak da poverujem da o tome pričamo."

Džejmi Makintoš delovao je kao pošten čovek. Međutim, Trejsi je primetila da su mu nervi istanjeni do pucanja zbog poslednjeg sajbernapada Grupe 99. Bez prestanka zabrinut dok je slušao Trejsi kako govori, dobovao je vrhovima prstiju dok je levom nogom lupkao u nervoznom ritmu.

Trejsi je pomislila: *Nije ni čudo što brine.* Alteja ne samo što je opustošila i duboko postidela obaveštajnu agenciju Sjedinjenih Država već je uspela da umeša britanske obaveštajce u sve što se desilo, zavadivši time saveznike tačno u trenutku kada je saradnja imala vitalni značaj.

„Slažem se s vama", rekla je Trejsi umirujuće. „Niko ne sugeriše da je Alteja jedna od vaših ljudi."

Prema Trejsinom istraživanju, manje od dvanaest odsto zaposlenih u službi MI6 činile su žene, a ogromna većina njih bila je na nižim administrativnim ili sekretarskim pozicijama. Od onih obrazovanih ili na dovoljno visokom položaju da bi imale kapacitet da isplaniraju prefinjeni sajbernapad, nijedna ni izbliza nije odgovarala Altejinom profilu.

„Ali ugrozila vam je sisteme, baš kao i naše. Svesno je ovo uredila da izgleda kao da hakerski upad dolazi iznutra. To nam govori ponešto o njoj."

General-major Frenk Dorijen pogledao je Trejsi sumnjičavo. „Na primer?"

Na osnovu ono malo što je znao o Trejsi Vitni, Frenk Dorijen nije bio njen obožavalac. Lopovi i prevaranti nisu ljudi kojima treba verovati, ma koliko da tvrde da su se promenili.

„Na primer, to da zna kako funkcionišu obaveštajne službe na Zapadu. Pretpostavljam da je ili nekadašnji špijun ili poznaje nekoga unutra."

„Poznaje vas, gospođice Vitni", podsetio je Frenk Dorijen Trejsi. „Pretpostavljam da je previše nadati se da vam se pamćenje vratilo? Da vam je iznenada sinula neka povezanost?"

Trejsi je malo stisla kapke. Uvredio ju je generalov nagoveštaj da možda laže o tome zna li Alteju ili ne. Da nešto krije. Takođe, zamerala mu je na načinu na koji ju je nadmeno gledao još od kada je ušla.

„Zna nešto *o* meni", ispravila ga je. „Međutim, to bi mogao i svako ko je ovde radio pre petnaest godina."

„U redu." Džejmi Makintoš protrljao je oči. „Proverićemo nekadašnje špijune. Greg Volton trebalo bi da uradi to isto, mada priznajem da mi se čini da lajete na pogrešno drvo."

„Imate li neke druge predloge?", upitala ga je Trejsi.

„Ja imam predlog", ubaci general. „Postoji novinarka u *Tajmsu*, mlada žena po imenu Fejers. Sali Fejers. Dolazila je u Sandherst, postavljala pitanja o meni i smrti princa Ahila. Izgleda da zastupa neku besmislenu teoriju zavere da sam naudio tom mladiću da bih ga ućutkao."

„Da ga ućutkate zbog čega?", upitala je Trejsi.

„Nemam predstavu." Frenk je zvučao umorno. „Ali znam da se raspitivala i za kapetana Dejlija i da li su se on i princ poznavali."

„Jesu li?"

Frenk je pogledao Trejsi pravo u oči. „Nisu. Možda su se mimoišli u hodniku ili sreli na paradnom poligonu, ali ništa više od toga. Kapetan Dejli bio je uzoran vojnik. Princ Ahil... nije. Ideja da su bili drugovi uvredljiva je, da budem iskren."

Dorijenova antipatija prema mladom Grku bila je opipljiva. Trejsi je začudilo što se i ne trudi da je sakrije. Momak je bio mrtav, na kraju krajeva.

„Takođe, ispostavlja se da je gospođica Fejers bivša devojka neuhvatljivog gospodina Hantera Dreksela", nastavio je Dorijen.

Trejsi je podigla obrve.

„A ona je napisala mnogo uticajnih kolumni u prošlosti, iznoseći stav protiv hidrauličkog frakovanja i uključujući i porazan članak o kompaniji Henrija Kranstona. To je previše veza s Grupom 99 za moj ukus."

I za moj, pomislila je Trejsi. Setila se šta joj je rekao Kameron Kru o poslu Henrija Kranstona s Grcima u vezi s izvlačenjem gasnog škriljca koji je odložen posle Ahilovog samoubistva. *Kru oil* sada je preuzeo taj ugovor. Ne prvi put, Trejsi je osetila kao da joj se pred očima kovitlaju tačkice koje bi otkrile jasnu sliku samo kada bi uspela da ih gleda iz tačno određenog ugla.

Trejsi se nije uznemirila zbog Frenka Dorijena. Čovek je bio nadmen, neuglađen i surovo kritičan. Međutim, u vezi s ovim morala je da se složi s njim. Gospođica Fejers jeste zvučala zanimljivo.

„Jeste li pričali s njom?"

„Frenk nije prava osoba", uleteo je Džejmi Makintoš. „Jasno je da mu ta Fejersova već ne veruje. Kako nam je ona možda jedina veza s Hanterom Drekselom, ne možemo sebi priuštiti da je udaljimo. Mislili smo da biste možda vi mogli da pokušate?"

Pošto je Trejsi otišla, Frenk se okrenuo Džejmiju.

„Ne verujem joj."

„Vi nikome ne verujete, Frenk."

„Ozbiljan sam. Neko treba da je uhodi. Ne možemo ni za trenutak da je ispustimo iz vida."

Ako je Džejmija Makintoša nerviralo da mu podređeni govori kako da radi svoj posao, onda je to dobro prikrio.

„Ne brinite, generale", odgovorio je glatko. „To je već sređeno."

Džef Stivens izašao je iz svog kluba na Pikadiliju u kišu koja je lila kao iz kabla. Voda je pravila kaskade slivajući mu se niz kišobran dok je pogledom uzaludno pretraživao ulicu u potrazi za taksijem s uključenim znakom. Svuda oko njega ljudi su ronili tražeći zaklon, utrčavali u prodavnice ili drhtali pod okriljem autobuskih stanica.

„Gospodine Stivense?"

Muškarac kose boje peska u izgužvanom mantilu pojavio mu se s boka, očito niotkuda.

„Možemo li da popričamo?" Čovek je pokazao prema sjajnom crnom dajmleru s diplomatskim tablicama koji se parkirao na pločniku. „Nasamo."

Džef se sumnjičavo namrštio. „Da li se poznajemo?"

„Ne još." Džejmi Makintoš blago se nasmešio i dodao: „Radi se o Trejsi Vitni."

Džef je bez oklevanja sklopio kišobran i ušao u kola.

Kada je napustila legendarnu zgradu MI6 na Albert embankmentu, Trejsi je odlučila da malo prošeta i razbistri glavu. Prešavši Most Voksol, skrenula je levo prema Belgraviji i Čelsiju, njenom starom omiljenom mestu okupljanja. Kiša je počela poput lakog rominjanja, ali se uskoro pretvorila u pljusak. Zgrčeno je prišla novinskom kiosku, kupila jeftin kišobran i nastavila dalje.

Sat vremena besciljno je hodala, razmišljajući o Sali Fejers i o tome kako bi sutra bilo najbolje da joj priđe. Ponekad bi se Trejsi uspaničila da nije nimalo bliže Alteji nego što je bila kad je tek stigla. Da li je razgovor sa Sali diverzija? Da li je general Dorijen namerno to izneo poput dela informacije kojom je želeo da joj odvuče pažnju od stvarne situacije, i da je na taj način udalji s traga? Znala je tek toliko da nema poverenja u Frenka Dorijena. S druge strane, kako je rekla Kameronu Kruu, u stomaku je osećala da je Hanter Dreksel ključna karika u svemu tome. Hanter i industrija frakovanja bili su rešenje Altejinog identiteta i njene povezanosti s Grupom 99. Ako je Sali Fejers išta mogla da kaže Trejsi, bilo šta što će baciti svetlo na Hantera Dreksela i misterioznu priču na kojoj je radio, onda je vredelo otputovati i sresti se s njom. Bez obzira na motive generala Dorijena.

Trejsi je uhvatila sebe kako priželjkuje da ima nekoga s kim bi mogla da popriča o ovome. Osetila je snažan udarac kada je shvatila da su sve uzdanice u njenom životu nestale, bilo da su mrtve ili zauvek izgubljene. Njeni voljeni roditelji. Džef. Blejk Karter.

Onda joj je sinulo. *Znam gde treba da odem.*

Groblje se nalazilo malo dalje od Fulam rouda, na granici Čelsija. Dok je tamo stigla, već je nastupio sumrak. Kiša je natapala grobove koji su sablasno blistali pod srebrnim mesecom. I dalje je tukla kao i čitavog tog popodneva, udarajući u pošljunčane staze poput milion ljutitih metaka koje je odozgo bacalo zlurado nebo. Duboke bare prisilile su podjednako i ožalošćene i šetače pasa da iznenada skreću sa staze na raskvašenu travu, gde je mestimično bilo više blata nego busenja.

Ganter Hartog, nekadašnji Trejsin i Džefov mentor i očinska figura za Trejsi u njenim divljim, prevarantskim danima, oduvek je voleo ovo mesto. Trejsi to lično nikada nije razumela. Za nju su tvrdi viktorijanski grobovi isklesani od hladnog, sivog kamena bili duboko depresivni. Ali ne i za Gantera. Trejsi je i sada mogla da mu čuje glas kao da stoji pored nje.

„U tome je uzbudljivost gotike, draga moja! Kičeraj svega toga. Jednom polovinom očekuješ da iza ploče iskoči Ebenizer Skrudž i ščepa te. Buahahahaha!"

Njegovo duboko, melodramatično kvocanje nekada je zasmejavalo Trejsi. Pitala se hoće li ikada više moći tako da se smeje.

One noći kada je večerala s Kameronom Kruom u Ženevi, osetila je slabašne kovitlace sreće. Međutim, krivica koja je usledila bila je toliko duboka i onesposobljavajuća da nije žurila da ponovi to iskustvo.

Plašim se da budem srećna, shvatila je. *Plašim se da živim.*

Ipak, znala je da mora. Mora da živi da bi osvetila Nikovu smrt.

Sasvim neočekivano preplavilo ju je osećanje poraza. *Nikada neću pronaći Alteju. Nikada neću saznati šta se uistinu dogodilo mom dragom Niku.*

Pratiti nekoga elektronski predstavljalo je jednu stvar. Međutim, u stvarnom svetu to se nije naročito računalo. Nastojanje da se predvidi sledeći potez nevidljive žene bilo je poput igranja šaha s duhom.

Da li se tako policija osećala kada je tokom svih tih godina pokušavala da uhvati mene i Džefa?

Da li je ta osujećenost dovela Danijela Kupera do ludila?

Ne, podsetila se Trejsi. *Kuper je bio ubica i ludak mnogo pre nego što me je uopšte sreo.*

Nije do tebe, Trejsi. Nije tvoja krivica.

Konačno je stigla do Ganterovog groba. Uprkos svoj ljubavi prema gotskom pastišu, naposletku je pobedio njegov dobar ukus, pa se opredelio za jednostavan, potcenjen nadgrobni kamen lišen gargojla, ruža ili krstova s vencem od trnja.

Natpis je jednostavno glasio: *Ganter Hartog – kolekcionar umetnina*, i osim toga sadržao samo još datume rođenja i smrti.

Trejsi je stajala pored spomenika, tako da ih je njen kišobran oboje zaklanjao. Nije donela ni cveće, ni bilo šta drugo. Kada se tu našla, nije čak ni bila stvarno sigurna zbog čega je došla. Izuzev što joj je bila potrebna uteha starog prijatelja. Nekoga ko ju je voleo.

Dok je kiša dobovala po njenom kišobranu, Trejsi je zatvorila oči i dopustila sebi da iskusi patnju. Gubitak. Kao na prozivci, lica njenih voljenih potekla su joj pred očima.

Otac.

Majka.

Ganter.

Blejk.

Nikolas.

Džef Stivens je, naravno, i dalje živ. Međutim, kako Nika više nema, za Trejsi bi bilo previše bolno da ga ikada više vidi. Isto tako mogao je biti i mrtav.

„Sama sam, Gantere", promrmljala je Trejsi u tami. „Potpuno sam sama."

Tu, na kaljavom londonskom groblju, Trejsi je pala na kolena i zajecala.

Džef je sedeo na zadnjem sedištu automobila u zapanjenoj tišini.

Džejmi Makintoš govorio je već skoro četrdeset minuta. Za sve to vreme Džef je slušao, obrađivao, razmatrao. Sada je prvi put progovorio.

„Verujete da je ta žena, Alteja, zaista ubila Nika?"

„Ne znam", odgovorio je Džejmi iskreno. „Znam da Trejsi veruje u to. Međutim, postoji mogućnost da joj je CIA usadila tu ideju u glavu samo da bi je uplela."

Džef je to razmotrio, pa klimnuo glavom. „U redu."

Džejmi reče: „Znam da je Alteja naredila ubistvo kapetana Dejlija, a verovatno i Henrija Kranstona. Znam da predstavlja ozbiljnu pretnju po bezbednost Zapada."

„Ne tiče me se ništa od toga." Džef je prezrivo odmahnuo rukom.

„Ali marite ze Trejsi."

„Naravno."

„Dakle, pomoći ćete nam? Znam vašu prošlost, Džefe." Džejmi Makintoš smekšao je ton. „Imamo dosije o vama i o Trejsi veliki poput Kurana, koji seže skoro dvadeset godina unazad."

„Siguran sam da imate", uzvratio je Džef, ne bez ponosa.

„Ako neko razume kako ona razmišlja, kako radi, to ste vi. Molim vas. Za njeno dobro, ako ne za naše."

Džef je zažmurio. Ovaj čovek želeo je – britanska vlada je želela – da on, Džef, prati Trejsi. Ne samo da uhodi njeno fizičko kretanje već da predviđa njenu strategiju, da je špijunira, da je nadmudri. Da je *nadigra.* MI6 želeo je da pronađe Alteju i Hantera Dreksela pre nego što to učini CIA. Želeli su da pobede. Trejsi je bila američki ključni igrač. Džejmi je molio Džefa da postane njihov.

Da sledi Trejsi. Da je nadmudri. Da je zaštiti, ili bar to pokuša. Tako je Džef Stivens proveo najveći deo svog zrelog života. U svakom slučaju, najbolje njegove delove.

Nema sumnje da će ga Trejsi mrzeti zbog toga.

Otvorio je oči i pogledao u Džejmija Makintoša. „Kada počinjem?"

Kada se Trejsi probudila, blistava sunčeva svetlost ulivala se kroz prozor. Za trenutak je pomislila da je kod kuće u Koloradu. Svetlost je u Stimbout Springsu uvek bila zaslepljujuća, čak i zimi. Ipak, stvarnost ju je ubrzo razuverila.

Nalazila se u Londonu, u skromnom Hotelu Pimliko koji je plaćala agencija. Crvene zavese od damasta bile su razmaknute. Buka saobraćaja dopirala je s ulice. Sat pored Trejsinog kreveta pokazivao je da je jedanaest i petnaest.

Jedanaet i petnaest? Trejsi je protrljala oči. Kako je to uopšte moguće? Mora da je prespavala četrnaest sati, dakle, imala je prvu mirnu noć bez snova otkad je Nik umro. Nije se sećala kako se vratila s groblja u hotel niti koliko je dugo sedela presamićena preko groba Gantera Hartoga i jecala sve dok se nije potpuno ispraznila. Ipak, sećala se povratka u sobu i da joj je bilo neverovatno hladno. Pošto je skinula mokru odeću, nameravala je da ode pod vreo tuš, ali ju je sigurno savladala iscrpljenost pre nego što je stigla do kupatila. Kad se podvukla pod prekrivače, utonula je u san toliko dubok da je više ličio na komu.

Bilo joj je potrebno da se isplače i naspava. Zahvaljujući Ganteru Hartogu, uspela je da zadovolji obe potrebe. *Hvala ti, dragi Gantere.* Fizički se osećala preporođeno, a um joj je bio svež i budan. Međutim, nije bilo vremena da uživa u tim novim osećajima, ne ukoliko namerava da uhvati Sali Fejers pre nego što izađe iz kancelarije u *Tajmsu* i ode nekuda na ručak.

Skočivši iz kreveta, Trejsi je navukla farmerke i džemper.

Deset minuta kasnije sedela je u crnom taksiju na putu ka Vopingu.

PETNAESTO POGLAVLJE

Sali Fejers žurila je ka liftu kad joj je prišla žena koja je podsećala na skitnicu.

„Sali!"

„Da?", upitala je Sali nesigurno. Žena joj je izgovorila ime kao da je poznaje, ali je Sali bila uverena da je nikada nije videla. Krupne i tužne zelene oči, visoke jagodice i sitna građa bliža dečjoj nego građi odrasle osobe sveukupno su ostavljale upečatljiv utisak koji bi neizostavno upamtila. „Znamo se?"

„Ne. Zovem se Trejsi Vitni."

Da li to treba nešto da znači?

„Moram da popričam s vama."

„O čemu?" Sali je pogledala na sat. Nije imala vremena za igru pogađanja s tanušnim ženama. Bojler joj se pokvario, a iritantni ljudi iz firme Jon trebalo je da dođu u stan za pola sata radi popravke. „Ako je reč o priči, možete da pozovete redakciju vesti." Preturala je po džepu da pronađe posetnicu.

Trejsi reče: „Reč je o Hanteru Drekselu."

Sali se zaledila.

„Ne ovde", šapnula je. Nažvrljala je adresu na komadiću papira i predala ga Trejsi. „To je kafe, malo dalje od pijace u Ist stritu. Naći ćemo se tamo za dvadeset minuta."

Kafe je bio štrokav, sa zamagljenim prozorima. Unutra se osećalo na prženu slaninu i jak pi-dži tips čaj, i činilo se da klijentelu čine skoro isključivo poljski građevinski radnici. Trejsi se mesto dopalo istog momenta.

„Blizu vam je kuće?“, upitala je Trejsi.

„Više nije. Studirala sam u ovom kraju. Kratko.“ Sali nije bila raspoložena za ćaskanje. „Ko ste vi?“

Naručile su čaj i Trejsi joj je odgovorila na pitanje, iznevši preuređenu verziju. Da radi s odeljenjem CIA za kontraterorizam, koje se bavi pretnjama Grupe 99. „Posebno nastojim da uđem u trag Amerikanki za koju se veruje da je jedna od njihovih vođa. Mislimo da je odigrala ulogu u smaknuću kapetana Dejlija i Hanterovoj otmici.“

Sali je delovala skeptično. „Dakle, vi ste agent CIA?“

„Ne baš.“ Trejsi je izručila mnogo šećera u čaj. „Radim s njima, ne za njih. Recimo da bi se moglo reći da sam savetnik. Neke vrste.“

„Kako ste me pronašli?“, upitala je Sali. Posegla je u džep i izvadila diktafon, pa ga spustila na sto i uključila snimanje dok ju je Trejsi gledala. „Samo predostrožnosti radi. Da li vam smeta?“

„Ni najmanje“, odgovori Trejsi. „Vaše ime dao mi je general Frenk Dorijen.“

„Ah.“ Sali je zakolutala očima. „Taj general.“

„Niste obožavateljka?“, upitala je Trejsi.

Sali se osmehnula. „Da li je to iko?“

Trejsi je uzvratila osmeh. „Možda gospođa Dorijen?“

Sviđa mi se ova žena, pomislile su istovremeno Trejsi i Sali.

„Šta vam je general Frenk rekao?“, upitala je Sali.

„Tek to da ste se raspitivali o njemu i samoubistvu princa Ahila. Kao i to da ste Hanter Dreksel i vi bili bliski.“

„Hanter je blizak s mnogim ženama“, rekla je Sali ironično.

„Ne toliko da bi im poverio novinarsko istraživanje. Dok on beži od Grupe 99 i američke vlade, i verovatno je u strahu za vlastiti život“, uzvratila je Trejsi.

Sali ju je pogledala s čuđenjem i divljenjem.

„Dakle, živ je? U kontaktu je s vama?“

Sali se usredsredila na čaj. Trejsi Vitni svidela joj se instinktivno, ali su njeni instinkti i ranije znali da pogreše. Osim toga, zarekla se Hanteru da nikome neće reći ni reč o tome da se čuju.

Osetivši njeno oklevanje, Trejsi otvoreno reče: „Ako ga Grupa 99 pronađe pre nas, ubiće ga. Verovao Hanter u to ili ne, pokušavamo da mu spasemo život. Ipak, potrebna nam je vaša pomoć, Sali.“

Teška tišina sputila se nad njihov sto. Konačno ju je prekinula Sali. „U redu. Da, živ je. Da, pričali smo. Ipak, ne znam gde se nalazi. Čak i da znam, ne bih vam rekla."

„Šta radi? Mislim na njegovu priču."

„Ne znam."

„Sigurno znate nešto", pritisnula ju je Trejsi. „Tražio je od vas da proverite Frenka Dorijena, zar ne? Zašto?"

„Kunem vam se da ne znam." Sali je razdraženo zagladila masnu plavu kosu. „Hanter bi radije umro, doslovno, nego što bi ikome dozvolio da virne u ono što je iskopao. Čak ni meni. Znam da sumnja da je general umešan u smrt grčkog princa. Zato je tražio da ga proverim."

„I, da li je?" Trejsi je izgovorila to pitanje tobože opušteno.

Sali je odmahnula glavom. „Nije. Reč je o samoubistvu. Kao što sam rekla Hanteru, *nema* prljavštine na tom liku. Pritom mislim – nikakve. Možda nije topao i umiljat, ali Frenk Dorijen čist je kao suza. Čovek se nikada nije kockao, retko kad popije, nikada nije kažnjavan, nikada nije prevario suprugu. Smela bih da se kladim da su mu košulje u ormaru savršeno složene po bojama. Grub je i pomalo uvrnut, možda, ali to što je opsesivno-kompulzivan i sitničar ne čini ga ubicom."

„Ne, svakako", složila se Trejsi. „Ipak, Hanter još sumnja u njega?"

„Sumnja u njega zbog nečega", odgovorila je Sali. „Mislim da čak ni on sam ne zna zbog čega. Jedan od Hanterovih problema jeste njegova tvrdoglavost. Kad mu sine neka ideja u glavi, potrebno je mnogo više od činjenica – ili, u ovom slučaju, njihov potpuni i konačni nedostatak – da se predomisli. Isto je i s njegovim klađenjem. Čim odigra jedno deljenje pokera ili stavi novac na konja, za njega je to već svršena stvar, kao da je ishod već odlučen. On mora da pobedi, dakle, pobediće. Kao da veruje da nešto može da ostvari već samim tim što u to čvrsto veruje."

Trejsi se setila da joj je Kameron Kru rekao nešto vrlo slično o njemu.

„To nije dobra osobina za novinara", primetila je.

„Nije", složila se Sali. „Hanter ima svoje dobre strane. Ipak, zna da bude namerno slep kad to želi."

„Da li znate zašto je pobegao od spasilaca?" Trejsi je naglo promenila temu.

Sali odmahnu glavom. „Jasno je da im nije verovao. Ali, ako me pitate zbog čega, nemam predstavu."

„I nikada vam nije pomenuo Alteju? Ili bilo koga drugog u Grupi 99?"

„Nije." Sali je iskapila čaj. „Čudno je to što pokušavaju da ga ubiju." Ispričala je Trejsi o tome kako se Hanter jedva izvukao u susretu s Apolonom, pazeći da ne oda nijednu lokaciju. „Ali imam snažan utisak da priča na kojoj radi umnogome prevazilazi Grupu 99. Reč je o nečemu krupnom. Dovoljno velikom da vaši prijatelji u CIA žele da ga zakopaju."

Trejsi je razmislila o tome, žvaćući u tišini sendvič sa slaninom. Iznenada Sali kaza: „Znate li zbog čega smo Hanter i ja raskinuli?"

„Zbog druge žene?", rizikovala je Trejsi nasumičnu pretpostavku.

Sali se nasmešila. „To nije pomoglo. Ali kap koja je prepunila čašu zapravo je bilo njegovo kockanje. Zajedno smo posedovali nekretninu, lep stan u prizemlju s vrtom, u Hempstedu. Najveći deo novca dolazio je od mojih roditelja. Hanter je refinansirao stambeni kredit bez mog znanja, da isplati pokeraški dug." Nasmejala se, ali nije bilo sreće u tom zvuku. „Volim ga. Ali on je *toliko* nepošten da vam pamet stane. Izgubila sam taj stan, a njemu, da budem iskrena, nije bilo čak ni žao zbog toga. Uporno je ponavljao da je to *samo* novac, da su to *samo* cigle i malter. Pitate se zašto vam ovo govorim, zar ne?"

„Pomalo", priznala je Trejsi.

„Stvar je u tome što smo Hanter i ja *stvarno* prisni. Međutim, nikada ga nisam razumela. Verovatno sam poslednja osoba koju treba da pitate za njegove motive. Nikada nisam znala šta će sledeće da uradi."

Trejsi je platila račun, pa su izašle na ulicu. Razmenile su brojeve telefona i obećale jedna drugoj da će ostati u vezi.

„Zna li još neko da vam se Hanter javio? Ili da je pobegao od foka?"

Sali odmahnu glavom. „Niko. Vama govorim, iskreno, samo zato što se bojim. Hanter mari samo za tu svoju glupu priču. Međutim, kako ste rekli, ako ga Grupa 99 pronađe, ubiće ga. Šta god da je to što ne želi da otkrijete, ne verujem da je vredno umiranja."

„Vi ga stvarno volite, zar ne."

Sali je bespomoćno obavila kaput oko ramena. „Nažalost, da, volim ga. On je kreten i igrač. Potpuno rizičan. Ipak, bukvalno ne postoji niko poput njega. Kada jednom zavolite nekoga kao što je Hanter, ta ljubav onesposobi vas da volite normalne, stabilne muškarce." Nasmejala se, posramljeno. „Verovatno pojma nemate o čemu pričam."

U Trejsinim mislima spontano je iskrsla slika Džefa Stivensa.

„Oh, znam", rekla je ona Sali. „Verujte mi. Stvarno znam."

* * *

Trejsi je u šest sati ujutro probudio telefonski poziv Grega Voltona.

„Imamo pritužbe."

Trejsi je protrljala oči. *Dobro jutro i tebi.* „Kakve pritužbe?"

„Ozbiljne. Iz britanskog ministarstva unutrašnjih poslova. Prema njihovom mišljenju, niste sarađivali i ometali ste istragu na jučerašnjem sastanku."

„To je besmislica." Trejsi se prisetila jučerašnjeg razgovora sa Džejmijem Makintošem i Frenkom Dorijenom u kancelariji MI6, nastojeći da prizove u sećanje bilo šta što je rekla ili uradila, a što se moglo protumačiti kao opstruktivno. „Tražili su od mene da popričam s novinarkom s kojom je Hanter Dreksel u vezi, i to sam uradila. Ko se žalio, Greg?"

„Nije važno."

„Meni jeste", kazala je Trejsi žustro. „Frenk Dorijen, zar ne?"

„Kao što rekoh, to nije relevantno."

„Juče je jasno stavio do znanja da mi ne veruje." Trejsi je osećala nadolazeću plimu besa. „Međutim, znate šta? Taj osećaj je obostran. Umešaniji je u sve ovo nego što govori. Hanter Dreksel mu ne veruje."

„Kako to znate?"

Trejsi je obavestila Grega o susretu sa Sali Fejers. Bio je uzbuđen.

„To je krupna stvar, Trejsi. Bravo. Reći ćemo Britancima da prate njene telefonske razgovore."

„Ne, nemojte", žurno je rekla Trejsi. „Držimo ih zasad izvan ovoga. Sali mi veruje. Ako oseti da je koristimo ili uhodimo, zatvoriće se. Ne voli generala Dorijena skoro isto onoliko koliko i ja."

„Hm." Volton nije zvučao srećno. „Ne znam za to..."

„Ionako ništa nećete pronaći. Hanter Dreksel je profesionalac. Koristi isključivo jednokratne telefone."

„U redu. Ostavićemo to zasad. Ipak, ostanite u njenoj blizini. I zapamtite, general Dorijen je na našoj strani. Tamo ste da obavite istragu o Alteji, a ne da proveravate generala."

„Ali šta ako su njih dvoje povezani?"

„Nisu, Trejsi." U Voltonovom glasu osetila se nepokolebljivost. Brzo je promenio ton u topliji, laskaviji. „Svakako ću reći predsedniku da ste tamo obavili sjajan posao. Verujte mi, oduševiće se kad čuje da je Dreksel makar još živ. To je mnogo više nego što smo juče znali."

„Nadajmo se da je to tek početak. Još mnogo toga treba ovde da uradim. Alteja ne pripada agenciji MI6, u to sam ubeđena. Ali..."

Greg Volton ju je prekinuo. „Zapravo, Trejsi, voleo bih da se sutra vratite u SAD, a najkasnije u četvrtak."

„Molim? Zašto?" Trejsi se zbunila.

„Agent Bak ima neke moguće nove tragove."

„Kakve nove tragove? Najbolji koje imamo nalaze se ovde, u Londonu."

„Bak će vas obavestiti kada se vratite", kazao je Greg Volton tako da je Trejsi bilo jasno da je reč o naređenju, a ne o predlogu. „Kao što rekoh, zahvalni smo za sve što ste postigli. Međutim, zbog diplomatske strane važno je da dođete kući."

„Dobro", reče Trejsi bezizražajno.

Činilo se da je Voltonu laknulo.

„Čekaće vas karta na pultu Britiš ervejza na Hitrouu."

„Jasno."

„Svaka čast, još jednom."

Volton je prekinuo vezu.

Trejsi je dugo sedela u krevetu i zurila u telefon koji je držala u ruci.

Nešto nije kako treba.

Neko želi da me skloni.

Da li je to general Frenk Dorijen? Dobri stari ispravni, potpuno čisti Frenk?

Počela je da se oblači.

Greg Volton prekinuo je vezu. Sedeo je u Ovalnom kabinetu, za stolom preko puta predsednika; agent Bak iz FBI-ja sedeo je pored njega.

Predsednik Hejvers pogledao je u Voltona. „Dakle, živ je?"

„Da, gospodine."

„Ali ne znamo gde?"

„Ne, gospodine. Još ne."

Predsednik Hejvers zurio je ogorčeno mimo šefova obaveštajne službe u svoju uramljenu sliku na zidu. Fotografija je napravljena na dan njegove inauguracije pre manje od godinu dana. Otad je nesumnjivo ostario deset godina, zahvaljujući Hanteru Drekselu.

Hejversova kampanja za ponovne izbore počeće najranije za nekoliko meseci. Neki od njegovih velikih dobrotvora već su potpisali čekove. Ipak, drugi, poput Kamerona Krua, oklevali su, čekajući da vide kako će se razrešiti kriza u vezi s Grupom 99. Situacija u Evropi bila je napeta koliko i u prethodnim decenijama. Predsedniku je bila potrebna pobeda i bio je svestan toga.

„Šta je s Vitni? Koliko ona zna?"

„Ne zna ništa", narugao se agent Bak. „Ona je oruđe. Ništa više."

Predsednik Hejvers nadao se da je Bak u pravu. Trejsi Vitni pokazala se korisnom u ulaženju Alteji u trag u Londonu i obezbeđivanju traga koji je vodio do Hantera Dreksela. Međutim, njene veštine dedukcije mogle su biti izuzetno opasne ukoliko nije pod stalnim nadzorom. Već je pokazivala nezdravo zanimanje za nesrećne događaje na akademiji Sandherst. Da se i ne spominje protivljenje britanskoj obaveštajnoj službi u pogledu pogodbe.

Sekretarica je provirila iza vrata.

„Veoma mi je žao, gospodine predsedniče, ali na vezi imam britansku premijerku. Mislim da nije presrećna."

Predsednik Hejvers duboko je uzdahnuo. Od katastrofalnog prepada u Slovačkoj, Džulija Kabot bila mu je jedini preostali prijatelj u Evropi. Bila mu je potrebna.

Okrenuvši se ka dvojici obaveštajnih oficira, prosiktao je: „Vratite Trejsi Vitni ovamo. Uzrokuje previše talasa."

„U redu, gospodine." Greg Volton je ustao. „To je već učinjeno."

„I držite je na kratkom povocu odsad pa nadalje."

Kada su Volton i Bak napustili prostoriju, čuli su da predsednik govori svojim najtoplijim, najpomirljivijim glasom:

„Džulija!" Hejvers je praktično preo. „Čemu dugujem to zadovoljstvo?"

Kamila i Rori Dejli stanovali su u lepoj parohiji na najjužnijem obodu Hempšira iza sela. Besprekorne bašte i zemljište koje se blago spušta do reke Test, gde su generacije Dejlijevih uživale ekskluzivno pravo ribolova na najbolju pastrmku u zemlji. Unutra – uglancani parket, opušteno zastrt tu i tamo antičkim persijskim prostirkama, originalni prozori s višestrukim oknima, izdašni kamini i tradicionalni engleski nameštaj. Dva

Tarnerova akvarela visila su na zidovima sobe za primanje, iznad Noulsove sofe na kojoj su dva donekle otrcana jazavičara kovrdžave dlake hrkala na suprotnim krajevima.

Sve u svemu, pomislila je Trejsi, radilo se o izuzetno šarmantnoj seoskoj kući u duhu engleske više klase, u kakvu nije kročila još od kada je Ganter bio živ. Očito je da su roditelji kapetana Boba Dejlija iskreno podržavali i onaj jedan odsto u vrhu, ako ne i najuži jedan promil.

„Sigurni ste da ne želite šolju čaja, gospođice Arkel?“, upitala ju je ledi Dejli najmanje treći put otkad je došla. Trejsi je poprimila savršeni, isklesani engleski akcenat i predstavila se kao Harijet Arkel, spisateljica koja istražuje biografiju njihovog sina. Osećala se loše što laže taj dragi, stari par. Ipak, znala je da bi Dejlijevi postali uzdržani istog časa kada bi pomenula CIA ili progovorila s američkim naglaskom. Godine života u Engleskoj naučile su Trejsi da su pripadnici engleske više klase daleko predusretljiviji među onima koje smatraju svojima.

„Vrlo ste ljubazni, ali ne bih, hvala“, odgovorila je Trejsi. „Neću vam predugo biti na smetnji. Zaista sam samo želela da razjasnim nekoliko sitnica u vezi s vremenom koje je Bob proveo na Sandherstu.“

„Svakako.“ Kamila Dejli je zasijala, a njene oči zasvetlucale su istom nijansom različka kakve je bio njen dvodelni set. Nije bilo sumnje da je uživala u svakoj prilici da priča o sinu. „Bob je obožavao Sandherst. Bio je potpuno zaljubljen u to mesto, zar ne, Rori?“

„Oba puta“, potvrdio je starac. „Kao kadet u Velškoj regimenti, a onda kasnije kao instruktor. Ne bih rekao da mu je i namanje nedostajalo redovno služenje.“

Lord Dejli imao je obraze koji su podrhtavali kad je govorio, kao u buldoga, i blede, vodnjikave oči. Delovao je starije i umornije od svoje supruge. Trejsi se pitala da li ga je jeziva sinovljeva smrt jače pogodila, pa joj se krivica zbog obmanjivanja udvostručila.

„Da li je na akademiji imao mnogo prijatelja?“

„O, Bob ih je imao na gomile. Iz škole, iz puka i, naravno, isto tako i sa Sandhersta.“

„Nekoga ko se izdvajao?“

„Pa, da.“ Lice ledi Dejli naglo se snuždilo. „Mada se taj neko izdvojio iz pogrešnih razloga. Sirotog Ahila.“

„Princa Ahila? Iz Grčke?“

„Pretpostavljam da ste čitali o njemu." Kamila je tužno klimnula glavom. „On i Bob bili su veliki prijatelji. Znate, dolazio je k nama više nego jednom. Međutim, bojim se da se jadničak ubio. Nismo imali ni najblažu predstavu da je u depresiji. To se desilo iste one sedmice kada je Bob... kad smo izgubili Boba."

Trejsin mozak radio je punom parom. Reči generala Dorijena odzvanjale su joj lobanjom poput kloparanja crkvenog zvona: *Možda su prošli jedan kraj drugog na paradnom poligonu. Ali ništa više od toga. Nisu se družili.*

Trejsi je pomislila: *Ti mali lažljivče, Frenk!*

„Ahil je bio oficirski kadet", primeti Trejsi. „Dakle, bio je dosta nižeg čina nego vaš sin. I mnogo mlađi. Znate li kako su se zbližili?"

„Grčka", prokrkljao je lord Dejli iz svoje fotelje. „Vidite, Bob je bio klasičar. Opsednut Grčkom još od malih nogu. Bio je, znate, u Atini kada su ga one kukavice odvele."

„Naravno da Harijet to zna, dragi", rekla je njegova supruga zakolutavši očima. „Piše knjigu o svemu što se desilo."

„Mislio sam da piše knjigu o Robertu?" Starac je odjednom zazvučao zbunjeno. Toliko je podsetio Trejsi na njenog oca u poslednjim godinama života da je morala da se obuzda kako ne bi jurnula ka njemu i zagrlila ga.

„I pišem, lorde Dejli", uverila ga je. „Pišem." Zatim se ponovo obratila Kamili pitanjem: „Pretpostavljam da možda imate neku Bobovu fotografiju s Ahilom?"

„Moraću da potražim." Kamila se namrštila. „Ipak, ne bih rekla. Nismo opsednuti fotografisanjem. I, naravno, Ahil je bio plemić, i sve što uz to ide. Nisam sigurna da bi se oduševio da smo škljocali aparatom ka njemu poput para izbečenih turista."

Trejsi nije mogla da zamisli nijedno dvoje ljudi manje nalik na izbečene turiste.

„Ipak, mnogo smo se uznemirili kad smo čuli šta se desilo", produžila je ledi Dejli. „Prema rečima nekih Bobovih prijatelja, neko je provalio u Ahilovu sobu po njegovoj smrti i pokrao stvari. Možete li da verujete? Lovci na kraljevske suvenire potpuno su poludeli. Mislim, zaista, ko bi pao tako nisko?"

„Ne mogu da zamislim", odgovorila je Trejsi prikladno užasnuta.

Mada je, zapravo, još kako mogla.

* * *

Kameron Kru upravo je izašao iz kućne teretane u Njujorku posle napornog treninga s trenerom, kad ga je Trejsi pozvala.

„Kamerone?"

Bilo mu je potrebno nekoliko trenutaka da razabere ko je na vezi. Nije se čuo s Trejsi od večere u Ženevi, na svoje veliko razočaranje, i nije znao hoće li se to ikada više desiti.

„Trejsi!", rekao je dahćući i naslonio se na zid. „Kakvo lepo iznenađenje."

„Jeste li dobro?", upitala ga je. „Zvučite kao da imate napad astme."

Kameron se nasmejao. Bilo je divno čuti njen glas. Divnije nego što je trebalo.

„Dobro sam. Samo sam star. I nisam u kondiciji. Gde se nalazite?"

„U Londonu sam. Hodam Vondsvort bridž roudom, da budem precizna."

„U redu."

„Čujte, potreban mi je savet."

Kameron Kru dozvolio je sebi smešak.

Ona želi moj savet. Veruje mi.

„Recite."

U narednih deset minuta Trejsi mu je saopštila izmenjenu verziju razvoja u slučaju Grupa 99 – Alteja – Dreksel od njihovog viđenja do tog trenutka. Ne obelodanivši nijedan poverljivi podatak, ispričala mu je sažetak svog susreta sa Sali Fejers i uspela da mu prenese svoje sumnje u pogledu Britanske obaveštajne službe, a naročito general-majora Frenka Dorijena.

Na Trejsino iznenađenje, Kameron je već znao o hakerskom napadu Grupe 99 na sisteme CIA i FBI-ja. Stalno je smetala s uma da je i on godinama sarađivao s Gregom Voltonom. Nije bila jedini autsajder čiju je pomoć Agencija ikada zatražila. Međutim, nije znao da je Trejsi otkrila trag koji vodi do MI6 niti da je Hanter Dreksel i dalje živ. Pažljivo ju je slušao dok mu je davala informacije.

Naposletku, Trejsi je ispričala Kameronu o svojoj poseti porodici Boba Dejlija.

„Nazvao bih to ozbiljnim napretkom za pet dana", prokomentarisao je Kameron kada je konačno zastala. „Pretpostavljam da vas Greg Volton trenutno obožava."

Trejsi na to upita: „Moglo bi se tako pomisliti, zar ne?“

Objasnila je da ju je CIA opozvala i da se vraća u Vašington. Da, zapravo, sutra treba da bude u avionu.

„Kažem vam, general Dorijen nekako ih je uznemirio. On je iza ovoga. Izmislio je neke fabrikovane žalbe protiv mene i sada su se svi prepali. Međutim, činjenica je da me je direktno slagao rekavši da Dejli i princ nisu bili prijatelji. Sada sam sigurna u to.“ Govorila je veoma brzo, uzbuđeno. Kameronu je bilo teško da je prati.

Trejsi je rekla: „Mislim da je on ukrao prinčeve stvari.“

„Ko?“

„General Dorijen.“

„Zbunjen sam“, kazao je Kameron. „Dorijen iz MI6?“

„Kao što je to bio i kapetan Dejli.“

„I smatrate da je pokrao stvari iz prinčeve sobe u Sandherstu posle njegove smrti?“

„Da. Uključujući i kompjuter.“

„A prinčeva smrt povezana je s Grupom 99... na koji način?“

„Ne znam“, priznala je Trejsi. „Međutim, mislim da Dorijen zna. U vezi s tim mi je i potreban vaš savet.“

„U redu.“ Kameron je čekao.

Trejsi je duboko udahnula. „Razmišljam da mu provalim u kuću.“

Kameron je prasnuo u smeh, ali se zaustavio suočen s Trejsinim ćutanjem.

„Šalite se?“

„Uopšte ne. Provalim unutra, pronađem kompjuter i sve drugo što je odneo i ne želi da otkrijem. Zatim to donesem Voltonu i stavim ga pred svršen čin.“

„Jasno. Mogu li da predložim alternativni plan?“, upita Kameron.

„Možete.“

„Ukrcajte se sutra u avion, dođite u Njujork i večerajte sa mnom.“

„Ma dajte. Zaista mi je potreban vaš savet.“

„Moj savet u vezi s provalom?“ Kameron se nasmejao. „Upravo sam vam ga dao! Ne radite to, Trejsi. To što predlažete potpuna je ludost. Volton bi probio plafon i imao bi sva prava na to.“

„Ali, ako pronađem dokaz da Dorijen nije to što tvrdi da jeste? Ako dokažem da postoji veza između Grupe 99 i priče Hantera Dreksela o frakovanju, i prinčeve smrti, i potvrdim da je major Dorijen umešan do guše..."

„Nećete pronaći dokaz!"

„Zašto to kažete?"

„Zato što će vas uhapsiti, Trejsi! Ili, još gore, slomićete vrat. U svakom slučaju, prouzrokovaćete međunarodni incident. Slušajte, mrzim da budem onaj koji vam kvari zabavu. Ali, zaista, šta vi znate o provaljivanju u kuće?"

Trejsi se blago osmehnula.

„Ne zaboravite na večeru", kazala je i prekinula vezu.

Džef Stivens je s ugla Ulice Stadridž posmatrao Trejsi koja je završila telefonski razgovor, brzo se obazrela oko sebe i uskočila u autobus broj devetnaest koji je saobraćao do Čelsija.

Nosila je tesne crne farmerke i tamnozeleni džemper, kestenjasta kosa vijorila se za njom na povetarcu, a ona je ušla u autobus i pokazala vozaču svoju ojster karticu za prevoz. Izgledala je divno.

Džef je osetio oštar, probadajući bol u grudima.

Prepoznao ga je kao čežnju.

„Tu sam, Trejsi, odmah iza tebe", prošaputao je glasno, pa ispružio ruku da zaustavi taksi.

Mahnuvši taksisti novčanicom od pedeset funti, on reče: „Pratite taj autobus."

ŠESNAESTO POGLAVLJE

Trejsin stari prijatelj Džejkob Bodi, diler umetninama, pripremio je posao umesto nje.

Hvala bogu na Džejkobu.

Sada u živahnim šezdesetim, Džejkob Bodi nije više lično krao umetnička dela. Prošlo je mnogo, mnogo vremena otkad je poslednji put provalio u neku galeriju ili privatnu kuću. Međutim, svojevremeno je bio najbolji i još je radio s najboljima, temeljno istražujući i proveravajući svaki posao u koji je bio upleten. Poput Trejsi i Džefa, Džejkob je krao isključivo od onih koji su to zasluživali: škrtica, varalica i tvrdica.

Trejsi mu je verovala.

„Gospođa Dorijen – Sintija – uvek ide na bridž utorkom uveče. Izlazi iz kuće tačno u šest i obično se vraća do devet", objasnio je Džejkob Trejsi svojim dubokim, hrapavim glasom.

„Obično?"

„Obično. Ma daj, Trejsi. Nema nikakvih garancija, to znaš. Ali imaš na raspolaganju tri sata za posao od tri minuta. Uđeš unutra, uzmeš šta ti treba i izađeš. Prosto."

Trejsi je osetila mučninu.

Koliko je puta čula tu reč *prosto*?

Isto to rekao joj je Konrad Morgan pre njenog prvog posla, kada je ukrala dragulje Lois Belami iz njene kuće na Long Ajlandu. I sada je mogla da čuje Konradov glas, tih i umirujući, poput pesme krotitelja zmija.

To je smešno prosto, Trejsi.

Međutim, naravno da nije bilo. Te noći Trejsi je za dlaku izbegla da bude uhvaćena i zauvek vraćena u kazneni zavod u Luizijani.

Ipak, nisu me uhvatili, podsetila se Trejsi. *Nadmudrila sam policiju, a i Džefa Stivensa. Dobra sam u ovome. To je ono čime se bavim.*

Džejkob Bodi nabavio joj je plan skromne kuće Dorijenovih, kao i šifre njihovog sefa i alarma protiv provale, i kopiju ključa od ulaznih vrata.

„Kako si, zaboga, sve to izvukao tako brzo?“, upitala ga je Trejsi.

Džejkob se zadovoljno osmehnuo. „Imam svoje načine, draga devojko. Mada moram reći da sam srećan što sam te impresionirao. Nije lako oduševiti veliku Trejsi Vitni.“

Trejsi je poželela da kaže da je *velika* Trejsi Vitni umrla pre mnogo godina. Ukoliko je ikada i postojala. Ipak, prećutala je.

„Šta je s generalom?“, upitala je.

„Biće u kasarni, ne brini“, odgovorio je Džejkob. „Radoholičar je. Gotovo nikada ne dolazi kući pre deset sati.“

Trejsi se nije dopalo to *gotovo*. Ni najmanje.

„Osim toga, ovog utorka sigurno se neće rano vratiti“, uverio ju je Džejkob. „Održava se revijalni sastanak za sve starije oficire na vojnoj akademiji. Dorijen vodi dve sednice.“

Trejsi je izašla iz Džejkobove galerije u Ulici Bond s osećajem samopouzdanja i dobro pripremljena.

Sledeće večeri, dok je sedela pred kućom Frenka Dorijena u iznajmljenom automobilu s ugašenim motorom i u potpunom mraku, napustilo ju je sve samopouzdanje. Trejsi je bila sleđena od straha kao i uoči posla u kući Belamijeve i, uostalom, svakog drugog.

Šta, dođavola, radim ovde?

Avionska karta čeka me na Aerodromu Hitrou. Ako sada krenem, još ću imati vremena za večeru pre poletanja. Možda i za finu, opuštajuću čašu vina.

Međutim, za to je već bilo kasno. Trejsi je bila tu. Odluka je doneta.

Otvorila je vrata kola.

U crnoj odeći, rukavicama i čizmama, i s kapom dobro navučenom preko glave, bila je skoro nevidljiva dok se približavala kući. To ipak nije bilo važno. Čitava ulica bila je pusta. Susedi Dorijenovih sedeli su kod kuće i svi gledali na televiziji plesno takmičenje slavnih ličnosti, sa čvrsto navučenim zavesama.

Trejsino srce tuklo je toliko glasno da nije mogla da čuje ništa drugo. Potpuno je zaboravila koliko joj je muka od adrenalina.

Sada je već stajala pred ulaznim vratima s Bodijevim iskopiranim ključem u ruci. Čim ih otvori, biće osuđena.

Glas Kamerona Krua odzvanjao joj je u ušima.

Nećete pronaći dokaz!

Uhapsiće vas, Trejsi!

Trejsi ubaci ključ u bravu i okrenu ručku.

Alarm je momentalno oživeo. Još se nisu oglasila nikakva zvona, ali je sistem pištao glasno, veoma glasno, poput razljućene pčele koja priziva pojačanje iz košnice. Svakog časa oglasiće se sirene i blesnuće svetlo i...

Sranje! Gde je, dovraga, tastatura?

Trejsi je usplahireno prelazila rukom gore-dole po zidu. Konačno ju je pronašla, skrivenu iza okačenog kaputa. *Hvala bogu!* Dok joj je srce dobovalo, otkucala je šifru.

Ništa se nije desilo.

Prokletstvo! Ruke su joj drhtale. U panici je sigurno otkucala brojeve pogrešnim redosledom. Trejsi je znala da ima svega dvadeset sekundi da deaktivira sistem. Džejkob je s tim u vezi bio vrlo jasan. Isteklo je najmanje deset do tog trenutka.

Znoj je jurnuo niz Trejsina leđa poput reke. Nije marila ako bude uhvaćena. Vlastiti život, vlastita bezbednost, više joj ništa nisu značili. Međutim, morala je da sazna šta to Frenk Dorijen krije. Morala je da složi delove mozaika radi Nikolasa.

Nateravši se da ostane mirna, ponovo je otkucala šifru, ovog puta polako, šapućući brojeve dok je pritiskala tastere.

Pet. Tri. Pet. Šest.

Zujanje je prestalo.

Trejsi se nasmejala. Prvi put otkad je tog jutra otvorila oči, počela je da se opušta.

Kuća Frenka Dorijena bila je mala, čista, uredna i pomalo bez duše, makar po Trejsinim shvatanjima. Nije bilo nikakvih porodičnih fotografija na vidiku, nimalo cveća, nijednog romana niti novina usput spuštenih na stočić. Više je podsećala na kancelariju nego na dom. Bilo je tu još i previše smeđeg, teškog nameštaja, ničega živopisnog niti ženstvenog i svetlog. Mada su, možda, stvari izgledale gore u tami? Frenk i Sintija ostavili su nekoliko uključenih sijalica u prizemlju – energija se nije štedela u domaćinstvu Dorijenovih. Nema sumnje da je Frenk mislio kako je to za hipije i levičare, ali osvetljenje je u najboljem slučaju bilo fragmentarno. Na spratu je vladao mrkli mrak.

Crn kao generalovo srce, pomislila je Trejsi. *Crn poput mog sveta bez Nika.*

Uputila se u veliku spavaću sobu. I to je bio bezličan prostor, podjednako neinspirativan kao i bilo koji društveni stan. U njemu se nalazio tapacirani francuski ležaj s običnom belom posteljinom, komoda s fiokama s izgraviranom kineskom kutijom na vrhu i američki plakari čija su vrata bila u ogledalima. Jedan jedini jastuk u obliku jazavičara podizao se između ostalih običnih jastuka, kao jedini znak humora ili ličnog ukusa ma kakve vrste. Očito je da je general Frenk bio kontrolisan i čestit i kod kuće kao i na poslu.

Sef se nalazio tačno tamo gde je Džejkob rekao, u pozadini velikog regala. Trejsi nije znala šta tačno traži, ali činilo se da je sef dobar da se od njega počne. Unela je šifru i ovog puta nije bilo nikakvog nesrećnog slučaja, nikakvih alarma, svetla niti upozoravajućih signala. Otvorio se tako spremno i uslužno kao kurvine noge, kako je to Džef voleo da kaže.

Zašto uvek mora da pomisli na Džefa u trenucima poput tog? Iznervirana, Trejsi se usredsredila na trenutni posao.

Natenane je izvadila sadržaj sefa, stvar po stvar, i svaku pregledala pod baterijskom lampom.

Generalova oporuka.

Dokumenta o prenosu vlasništva nad kućom.

Niska bisera za koju je Trejsino vešto oko odmah zaključilo da ima veću sentimentalnu nego materijalnu vrednost.

Dvadeset hiljada funti u gotovini.

To je bilo neočekivano. Dvadeset hiljadarki je mnogo novca za skromnu porodicu, naročito kada se čuva u kući, ćušnut u prljav koverat. Međutim, Trejsi je zasad odgurnula radoznalost u stranu. Nije imala vremena za gubljenje na razmišljanje o tome gde se Dorijen domogao te sume, niti šta je s njom nameravao. Umesto toga, još jednom je sve prekontrolisala, pažljivo razdvajajući novčanice i svaki list pravnih dokumenata, primoravši se da uspori kako joj nešto ne bi promaklo. Međutim, ništa nije iskrslo. Prvi put imala je pravo.

Ovde nema ničeg Ahilovog.

Trejsi je ponovo zaključala sef i pogledala na sat. Bilo je i dalje rano, tek petnaest do sedam. Ima još mnogo vremena pre nego što se Sintija vrati kući s partije bridža.

Trejsi se vratila u prizemlje i Frenkovu radnu sobu.

Generalov sto bio je uredan kao i sve ostalo u kući, čisto kao suza i savršeno lišeno loma. Trejsi se iznervirala ustanovivši da mu nema kompjutera. Sigurno ga je odneo sa sobom na večerašnji sastanak u kasarni. Trejsi te večeri nije mogla da dođe do informacija.

Počela je da otvara fioke, tražeći papire, fotografije, prenosivi hard-disk, bilo šta.

Ništa.

Ništa, ništa, ništa.

Mora da ovde ima nečega, rekla je sebi. *Mora da postoji nešto u ovoj kući.*

Trejsi je pretraživala sobu po sobu, na smenu. Isprva je bila metodična. Zatvarala je kuhinjske ormariće za sobom, ispravljala zavrnute tepihe, zametala tragove. Međutim, kako su minuti otkucavali, a zatim i sati, postajala je nervoznija, skidala slike sa zidova, bacala gomile knjiga na pod.

Taman je htela da odustane, kad ga je pronašla. Od svih mesta, nalazio se u kupatilu. Kutija s maramicama pored lavaboa činila se težom nego što treba da bude. Trejsi ju je pokidala kao neka divljakuša i izvadila dragoceni hard-disk onako kako ronilac čupa biser iz ostrige.

Zurila je nekoliko sekundi u mali crni pravougaoni predmet, preplavljena radošću što je posle tolikog razočaranja konačno uspela da ga pronađe. *Ovo je to. Ovo mora da je to.*

Uspela sam!

Nije bilo vremena da zastane i proslavi. Ćušnuvši hard-disk duboko u ruksak, Trejsi je izašla nazad u predsoblje. Gotovo da je bila kod ulaznih vrata, kad su je farovi kola iznenada zaslepeli.

Sranje!

Trejsi se paralisala. Čula je nepogrešivu buku motora koji se približava, zatim prede pa se konačno gasi. Farova je nestalo.

Sintija Dorijen stigla je kući.

Još gore, nije bila sama.

* * *

Parkiran nekoliko metara niz ulicu u neupadljivom ford tranzitu, Džef je sedeo u mraku i posmatrao dolazak policijskih kola.

Stvari su se zakomplikovale onog trena kada je Džef shvatio da se Trejsi namerila na kuću generala Dorijena. Pa opet, stvari su se uvek komplikovale s Trejsi.

Da li treba da kaže Džejmiju Makintošu šta Trejsi planira? Ili da to zadrži za sebe?

Džefu nije trebalo mnogo da se opredeli za ovo drugo. Ako Trejsi nije verovala oficiru MI6, onda nije ni Džef. S druge strane, brinuo se za Trejsinu bezbednost. Sada još i više, kada su na pozornicu stupili momci u plavom. Žudeo je da se umeša, da preduzme nešto kako bi je spasao, ali bio je bespomoćan.

Hajde, ljubavi, podstrekavao ju je. *Smisli nešto.*

Trejsi je prepoznala poznata plava i bela svetla britanske policije. Čula je muške glasove, prigušene ali požurujuće.

Instinktivno se bacila na pod. Sigurno je bila vidljiva, bar delimično, s prozora. Međutim, nešto joj je govorilo da je policija još nije primetila. Motori kola isključivali su se jedan po jedan, a s njima i svetla. Sve je ponovo bilo mračno i stravično tiho. Zatišje pred buru. Trejsi je osluškivala. Sva čula bila su joj napregnuta. Osećala se poput violine čije su žice zategnute do tačke pucanja.

Kako ju je policija pronašla? Da li je neko nešto video? Možda neko od suseda?

Znala je da je Džejkob ne bi prijavio, a jedino je on znao da je te večeri tu. Brzo je razmišljala.

Čula je korake kako se približavaju prednjim vratima. Drugi, brži koraci čuli su se iza kuće. Očajna, Trejsi se osvrnula oko sebe, tražeći način da pobegne. Međutim, čak i kad bi ga pronašla, nije bilo vremena! Vrata će se širom otvoriti za nekoliko sekundi. Uhvatiće je na delu i uhapsiti. Kameron je bio u pravu. U najboljem slučaju, deportovaće je u Sjedinjene Države, u nemilost. Ili će je se, možda, CIA odreći i ostaviti je da trune u britanskom zatvoru. Da sebe poštede neprijatnosti.

U tom slučaju, nikada neće pronaći Alteju. Nikada neće saznati šta se desilo Niku.

Začulo se snažno lupanje na ulaznim vratima.

„Policija! Otvaraj!"

Trejsi je donela odluku.

General-major Frenk Dorijen bio je umoran. Mrzeo je sastanke. *Da sam želeo da brbljam o izjavama o misiji i najboljim praksama ili da traćim večeri na prezentacije u Pauer pointu, bavio bih se biznisom*, ljutito je razmišljao u povratku kući. Već je dovoljno loše što je gubio pola dana na upuštanje u šifrovana „ćaskanja" s MI6. Međutim, od špijuna se očekuje da okolišaju i izbegavaju glavnu temu. Oficiri britanske armije trebalo bi da su pametniji. Večerašnji Pregled finansijskog komiteta Sandhersta predstavljao je mučenje kakav god naziv da je nosio. Trebalo ga je zabraniti prokletom Ženevskom konvencijom. Sve što je Frenk sada želeo bili su viski, kupanje i krevet.

Dva policijska automobila prošla su pored njega kad je skrenuo u svoju ulicu. Upravo je razmišljao kako je to čudno, kad je ugledao i treći parkiran na prilazu, s motorom koji je tiho preo. Na njegovom pragu stajao je uniformisani službenik i ozbiljno razgovarao sa očito zabrinutom Sintijom koja samo što se vratila s bridža.

„Tako mi je žao, generale", obratio se policajac Frenku čim je izašao iz kola. „Jesu li drugi na putu ovamo?"

Frenk se namrštio. „Drugi? Koji drugi?"

„Kadeti." Policajac je govorio zavereničkim tonom. „U redu je, generale. Stručnjak za eksplozive upravo nas je obavestio."

Frenk je počinjao da se nervira. Bio je to veoma dug dan. „Stručnjak za eksplozive? O čemu vi to, prokleto, govorite, čoveče?"

„O kapetanu Filipsu. Stručnjaku za eksplozive koji nas je pustio unutra pre izvesnog vremena. Kapetan nam je objasnio o vežbi i tome koliko je važno ostaviti kuću netaknutu posle pripreme."

Frenk je širom otvorio oči.

„Zaista razumemo da su te vežbe *iznenađenja* važne, generale", nastavio je policajac. „Vaši kadeti treba da znaju kako da odgovore na bombaške pretnje u zajednici, a pravi teroristi ne daju upozorenja unapred. Shvatamo to. Ipak, ovo je stambena četvrt. U budućnosti bismo cenili obaveštenje ako planirate ovakvu vrstu obuke. U najmanju ruku, voleli bismo da upozorite svoje susede."

„Kako bi bilo da upozoriš *mene*?“, ubacila je Sintija ogorčeno.

„Stari gospodin Dingl preko puta ulice pomislio je da vas pljačkaju“, zakikotao se policajac. „I mi smo, kad smo tek pristigli.“

Frenk Dorijen progurao se pored policajca i ušao u kuću. Potrčao je pravo u toalet u prizemlju. Ostaci kutije s maramicama ležali su u komadima po podu.

Frenk je osetio kako mu se puls penje u grlo.

Požurio je napolje i upitao policajca: „Kada je stručnjak za eksplozive otišao?“

„Pre otprilike deset minuta. Baš pre nego što je vaša supruga stigla kući. Rekla je da se vraća u kasarnu, ali da će ostali uskoro doći. Pokušali smo da vas pozovemo na mobilni telefon, generale, ali...“

Frenk ga je prekinuo: „Ona?“

„Tako je, generale.“

„Kapetan Filips je... žena?“

Sada je na policajca bio red da izgleda zbunjeno.

„Tako je, gospodine. Ali vi ste to sigurno znali? Ako ste naredili tu vežbu?“

Polako, bolno polako, kockice su počele da se slažu.

Džef Stivens se odvezao, a ramena su mu se tresla od smeha.

Draga Trejsi! Osmehnuo se sam za sebe. *I dalje si vešta.*

Hanter Dreksel dvaput se snažno zario i svršio.

Devojka pod njim, Klodet, prevrnula se na leđa i malaksalo mu se osmehnula.

„*Encore une fois?*“*

Hanter je odmahnuo glavom. Bio je isuviše iscrpljen da je opet poševi, ili radi bilo šta drugo osim da spava. Prošlo je mnogo vremena otkad je poslednji put bio sa ženom, i još duže otkad je proveo noć s profesionalkom. Klodet je našao u Krejzi horsu, gde je bila igračica. Cena od pet stotina evra za noć bila je preterana, ali dobro zaslužena. I očito je bila spremna da naporno radi za novac. Samo da Hanter nije bio toliko razbijen, pa da je mogao to da iskoristi.

* Franc.: Još jednom? (Prim. prev.)

Preuzeo je veliki rizik dolaskom u Pariz. Postojali su daleko veći izgledi da će ga prepoznati u kosmopolitskom gradu poput ovog. Međutim, ako namerava da objavi tu priču pre nego što mu Grupa 99 smesti metak među oči ili ga CIA pošalje u neki kamp za mučenje, biće mu potrebna pomoć. Sali je davala sve od sebe, ali to je imalo svoje granice, a za Hantera je putovanje u London bilo preopasno. Imao je prijatelje u Parizu, novinare i prevarante, koji su mogli da mu se nađu. Osim toga, poker je bio izvanredan.

Kada je utonuo u san, parada slika zaigrala mu je pred očima.

Sali Fejers, naga u njegovom krevetu.

Mornarička foka pruža mu ruku da uđe u činuk, u Slovačkoj. „*Ulazi!*"

Bob Dejli mu se osmehuje, sekundu pre nego što će mu razneti glavu.

Apolon stoji u mračnoj uličici u Rigi i smeška mu se niz cev pištolja.

Trgnuvši se iz sna, Hanter je skočio iz kreveta i bolno zavrnuo Klodet desnu ruku iza leđa. Mala drolja preturala mu je po džepovima pantalona, pokušavajući da ga opelješi!

„*Qu'est-ce que tu fais?*", prosiktao je Hanter na nju, okrenuvši je licem ka sebi. „*Putain.*"*

„Kretenu!", uzvratila mu je devojka povikom na engleskom. „Znam ko si ti."

Hanterovo lice preteći se natuštilo. Klodet je odjednom u stomaku osetila parališući strah. Otišla je predaleko. Taj čovek je opasan. Veoma opasan. U klubu je izgledao tako zgodan, tako privlačan. Ali pogled u njegovim očima sada je bio hladan poput leda.

Hanter je mračno promrmljao: „*Tu connais rien. Je pouvais te casser. Comme un poulet. Tu comprends?*"**

Nemo je klimnula glavom.

„Obuci se i napolje!"

Pustio ju je i sa zadovoljstvom gledao kako prestravljena grabi odeću i istrčava iz sobe.

Kameron Kru spremao se da ode na počinak kad mu je vratar pozvonio u stan.

---

* Franc.: Šta to radiš? Kurvo. (Prim. prev.)

** Franc.: Ne znaš ti ništa. Mogao bih da ti zavrnem šiju. Kao piletu. Razumeš? (Prim. prev.)

„Šta je bilo?", upitao ga je kratko.

„Žao mi je, gospodine. Ali tu je neka dama koja želi da vas vidi."

„Dama?"

„Tako je, gospodine. Gospođica Vitni. Kaže da je hitno."

Loše Kameronovo raspoloženje isparilo je poput barice na suncu. Nije se čuo s Trejsi od onog razgovora pre nekoliko dana i već je očekivao da će njen sledeći poziv biti iz pritvora. U stvari, bila je tu, u Njujorku, na njegovom pragu.

„To je sasvim u redu, Bili. Doprati je dovde."

Kameron je jedva imao vremena da presvuče košulju i pljusne malo kolonjske vode pre nego što je Trejsi nahrupila kroz vrata, kao klupko neurotične energije.

„Zdravo." Skinuvši strukirani mantil, bacila ga je na Kameronov skupi B&B italija kauč, gde se obilno cedio na jelensku kožu. „Žao mi je što se nisam najavila. Morala sam da vas vidim."

Kamerona je pogodila spoznaja koliko ga ta izjava čini srećnim. „Nema potrebe za izvinjenjem. Možete doći u svako doba. Mogu li da vam ponudim..."

„Morate da vidite ovo", prekide ga Trejsi. Izvadila je iz džepa crni hard-disk i mahnula njime pred Kameronovim očima. „Gde vam je kompjuter?"

„U radnoj sobi. Ali, usporite, Trejsi. Je li to generalovo?"

„Ne. Pripadalo je princu Ahilu."

„Ali upali ste u kuću agenta MI6 i ukrali ga?"

„Nisam *ukrala*. *Vratila* sam ga", ispravila ga je Trejsi. „Ukrao ga je Frenk Dorijen."

„Ne verujem da će britanska obaveštajna služba tako gledati na to. Niti CIA." Kameron je zabrinuto provukao ruku kroz kosu. „Greg Volton vas je *opozvao*, Trejsi. Posebno vas je uputio na to da se klonite Dorijena."

„Tako je. Jeste li se ikada zapitali zašto?"

„Ne. Ne baš. Međutim, siguran sam da je imao svoje razloge. Ne mogu da verujem da ste stvarno to izveli. Otišli ste i provalili u njegovu kuću!"

„Kompjuter", reče Trejsi.

I dalje namršten, Kameron ju je poveo kroz stan do radne sobe.

Posmatrao je Trejsi dok je sedala, učitavala disk i počela da kuca, unevši šifru u njegov kompjuter mahnitom brzinom, a njeni dugi prsti leteli preko njegove tastature poput jata ptica u obrušavanju.

„Šta to radite?"

„Preuzimam datoteke", odgovorila je Trejsi, ne podižući pogled. Nosila je tamnoplavu kašmirsku haljinu koja joj je ublažavala tanušnu figuru, a kosa joj je bila skupljena u neurednu punđu na potiljku. Kameron je osetio kako mu kroz telo prolazi talas želje. „Frenk Dorijen je pametan", rekla je. „Uspeo je da pobriše prilično toga."

„Ipak, koliko shvatam, vi ste pametniji?"

„Prirodno." Široko se osmehnula. „Počnimo od fotografija, ako se slažete."

Velika memorija puna sasvim mekih gej pornića bila je ispresecana fotografijama samog Ahila, uključenog u različite seksualne činove s drugim, nepoznatim muškarcem.

„Dakle, *bio je* gej."

„Ili biseksualac, očigledno veoma radoznao", odgovorila je Trejsi.

„Da. To tamo je petnaest centimetara radoznalosti", dodade Kameron.

Trejsi potom reče: „Moguće je da je bio ucenjen. Pronašla sam dvadeset hiljada funti u generalovom sefu."

„Što bi potpomoglo samoubistvo", podsetio ju je Kameron.

„Tako je. Ali to nije sve. Pogledajte ovo."

Trejsi je otvorila album sa Ahilovim slikama na izletu s Bobom Dejlijem. Igrao se s Dejlijevom decom. Fotografije je sigurno napravila Bobova supruga. Njih dvojica očigledno su bili bliski. Na jednom snimku, u dalekom desnom uglu, videla se neka druga žena. Stajala je po strani, leđima okrenuta grupi, očito zagledana dole u reku. Bila je visoka i vitka, s dugom crnom kosom koja joj se u talasima slivala oko ramena.

„Ahil je dobro poznavao Boba Dejlija", zaključila je Trejsi. „A isto tako i *ona.*"

„Ko je to?", upitao je Kameron.

„Ne znam. Ali posetila sam Bobovu suprugu, Kler, i pitala je. Rekla je da se zove Kejt. Bila je Amerikanka, Ahilova prijateljica. Smatrala je da mu je mogla biti i devojka."

„To ne zvuči verovatno", primetio je Kameron.

„Nimalo", složila se Trejsi. „Međutim, *Kejt* je bila dovoljno bliska da bude pozvana na taj izlet. Dakle, kakva je veza između njih?"

Kameron je pretpostavio da je reč o retoričkom pitanju.

„Pogledajte ovo."

Trejsi je otvorila niz mejlova, ukupno tridesetak. Kameron je istog časa zapazio čuveni logo u vidu crvenog balona u vrhu svakog pisma.

„Ne." Delovao je iskreno zaprepašćeno. Privukavši stolicu, seo je pored Trejsi i počeo da čita. „Zašto bi se, za ime sveta, bogati Grk s dobrim vezama, uz to iz *kraljevske* porodice, upetljao s Grupom 99? Predstavljao je otelovljenje svega što Grupa mrzi."

„Pada mi na pamet mnogo razloga", odgovorila je Trejsi. „Pobuna. Želja da nervira roditelje. Ili je možda zaista verovao u sve za šta se Grupa zalaže? Naposletku, on nije tražio da bude rođen ni imućan ni plave krvi."

Kameron je izgledao skeptično. „Možda ih je finansirao? Svakako je to mogao sebi da priušti."

„Možda", složila se Trejsi uzbuđeno. „A možda je žena na toj slici Alteja. Možda ga je ona uvukla. Možda je pomogla da se kanališu sredstva. Možda je Frenk Dorijen znao za to, pa je..."

„Hej! Stanite malo." Kameron je spustio ruku na Trejsino rame. „To je mnogo pretpostavki. Jeste li sigurni da niste sabrali dva i dva i dobili sedamnaest?"

Okrenuvši se od kompjutera, Trejsi ga pogleda.

„Može biti. Međutim, suština je u tome da sabiram dva i dva. Ovde postoji neka veza, Kamerone, zapravo, čitava gomila povezanosti. Frenk Dorijen ne želi da ih bilo ko otkrije. Za njim u stopu ide CIA koja pokušava da me zastraši. Zašto?"

Bez razmišljanja, Trejsi uhvati sebe da spušta ruku preko Kameronove. Prošlo je mnogo vremena otkad je s nekim bila ovoliko fizički prisna, na stranu to što se radilo o privlačnom muškarcu. Ponovo su se za njenu pažnju borile želja i krivica.

Krivica je pobedila i Trejsi se povukla.

„Ako je to Alteja", reče Kameron, „to je jedina njena fotografija koju iko ima."

„Znam", uzvratila je Trejsi.

„Jeste li je već pokazali Gregu Voltonu?"

„Ne. Samo vama."

Kameron je pocrveneo od zadovoljstva. Sviđalo mu se što se Trejsi najpre njemu obratila. *Samo vama.* Te večeri izgledala je neverovatno seksepilno. Zelene oči sijale su joj inteligencijom i odlučnošću.

„Nameravate li da je pokažete Voltonu?"

Trejsi je razmislila o tome.

„Ne", odgovorila je naposletku. „Svakako ne još neko vreme. Istini za volju, ne verujem CIA. Ne sasvim. Osim toga, sigurna sam da ni oni ne veruju meni."

„Ne shvatajte to lično", kazao je Kameron. „Ti ljudi su špijuni. Njihov je posao da ne veruju nikome."

„Ne shvatam lično. Samo nisam spremna da radim za njih naslepo. Verujem da već znaju zbog čega Hanter Dreksel nije ušao u onaj helikopter."

„Zaista?"

Trejsi je klimnula glavom. „To je bilo u nekakvoj vezi s pričom na kojoj radi. Nešto u vezi s frakovanjem. Jedino to ima smisla. Ahilova porodica želela je da proda zemlju Henriju Kranstonu, zemlju bogatu gasnim škriljcem. Sada su i Ahil i Kranston mrtvi. Vlada Sjedinjenih Država ima stečena prava na frakovanje. Pričamo o poslu vrednom više milijardi dolara, koji je od vitalnog značaja za američke interese."

„Niste morali da mi kažete", podsetio ju je Kameron.

„Imate sreće što vas dosad nisu smaknuli", kazala mu je Trejsi. „Grupa 99 nije jedina koja želi da ima udela u tim milijardama, deo tog kolača. Ljudi ubijaju za tu svotu."

„Mene niko neće ubiti."

Nagnuvši se napred, Kameron je poljubio Trejsi jednom, nežno, u usne. Nije mu uzvratila, ali ga isto tako nije ni sprečila.

Ovo ne bi trebalo da se desi. Ne može da se desi.

Kada je otvorila oči, Kameron joj se smešio.

„Šta kažeš na onu večeru koju si mi obećala?"

Trejsi je ostala kod Kamerona.

Njegov lični kuvar otišao je kući preko noći, ali je, na Trejsino iznenađenje, Kameron pripremio sasvim prihvatljive špagete za njih dvoje.

„Nikada te ne bih svrstala u tip domaćina", rekla je Trejsi.

Kameron je primetio da je navalila na testeninu kao da danima nije jela. Za tako sitnu osobu, jela je neverovatno mnogo.

„Kad se razvedeš, naučiš." Oboma im je dolio još vina. „Nisam budući Džejmi Oliver, ali mogu da prođem."

Večerali su za kuhinjskim pultom. Trejsi je pretpostavila da će više razgovarati o Grupi 99 i onome što je otkrila u kući generala Dorijena, ali je razgovor, zapravo, brzo skrenuo na ličnije teme. Bilo je neobično kako je među njima sve teklo lagano. To je bilo tek drugo veče koje je Trejsi provodila u Kameronovom društvu, ali je čak i pre poljupca među njima ustanovljena bliskost koja je protivrečila njihovom kratkom poznanstvu.

Možda se radi o zajedničkoj patnji, pomislila je Trejsi. *Ili je možda tako zato što mu verujem. Što verujemo jedno drugom.*

Poverenje je spadalo u robu koje je bilo sve manje u Trejsinom svetu. Podozrevala je da isto to važi za Kamerona. Bio je toliko smiren i opušten da je bilo lako zaboraviti da je vredeo milijarde dolara. Sama ta činjenica donela bi mu desetine neprijatelja i još više lažnih prijatelja.

Ili se ja možda zavaravam. Možda ovo nije ništa više od direktne seksualne privlačnosti.

Svakako se hemija među njima nije mogla poreći. Trejsi ju je osetila čim je kročila u stan. Osetila ju je ponovo kada su zajedno sedeli za kompjuterskim stolom. Kada su se poljubili. I sada, dok ga je gledala pored šporeta. Seks može da napravi stare prijatelje od potpunih stranaca. Takođe, može ozbiljno da pomuti prosuđivanje.

„Šta?“ Kameron ju je čudno gledao. „Šta nije u redu?“

„Ništa.“ Trejsi je zurila u špagete.

„Ne bi se reklo. Izraz lica ti se upravo promenio. Osećaš se krivom, zar ne?“

„Zašto bih se tako osećala?“ Trejsi je pokušala da ne pokaže koliko je uznemirena. Kameron ne bi trebalo tako da je čita.

„Zato što si srećna. Iako je Nik mrtav.“

Ovo nije rečeno neljubazno. Zapravo, zvučalo je sasvim suprotno tome. Međutim, bilo je previše za Trejsi. Oči su joj se ispunile suzama.

Kameron je ispružio ruku i uzeo njenu u svoju, baš kao i onda u restoranu u Ženevi. Ali ovog puta Trejsi se nije trgla.

„Ne izneveravaš svog sina ako si srećna“, rekao joj je Kameron. „Ako je tako, bar smo oboje krivi.“

Stegao joj je šaku. I Trejsi je stegla njegovu.

Reči su bile suvišne.

* * *

Posle večere seli su u Kameronovu dnevnu sobu i pijuckali konjak ispred ogromnog baronskog kamina.

Iznebuha, Kameron reče: „Mislim da bi trebalo da pokažeš slike Voltonu."

Trejsi razrogači oči. „Molim? Zašto?"

„Zbog dva razloga. Prvo, sve dok je taj hard-disk kod tebe, život ti je verovatno u opasnosti."

Trejsi se nije raspravljala.

„Drugo, tu ženu, Alteju, treba zaustaviti. Možda si sposobna da je pronađeš sama. Ipak, pronaći je i uhvatiti je dve su sasvim različite stvari. Ne možeš sama da je zaustaviš. CIA ima resurse."

Trejsi mu je proučavala lice. Slomljen nos, duboke sive oči. Kameron je imao divne oči. Bilo je nečeg iskrenog i poštenog u njima, savršeno u skladu s nonšalantnim, direktnim načinom njegovog izražavanja.

Bilo bi strahovito lako zaljubiti se u njega, mislila je Trejsi. *Ako sam uopšte u stanju da se ponovo zaljubim.*

To je bio rolerkoster koji je svakako ostao iza nje. Hvala nebesima.

„Šta ako ne bih bila sama?", upitala ga je. „Šta ako bi mi ti pomogao? Šta ako bismo je zajedno pronašli?"

Kameron se nasmejao. „Ja?"

„Zašto da ne? Naposletku, i ti isto tako imaš resurse."

„Imam novac. To nije baš isto."

„Svakako jeste. Osim toga, nije reč samo o novcu. Imaš ogromnu mrežu kontakata po celom svetu. Ne isključivo u industriji frakovanja već i u političkom, novinarskom i humanitarnom sektoru. Poznaješ ljude."

„Da, ali, Trejsi, ja sam biznismen. Nisam ni agent ni paramilitarac. Nemam neophodna sredstva da stanem na put teroristima."

„Pre šest meseci bila sam obična mama čiji je glavni zadatak bio da vodi sina na treninge", podsetila ga je Trejsi.

„Teško." Kameron joj je uputio znalački pogled.

Trejsi se namrštila. „Istraživao si ko sam?"

„Možda malo." Kameron se tupavo osmehnuo. „Ipak, svidelo mi se ono što sam otkrio."

„U redu, možda i nisam bila prosečna mama", priznade Trejsi. „Međutim, suština je u tome da sam bila *u civilu*. A sada nisam."

„Ne", složio se Kameron. „Sada nisi."

„Molim te, razmisli o tome. Znam da bismo mogli. Mogli bismo da pronađemo Alteju i Hantera Dreksela."

„Čitav svet već ga traži", primeti Kameron. „Šta te navodi na pomisao da bismo ga mi našli?"

„Imamo Sali Fejers. Veruje mi i mislim da će mi pomoći. Posebno ukoliko Hanter to želi."

„Da je želeo da bude pronađen, ušao bi u helikopter", rekao je Kameron razumno.

„Ne ako je verovao da CIA može da mu naudi. Ili da ga ućutka. Ti i ja smo drugačiji. Želimo jedino istinu. Mogu da se kladim da Hanter Dreksel upravo to i pokušava. Da kaže istinu. Seti se, krenuo je da se vidi s tobom kada su ga oteli."

„Dakle?"

„Dakle, imao je nešto što je želeo da ti saopšti. Ili da te pita. Nagađam da je i dalje tako."

„To je teorija", skeptično je kazao Kameron.

„Imaš li ti neku bolju?", upitala je Trejsi.

„Pretpostavljam da nemam."

Kameron joj se približio. Iznenada je Trejsi postala veoma svesna dodira njihovih ruku. Vreline Kameronovog tela, njegove blizine. Seksualna napetost među njima bila je električna i vrela u isto vreme, poput žestoke oluje u Nju Orleansu koja samo što nije počela.

Obuhvativši Trejsin potiljak rukom, Kameron ju je privukao sebi i poljubio. Ne nežno kao ranije, već silovito i strasno. Trejsi je odgovorila instinktivno, izgubivši se u trenutku. Poljubac je bio eksplozija, divalj i hitan, kao da se oboje trkaju s nevidljivim časovnikom. Posegnuvši nadole, Kameron je ščepao rub Trejsine haljine i skinuo ju je preko njene glave u jednom neprekinutom pokretu.

Trejsi je udahnula i zatvorila oči. Njegove ruke na njenom vratu bile su teške, tople i hrapave. Sumnja, strah i krivica istovremeno su poleteli ka njoj poput metaka koji zuje kroz džunglu. Međutim, nijedan nije dobacio do mete, već se istopio, udarivši u besnu vatru njene požude. Kao da je uronila, telom i duhom, u gustu, vrelu supu čežnje. Nije želela ništa drugo osim da se u njoj utopi.

„Vodi ljubav sa mnom. Molim te. Sada."

Trejsi se nadlanicom očešala o Kameronovu nogu. Ispod farmerki, butine su mu bile čvrste i mišićave i tvrde poput betona.

„Jesi li sigurna, Trejsi?" Kameronov glas postao je hrapav usled njegove sopstvene potrebe. „Da li ovo želiš?"

„Sigurna sam."

Iznenada je shvatila da je tako. Potpuno, blaženo sigurna.

Kameron ju je odneo u spavaću sobu. Prostorija je bila velika i čudno bezlična, zastrta tapisonom i s lampama čiji su abažuri bili od crne svile, ostavljajući utisak skupog hotelskog apartmana. Ipak, nijedno od njih nije bilo usredsređeno na dekor.

Skinuvši joj donji veš, Kameron ju je nagu položio na prostrani kraljevski krevet. Zatim se i sam svukao, pa kleknuo iznad nje, u čudu upijajući njeno telo. Svaka kap krvi sjurila mu se u prepone. Toliko se uzbudio da ga je bolelo.

„Neopisivo si lepa."

Trejsi je ispružila ruke i zagrlila ga. Privukavši ga niže, obavila mu je noge oko struka i opasala ga, svog dobrovoljnog zatočenika.

„Nema više priče?"

Kameronu nije trebalo dvaput reći.

Naredna dva sata bila su poput čarolije. Trejsi je imala telo dvostruko mlađe devojke, ali senzualnost i seksualno samopouzdanje koje su posedovale samo starije žene. Sa svoje stane, otkrila je da je Kameron neverovatan ljubavnik, vešt i osetljiv, pun ljubavi i pohlepan, sve u isto vreme. Satima su vodili ljubav, iznova i iznova, sve dok se skoro nije razdanilo i nijedno od njih više nije imalo snage da se pomeri ni centimetar. Zatim su ležali u zagrljaju i, dok je sunce izlazilo, pričali jedno drugome o svojim mrtvim sinovima, svojoj patnji i krivici, uspomenama i bolu, i oboje su znali da će ono drugo razumeti na način na koji to niko drugi nikada ne bi mogao.

Dok su tonuli u san, Trejsina glava počivala je na Kameronovim grudima.

„Pomoći ćeš mi, zar ne?", prošaputala je.

Kameron ju je pomilovao po kosi. Deo Trejsi Vitni uvek će biti na zadatku. Takva joj je bila priroda. Uživanje i posao išli su podruku.

Još nešto što nam je zajedničko, pomislio je.

Ako uistinu ne budem izuzetno pažljiv, zaljubiću se u ovu ženu.

Ali Kameron Kru bio je pažljiv. Morao je da bude.

„Znaš da hoću", odgovorio je Trejsi. „Laku noć, draga moja."

SEDAMNAESTO POGLAVLJE

Bilo je veličanstveno jutro u pariskom predgrađu Neji sir Sen. Sunce je sijalo jače nego prethodnih sedmica, a plavo nebo je bleštalo, nalik na prvo obećanje predstojećeg leta i dužih, bezbrižnih dana.

Leksi Piters imala je izvesne slutnje u pogledu provođenja godine u Francuskoj. Pošto ju je odbila neprofitna organizacija Podučavajte za Ameriku – *Zaista mnogo obećavate. Naprosto je crta ove godine zaista visoko postavljena. Voleli bismo kada biste se sledeće godine opet prijavili* – i dalje je želela da doprinese promenama. Spremala se da prihvati nameštenje u malenoj školi u ruralnoj Keniji, kada joj je tata rekao za posao u Kampu Pariz.

„Sjajno plaćaju. Zapravo, mogla bi nešto i da uštediš. U organizaciji Podučavajte za Ameriku posebno su istakli da će sledeće godine drugi strani jezik lansirati tvoju prijavu."

Leksi još nije bila sigurna. Da, plata je odlična, ali samo zato što je kamp za svojevoljne tinejdžere u ekskluzivnom pariskom predgrađu Neji bio tako neverovatno skup da su samo superbogati mogli priuštiti da tamo pošalju decu.

„Nisam zainteresovana da udovoljavam gomili razmažene i uobražene bogataške dece", odgovorila je tada ocu. „Želim da radim nešto što ima smisla."

„Nemoj da si takav naopaki snob", suprotstavio joj se grubo Don Piters. „Misliš li da deca bogatih ne pate? Misliš li da zavisnost i duševna bolest mare za to koliko ti mama i tata vrede? Sva deca iz Kampa Pariz imaju probleme, Leks. Ima smisla pomagati im. Verujem da ćeš mnogo naučiti."

Pa, u vezi s tim imao je pravo, pomislila je Leksi dok je prislanjala bicikl uza zid staje. *Ovde sam toliko toga naučila. Biće mi žao da odem kući.*

Dvorac u kome je kamp smešten bio je apsurdno veliki prerevolucijski kompleks građevina, dopunjen štalskim blokovima za terapiju pomoću konja, tri različita bazena i šest najsavršenije pokošenih travnatih teniskih terena koje je Leksi ikada videla. Većina zaposlenih ostavljala je bicikle ili automobile kod štala, odakle je trebalo samo malo hoda do prelepog puta oivičenog drvoredima koji je vodio do škole.

Izvadivši gomilu knjiga iz psihologije iz korpe na biciklu, Leksi se uputila prema kapiji štalskog dvorišta, kad se tu zaustavio tamnosivi nisan. Vozač je izašao iz kola i osvrnuo se naokolo. Bio je veoma zgodan, neobično poznat, mada nije radio u kampu. Bilo je samo petnaest zaposlenih s punim radnim vremenom, pa ih je Leksi sve poznavala.

„*Bonjour*", rekla je veselo. „*Vous êtes nouveaux ici?*"*

„Moglo bi se reći." Uzvratio joj je osmehom.

„Oh, vi ste Amerikanac. I ja sam. Zovem se Leksi Piters."

„Zdravo, Leksi."

„Biće mi drago da..."

Prvi metak napravio je rupu veličine šljive u Leksinim grudima. Zateturala se unazad. Drugi i treći ispaljeni su joj u rame i vrat, a četvrti joj je prosvirao lobanju.

Počelo je.

Kameron Kru otputovao je poslom u Poljsku, kada je odjeknula vest. Trejsi je prva osoba koju je pozvao.

„Jesi li videla izveštaje?"

Njen glas promukao je od emocija. „Upravo pratim vesti. Kažu da ih je dvadeset šestoro mrtvih. Četvoro nastavnika i dvadeset dvoje dece. Ne mogu to da podnesem."

„Sigurno se radi o Grupi 99?"

„Tako izgleda. Četiri strelca. Jedan je ubijen na licu mesta, a za trojicom se traga. Kako je to moguće? Kako ih je francuska policija pustila da se izvuku?"

---

* Franc. Dobar dan. Vi ste ovde novi? (Prim. prev.)

Kameron je sumorno odgovorio: „Ne znam."

Nekoliko trenutaka oboje su ćutali. Besmisleni pokolj tinejdžera koji su pred sobom imali ceo život podigao je svet na noge. Ipak, Kameron i Trejsi osećali su to dublje i bolnije od većine.

„Volela bih da si ovde", čula je Trejsi sebe kako govori.

„I ja bih. Nedostaješ mi. Da li je Volton nešto rekao? O onome što se dogodilo u Engleskoj?"

„Nije. Svi su sada usredsređeni na Neji."

„Naravno."

„Zapravo sam na putu za Lengli", kazala je Trejsi. „Najveći broj dece bio je iz Amerike. Očekuje se da predsednik Hejvers da izjavu u naredna dva-tri minuta."

„Ima li nekih tragova?"

„Samo jedan."

Kameron je načuljio uši.

„Prema našim izvorima, pogodi ko se prošle nedelje pojavio u Parizu?", upita Trejsi.

„Ko?"

„Naš stari prijatelj, Hanter Dreksel. Jesi li primetio kako ljudi počinju da stradaju gde god se Dreksel pojavi?"

Kameron Kru je to zapazio.

Spustio je telefon prožet dubokim lošim predosećajem.

Alteja je bila kod kuće, u svom njujorškom stanu, kad je videla vest na traci kompjuterskog ekrana.

Tragedija u pariskom predgrađu. Grupa 99 masakrirala dvadeset šestoro u pucnjavi u školi.

Uključila je televizor. Deca su vrišteći, krvava i prestravljena, trčala u naručja policajaca. Tela tinejdžera, neka čak ni prekrivena, ležala su tamo gde su pala, deca svirepo ubijena dok su pokušavala da pobegnu.

Ne! Ne, ne, ne!

Osetila je kako joj puls jače udara u grlu.

To nije trebalo da se desi. Danijel ne bi to želeo. Nijedna zdrava osoba ne bi.

Otrčala je u kupatilo i povratila. Čitav minut klečala je na popločanom podu, čela prislonjenog na hladan porcelan, u nastojanju da se smiri i jasno razmisli.

Možda nismo mi.

Možda je neko drugi? Neka druga grupa koja pokušava da oljaga naše ime?

Jedan od napadača je ubijen. Za nekoliko sati pojaviće se pojedinosti u vezi s njegovim identitetom. U svom srcu već je znala da će ubijeni biti jedan od njih.

Sadista poput Apolona? Ili prosto neki drugi zabludeli dečak zatrovan grčkom retorikom, koji je pucao iz pištolja kao da oružje nije stvarno, kao da učestvuje u nekoj nasilnoj kompjuterskoj igrici?

Kako je došlo do ovoga? Kako je sve uništeno?

A *njen* novac, *njena* podrška pomogli su da se to desi.

Uhvatila se za glavu. Mučninu je zamenila snažna glavobolja. Pred očima su joj zaigrale tamne mrlje.

Da li i Trejsi Vitni ovo gleda?

Trejsi će je okriviti. Okriviće je čitav svet.

A opet, ona je ta koja je pogrešno procenila! Sve što je ikada pokušala da postigne bilo je da izvojuje pravdu za Danijela.

Oteturavši se u spavaću sobu, čvrsto je navukla zavese i sklupčala se u mraku.

Nekako je zaspala. Kada se probudila, prošlo je već nekoliko sati. Skoro cela noć. Ipak, i dalje je bila potpuno iscrpljena.

*Nema mira bezbožnicima.**

Razmakla je zavese i gledala kako prvi bledi zraci sunca krvare tamno crvenilo u horizont grada.

Bila je pod tušem kada je telefon zazvonio, i pokušavala da se opere. Nije delovalo. Slike iz predgrađa Neji nikada je neće napustiti.

Zaustavila je vodu, dohvatila peškir i javila se.

„Kejt?“

Peškir joj je skliznuo na pod. Pridržala se za naslon kauča da ne padne. Niko je nije zvao Kejt. Više ne.

---

* Citat iz Biblije, Knjiga proroka Isaije, 57:21. (Prim. prev.)

Sada je bila Alteja. Kejt je mrtva.

„Ko je to?“

„Oh, mislim da znaš ko je. Moramo da porazgovaramo, Kejt. Zar ne misliš?“

Prigušila je jecaj. „Da.“

Prošlo je više od deset godina otkad ga je čula.

Glas Hantera Dreksela nije se promenio.

TREĆI DEO

OSAMNAESTO POGLAVLJE

Trejsi je otvorila jedno oko i ugledala kolibrija kako leti neposredno ispred nje, uronivši svoj dugački kljun u svetlonarandžasti cvet drveta kou pre nego što je odleteo. Nije bio veći od noćnog leptira, i tako delikatan s perjem koje se preliva u divnim bojama, tako neumoran u svom letu nalik na igru. Čaroban, poput svega ostalog na Havajima.

„Ah, budna si."

Kameron Kru išetao je na balkon. Trejsi je ležala na ležaljci, a atletsko telo već joj je bilo preplanulo. Kameron je odveo Trejsi u Ric Karlton na Mauiju, na romantičan odmor, rezervisavši im veličanstveni apartman s pogledom na okean i privatnom terasom punom cveća, koja je više ličila na minijaturnu džunglu.

Masakr Grupe 99 u Parizu pogodio ih je oboje, ali Trejsi posebno. Naposletku, njen sin, tinejdžer, mogao je biti ubijen. Kad ju je Kameron pozvao iz Poljske, osetio joj je napetost u glasu. *Oseća se krivom, odgovornom na neki način, zato što još nije pronašla Alteju.*

Morao je da joj stavi do znanja da ništa od toga nije njena krivica.

Što je još važnije, morao je da bude s njom. Čim se pravo iz Varšave vratio kući, očekivao je da će se Trejsi pobuniti protiv ideje da ode nekuda s njim, imajući u vidu borbu CIA protiv Grupe 99 u tako ključnoj fazi.

Potrebna sam ovde, mogao je da je čuje kako kaže. *Kasnije možemo da se usredsredimo na nas.*

Ipak, pogrešio je. Na njegovo iznenađenje i oduševljenje, Trejsi je čeznula za bliskošću podjednako koliko i on.

„Nisam spavala", ošamućeno je promrmljala. Sve to sunce ju je opijalo. „Samo sam se odmarala."

„Pa, ne daj mi da te sprečavam u tome."

Spustivši se nakraj njene ležaljke, Kameron je počeo da joj maže leđa zaštitnom kremom. Trejsi je ponovo sklopila oči. Sve je mirisalo na kokos. Čula je talase kako se razbijaju ispod nje. Kako bi bilo divno ostati tu zauvek i zaboraviti na sve, rastočiti se.

Skoro na sve.

Nikada, naravno, neće zaboraviti Nika. I nikada se neće skrasiti dok ne sazna istinu o onome što mu se dogodilo. Međutim, polako, sa svakim satom provedenim u Kameronovom društvu, sirov bol zbog njegovog odsustva postepeno je bledeo. Nije nestajala njena ljubav prema njemu, već patnja zbog te ljubavi. Samo malo. I to je predstavljalo olakšanje.

Druge stvari bilo je teže pustiti. Dok je Trejsi bila tu i pijuckala s Kameronom koktele od kalua likera, Grupa 99 i dalje je bila tamo negde i ubijala ljude. Ubijala decu.

Nije trebalo da dođem, pomislila je sada Trejsi po hiljaditi put. *Uopšte nije trebalo da dozvolim Kameronu da me nagovori.* Ipak, bila je istina da je toliko iscrpljena da je znala koliko je blizu tačke pucanja. Sa fizičkog aspekta, njeno telo pohlepno je prihvatalo odmor. Kad je reč o mentalnom, to je bila druga priča.

Francuske bezbednosne službe tek je trebalo da uhvate druge strelce iz napada na Neji, a kako je dan za danom prolazio, to je delovalo sve manje verovatno. U međuvremenu, uprkos činjenici da je inteligencija upućivala na Hantera Dreksela koji je, baš zgodno, bio u Parizu u isto vreme kada se desila pucnjava u školi, Greg Volton i Milton Bak davali su sve od sebe da udalje Trejsi od Drekselovog traga.

„Ovde ste da biste pronašli Alteju", podsećao ju je Greg Volton svaki put kada bi pomenula Hanterovo ime. „Vi ste s njom povezani, Trejsi. Dopustite nama da se usredsredimo na Hantera. Vaša pažnja ne sme biti odvučena."

Pa ipak, nisu pronašli Hantera Dreksela. Još jednom se provukao kroz mrežu. Čak je i Sali Fejers tvrdila da je u zemlju propao.

„Sedmicama mi se nije javio", rekla je Sali Trejsi. „Brinem se za njega."

Kao i ja, pomislila je Trejsi. Glasić u njoj koji joj je govorio da je Hanter ključ svega, pretvorio se u zaglušujuću riku. Takođe, nije mogla da se otrese uznemiravajućeg osećaja da nikada neće saznati celu istinu ako Volton i Bak *pronađu* Dreksela.

„CIA misli da je umešan u pucnjavu u Kampu Pariz, zar ne?“, upitala ju je Sali otvoreno. „Smatraju ga teroristom.“

„Iskreno, ne znam“, odgovorila joj je Trejsi. „Ako je u to vreme bio u Parizu, to svakako deluje sumnjivo.“

„On to ne bi uradio“, rekla je Sali vatreno. „Znam da je pobegao od Amerikanaca u Slovačkoj. Uz to, možda ima izvesne simpatije prema ubeđenjima Grupe 99. On to poriče, ali vidim da se do izvesne granice stopio s njima. Da su ga preokrenuli, ili šta god. Ali on nikada, nikada ne bi učestvovao u nečemu poput užasa koji se desio u predgrađu Neji. Znam ga.“

Da li? Upitala se Trejsi. *Da li iko od nas poznaje bilo koga drugog, suštinski?*

Koliko je ubica i silovatelja u zatvorima širom sveta, čije devojke pojma nisu imale?

Ipak, delila je Salinu zabrinutost. Činjenica da su Volton i Bak bili toliko tajanstveni u vezi s potragom za Hanterom nije slutila na dobro. Da li su zaista želeli da ga spasu? Ili da ga trajno ućutkaju? Trejsi nije znala odgovor. Međutim, to pitanje ju je proganjalo. Zato što je morala da pronađe Hantera Dreksela živog, bio on terorista ili ne. Nije mogla da izvuče odgovore od mrtvog čoveka.

Trejsi je iznenada sela. „Osećam se krivom“, rekla je Kameronu.

„Zbog čega?“ S ljubavlju ju je poljubio u vrat.

„Zato što ne bi trebalo da budem ovde. U ovom času trebalo bi da sam u Francuskoj. I oboje to znamo.“

Kameron je uzdahnuo. „Hajde, Trejsi. Već smo to raspravili.“

Lenjo je prevukao prstom po njenoj butini. U bikiniju s tropskim šarama, dok su joj duge noge sijale namazane uljem, i sa zalizanom vlažnom kosom, izgledala je još seksepilnije nego inače.

Niko se nije iznenadio više od Kamerona zbog osećanja prema Trejsi – i zbog toga što su se tako brzo izrodila, i zbog njihovog intenziteta.

S druge strane, život Kamerona Krua predstavljao je dugu nisku iznenađenja. Nekih divnih. Nekih užasnih. Postao je majstor u očekivanju neočekivanog, ili bar u prilagođavanju novoj stvarnosti.

„Nema razloga da se tako osećaš", kazao je on Trejsi. „Pariz nikuda neće pobeći. Bićeš tamo za nekoliko dana. U međuvremenu takođe nešto radiš. Ovo je prvi put otkad smo došli da te vidim bez laptopa u rukama."

To je bilo tačno, mada Trejsi nije bila sigurna koliko joj je to dobrog donelo. Dosad nije iskrslo ništa što bi povezalo Alteju s napadom u Nejiju. S izuzetkom smaknuća Boba Dejlija – i možda Nikove „saobraćajke" – Altejino delovanje za Grupu 99 bilo je prefinjeno, spretno i nenasilno. Posle svakog poteza ostavljala je nekakav trag, virtuelnu karticu za poziv, ne zato što je bila nemarna već zato što se ponosila time da preuzme odgovornost za svoja dela.

Neji se razlikovao. Poslati strelce u školu da masakriraju tinejdžere samo zato što su im roditelji bogati? Nije to bio Altejin stil, što je potvrđivala zaglušujuća tišina na mreži i svim drugim mestima.

Trejsi se činilo da Grupa 99 postaje sve više nalik na mitološku hidru: odseku joj jednu glavu i pred njihovim očima niknu dve, svaka ubistvenija od prve.

U međuvremenu, Hanter Dreksel i dalje je bio tamo negde, čuvajući svoje tajne sve dok ne uspe da pronađe nekoga dovoljno hrabrog ili nemarnog da ih objavi, da strgne sve maske i ogledala i prikaže sve igrače u toj strašnoj, nasilnoj drami onakvima kakvi zaista jesu...

„Dođi ovamo."

Kameron je povukao Trejsi u krilo i obavio joj ruke oko struka. „Molim te, ostani još malo. Potrebna si mi."

Iz vile na suprotnoj strani zaliva Džef Stivens je kroz snažan teleskop posmatrao scenu koja se odigravala na Trejsinom balkonu.

Kroz njega se širio čitav spektar osećanja, od kojih nijedno nije bilo dobro.

Džef je nastojao da nikoga ne mrzi, ali je nalazio da mu veoma teško pada da se zagreje za gospodina Kamerona Krua.

Šta jedan milijarder, magnat u industriji frakovanja, radi muvajući se oko Trejsi? Koja, igrom slučaja, radi za CIA i pomaže njenu borbu protiv Grupe 99? Koja, takođe sasvim slučajno, gleda na milijarde teške magnate u industriji frakovanja isto onoliko pozitivno koliko ostatak populacije gleda na pedofile?

I kako je samo zgodno što ju je dovukao na Maui baš kad u Francuskoj sve izmiče kontroli.

Džejmi Makintoš je dan pre toga obavestio Džefa da je Hanter Dreksel nesumnjivo u Parizu i da je MI6 „vrlo blizu" da ga liši slobode. Prema Džejmijevim rečima, Amerikanci su i dalje pipali u mraku.

Džef je znao da bi ta vest trebalo da ga razveseli. Kao i činjenica da je Trejsi bezbedna na drugom kraju sveta, bar zasad, i izvan neposredne opasnosti.

Međutim, otkrivao je da mu je teško da se usredsredi.

Sudeći po Guglu, na Havajima su ajkule prosečno napadale tri osobe godišnje.

Da li je preterano smatrati da je Kru jedna od njih?

Trejsi je sedela za kompjuterom i pročešljavala dosije francuske obaveštajne službe o Anriju Minjonu, mrtvom strelcu iz predgrađa Neji, ukrštajući podatke s onima koje je CIA imala o poznatim operativcima Grupe 99 koji su radili unutar Sjedinjenih Država. Brojni preživeli u Kampu Pariz potvrdili su da je jedan od maskiranih napadača govorio američkim akcentom. Do tog trenutka Trejsi nije uspela da otkrije nijednu vezu.

Umorno je protrljala oči, pa odlučila da prekine i pokuša nešto drugo.

Hanter Dreksel. Ako su nagađanja bila tačna i on se zaista nalazio u Parizu, dobro mu je išlo elektronsko skrivanje ispod radara. Nije koristio kreditnu karticu ni mobilni telefon, niti ijednu od svojih znanih imejl-adresa. Takođe, uspeo je da pređe mnoge evropske granice bez pasoša ili bilo kog ličnog dokumenta. To je govorilo u prilog jednoj ili dvema stvarima. Prijatelji su mu pomagali. Ili je živeo od gotovine.

„Poker", rekla je Trejsi glasno.

„Hm?" Kameron je izašao iz kupatila samo obavijen peškirom oko struka. Najveći deo popodneva proveo je u hotelskoj teretani, dok je Trejsi radila, i upravo je proveo izvesno vreme pod tušem pre nego što će je odvući od kompjutera i izvesti na večeru.

„Hanter Dreksel igra poker. Kladim se da na taj način dolazi do gotovine."

„Možda", uzvratio je Kameron. „Da li nam to pomaže?"

„Moglo bi.“ Trejsi je podigla glavu i uzbuđeno ga pogledala. „Mogla bih da odem u Pariz i predstavim se kao glupa teksaska udovica s kockarskim navikama i novcem za gubljenje. Da uredim da budem pozvana na sve igre u gradu s velikim ulozima.“

„I šta onda, da naletiš na njega?“, sumnjičavo ju je upitao Kameron.

„Dešavale su se i čudnije stvari“, odgovorila je Trejsi. „Čak i da ga ne pronađem, čuću glasine. Pokupiću nagoveštaje. Možda ću saznati kojim se imenom služi, kakvi su mu planovi... nešto. Vredi pokušaja.“

„Greg Volton lansiraće te na Mesec ako sazna da i dalje loviš Dreksela kad bi trebalo da tražiš Alteju“, podsetio ju je Kameron, navlačeći bele lanene pantalone.

Trejsi reče: „Briga me za Grega Voltona. Osim toga, ja i tražim Alteju. Upravo zato i moram da dođem do Hantera pre njih.“

Kucanje na vratima ih je prekinulo.

Kameron se namrštio. „Ko to, dovraga, može da bude?“

„Jesi li naručio sobnu uslugu?“, upita Trejsi.

„Nisam.“

Kucanje je postalo glasnije i brže. Udaranje pesnicama.

„Šta, zaboga...“ Trejsi je ustala da otvori, kad ju je Kameron iznenada zgrabio.

„Čekaj. Ne otvaraj vrata.“

„Zašto ne bih?“

„Ne možemo sebi dopustiti da rizikujemo, Trejsi.“

Odgurnuvši je u stranu, Kameron je pogledao kroz špijunku. Trejsi je primetila kako mu se ramena opuštaju, a vilica steže. Napetost je ustupila mesto iznerviranosti. Duboko je uzdahnuo.

„Ovo naprosto *nije* moguće.“

„Ko je to?“, upitala je Trejsi.

Kameron je otvorio. „Moja bivša žena. Trejsi, upoznaj Šarlot. Šarlot, ovo je Trejsi.“

Šarlot Kru uletela je u apartman poput grčke furije i zalupila vratima za sobom. Nosila je jednostavni beli šorts i teniske patike, a kosu je skupila u konjski rep poput devojčice.

Veoma je lepa, pomislila je Trejsi. *I tako mlada.*

Međutim, najupečatljivije na Kameronovoj bivšoj supruzi bio je izraz ključajućeg besa sa čvrsto stisnutim usnama. Stegnutih pesnica i gotovo komično agresivnog govora tela, Šarlot Kru izgledala je poput ljudske bombe koja bi svakog trena mogla da eksplodira.

„Šta radiš ovde?"

Kameronov doček nije bio nimalo ljubazan. Možda se to moglo razumeti, s obzirom na način na koji ga je Šarlot gledala. Sve je to delovalo nekako čudno. Kameron je rekao Trejsi da se taj brak okončao prijateljski, a dosije CIA tvrdio je isto.

„Hajde, pogađaj", prosiktala je Šarlot.

„Stvarno nemam pojma." Kameron je zvučao umorno. „Mada, o čemu god da je reč, ne mogu da zamislim da nije moglo da se reši telefonom."

„Oh, ne možeš? Je li tako? Ti, koji nisi prihvatio nijedan moj poziv, niti poziv mog advokata u poslednjih osamnaest meseci, *ne možeš da zamisliš* zašto te, jednostavno, nisam pozvala?"

Trejsi je istupila prvi put. „Trejsi Vitni. Drago mi je."

Ponudila je Šarlot ruku. Na njeno iznenađenje, Šarlot ju je prihvatila i toplo je protresla. „Takođe."

Da li se radilo o uobrazilji, ili je Trejsi neočekivano osetila saosećanje, čak sažaljenje u Šarlotinom tonu?

Šta god da je to bilo, isparilo je one sekunde kada se obratila bivšem mužu.

„Nisi mi ništa uplatio osam meseci", zarežala je na Kamerona.

„Nije istina", uzvratio je Kameron glatko.

„Jeste, istina je! Znaš da jeste. Jedan si od najbogatijih ljudi u Americi, i sediš ovde poput Kreza u svom prljavom carstvu gasnih škriljaca. A ja sam isterana iz mog stana, dok ti živiš u predsedničkom apartmanu sa tvojom najnovijom, naivnom malom prijateljicom. Bez uvrede, gospođice Vitni", dobacila je ona Trejsi. „Niste vi krivi što je on lažljiva, laskava zmija."

Trejsi se namrštila. *Prljavo carstvo.* Šta je Šarlot Kru pod time mislila? Je li to samo ogorčeno brbljanje bivše supruge? Naravno, to nije isključeno. Pa ipak, činilo se da nešto ne štima. Šarlot i Kameron imali su sina, na kraju krajeva. Zajedno su ga izgubili. Zar to ništa nije značilo? Uprkos svoj visokoparnosti i besu, Šarlot se Trejsi nije učinila kao zajedljiv tip žene.

Uhvatila je sebe kako pažljivo posmatra Kamerona, proučavajući njegove reakcije.

„Šarlot, ovo je smešno", rekao je šturo. „Molim te, prestani. Brukaš i mene i sebe. Niko te nije izbacio. Ovo je potpuna izmišljotina." Uputio je

Trejsi pogled pun izvinjenja. Zatim se ponovo okrenuo ka bivšoj supruzi i upitao: „Kada si poslednji put posetila doktora Vilijamsa?"

Izgleda da je to za Šarlot bila kap u prepunoj čaši.

„Jebeš doktora Vilijamsa!", viknula je. „I ti se jebi, Kamerone. Sram te bilo! Igraš te svoje jadne male igre moći sa svim tim novcem koji imaš? Markus bi te se stideo."

Nešto veoma blisko mržnji blesnulo je u Kameronovim očima. „Nemoj da se usuđuješ da uvlačiš Markusa u ovo."

„Uvući ću Markusa u ovo kad god poželim", rekla je Šarlot prkosno. „Bio mi je sin. Ne poseduješ uspomenu na njega, Kamerone. To ne možeš da kupiš onako kako kupuješ sve ostalo. I ne možeš, prokleto, da me ućutkaš!"

Zatim se obratila Trejsi: „Mislite li da bih bila ovde da nisam potpuno očajna? Jedva sam skrpila za kartu. Molim vas. Urazumite ga malo. Recite mu da plati ono što duguje."

„Šarlot." Kameronov ton bio je odmeren, ali čvrst. „Nije ti dobro. Potrebna ti je pomoć i ja ću ti tu pomoć obezbediti. Niko te ne izbacuje. Ali sada treba da pođeš. Ne želim da zovem obezbeđenje, ali ću to učiniti ako moram. Molim te, draga. Idi kući."

Posegnuo je da je uhvati za ruku, ali ga se ona gnevno otresla.

„Kao da imam kuda da odem. Ne brini, odlazim. Ipak, nisi čuo ostatak, Kamerone. Želim svoj novac i nameravam da ga dobijem. Tebe se *ne* bojim."

Naglasila je reč *ne* time što ga je ubola prstom u grudi. Trejsi je videla da mu je mišić na vilici dvaput poskočio, a zatim se smirio. Delovao je ubilački.

Trejsi obuze nelagoda. Koža na podlakticama joj se naježila.

„Doviđenja", rekla je Šarlot Trejsi. „I srećno."

Otišla je i tresnula vratima za sobom.

Nekoliko trenutaka ni Trejsi ni Kameron nisu izustili ni reč. Zatim ju je Kameron privukao u zagrljaj.

„Žao mi je zbog ovoga. Jesi li dobro?"

„Dobro sam", slagala je. „Samo sam iznenađena. Čini mi se da si rekao da ste ti i Markusova majka u dobrim odnosima."

Kameron ju je pustio i seo na ivicu kreveta.

„Jesmo", odgovorio je.

Trejsi podiže obrve.

„Kada je ona u redu“, objasnio je Kameron. „Ne smeš preoštro da sudiš o Šarlot. Nije čudno što je psihički nestabilna. Kao što znaš, prošla je kroz pakao.“

„Da“, potvrdila je Trejsi. Znala je. Istini za volju, uopšte nije strogo sudila o Šarlot. Žena joj je delovala savršeno psihički zdrava. Ljuta, svakako, i poneta emocijama. Ali nikako luda.

„Mnogo je prošlo otkad sam je video ovakvu.“ Kameron je tužno odmahnuo glavom.

„Kakvu?“

„Pa, videla si je. Neurotična je. Pribegava tim nerazumnim teorijama zavere.“

„Dakle, nije izbačena?“, mirno je upitala Trejsi.

Kameron je delovao pogođeno. „Izbačena? Molim? Ne! Naravno da nije. Nikada to ne bih dopustio. Što se tiče novca, Šarlot ima više nego što joj je potrebno, i uvek će imati.“

Ustao je, otišao do garderobera i izvadio jaknu. Sevil rou, po meri, klasičnog kroja, koja mu je savršeno pristajala. Kada je ponovo prišao Trejsi, poljubio ju je u teme.

„Ne dozvoli da te to brine, anđele. Dovoljno ti je tvojih muka. Ujutro ću odmah pozvati doktora Vilijamsa, da vidim može li nekako da dopre do nje. Takođe, popričaću s poverenicima, samo da proverim da ne prosleđuje sve alimentacione čekove sajentolozima ili nekom takvom. Biće ona dobro, obećavam. Hajde da večeramo i zaboravimo sve ovo.“

„U redu. Idem da se našminkam.“

Skliznula je u kupatilo i zaključala vrata za sobom, pa se netremice zagledala u svoj odraz u ogledalu.

Sve što je Kameron rekao imalo je smisla.

Bol je mogao oterati ljude u neurozu. Osim toga, dokumenta CIA opisala su poravnanje posle razvoda Šarlot Kru kao finansijski velikodušno, uključujući i prenos vlasništva na njihov stan na Park aveniji i veliku mesečnu nadoknadu.

Ukoliko poštuje te uslove, pomislila je Trejsi.

S druge strane, zašto ne bi? Nije li bilo verovatnije da se majka u svojoj patnji i dalje bori s paranojom, nego da čovek bogat kao Kameron daje sitninu bivšoj ženi za koju, očito, još brine?

Naravno da jeste.

Blesava sam, rekla je Trejsi sebi.

Dok je završila šminkanje, gotovo da je poverovala u to.

Lusi Grej toplo se osmehnula mladoj ženi koja se nervozno smestila na njen kauč.

„Prošlo je mnogo vremena, Kejt. Kako ste?“

„Dobro.“ Mlada žena nije joj uzvratila osmeh. Umesto toga, pažljivo je zagladila nabor na suknji i zagledala se kroz prozor.

Doktorka Lusi Grej radila je kao terapeut duže od dvadeset godina i savetovala na stotine pacijenata. Međutim, malo ih je na nju ostavilo takav utisak kao Kejt.

Lusi je oduvek pamtila neuspehe.

Mlada udovica počela je prvi put da dolazi na terapije pre pet godina, odmah pošto joj je muž umro. Redovno je posećivala seanse duže od godinu dana, posle čega je postupno počela da izostaje, mada se otad povremeno vraćala. Međutim, Lusi se stidela da kaže da s njom nije postigla nikakav napredak za sve to vreme. I dalje skoro ništa nije znala o Kejtinom svakodnevnom životu. O njenom poslu, njenom društvu, prijateljima. Lusi je znala sve o Kejtinoj tuzi. O njenoj čežnji za pokojnim suprugom, koja ju je celu obuzimala poput goruće lopte plina. Ali to je bilo sve što je znala, sve što je između njih dve uopšte postojalo. Skoro kao da je Kejt *bila* ta patnja, što ne bi trebalo tako da bude. Ne posle pet godina.

Kada je poravnala suknju tako da sama njome bude zadovoljna, Kejt je skinula jedva vidljivo parčence trinje s kašmirskog džempera. Kao i uvek, bila je savršeno očešljana. Njene duge noge bile su besprekorno depilirane, a griva crne kose sijala je poput ulja, tako prosuta po ramenima.

Bilo je to još nešto što je mučilo doktorku Lusi Grej u vezi s Kejt Evans. Koliko je *pažljiva* bila ta mlada udovica. Koliko oprezna, kontrolisana, sa svakim pokretom i izjavom izvaganim najpreciznije moguće. Na neki način je sve to između njih činilo nestvarnijim. Neiskrenijim. Izolovanijim.

Lusi je imala utisak da se nalazi u pozorišnom komadu, da igra ulogu terapeuta. A to ju je veoma zbunjivalo.

„Zašto ste došli?“, blago ju je upitala.

Kejt je u nju uprla svoje izmučene oči. „Jeste li ikada uradili nešto, započeli nešto iz ispravnih razloga, što se okončalo posledicama izvan vaše kontrole? Užasnim posledicama?"

Lusi ju je postojano gledala. „Radila sam nešto što se nije završilo kako sam očekivala. Kako sam se nadala."

„Ali niko nije umro. Zar ne? Zbog vaših grešaka?"

„Nije, Kejt. Niko nije umro. Želite li da mi kažete o svemu ovome? O čemu je reč?"

Odmahnula je glavom. *Jeste* želela da isprića doktorki Grej. Očajnički. U svakom slučaju, da isprića nekome. Da olakša sebi. Ali kako? Da je samo Danijel tu!

A onda, da je Danijel tu, ništa od ovoga ne bi se desilo.

Otkad ju je Hanter Dreksel pozvao, jedva da je spavala. Želeo je da je vidi, da se sretnu. Ona to nije mogla! Od same pomisli na to dobijala je ospice.

Kao Alteja bila je moćna, zaštićena, nepobediva. Ali Hanter Dreksel znao je istinu. Nazvao ju je Kejt. Sam zvuk njegovog glasa raščinio je sve, razbio iluziju kao kada je Doroti razmakla zavese Čarobnjaka iz Oza.

Međutim, nije je progonio samo Hanter. Slike tinejdžera iz predgrađa Neji, njihova mlada tela izrešetana mecima, nisu joj izbijala iz glave ni danju ni noću. Smrt Henrija Kranstona se razlikovala. Da, bila je nepotrebna i preterana. Međutim, bilo je teško liti tolike suze za takvim mrskim čovekom. Ali ta deca!

Da li je ona započela sve to nasilje, taj užas, orkestriranjem smrti kapetana Dejlija?

Da li je otvorila Pandorinu kutiju?

U ono vreme bila je sigurna u to, veoma ubeđena. Posle onoga što je Bob Dejli uradio, činilo se da je to ispravno. Naprosto. Neophodno. Međutim, sada je počinjala da sumnja čak i u tu odluku. Kao da je izgubila sposobnost da razluči dobro od lošeg. Ono što je tada izgledalo vrlo jasno, vrlo crno-belo, sada je delovalo tamno i sivo.

Da li je tako bilo za tebe, Trejsi? Kada si bežala od zakona svih tih godina? Da li si se uvek osećala kao jedan od dobrih momaka – poput Robina Huda – ili si uvek sumnjala? Budila se usred noći i mislila za sebe: „U šta sam se pretvorila? Ja sam tek lažov i lopov."

Trejsi Vitni se promenila, naravno. Popravila se. Sredila život.

Ipak, može li se ikada pobeći od sopstvene prošlosti? Tamne strane svoje prirode?

„Kejt?"

Glas doktorke Lusi Grej trgnuo ju je iz sanjarenja. Zapitala se koliko je dugo sedela tu zadubljena u misli.

„Molim te, dozvoli da ti pomognem. Ispričaj mi šta se desilo. Očigledno si danas došla s razlogom."

Kejt Evans ustade.

„Ne mogu. Žao mi je. Nije trebalo da dođem."

Spremala se da pođe kada joj je iznenadni, vreo bol sevnuo kroz glavu, kao da ju je udarila munja. Uz strašan jauk sručila se nazad na kauč i obema rukama uhvatila se za glavu.

„Šta se upravo desilo?" Lusi je pojurila ka pacijentkinji. „Jeste li dobro?"

Kejt je još jednom jeknula strašnim, životinjskim zvukom, punim bola.

„Pozvaću hitnu pomoć."

„Ne! Molim vas." Panika je blesnula u udovičinim očima. „Proći će. To je zbog te dece. U Francuskoj. Njihova tela, izrešetana na komade... Stalno ih viđam!"

Lusi je načuljila uši. Ovo je nagoveštaj. Ovo je nešto.

Pričala je o pucnjavi u Kampu Pariz, u predgrađu Neji. Sve vesti govorile su o tome.

Kejtin muž, Danijel, ubijen je u Iraku, u nekoj misiji za CIA. Verovatno ustreljen. Da li je poslednja grozota Grupe 99 vratila bolne uspomene? Možda su te proganjajuće slike s televizije podsetile Kejt na Danijelovu smrt? Ili na decu koju njih dvoje nikada nisu imali.

„Sanjate o masakru u školi u Nejiju?"

Iznenada se nagnuvši napred, Kejt je zgrabila terapeutkinju za ruke. „Sanjam, tako je. Ali to se *dogodilo.* Dogodilo se zahvaljujući meni."

Lusi na to reče: „Možda to vama tako izgleda, Kejt. Ipak, niste vi ovo prouzrokovali. Nemate tu moć. Niko je nema."

„Ipak, to je naprosto to. Imam!", zakukala je Kejt. „Danijela nema. Te dece nema. Nema, nema, nema. Mrtva su i nema ih. Nikada se neće vratiti."

„Tako je", kazala je Lusi mirno. „Nikada se neće vratiti. Međutim, vi niste odgovorni. Za njihove smrti, kao ni za muževljevu."

Kejt se ponovo sručila, držeći se za glavu i ječeći, kao da je usred porođaja. Bilo je veoma stresno gledati je. Ali doktorka Grej sada se našla na sigurnijem tlu. Videla je ovakve epizode bezbroj puta tokom karijere. Psihotični slomovi izazvani stresom ili tugom, ili jednim jedinim traumatičnim događajem.

Pozvaće svog prijatelja, psihijatra Bila Vintera.

Bil će dati Kejt odgovarajuće lekove. Posle toga preostaje samo da se odmara.

„Lezite ovde neko vreme." Prekrila je klijentkinju ćebetom, onako kako se pokriva usnulo dete. „Pozvaću nekoga."

Sat kasnije doktorka Lusi Grej gledala je kako Kejt Evans, potpuno pod sedativima, odvoze ambulantnim kolima.

„Učinila si pravu stvar što si me pozvala", uverio ju je Bil Vinter. „Dve sedmice sna i biće nova osoba."

„Nadam se da hoće", uzvratila je Lusi. „Zaista se nadam. Prošla je kroz mnogo lošeg. Uz to, nemam osećaj da sam joj pomogla. Ne stvarno."

„Siguran sam da jesi." Bil je ušao u svoj automobil. „Usput, da li je zaposlena? Da li će njeno zdravstveno osiguranje pokriti ležanje u bolnici?"

„Oh, da." Doktorka Lusi Grej se osmehnula. „O tome bar ne mora da brine. Kejtin muž, Danijel, radio je za CIA. Poginuo je u Iraku u nekoj specijalnoj operaciji, ali Agencija i dalje plaća sve njene račune. Verujem da je doživotno obezbeđena."

DEVETNAESTO POGLAVLJE

Hanter Dreksel divio se svom odrazu u ogledalu.

Bio je nervozan zbog plave kose. Odmah će se primetiti da se farbao, ali mu je, zapravo, uspelo da izgleda prirodno. S kratkom frizurom u skladu s tek ofarbanim obrvama, njegova pojava se preobrazila. Izgledao je mlađe, čvršće, s jasnijim crtama lica. Delovao je poput vojnika.

Što je na neki način i bio. *Borac za istinu.*

Nasmejavši se sopstvenim pretenzijama, navukao je lažni roleks i počeo da pričvršćuje manžetne.

Njegov trenutni smeštaj predstavljao je nižu klasu u odnosu na ono na šta je navikao. Posle užasa u predgrađu Neji, čitav grad vrveo je od policije koja je tragala za trojicom uteklih strelaca. Hanter je smesta napustio skupi hotel na Aveniji Montenj i preselio se ovamo, u daleko neuočljiviji pansion blizu Bulonjske šume.

Odatle je pozvao Kejt. Pobedonosni trenutak i prekretnica u priči koju je pisao. Naravno, i dalje je morao da porazgovara s njom licem u lice. Međutim, napravio je ogromne korake u Parizu i uskoro će biti spreman za štampu. Tada će makar moći da istupi iz senke i suoči se sa svetom, i s prijateljima i neprijateljima podjednako.

Uskoro.

U tom trenutku prioritet mu je bio da napusti Francusku. Uistinu je trebalo da ode istog dana posle masakra u predgrađu Neji, ali podlegao je iskušenju da ostane do jedne, poslednje pokerske igre.

Paskal Košen biće te večeri tamo. Paskal je kupio i bez razmišljanja uništio hiljade jutara drevne čileanske šume ubrizgavanjem vode duboko u tlo radi vađenja stotina miliona dolara vrednog gasnog škriljca. Ne samo što je praktično opljačkao Čileance i na prevaru ih oterao s njihove teritorije po apsurdno niskoj ceni već je opustošio lokalni ekosistem na stotine kilometara naokolo. Košen je, rame uz rame s Henrijem Kranstonom, bio jedan od najneodgovornijih, najomraženijih industrijalaca u toj oblasti.

Ni nalik na nesumnjivo svetačkog Kamerona Krua.

Pomisao da će pogledati Košena u oči preko kartaškog stola dok skriva sopstveni identitet i uspešno ga olakšati za hiljade dolara u odnetim dobicima, predstavljala je veće iskušenje nego što je Hanter Dreksel mogao da izdrži. Te večeri igraće kao Leks Brajtman, impresario Njujorškog pozorišta i amaterski pokerski entuzijasta.

Još samo jedna igra. Zatim nestajem odavde.

Džef Stivens sedeo je za stolom u uglu kafea Kod Šarla, blizu Bogorodičine crkve, preko puta Frenka Dorijena.

„Imate li ikakvu predstavu o tome koliko britanski izgledate?“, upitao je Džef generala, pogledavši Frenkovu nezvaničnu uniformu sastavljenu od brog cipela, tamnozelenih plišanih pantalona, prugaste košulje marke ternbol end eser i prugaste kravate u crvenoj i tamnožutoj boji merilbonskog kriket kluba. „Niste baš neprimetni u gužvi, zar ne?“

„Šta biste vi više voleli?“, nestrpljivo upita Frenk. „Mornarsku majicu, beretku i venac luka oko vrata?“

Uprkos njihovim ljudskim dubokim, čak seizmičkim različitostima, Džef i Frenk razvili su produktivan poslovni odnos. Kako je to Džejmi Makintoš sažeto nabacio: „Frenk zna da bude pomalo neučtiv, ali, ako želite da pomognete Trejsi Vitni, vi to naprosto progutajte“.

Džef je to ozbiljno shvatio. Iako se „pomalo neučtiv“ pokazalo poput nečeg sličnog nošenju donjeg veša od papira za šmirglanje. Umeo je da se nosi s Frenkom.

„Kako je bilo na Havajima?“

Džef se namrštio. „Odvratno.“

„Ima li kakvih korisnih obaveštajnih informacija?“

„Ne baš. Trejsi je bliska s Kameronom Kruom, vlasnikom Kru oila. Međutim, to smo već znali. Čini se da njih dvoje rade zajedno, bez izveštavanja Voltona i Baka.“

„Hm." Frenk je razmišljao o tome. „To bi moglo da ide nama u prilog. Što manje CIA zna, to bolje."

„Zvuči baš saveznički", prokomentarisao je Džef.

To što je Trejsi blisko sarađivala s Kameronom svakako nije išlo u prilog Džefu. Ne bi verovao Kruu ni kada bi ovaj seo na usijanu ringlu.

Frenk potom upita: „Dakle, Trejsi je sada ovde, u Parizu?"

Džef je klimnuo glavom i otpio kafu. Bila je apsurdno jaka, poput katrana, ali mu je pomogla da prebrodi džet-leg. „U Hotelu Žorž V."

„Sama?"

Džef se zgrčio. „Zasad."

„Jesu li ona i Kru u kontaktu?"

Džef je odmahnuo glavom. „Nisu."

Praćenje Trejsi nije bilo zabavno. U stvari, to je bila definicija u rečniku za nimalo zabavno. Uz to Džef nije bio ubeđen da svojim prisustvom štiti Trejsi od ma čega ili ma koga. U svakom slučaju, do tog trenutka nije. Počinjao je da se oseća poput najgore vrste voajera. Postavljanje bubica u njenu hotelsku sobu i prisluškivanje telefona bili su relativno laki zadaci. Međutim, prestravljivala ga je pomisao da mora slušati Trejsino vođenje ljubavi s Kameronom Kruom, pa je odustao od montiranja kamera u njenom apartmanu.

„Budite joj za petama", uputio ga je Frenk Dorijen. „Hanter Dreksel još je u gradu. Smatramo da će uskoro povući potez. Blizu smo, Džefe. Međutim, ne možemo dozvoliti da Trejsi prva dođe do njega i možda ga ponovo uplaši. Ili se desi nešto gore."

Džef se namrštio. „Kako to mislite *gore*?"

Frenk je gurnuo poverljivi dosije preko stola.

Džef ga je pročitao u tišini. Zatim ga je pročitao još jednom.

Konačno je pogledao Frenka s izrazom čistog užasa na licu.

„Jeste li *sigurni*?"

„Naravno da nismo", prasnu Frenk. „Zato i moramo da ga privedemo. Ipak, mislim da se slobodno može reći da Hanter Dreksel nije ono za šta ga svet smatra. Ako bi Trejsi pokušala sama da ga satera u ćošak..."

Nije morao da završi rečenicu.

Džef je ispio kafu do kraja. „Ne brinite. Neću je ispustiti iz vida."

* * *

Trejsi je pogledala na sat, izuzetan, prefinjeni starinski časovnik iz dvadesetih godina, s narukvicom od belog zlata i spreda obasut dijamantima.

Šest i petnaest posle podne. Tačno još dva sata do polaska.

Kada je stavila viseće dijamantske naušnice koje su se slagale sa satom, Trejsi je namignula svom odrazu u ogledalu, postiđena što toliko uživa u sebi. Dopadalo joj se da bude Meri Džo. Trejsi je oduvek uživala u kreiranju novih i različitih likova. Ona i Džef bili su duže od decenije majstori prerušavanja. Međutim, sada, od Nikove smrti, iskorak iz vlastite izmučene egzistencije i ulaženje u nečiju drugu predstavljalo je više od puke igre. Bilo je to bekstvo. Trejsi sve dosad nije shvatala koliko joj je ono potrebno.

Njeni nekadašnji kontakti u Parizu bili su zlatni rudnik informacija kada je reč o pokerskoj sceni s visokim ulozima. Što nije bilo loše, sve dok Kameron uopšte ništa ne otkrije. Sticao se utisak da Kameron ne *želi* da Trejsi pronađe Hantera Dreksela. *Verovatno misli da me štiti*, pomislila je Trejsi. Ali možda je bolje ovako? Tokom odrastanja navikla je da radi sama. Rad s Kameronom mogao bi da predstavlja opterećenje za... šta god da je bilo to što se među njima dešavalo. Trejsi i dalje nije mogla da se natera da to nazove vezom. Zvučalo je isuviše trajno, nepromenljivo. Međutim, bilo je nešto, a ona još nije bila spremna da to prekine.

Ako pronađem Hantera – kada ga pronađem – tada ću uključiti Kamerona.

Čim je Trejsi čula ime Paskal Košen – njen dragi, stari prijatelj, vrhunski falsifikator i stalni stanovnik Pariza, Hari Blekston, pomenuo je mesečne partije pokera kod Paskala Košena – njene nade su se vinule. Košen je bio veliko ime u svetu frakovanja, rame uz rame s ljudima poput Kamerona i Henrija Kranstona. Nije se moglo zamisliti da Hanter Dreksel nije čuo za njega. Činjenica da je, takođe, u svom apartmanu na poslednjem spratu na Monmartru organizovao privatne pokerske noći, uz tajnu i brižljivo čuvanu listu gostiju, zvučala je gotovo previše dobro da bi bila istinita. Za Hantera Dreksela bilo bi krajnje neoprezno da se pojavi na jednoj od Košenovih partija. Međutim, kako je Sali Fejers rekla Trejsi, Hanter *jeste* bio nemaran. Preuzimanje velikih rizika za njega je bilo što i kiseonik, adrenalin ili glavni razlog postojanja.

Nekada je isto to važilo i za Trejsi.

Znam te, Hantere, pomislila je nameštajući naušnice. *Znam pogon koji te pokreće.*

Pronaći ću te. A kada to učinim, odvešćeš me do Alteje. Pomoći ćeš mi da sahranim sina.

Aleksis Argiros imao je erekciju.

Nasilna pornografska fantazija o silovanju koja se odvijala na njegovom kompjuterskom ekranu malo je doprinela. Međutim, Aleksis se toliko navikao na prizore seksualne izopačenosti da, jednostavno, same po sebi više nisu bile dovoljne.

Ono što ga je stvarno palilo bila je moć. Moć da nanese bol, da stvori strah. Moć da okonča život.

Hanter Dreksel verovao je da je znanje moć. Znanje i istina.

Aleksis je imao drugačija uverenja. Koga se ticalo šta znate, kad vam delići mozga izleću iz lobanje i raspršuju se po zidu?

Neji je uzbudio Aleksisa. Do besvesti je iznova gledao vesti i zamišljao debelu američku decu kako vrište i trče ne bi li se spasla, nalik na svinje koje skviče.

Večeras, konačno, Hanter Dreksel je taj koji će skičati.

Amerikanci, Britanci, Interpol – svi su se sjatili u Pariz poput muva na izmet, u potrazi za Hanterom Drekselom i trojicom strelaca iz Grupe 99 koji su izazvali takvo pustošenje. Međutim, oni ništa nisu znali. On, Aleksis Argiros, sve ih je nadmudrio.

Zadovoljstvo ubijanja Hantera Dreksela biće njegovo i samo njegovo.

Večeras.

U prljavom karavanu u kampu navukao je kombinezon i tanku crnu balaklavu koju će nositi sve do samog trenutka ubistva. Želeo je da ga Hanter Dreksel tada vidi. Ne samo pogled u njegovim očima već i osmeh na licu dok oduzima američki život, što je doživljavao kao krajnji čin dominacije.

Dani njegovog poniženja su prošli.

Ja sam Apolon Veliki.

Bog kuge i uništenja.

Kazna za hvalisavce.

Ubica divova.

Večeras će biti učinjeno.

* * *

Džef Stivens pozvao je generala Frenka Dorijena.

„To je večeras. Trejsi ide na poker u stan Paskala Košena."

Frenk je oštro udahnuo. „Dreksel će biti tamo?"

„Moguće. Jedino u šta sam siguran jeste da će Trejsi otići prerušena u bogatu teksasku udovicu sa sto hiljada evra u gotovini."

„Sranje." Džef je mogao da čuje kako generalov mozak radi punom parom. Po svoj prilici, Trejsi Vitni veruje da će se te večeri pojaviti Hanter Dreksel, inače ne bi išla. I to je imao smisla. Košen je verovatno bio najveće ime u industriji frakovanja u celoj Francuskoj. „Zna li CIA za ovo?"

„Ne bih rekao. Volton misli da Trejsi traga za Altejom."

„A Kameron Kru?"

„Danas ga nije zvala", odgovorio je Džef. „Verujem da ovo sama radi. Moramo da odemo tamo, Frenk. Moramo da je zaštitimo."

„Naravno", kazao je Frenk Dorijen blago. „Radimo na tome. Samo ostanite gde ste."

„Da ostanem gde sam?", upita Džef. „Ne ostajem ja nigde. Idem na tu partiju pokera."

„Ne budite smešni! Otkrićete svoj identitet. Čim vas Trejsi bude videla, ona će... Džefe? Džefe!"

Veza je prekinuta.

Paskal Košen bio je odlično raspoložen.

Upravo je zaključio unosan posao udruživanja prava u vezi s novim gasovodom koji će voditi od Slovačke, preko Poljske, dalje na istok. Njegova ljubavnica vratila se prethodne večeri s odmora na Floridi s još većim implantatima u grudima, na koje je Paskal jedva čekao da stavi ruke. Osim toga, večerašnja pokerska igra očito će biti izuzetno zanimljiva.

Doći će Leks Brajtman, napadni Njujorčanin gej orijentacije. Paskal Košen sreo je Brajtmana samo jednom na kućnom prijemu prethodnog vikenda, ali je za to kratko vreme ostavio na njega utisak osobe koja ispoljava jedinstvenu američku mešavinu nadmenosti i gluposti, što je u predstojećoj igri slutilo na dobro. „Prilično sam dobar pokeraš, kad to kažem sam za sebe", obavestio je Brajtman Paskala, nastavivši da ga ubeđuje iz partije u partiju u ono što je smatrao svojom vrhunskom tehnikom za nadmudrivanje suparnika.

Paskal se radovao što će Leksa Brajtmana olakšati za znatnu novčanu svotu.

Očekivao je još jednog novog igrača najavljenog u poslednjem trenutku, izvesnog Džeremija Sendsa. Paskalov dobar prijatelj, trgovac umetninama, Antoan de la Kur, pozvao ga je sat ranije i zamolio ga da doda Sendsa na listu gostiju.

„Svideće ti se. Dobar je igrač. Zabavan. S izuzetnim vezama."

Paskal se kolebao.

„Prošle godine uložio je četiri stotine miliona u kompanije koje se bave unapređenjem alternativnih izvora energije."

Sends je ubačen.

I naposletku, tu je bila ljupka gospođa Morgan Drejk. *Meri Džo.* Teksaska udovica nije bila uobičajen Paskalov tip. Obično je tražio kovrdžave plavuše i retko kad zagledao devojke starije od dvadeset pet godina. Meri Džo bila je zrela žena, vitka poput dečaka. Kada je naleteo na nju u baru Rica prethodne sedmice, njene male dojke nalik na jabuke bile su diskretno prikrivene ispod skupe sive svilene bluze, a tamna kosa bila joj je skupljena u čednu punđu. Pa ipak, bilo je nečeg duboko seksualno izazovnog u vezi s njom. Možda su to bile te opijajuće zelene oči? U svakoj prilici tokom naredne nedelje od kada su se upoznali, Paskal je hvatao sebe kako sve više i više mašta o odvođenju gospođe Morgan Drejk u krevet, trganju te skromne odeće i oslobađanju nečega u njoj za šta se veoma nadao da je prava tigrica. Kada je potvrdila svoje zanimanje za kartanje, istog časa proširio je poziv za večerašnju igru, a svojoj supruzi, Alisi, organizovao odlazak u posetu sestri u Lionu.

Postaraće se da Meri Džo dobije najmanje nekoliko deljenja i da njeni kokteli budu dvostruke jačine. Posle toga, ostalo bi trebalo da ide kao po loju.

„Izvinite, gospodine." Livrejisani batler pojavio se na vratima Košenovog veličanstvenog salona. „Gospođa Morgan Drejk stigla je rano. Da pričeka u biblioteci?"

Paskal se široko osmehnuo.

Savršeno! Prva je stigla. Očigledno je gorljiva.

„Ne, ne, Pjere. U redu je. Možeš je dopratiti ovamo."

* * *

Džef je sedeo na zadnjem sedištu taksija, stegnutih pesnica. Svuda oko njega vozači su nalegli na sirenu, stvarajući stresnu kakofoniju koja je imala tačno nula efekta na vozila što su doslovno milela u saobraćajnom špicu.

„Zar ništa ne možete da preduzmete?“, upitao je Džef vozača na ne baš tečnom francuskom. „Da pokušate nekim drugim putem?“

Čovek je nonšalantno, galski, slegnuo ramenima. „Petak je veče. *Les embouteillages sont partout.*“*

„Vrlo mi je važno da tamo stignem brzo.“

Antoan de la Kur, stari prijatelj iz Džefovih dana kad je bio kradljivac slika, povukao je neke ozbiljne veze da sredi Džefu poziv na večerašnju igru pokera. Međutim, ako Hanter Dreksel stigne pre njega... i ako Trejsi pokuša sama da mu se suprotstavi... Džef je osetio kako mu pritisak skače do neba.

„Molim vas!“ Gurnuo je vozaču debeli svežanj evra. „*C'est très important.*“**

Ispruživši ruku da uzme novac, taksista se osmehnuo, beskorisno legao na sirenu i pomerio se za nekoliko centimetara napred, i dalje usred zastoja.

„Šta se dešava?“

Džejmi Makintoš napeto je hodao po svojoj londonskoj kancelariji. Temza se sporo vukla pod prozorom koji su zamagljivali uporni potočići sive rominjajuće kiše. Bio je to najnesrećniji od svih dana. Kišni. Siv. Beživotan. A s druge strane, u Parizu, Džejmijev tim možda je na samo nekoliko minuta od hapšenja Hantera Dreksela.

„Jeste li ga ugledali?“

„Nismo još.“ General-major Frenk Dorijen zvučao je isto toliko napeto. Džef Stivens nameravao je da se preruši i pojavi se kao igrač na partiji pokera, čime će se razotkriti Trejsi i potencijalno potpuno upropastiti čitavu operaciju. Frenk se nalazio u kafiću tačno preko puta Košenove stambene zgrade. Imao je čoveka na krovu, još jednog u predvorju i dvojicu ispred prednjeg i zadnjeg ulaza u zgradu.

„Šta je sa ostalima?“, upitao ga je Džejmi.

---

* Franc.: Svuda je zastoj. (Prim. prev.)

** Franc.: Veoma je važno. (Prim. prev.)

„Trejsi Vitni je unutra. Kao i ostala trojica igrača. Stivens se još nije pojavio."

„Možda nije uspeo da se tako kasno u toku dana ubaci na Košenovu listu?", predložio je Džejmi pun nade.

„Ući će on već nekako", sumorno odgovori Frenk. „Prestravljen je za Trejsi. Juče sam mu pokazao Drekselov dosije."

Džejmi je eksplodirao. „*Šta* ste uradili?"

„Bio je to sračunat rizik."

„Loše sračunat! Jeste li skrenuli s uma?"

Frenkov glas utišao se do šapata.

„Ovde je."

„Ko? Ko je tu? Dreksel ili Stivens?"

„Moram da idem."

„FRENK!", zagrmeo je Džejmi Makintoš. Međutim, bilo je prekasno. Zalupivši slušalicu potpuno osujećen i besan, ponovo se ushodao.

„Meri Džo, dozvolite da vam donesem još jedno piće."

Paskal Košen naginjao se nad Trejsi, koja se odmarala na ležaljci, toliko blizu da mu je u dahu osećala miris paste za zube i požudu koja je isparavala kroz sve pore. Košen je bio visok i vitak, suve kože i tankih usana preko kojih je neprestano prelazio jezikom, da bi ih održao vlažnim. Imao je duge prste i krupne, široko razmaknute oči koje su se bez prestanka bečile i prelazile po prostoriji, kao da tragaju za opasnošću. Ili možda za prilikom. Podsećao je Trejsi na gmizavca. Hladnokrvnog, brzog i ljigavog, s gadnim ujedom.

„Oh, ne treba, hvala, dušo", pobunila se. Poslednji džin-tonik koji je uzela bio je apsurdno jak. Još nije skovala konačan plan šta će da radi kad Hanter Dreksel stigne, ali znala je da će joj pribranost biti potrebna.

„Insistiram", preo je Košen. „Pjere? Još jedan džin za damu."

„Nije li vreme da se počne, Paskale?"

Alber Dima, novinski mogul i redovni posetilac monmartrovskih pokerskih večeri, postajao je razdražljiv. Nije ličilo na Paskala da čeka odocnele igrače. Ako dvojica Amerikanaca, Džeremi Sends i onaj drugi, Brajtman, nisu mogli da se potrude da dođu na vreme, nisu ni zaslužili da igraju za vrhunskim francuskim stolom.

„Daćemo im još pet minuta", odgovorio je Košen ne skidajući pogled s Meri Džo, koja je te večeri dala sve od sebe da ostavi utisak u zelenoj haljini bez leđa, zbog čega je nalazio da mu je vrlo teško da se usredsredi. Što je više opije pre nego što igra počne, to bolje.

Hanter je prvi ugledao Frenka Dorijena. Čoveka u kafiću prepoznao je prema opisu koji mu je dala Sali Fejers, mada je i bez toga generalovo skrivanje iza *Figara* bilo krajnje očigledno.

Dakle. Britanci su tu.

Sudeći po pravcu Dorijenovih brzih pogleda, Hanter je utvrdio da Britanci imaju čoveka na krovu, a možda i drugog iza Košenove zgrade. Agentima CIA nije bilo ni traga.

Riskantno je, pomislio je. *Veoma riskantno. Ali nije neizvodljivo.*

Iz svoje povoljne pozicije u sporednoj uličici video je dolazak ostalih igrača. Prepoznao je Albera Dimu, ali ne i čudnog tipa s leptir-mašnom, niti preterano otmenu ali lepu ženu u zelenoj večernjoj haljini.

Hanter je očajnički želeo da igra te večeri. Želeo je da pobedi Paskala Košena, da mu vidi izraz lica kad ostane bez košulje. Ipak, ne po svaku cenu.

Povukao se dublje u senke, posmatrao i čekao.

„Pretpostavljam da se Džeremi zaglavio u saobraćaju", kazao je nervozno Antoan de la Kur. „Obično je vrlo tačan."

Alber Dima uputio je nadmen pogled trgovcu umetninama. Nikada mu se nije sviđao izveštačeni De la Kur s lučno izvijenim obrvama i tračerskim anegdotama o umetničkom svetu, kao ni prenaglašeno zabacivanje glave unazad kada se smejao. Nije pomagalo to što je Antoan odličan pokeraš, podjednako lukavo vešt koliko i šarmantan. Alber je tokom godina izgubio mnogo novca zahvaljujući tom sablasnom homiću.

Očigledno je neki od novopridošlica koje je Košen pozvao te večeri bio još jedan sumnjivac, neki tip koji je radio u pozorištu u Njujorku. *Paskal verovatno želi da ograniči konkurenciju za Teksašanku*, pomislio je Alber ogorčeno. *Jadno je to koliko ju je svu okupirao.*

Oglasilo se zvono na vratima.

„Verovatno je to sad Džeremi", rekao je Antoan de la Kur uz očito olakšanje.

„Dobro." Paskal se blistavo osmehnuo Meri Džo. „Nedostaje nam još samo Leks Brajtman. Počinjemo čim stigne."

Džeremi Sends. Leks Brajtman, pomislila je Trejsi. *Jedan od njih je Hanter Dreksel. U to sam sigurna.*

Hoće li se Hanter pojaviti u sobi?

Trejsino srce brže je zakucalo. Možda joj je, naposletku, ipak potrebno to drugo piće?

Aleksis Argiros spustio je vizir na motociklističkoj kacigi.

Gde je, dođavola?

Gde je Dreksel?

Pored njega je prošao kombi perionice rublja, skrenuo za zgradu i nestao u podzemnoj garaži. Aleksis je osetio kako mu kuva u stomaku.

Da li je nekako propustio Hantera? Da li je kopile već unutra?

Pokrenuo je motor.

„To je Stivens!", prosiktao je Frenk Dorijen na čoveka koji se nalazio ispred Košenove zgrade. „Upravo prelazi ulicu. Za boga miloga, zaustavite ga."

Čovek je krenuo prema Džefu kad ga je drugi glas u uhu naterao da se pokoleba.

„Meta uočena!" Bio je to momak na krovu. „Ponavljam, Dreksel uočen."

„Gde?" Frenk je nervozno pretraživao ulicu.

„Ide prema vama, generale. Trebalo bi da gledate pravo u njega za dvadesetak sekundi. Plava kosa, crna jakna."

„Sranje!" Frenk je skočio na noge i prosuo vreo čaj niz prepone. „Držite ga na oku, ali ne pucajte", kazao je čoveku na krovu. „Džime", obratio se prvome, „dolazi ovamo, smesta!"

Džef Stivens stajao je na pragu zgrade Paskala Košena, dahtao i otirao znoj s obrva.

Zakasnio je, ali svega nekoliko minuta.

Da li je Dreksel već stigao? Je li unutra? Da li je i Trejsi tu?

Više od svega ostalog, predstojeći ponovni susret licem u lice s Trejsi izazvao mu je ludačko udaranje srca i nekontrolisano znojenje dlanova.

Saberi se, rekao je Džef sebi ozbiljno. *Ti si Džeremi Sends. Bogati investitor u energiju s Menhetna.*

Trejsi ga neće odati. Ne bi mogla da rizikuje razotkrivanje sopstvene maske. Međutim, čim ga bude videla, igra će dostići vrhunac. Trejsi će poželeti da zna kako ju je pronašao, a da i ne pominje zbog čega je prati. Džef će morati da joj kaže istinu, ili neku verziju istine. *Tu sam da te zaštitim*, ne bi dobro prošlo. Trejsi nije cenila zaštićenost. Umela je da se stara o sebi. Osim toga, bez sumnje će se razbesneti na Džefa, jer joj upropašćuje šansu da se sukobi s Hanterom Drekselom.

Baš šteta. Nikada nije trebalo da pobegne od mene posle Nikove smrti. Ona meni duguje objašnjenje, a ne ja njoj.

Vrata su se širom otvorila.

„Mogu li da vam pomognem?"

Džef je uvukao ramena i osmehnuo se. „Džeremi Sends. Došao sam da igram."

Hanter se spremao da se ušunja kroz službeni ulaz kad je začuo zvuk motocikla u punom gasu na svega nekoliko metara iza sebe.

Čak i pre nego što je pogledao preko ramena, znao je.

Apolon!

Riskantno se upravo pretvorilo u fatalno. Morao je da se izvuče odatle. Izletevši iz mračnog skrovišta poput bubašvabe kad jurne iz gnezda, Hanter se prisilio da hoda mirno dok je skretao za ugao da izađe na ulicu.

Levo je bio ćorsokak. Desno ga je put vodio pravo prema kafeu gde ga je čekao MI6.

Ne. Ne mogu dopustiti da se tu završi. Da budem uhvaćen kao pacov u zamku.

Neću.

Prednji ulaz u Košenovu zgradu nalazio se pravo preko puta. Brižljivo odeven muškarac stajao je na doksatu. Vratar je otvorio vrata i razgovarao sa čovekom.

Iznenada promenivši pravac, Hanter je potrčao prema otvorenim vratima.

* * *

Trejsi je i dalje izbegavala udvaranje Paskala Košena kada je čula prvi pucanj.

„Šta je, dovraga, to?“, upitao je Antoan de la Kur.

„Verovatno povratno paljenje na nečijim kolima“, odgovorio je Alber Dima.

Zatim su usledili drugi i treći pucanj jedan za drugim, praćeni glasnim vriskanjem koje je dopiralo s ulice.

„To je pucnjava!“ Paskal je ispustio Trejsinu ruku poput vrelog krompira i krenuo da napipa dugme za paniku na udaljenom zidu. „Svi dole!“ Glas mu je bio viši za oktavu usled straha. Uprkos tome, svi u prostoriji poslušali su naređenje i popadali po podu.

Svi izuzev Trejsi. Mirno je prišla prozoru, razmakla zavese i pogledom pretražila ulicu. Čovek odeven u crno, na dukati motociklu, progrmeo je kolovozom i nestao u noći. Verovatno strelac. Ipak, da li je pronašao svoju metu?

Isprva je bilo teško odrediti šta se desilo. Ljudi su trčali na sve strane, jurili nasumice i vrištali. Međutim, Trejsine istrenirane oči brzo su se zaustavile na tri osobe u opštoj gužvi.

Prva je bila general-major Frenk Dorijen. Stajao je na ulici i urlao u telefon, gestikulirajući poput divljaka.

Dakle, MI6 znao je da će Dreksel biti ovde! Zanimljivo je da ni reč o tome nisu rekli CIA.

Drugi je bio plavokosi muškarac za kog se činilo da pokušava da sakrije hramanje. Trejsi nije mogla da mu vidi lice iz tog ugla, ali primetila je da mu se mišići grče od bola dok je nastojao da trči u pravcu reke.

Treća osoba koja je privukla Trejsinu pažnju bila joj je okrenuta leđima. Taj čovek bio je visok, dobro odeven i tamne, kovrdžave kose, i bio je jedini koji je hodao, a ne trčao prema stanici podzemne železnice.

Trejsi je srce potonulo.

Prepoznajem taj hod.

U tom trenutku ruka ju je grubo zgrabila oko struka i povukla na pod.

„*Mon Dieu*, Meri Džo, jeste li izgubili razum?“, prosiktao joj je Paskal Košen na uho. „Klonite se prozora. Možda se radi o terorističkom napadu! Policija je na putu ovamo, ali morate ostati u zaklonu.“

„Oprostite mi, Paskaaale", otegla je Trejsi. Decenije prakse naučile su je da nikada ne isklizne dok je u liku. „Valjda sam samo bila radoznala."

Dok je ležala na parketu Paskala Košena, Trejsino srce i um radili su najvećom brzinom.

Sigurno sam pogrešila. To ne može biti on.

Naprosto, ne može.

Elen Fobur gotovo da je iskočila iz svoje kože. Zgodni, plavokosi muškarac sluđenog pogleda i s prestravljenim izrazom lica iskoračio je pravo pred njen reno klio, praktično se bacivši preko vetrobranskog stakla.

„Pomozite mi", prodahtao je cimnuvši suvozačeva vrata, a zatim ušao u auto čim je Elen zakočila.

„Napolje!", kriknula je. „Izađite iz mojih kola!"

Imala je biber-sprej u pregradi za rukavice, ali morala bi da se protegne preko neznanca da ga dohvati.

„Molim vas. Neću vas povrediti. Pucali su u mene. Vidite?" Muškarac je zavrnuo nogavicu pantalona i otkrio reke krvi.

„Odvešću vas u bolnicu", rekla je Elen. „Ona u Ulici Ambroaz Pare je najbliža. Bićete dobro."

„Ne", odgovori čovek. „Bez bolnica. Molim vas. Moram da izađem iz Pariza. Samo vozite."

Posegnuo je u džep jakne, pa izvadio nešto što je izgledalo poput desetina hiljada evra, možda i više, u gotovini.

„Uzmite", prokrkljao je, drhteći od bola. „Molim vas, samo me odvedite odavde."

Elen je pogledala novac. Zatim njegovo lice. Donela je odluku.

Nek ide dođavola. Samo jednom se živi.

DVADESETO POGLAVLJE

Trejsi možda nije bila pravi pokeraš, ali je svakako umela da napravi dobar pokeraški izraz lica.

Dva dana posle tajanstvene pucnjave na Monmartru – uprkos brojnim svedocima, i ubica u pokušaju i očito ranjena žrtva nestali su bez traga – Trejsi je posetila mesto zločina u predgrađu Neji.

„Gospođica Vitni je specijalni savetnik CIA u vezi s Grupom 99“, objasnio je Greg Volton telefonom Banžamenu Lizeu, svom kolegi iz francuske obaveštajne službe u Parizu. „Imam poverenja u vas da ćete joj pružiti svaku pomoć.“

Banžamen je otkrio da mu ne pada teško da pomaže gospođici Vitni, za koju se ispostavilo da nije samo učtiva, inteligentna i privlačna već i vitka i lepo odevena, prava baražna vatra iznenađenja od strane jedne Amerikanke.

Isto se ne bi moglo reći za Trejsinog kolegu iz FBI-ja, agenta Miltona Baka, nadmenog, naduvenog prostaka, kako ga je Banžamen Lize zamišljao, jer nikada nijednog nije sreo.

„Pretpostavljam da su forenzičari proverili čitav kampus?“, pitao je Bak tonom koji je jasno naglašavao da ništa slično nije pretpostavljao.

„Jasno.“ Banžamenov ton bio je leden.

„Zašto nismo videli izveštaj?“

„Zato što ovo nije vaša istraga, agente Bak. Nadam se da ne moram da vas podsećam da ste ovde naši gosti, isključivo zahvaljujući našoj ljubaznosti.“

„Ljubaznosti?“ Bak se neučtivo nasmejao. „Ne bih rekao da ste vi, Francuzi, po tome poznati. Nadam se da ne moram ja *vas* da podsećam da je vaša vlada obećala predsedniku potpunu transparentnost i saradnju. Mislim, suočimo se s time, Bene, dobro bi vam došla pomoć, je li tako? Koliko je dosad prošlo, dve sedmice? I još ste bez tragova?“

Trejsi je u agoniji neprijatnosti posmatrala kako se Francuz okreće i odlazi.

„Zbog kretena poput vas Amerikanci su na lošem glasu, Bak.“

Milton Bak slegnuo je ramenima. „Istina boli. Samo je nazivam pravim imenom. Kad smo već kod *nemanja tragova*, vaš najnoviji izveštaj o Alteji ostavlja prilično depresivan utisak na čitaoca, Trejsi. Niste se pomakli dalje od početka, zar ne?“

Trejsi ga je netremice gledala. „Vi ste od mene zahtevali da tražim veze između Alteje i onog što se desilo u ovom kampu.“

„Tačno tako“, odgovorio je Bak.

„Pa, nema nijedne. Uviđam da niste najjača karika u lancu, agente Bak. Ipak, nisam sigurna da to mogu dalje da pojednostavim, čak ni vama“, uzvratila je Trejsi oštro. „Kako napreduje lov na Hantera? Po onome što čujem, tragovi još izmiču.“

Bilo joj je teško da ne izbrblja omrznutom Miltonu Baku da je već ušla u trag Hanteru Drekselu; da je došla na milimetar od toga da ga susretne licem u lice kao i Britanci, ostavljajući i njega i njegovu tragično arogantnu agenciju na sramotnom trećem mestu. Jedina osoba kojoj je ispričala šta se zaista desilo na Monmartru bio je Kameron Kru. A čak je i njemu izostavila deo o tome da je videla Džefa.

Zato što ga nisi videla. Nisi mogla. Pogrešila si u jeku dešavanja.

„Kao i obično, pojma nemate o čemu pričate“, reče Milton Bak zajedljivo. Nagnuvši se bliže, prosiktao joj je na uho: „Znate, Volton vas neće zauvek štititi. Ako uskoro ne iznesete nešto konkretno u vezi s Altejom, ljudi će početi da postavljaju pitanja. Na primer, da li znate više nego što govorite.“

„Mislite, isto kao i vi kad je reč o Hanteru Drekselu?“, uzvratila je Trejsi istom merom.

Bak je za trenutak izgledao kao da će je udariti. „Učinite sebi uslugu i zaboravite na Dreksela. Ja sam stariji agent FBI-ja, gospođice Vitni. Vi ste bivša prevarantkinja koja je u opasnosti da nadživi svoju korisnost.“

Na Trejsino olakšanje, šarmantna Francuskinja iz odeljenja za balistiku prekinula je njihovu raspravu i odvela Trejsi na detaljno informisanje o svemu što se dogodilo u predgrađu Neji. Sklanjanje od Baka predstavljalo je radost, ali, kao i uvek posle svađa s njim, Trejsi je osećala tup ostatak straha koji je visio u stomačnoj duplji.

Odvratan je, ali bi se jednog dana moglo dogoditi da predvodi Biro.

Ako se to obistini, neće se smiriti dok me ne vrati u zatvor i ne baci ključeve.

Trejsi je napravila obimnu belešku svega što je saznala od balističarke, a potom se za ručak popela do zamka koji je predstavljao glavnu školsku zgradu. Međutim, uskoro je izgubila apetit kad je ugledala general-majora Frenka Dorijena kako se probija prema njoj kroz red za posluživanje.

„Gospođice Vitni." Frenk je uputio Trejsi isti prazan, robotski osmeh kojeg se sećala s njihovog poslednjeg sastanka u Londonu. Bio je otprilike podjednako iskren koliko i kompliment u kolačiću sreće. „Verujem da ste tokom prepodneva dobili dovoljno informacija?"

„Hvala. Jesam. Vi?"

„Veoma je zanimljivo."

Poslednji put kad je Trejsi videla Frenka, stajao je na ulici na Monmartru i mahao rukama poput uznemirene kokoši, dok je njegova lovina, Hanter Dreksel, pobegla, kao i ubica u pokušaju. Trejsi je zaključila da je plavušan koji je hramao sigurno bio Hanter.

Kako je prethodne večeri rekla Kameronu: „Bio je to on. Znam da jeste. Mislim da je ranjen u nogu."

Kao i obično, Kameron je završio razgovor glumljenjem đavoljeg advokata. „Mogao je da bude i prolaznik, ranjen u unakrsnoj pucnjavi."

Trejsi nije verovala u to. „Prolaznik bi ležao tamo i čekao pomoć, posebno kada je strelac pobegao. Međutim, ovaj čovek očajnički je želeo da utekne kao i strelac. Nije rizikovao da ga prepoznaju."

Tako je Hanter Dreksel *zaista* opet umakao, ostavivši general-majora Frenka Dorijena da besni praznih ruku. Po drugi put u toku tog dana Trejsi je uhvatila sebe kako se opire iskušenju da ponizi čoveka kog je mrzela. Ne samo zato što je postojala makar šansa da je Frenk *nju* video kako ulazi u stan Paskala Košena, ako je i ona videla *njega*, već zato što je rešila da o tome ćuti.

Možda oboje čuvamo tajne?

Jedno od drugog i od CIA?

„Znate li šta je najinteresantnije što sam danas saznao?", upitao ju je Frenk opušteno, poslužívši se velikim komadom brija i nastavivši da ga u debelom sloju razmazuje po bagetu. „Jedan od ovde nastradalih tinejdžera bio je Džek Čarlston."

Frenk je upitno pogledao u Trejsi, ali njoj to ime ništa nije značilo.

„Džek je bio sin Ričarda Čarlstona. Na nesreću, jedinac."

Ričard Čarlston. To je zvučalo poznato. Trejsi je pretraživala po memoriji u nastojanju da ga negde smesti.

„Ričard je bio član Evropskog parlamenta koji se suprotstavio pokušajima kompanije Kru oil da obezbedi prava na frakovanje širom Evropske unije, uključujući i prava na isto to u Francuskoj", podsetio ju je Frenk. „Glasni protivnik. I k tome uspešan."

Tako je. Kameron je pomenuo Trejsi ime Ričarda Čarlstona prve večeri kad su se sreli u Ženevi. Bio je u Švajcarskoj, jer je nastojao da dobije podršku u Evropskom parlamentu za proširivanje poslovanja u Evropi, a britanski član parlamenta govorio je protiv njega.

„Sećam se", rekla je Trejsi.

„Ričard Čarlston trebalo je da održi govor ovde, u Kampu Pariz, na dan pucnjave, ali je to otkazano u poslednjem trenutku. Pretpostavljam da niko nije obavestio Grupu 99 o promeni planova. Pa ipak", nasmešio se Frenk, „makar su mu sredili sina. Rekao bih da je to bolje nego ništa s tačke gledišta vašeg momka."

Trejsi je spustila tanjir. „Šta time hoćete da kažete?"

„Samo to da je Kameron Kru bio neprijatelj Ričarda Čarlstona. Kao što je bio i neprijatelj Henrija Kranstona. Zar vas ne čini radoznalom to što Grupa 99 ciljano ubija rivale vašeg dragana?" Frenk se potom poslužio velikom porcijom urmi i paštetom. „Gotovo kao da obavljaju prljavi posao za Kru oil."

Nalet potpune mržnje prostrujao je Trejsinim telom.

„Kameron je izgubio sina", rekla je Frenku. Glas joj je bio tih, ali je drhtala od besa. „Zvao se Markus. Bio je tinejdžer, baš kao i deca koja su ovde pobijena."

„Da, znam da..."

„Nisam završila", Trejsi je ljutito presekla generala. „I ja sam izgubila sina. Istih godina. Dakle, generale, jasno je da *znamo* kako to izgleda. Kameron i ja. Znamo kroz šta prolaze roditelji dece iz predgrađa Neji. Na način na koji vi nikada nećete. Ako i na sekundu pomislite da je Kameron sposoban... da bi se ikada upleo u ubistvo dece ili ma kakvu podršku takvog masakra... onda ste još fanatičniji nego što izgledate. Vi ste poremećeni."

Frenk ju je mirno pogledao. „Verujem da su sva ljudska bića kadra za užase, gospođice Vitni. Baš kao što smo svi sposobni i za veličanstvenost. Ne slažete se?"

Trejsi ga je ćutke gledala.

Kakav mrzak, grozan čovek, pomislila je kad je general otišao.

Međutim, imena Džeka i Ričarda Čarlstona progonila su je do kraja dana.

Grupa 99. Frakovanje. Kameron.

Postojala je tu nekakva veza. Ne ona koju je nagoveštavao Frenk Dorijen, već *neka* veza. Nešto što povezuje Kamerona ili bar njegovu industriju s tim zlim i kukavičkim terorističkim delima.

Da li je Hanter Dreksel znao o kakvoj se vezi radi? Da li je to razlog što je pobegao?

Da li je Hanter video nešto, šta god to bilo, što je Trejsi promicalo?

I gde se Alteja, ko god da je, uklapala u mozaik?

Ne prvi put, Trejsi je imala uznemiravajući osećaj da ništa i niko nije onakvo kakvim se čini.

Gornji deo države Njujork bio je prelep u to doba godine. S prozora spavaće sobe u ustanovi za rehabilitaciju Kejt Evans uživala je u veličanstvenom pogledu na predele koji su se talasali u daljini. Svetlozelena polja i livade obrasle divljim cvećem protezali su se dokle je pogled dosezao, istačkani kravama, belo ofarbanim tarabama i mestimičnim seoskim kućama od belog drveta. Tu nije bilo ničeg ružnog. Ničeg bučnog niti neprijatnog. Nije bilo siromaštva, ni bolesti, ni prljavštine, ni bola. Zapravo, svaki busen trave bio je na svom mestu. Okolo se nalazila samo neka vrsta dezinfikovane, nepreteće, skoro manikirane lepote koja se javljala onda kad bi se ljudska bića pozabavila prirodom i potčinila je svojoj volji. Samo red i mir. Savršeno mesto za odmor, i Kejt se odmorila. Međutim, došlo je vreme da ode.

„Voleo bih da još jednom razmislite."

Bil Vinter, Kejtin psihijatar, ponovo je pokušao da je natera da se predomisli. Visok i vitak, surovog lica nalik na osušeno rečno korito, i dubokih, pronicljivih smeđih očiju, doktor Vinter podsećao je Kejt na njenog oca. Oven Evans umro je tokom njene prve godine srednje škole – jak srčani udar oborio ga je na mestu, kao što munja obori drvo. Tada joj se srce prvi put slomilo. Nije zacelilo, bar ne u potpunosti, sve dok nije upoznala Danijela.

„Znam da biste voleli." Osmehnula se doktoru Vinteru. „Ipak, ne mogu više da se zadržim. Postoji neko koga treba da vidim. Uz to se zaista osećam mnogo bolje."

Poslednji deo bio je istinit. Međutim, najveći deo onoga što je Kejt otkrila lekarima i terapeutima tu u Vestčester Medouzu bila je mreža poluistina isprepletenih s direktnim lažima. Bila je to jedna od dobiti života provedenog u radu u obaveštajnoj agenciji. Kada osoba jednom shvati šta znači povući se u duboku tajnost – postati neko drugi radi sopstvene bezbednosti i bezbednosti drugih – nauči kako da se drži tog drugog sebe čeličnim stiskom. S druge strane, kada kucne čas da se izađe iz zaklona, može da ode dalje, a da se i ne osvrne.

Danijel je to poredio sa zmijom koja svlači košuljicu.

Alteja je predstavljala neophodno pokriće, ulogu koju je morala da igra. Međutim, bilo je vreme da je pusti.

Telefonski poziv Hantera Dreksela započeo je proces. Ovde, u Vestčester Medouzu, Kejt ga je okončala. Lekovi su pomogli. Kao i terapija. I san. Ipak, najveći činilac bio je Danijel, koji joj je dolazio u snove.

Moraš da oprostiš sebi, Kejt.

Sve što si uradila, uradila si za mene. Za nas.

Ali sada možeš da ostaviš to. Kreni dalje.

Dragi Danijel! Još joj je ponekad toliko nedostajao, da je jedva disala.

Mogla je da odustane od Alteje i svega što je Alteja uradila. Ipak, nije mogla da krene dalje. Ne još. Ne dok se ne sretne licem u lice s Hanterom Drekselom. Ne dok ne zatvori krug.

„Kuda ćete otići?", upitao ju je Bil Vinter. „Sve dok ste u Njujorku, voleo bih da me posećujete najmanje jednom nedeljno. Osim toga, trebalo bi ponovo da idete na seanse kod Lusi Grej. Nemojte dozvoliti da se sve ponovo sruši. Lakše je nego što mislite."

„Neću." Kejt ga je zagrlila i zatvorila torbu. „Obećavam da ću vas oboje posetiti čim se vratim."

„Odakle?" Doktor Vinter se namrštio. „Kuda idete?"

Kejt se osmehnula. „U Evropu. Kao što rekoh. Tamo je neko koga moram da vidim. Čeka me već dugo.“

Sali Fejers skupila se ispod kišobrana i pripalila još jednu cigaretu.

Padala je kiša, a nije čak bila u prokletoj Engleskoj. Loše vreme očigledno ju je pratilo. Baš kao što ju je pratila i loša sreća. Ili se možda radilo o lošim izborima?

Bezvrednim ljudima.

Lošim muškarcima.

Znala je da ne treba tu da dođe. Dok je stajala ispred Zamka Šime, usamljena turistkinja u tom istorijskom ali opskurnom belgijskom gradiću svega nekoliko kilometara od granice s Francuskom, osećala je punu ponižavajuću glupost svoje odluke.

Šta ako se Hanter ne pojavi?

Ili šta ako se pojavi, uvuče je u svet nevolja – i to ne samo u nevolje s urednikom već i u duboki problem stvarnog sveta, poput otmice i ubistva u koji se, činilo se, nedavno uvalio – a zatim je ostavi? Zbog neke druge žene? Druge priče?

Naravno, Sali je sada imala sopstvenu priču. Umorna od čekanja da joj Hanter dozvoli da uđe u njegovu, poslednja dva meseca provela je istražujući mračni svet globalnog frakovanja. Biće to prvo što će objaviti samostalno, pod pretpostavkom da je *Tajms* ne otpusti zbog ovog poslednjeg produženog odsustvovanja bez dozvole. Da ironija bude veća, radilo se o najboljem tekstu koji je napisala u proteklih nekoliko godina. Ipak, Sali je poznavala sebe dovoljno dobro da zna da to nije razlog zbog kojeg je tu gde jeste.

Kao i obično, nije je glava privukla nazad Hanteru Drekselu, već srce.

Njeno glupo, slabo, žensko srce.

Mrzim se.

Najgori deo priče glasio je da je Hanter čak nije lično zamolio za pomoć. Angažovao je neku devojku da to uradi – Elen – bez sumnje najskoriju naivnu i lakovernu mladu droljicu koju kreše.

„Vaš prijatelj veoma je bolestan“, saopštila je devojka Sali na lošem engleskom.

„Prijatelj?“

„Da. Znate ko. Neće da ide u bolnicu. Želi da se nađete u Belgiji."

Sali je utvrdila da je ta devojka, Elen, pokupila Hantera na ulici u Parizu – očigledno je pogođen na Monmartru – pa ju je ubedio da ga izvede iz Francuske. Novac je možda promenio vlasnika. U svakom slučaju, otad se devojka sigurno predomislila. Nešto je među njima pošlo pogrešnim putem. Sada se Hanterova rana inficirala, a devojka je paničila.

„Plaši me. Govori... ludosti. Moram da se vratim u Pariz, ali, ako ga ostavim samog, umreće."

Glupavo, moronski, Sali je uhvatila sebe da pristaje na susret na teritoriji Zamka Šime u ponedeljak rano ujutro. Sada je, naravno, bila na ugovorenom mestu. A Hanter, proklet nek je, nije.

Da prekrati vreme, počela je da igra igricu *ako*.

Ako se ne pojavi u narednih deset minuta, odlazim.

Ako želi moju pomoć, moraće da me uputi u priču. Međutim, postaraću se da moja bude prva.

Ako želi da ponovo budemo zajedno, istog trenutka ću ga prekinuti. Nema šanse da bismo ikada mogli da...

Čula je mali plavi auto pre nego što ga je ugledala kako se muči uzbrdo poput astmatične mazge, a motor mu je brektao i kašljucao na kiši. Sali je stajala izvan zidina dvorca, nekoliko metara od praznog parkinga gde je njen iznajmljeni automobil držao usamljeno bdenje. Parking se nalazio na vrhu dugog, vijugavog puta. Međutim, umesto da nastavi mučno putovanje ka vrhu, plavi auto parkirao se na jednom ispustu na pola puta do gore. Sali je gledala kako mršava plavuša u farmerkama i sa šeširom iskače s vozačevog sedišta, izvlači malu vreću sa stvarima iz prtljažnika i baca je užurbano pored puta. Svaki pokret i svaki gest bio je ubrzan. Mahnit.

To je svakako Elen.

Zatim je naglo otvorila suvozačeva vrata. Sali je zbunjeno gledala u čoveka koji je sporo i oprezno iskoračio iz vozila na put. Devojka je uplašeno čekala da se on udalji od auta. Zatim je zalupila vrata iza njega pa otrčala do svojih, sela za volan, okrenula kola i, dodavši gas, krenula nazad ka Francuskoj, ostavljajući za sobom gust smog izduvnih gasova i očaja.

Mršav i slab, u dronjavoj odeći i beloplave kose, njen jadni napušteni saputnik izgledao je krajnje ucveljeno i smeteno dok je stajao pored svog kofera na kiši koja je lila kao iz kabla.

Salina prva pomisao glasila je: *Došlo je do greške.*

Taj čovek uopšte nije ličio na Hantera.

Pre nego što je imala vremena da još jednom promisli, sa užasom je gledala kako čovek pada na kolena, a zatim se onesvešćuje, pada licem na asfalt i ostaje da leži beživotno na tlu.

Sranje! Sali se obazrela oko sebe.

Nikoga drugog nije bilo. Samo njih dvoje.

Sranje, sranje, sranje!

Zatvorila je kišobran i potrčala.

Trejsin ekskluzivni apartman u Hotelu Žorž V u Parizu podsećao je na nešto iz knjige bajki. Više nalik na stan u staroj četvrti Mare nego na hotelsku sobu, imao je raskošni francuski ležaj sa zavesama od najfinije svile i posteljinom od lana, prostrano kupatilo u mermeru, starinski pisaći sto od orahovine i salonski prostor ukrašen prefinjenim umetničkim slikama, i neverovatan pogled na grad. Bio je i neverovatno skup – trebalo je izdvojiti šest hiljada evra za noć. Međutim, Trejsi nije imala na šta drugo da potroši novac. Osim toga, posle dana kakav je imala, ne samo zato što je prošla kroz užase iz predgrađa Neji već i stoga što je morala da se nosi s dvojicom najneomiljenijih ljudi u životu, Miltonom Bakom i Frenkom Dorijenom, zaslužila je malo luksuza. Noćenje u Žoržu V nalikovalo je na spuštanje glave na postelju od oblaka. Trejsi je naposletku jedva čekala da utone u san.

Odložila je dior tašnu, telefon i laptop na krevet, pa upalila diptik sveću koja je ispunila sobu mirisom smokvinih cvetova. Potom se osmehnula Nikolasovoj slici koju je postavila na noćni stočić. Na toj fotografiji imao je devet godina. Stajao je na obali Kolorada s Blejkom Karterom, držao ogromnog lososa i osmehivao se od uha do uha. Trejsi je obožavala tu sliku, jer je isticala Nikov samouveren karakter, kao i njegovu ljubav prema Blejku. Uz to, zato što je, kada se smešio, izgledao isto kao Džef. Džefa je Trejsi htela da se seća. Džef je taj kog je volela toliko strastveno. Pre nego što se život iskomplikovao, razdvojio ih i bacio u struju tako snažnu da nijedno od njih nije moglo da se odupre.

Međutim, ne sme da živi u prošlosti. Kameron Kru pomogao joj je u tome.

„Nemoj plakati. Time tuga samo postaje jača. Ali nemoj dopustiti ni da te proguta." Bila je to Kameronova mantra. Zahvaljujući njoj preživeo je smrt svog sina. Pomogla je i Trejsi. Upravo ju je Kameron ohrabrio da na putovanja nosi Nikovu fotografiju.

„Njegovo lice ti je u glavi, pa zašto onda ne bi bilo u ramu za slike? On će uvek biti s tobom, Trejsi. Dozvoli mu da bude."

Bogu hvala na Kameronu, pomislila je Trejsi po milioniti put dok se svlačila i ulazila pod tuš. *Zvanično bih bila neurotik da nije njega.*

Prisetivši se zlobnih insinuacija Frenka Dorijena u vezi s Kameronom, tog dana za ručkom, Trejsi je iskusila ponovni nalet besa. Takođe, ljutilo ju je to što je Frenk dva puta ukazao na Kamerona kao na njenog *momka*, najpre zato što pojma nije imala kako je britanski general znao bilo šta u vezi s njenim privatnim životom, a zatim i zato što nije za sebe smatrala da je u vezi. Šta god da joj je Kameron Kru bio – prijatelj, ljubavnik, terapeut – bio je to privremeno. Kada se u jednom trenutku sve ovo završi, kada Trejsi pronađe Alteju i sazna istinu o Nikovoj smrti, njih dvoje će se razići. Nijedno od njih to nije izreklo u toliko reči, ali se sve podrazumevalo.

Bar se Trejsi nadala da jeste. Frenk Dorijen, proklet da je, bacio ju je u sumnju. Da li je Kameron sebe smatrao njenim momkom? Da li je zamišljao da imaju zajedničku budućnost?

Razmazavši po telu gel za tuširanje s mirisom lavande, Trejsi se borila da razmrsi emocije. Razmišljanje o Kameronu Kruu činilo ju je istovremeno i srećnom i tužnom. Srećnom zato što ju je vratio u život na toliko načina. Bio je zanimljiv, duhovit i strastven, i Trejsi je uživala u njegovom društvu. Međutim, bila je i tužna, jer je znala da više nije kadra za onu vrstu ljubavi koja bi usrećila *njega*. Kameron joj je pokazao da postoji život posle Nikove smrti, ali je isto tako potvrdio nešto što je Trejsi već znala: da je deo nje *zaista* umro zajedno s njenim sinom. Da, još je mogla da uživa. I dalje je osećala ukus hrane, upijala muziku i doživljavala privlačnost, možda čak i ljubav. Međutim, sve je to sada bilo duboko dva-tri centimetra tamo gde je nekad bilo nemoguće doseći dno. Trejsi je sve lepo osećala površinski, ali ne u duši. Njena duša sada je bila duboko pod zemljom Kolorada, zajedno s Nikom.

Pre nego što je upoznala Kamerona Krua, to joj nije bilo važno.

Sada jeste, makar i samo njega radi.

Kada se obrisala, Trejsi je skliznula u bademantil i, umotavši kosu, napravila turban od puterasto mekog hotelskog peškira. Prišla je prozoru kupatila i zagledala se u pariski horizont. Krovovi grada predstavljali su svet za sebe, zbrku pločica, kamena i bakra, probadajućih kopalja i veličanstveno zaobljenih kupola. U daljini, iznad svega toga, ocrtavala se Ajfelova kula, reprezentativna, i nadgledala sve ostalo poput zabavljenog boga od kovanog gvožđa koji nadzire svoje kraljevstvo.

Trejsi je volela Pariz. Francuska je za nju i inače predstavljala zemlju srećnih uspomena. Šato de Matinji na Kap d'Antibu, gde su ona i Džef opljačkali nakit u vrednosti od dva miliona dolara i jednu Leonardovu sliku; živopisni Bijaric, gde je nadmudrila odbojnog Armana Granžjea. Ipak, Pariz je oduvek imao naročito mesto u Trejsinom srcu, možda zato što tamo nikada nije izvela nijednu prevaru. Za nju i za Džefa Pariz je značio zadovoljstvo, predah od stresa i adrenalina u njihovim životima prevaranata. Pariz je simbolizovao hranu, umetnost i ljubav. Pariz je predstavljao lepotu.

Trejsi je oduvek nameravala da tu jednom dovede Nikolasa, kad malo stasa.

Ali, naravno, Nikolas nikada neće odrasti.

Više nije bilo „jednog dana".

Još je pogledom upijala grad kada je to čula. Vrlo meko *klik*, toliko tiho da je bilo gotovo nečujno. Međutim, Trejsino uvežbano uho prepoznalo je zvuk otvaranja vrata.

Zaledila se. Vrata njenog apartmana bila su zaključana. Nije naručila nikakvu sobnu uslugu, a sobarice nikada nisu sređivale u to doba. Osim toga, da se radilo o spremanju, buka bi bila veća.

Neko provaljuje.

Vrata kupatila bila su tek odškrinuta. U ogledalu koje je prekrivalo zid, Trejsi je uhvatila pokret, senku muškarca koji prolazi kroz sobu. Brzo je razmišljala. Svake sekunde ući će u kupatilo i napasti je. Njen apartman nalazio se na osmom spratu, tolika je bila visina od prozora do tla. Nije bilo izbočina ni požarnih stepenica. Mogla bi da potrči ka vratima kupatila i pokuša da ih zaključa iznutra. Ipak, on bi verovatno stigao tamo pre nje. Čak i kad bi joj uspelo, pod pretpostavkom da provalnik ima pištolj, razneo bi bravu za nekoliko sekundi.

Zaključivši da napad nije samo njen najbolji već i jedini oblik odbrane, Trejsi je zgrabila tešku mermernu posudu za sapun koja je stajala iza kade, podigla je iznad glave i vrišteći poput fantoma izjurila u spavaću sobu. Čovek je stajao nagnut nad krevetom, njoj okrenut leđima. Izvadio je jednu od njenih haljina iz ormara i zadivljeno je posmatrao podignutu prema svetlu. Imao je tek toliko vremena da se, iznenađen, napola okrene kad je Trejsi skočila na njega, zamahnuvši desnom rukom ka njegovoj lobanji s onoliko snage koliko je imala.

Međutim, njegovi refleksi bili su brži nego što je računala. U adrenalinskoj izmaglici Trejsi je osetila stisak njegovih prstiju oko mišice poput mengela. Bolno joj je gurao ruku unazad i drmusao je kao što terijer drmusa pacova, sve dok joj posuda za sapun nije ispala iz ruke i uz bučni zveket tresnula na pod.

„Trejsi?"

Borila se tako snažno da nije čula vlastito ime.

„Trejsi, za boga miloga, opusti se. Ja sam."

Po drugi put u dva minuta Trejsi se ukočila.

Pustio ju je, i nekoliko dugih trenutaka sedeli su zaprepašćeni na krevetu, zureći jedno u drugo.

Zatim se Džef Stivens široko osmehnuo.

„Obuci je." Dao je Trejsi haljinu koju je držao, šanel bez rukava, od crvene svile. „Vodim te na večeru."

DVADESET PRVO POGLAVLJE

„Dakle, lepo je, zar ne, draga? Baš kao u stara vremena."

Trejsi i Džef sedeli su za stolom u uglu, zaklonjeni od pogleda u zadnjem delu neupadljivog bistroa udaljenog oko sto metara od Trejsinog hotela. Džef je izgledao podjednako kicoški kao i uvek, u savršeno skrojenom crnom odelu. Trejsi je nosila lagani crni džemper i suknju do kolena, bez nakita i uz minimalno šminke. Namerno je odbila da obuče crvenu haljinu koju je Džef izabrao za nju u hotelskoj sobi. Delimično zato što ju je on odabrao. Trejsi nije volela da bilo ko odlučuje umesto nje. A delimično zato što je haljina bila isuviše seksi. Šta god da se ispostavi da je ta večera, svakako nije sastanak.

„Šta ti *radiš* ovde, Džefe?" To je pre bila optužba nego pitanje.

Džef je otpio malo vina. „Izašao sam na večeru sa zanosnom ženom."

„Mislim, šta radiš u Parizu?", upitala ga je Trejsi nepokolebljivo.

„Grad je prelep." Džef je šaljivo otkinuo komad hlebnog štapića. „Osim toga, čuo sam da je poker ovde fenomenalan."

„Ne bih znala", rekla je Trejsi.

„Naravno da ne bi, draga." Džef se zakikotao sam za sebe. Oduvek je voleo da igra te igrice s Trejsi. Oboje su znali da je ono drugo bilo na Monmartru te noći, ali nijedno nije htelo prvo da prizna.

„Ozbiljna sam, Džefe. Zašto si ovde?", upitala je Trejsi, najednom ozbiljno. „Istinu, molim."

Džef je delovao povređeno. „Jesam li te ikada slagao?"

Trejsi je toliko podigla obrve da su joj zamalo pobegle sa čela.

„U redu, u redu“, rekao je Džef. „Istina, dakle. Radim za britansku obaveštajnu službu.“

Trejsi je prasnula u smeh. „*Ti?*“

„A zašto je to toliko smešno?“

„Pa sad, dozvoli da razmislim... Možda zato što poslednja informacija koju imam o tebi glasi da si na njihovoj listi najtraženijih?“

Džef je slegnuo ramenima. „Vremena se menjaju. Naposletku, ti radiš za CIA. Ili za FBI?“

„To je drugačije.“

„Kako? U svetu u kom ste ti i agent Bak kolege, rekao bih da smo svi u prilično bizarnoj situaciji. A ti?“

Trejsi to nije mogla da pobije. Uprkos tome, bilo joj je teško da zamisli Džefa kao marionetu agencije MI6.

„Dobro. Dakle, radiš za Britance. Na čemu? Grupa 99?“

Džef je klimnuo glavom i prošaputao: „Ovde sam zbog istog razloga kao i ti. Britanci žele da pronađu Hantera Dreksela. Strahovito. Džulija Kabot ne veruje predsedniku Hejversu nijednu reč. Želi da MI6 prvi nađe Dreksela, tako da mogu da otkriju bilo šta što Amerikanci kriju.“

„A šta ona misli da je to?“, upita Trejsi.

„Pojma nemam“, odgovori Džef. „Hajde da naručimo.“

Oboje su tražili zelenu salatu. Trejsi je uz to uzela riblju čorbu, a Džef se, što se moglo predvideti, opredelio za odrezak s pomfritom.

„Čitava ova zapetljancija ima nekakve veze s frakovanjem“, kazao je čim je salata stigla. „Evropu kasape, sudeći po mapi podzemnih rezervi gasnog škriljca. U ovom trenutku Sjedinjene Države su svetski lider u toj industriji, s Kinom koja ih prati u stopu. Međutim, to je podložno promeni. I Poljska, i Grčka, i Slovačka – sve imaju gas. Obični ljudi tamo pate, a opet imaju bogatstvo u prirodnim resursima doslovno pod nogama.“

„Jasno ti je zbog čega to ljuti Grupu 99“, složila se Trejsi. „Ista stara pesma. Poput afričkih dijamanata ili nafte u Saudijskoj Arabiji. Majušna manjina postaje nezamislivo bogata, dok ostali narod umire od gladi.“

„Međutim, vlade to dopuštaju, zato što su prihodi od poreza ogromni.“

„A stopa rasta bruto domaćeg proizvoda brzo se podiže.“

„Tako je.“ Džef se osmehnuo. Bilo je divno ponovo razgovarati s Trejsi. Prozirati pravo stanje stvari. Gledati se u oči. Nedostajalo mu je to.

„Dakle, to je pozadina", kazala je Trejsi. „Razumem interes MI6. Ali gde se ti uklapaš? U kakvoj si ti vezi s tim?"

„Vezi?" Džef se nasmejao. „Moja veza si ti, Trejsi."

Ona je delovala zbunjeno.

„Uvukli su me da bih pratio *tebe.* Da saznam šta im možda radiš iza leđa", dodao je Džef smišljeno. „Imali su i druge kandidate, ali bio sam jedini s dvadesetogodišnjim iskustvom praćenja tebe po svetu."

Ozario se, ali Trejsi nije u tome videla ništa smešno.

„Da razjasnim ovo. Dakle, isplanirano je da *ja* obavim sav pešački posao. Da pronađem Alteju i Hantera Dreksela. Da dokučim povezanosti. A onda bi *ti* uleteo i odneo svu slavu?"

„Tako nekako", zablistao je Džef. „Naposletku, upalilo je u Madridu. Kad si bila tako dobra da za mene ukradeš *Puerto.* Sećaš se?"

„Kako bih mogla da zaboravim?"

Još ju je to peklo. Džef je tom prilikom potpuno nasamario Trejsi, predstavivši Ganteru Hartogu čuveno Gojino remek-delo koje je Trejsi s mukom pribavila u genijalnoj prevari koja je mesecima sprovođena. U to vreme, rivalstvo među njima bilo je zabavno i uzbudljivo, neka vrsta predigre, mada tada to nijedno od njih još nije uviđalo. Sada je sve bilo umnogome drugačije. Ovde se nije radilo o igri. Bilo je stvarno. Pritom, Grupa 99 nije bila ni galerija ni bogati kolekcionar, već teroristička organizacija. Nedužni ljudi su otimani, mučeni i ubijani. Sistemi vlada su hakovani. Deca su stradala, sve u ime grupe koja je nekada zastupala pravdu i jednakost, borila se za ispravljanje svetskih nepravdi.

Nasilje je započeto prosipanjem mozga Boba Dejlija preko ekrana. I još se nastavljalo. Alteja je još bila negde tamo, Hanter Dreksel još nije pronađen. Kraj se nije ni nazirao.

Konobar je sklonio prazne činije za salatu i brzo se vratio s glavnim jelom. Džef je uzeo zalogaj sočnog i mekog odreska, pa se obratio Trejsi:

„Ti shvataš da ovo ne radim samo zato što me je MI6 zamolio", rekao je dok je dopunjavao Trejsinu čašu. „Imam sopstveni plan."

„A to je?" Trejsi ga je upitno pogledala. „Dozvoli da pogađam. Negde je u nekom dvorcu Renoar kog moraš da oslobodiš? Ili zbirka Faberžeovih jaja koja očajnički vapi za novim domom?"

„Ne", odgovori Džef. „Došao sam da te zaštitim."

Trejsi se namrštila. „Nije mi potrebna zaštita. Umem da se staram o sebi."

„Ne slažem se." Džef je otpio vino. „Po onome što sam video, u skorije vreme sklopila si neka opasna prijateljstva."

Trejsi je zaškiljila u njega. „A šta bi to trebalo da znači?"

„Oh, mislim da znaš. Da li uviđaš koliko je akcija Grupe 99 u poslednjih šest meseci, zapravo, izvedeno u korist Kru oila? Posredno ili neposredno?"

„Nemoj još i ti...", promrmljala je Trejsi mračno.

„Ozbiljan sam", rekao je Džef. „Razmisli o tome. Koliko dobro poznaješ tog čoveka? Mislim, koliko ga *stvarno* znaš?"

„Dovoljno dobro da znam da je dobar čovek", ljutito je uzvratila Trejsi. „Iz tebe govori Frenk Dorijen, Džefe, a ne ti."

„To nije istina."

„Nije? Dobro. Dopusti da ja *tebi* postavim pitanje. Da li ti je ikada palo na pamet *zašto* je general toliko nestrpljiv da dokaže vezu između Grupe 99 i Kamerona Krua? Da li bi to moglo biti zato da skine sumnju sa sebe?"

Sada je na Džefa došao red da se namršti. „Sumnju? Kakvu sumnju?"

„Frenk Dorijen te iskorišćava, Džefe! U ovome je do guše. Počevši od samoubistva princa Ahila. To je pokrivanje, ili ja stvarno ništa ne znam."

„Možda jeste", priznao je Džef. „Ali grešiš u vezi s Frenkom. Pošten je on čovek."

„Pošten?" Trejsine oči su se raširile. „Pretresao mu je sobu čim je umro. Ukrao mu kompjuter. To je nešto što sigurno znam. On je lažov, seksist i homofob, da ne pominjem što je protiv Amerikanaca. Osim toga, *ja* mislim da je ubica."

„To je besmislica, Trejsi."

„Da li je?"

„Jeste! Poznajem Frenka Dorijena. Ti ne."

„Ma stvarno? Pa, *ja* znam Kamerona Krua, a *ti* ne. Kameron je pošten čovek, Džefe. Više nego pošten. On je jedan od najboljih."

„Znam da želiš da veruješ u to, Trejsi", rekao je Džef, pokušavši i ne uspevši da izbaci iz glave slike Trejsi i Kamerona na Havajima.

„Nije da *želim* da verujem u to. Ja u to *verujem*. A ako ti ne veruješ, onda je to zato što te je Frenk Dorijen zatrovao protiv njega ili zato što si ljubomoran!"

Čim su joj te reči prešle preko usana, Trejsi je zažalila. Poslednje što je želela bilo je da dâ ličnu notu svemu što se odvija između nje i Džefa. Da otvori vrata koja vode u prošlost, njihovu zajedničku prošlost. Međutim, upravo je to uradila.

Posegnuvši preko stola, Džef ju je uzeo za ruku.

„Došao sam da te potražim, znaš. Pošto je Nik umro. Kada si me pozvala u London. Uhvatio sam prvi let."

„Znam", prokrkljala je Trejsi.

„Zašto si onda pobegla?"

Nemo je odmahnula glavom. Suze su joj navrle.

„Duguješ mi odgovor, Trejsi."

Pogledala ga je. „Rekla sam ti da ne dolaziš."

„Znaš, on je bio i moj sin."

Na Džefovo iznenađenje, na to je ljutito odreagovala.

„Ne! To nije isto", insistirala je. „Nije ni približno isto. Podizala sam ga, Džefe, sama sam ga odgajila."

„Samo zato što nisam znao da postoji!", pobunio se Džef.

Ali Trejsi nije slušala. „Nik je bio moj svet. Ceo moj svet. Ne znaš kako to izgleda, izgubiti to, kako je kad ti to oduzmu."

„U pravu si", tiho reče Džef. „Ne znam. Ali stvarno sam ga voleo. I želeo sam da budem tamo. Ne samo zbog njega, nego zbog tebe."

Nekoliko trenutaka su ćutali, lebdeći u krhkom balonu tuge.

Tada ga je Džef probušio. „Volim te, Trejsi."

Trejsi je bolno tresnula na zemlju.

„Molim te. Nemoj."

„Šta nemoj? Da te ne volim? Ili da to ne govorim glasno?"

„Ni jedno ni drugo!"

Trejsi je pokušala da izvuče ruku, ali je Džef pojačao stisak.

„Zašto da ne? To je istina. Volim te i voliš me. Ne možeš zauvek bežati od toga, Trejsi."

„O, da, mogu! Zar ne shvataš?" Pogledala ga je s krajnjom ogorčenošću. „Ti si jedina osoba, *jedina*, s kojom ne mogu da budem. Nikada."

„Zašto ne možeš?" Džefu je glas drhtao. I sam je bio na ivici suza.

„Zato što me sve u vezi s tobom – tvoje lice, tvoj glas, tvoj hod – sve me podseća na njega. Kada te pogledam, vidim Nika."

„Ali ti me voliš, Trejsi. Mi se volimo", preklinjao ju je.

„To nije dovoljno", tužno uzvrati Trejsi. „Viđanje s tobom vuče me nazad u tamu."

„A pretpostavljam da te viđanje s Kameronom Kruom izvlači na svetlost, zar ne?“, gorko je upitao Džef. Znao je da je nepošten, ali nije mogao da se uzdrži.

Trejsi nije odgovorila. Mračna tišina spustila se između njih kad je konobar odneo njihove tanjire i vratio se s jelovnikom poslastica.

Džef je prvi progovorio: „Imam predlog.“

Kada se nagnuo napred preko stola, oči su mu ponovo svetlucale. Bio je to stari Džef. Nezadrživ. Trejsi je pomislila: *Još je živ iznutra. A ja nisam. To je prava razlika između nas. Bezdan koji nikada ne može biti premošćen.*

„Hajde da zajedno pronađemo Hantera. Kao tim“, rekao je. „Kabotova i Hejvers možda ne veruju jedno drugom. CIA i MI6 sigurno ne. Ali mi imamo poverenja jedno u drugo. Ti i ja možemo postići daleko više nego svi oni zajedno.“

Bio je to interesantan predlog, isti onaj koji je Trejsi ne tako davno iznela Kameronu. Mada je čak i ona morala da prizna da Kameron dosad nije predstavljao neku praktičnu pomoć, osim kao pažljivi slušalac. Makar su ona i Džef znali kako se šta radi.

„Šta bismo radili kada bismo ga pronašli?“, upitala je Trejsi. „Predali ga Britancima? Ili Amerikancima?“

„To zavisi“, odgovorio je Džef.

„Od čega?“

„Od onoga što ima da kaže za sebe. Od toga šta krije. Usput, sviđa mi se način na koji si rekla *kada*.“

Trejsi je malo razmišljala. Bilo bi korisno imati Džefov mozak, ne samo kada je reč o pronalaženju već i navođenju Hantera da im iznese istinu. Imati partnera u poslu olakšalo bi sve. Međutim, ako je Džef voljan da sve rizikuje da joj pomogne, da igra dvostruku igru s britanskim nalogodavcima, dugovala mu je iskreno obrazloženje svojih razloga.

Duboko je udahnula i kazala: „Imam nešto da ti kažem.“

Polako i nijednom ga ne pogledavši u oči, ispričala mu je priču koju je već čuo od Džejmija Makintoša. O Altejinom zahtevu da Trejsi uđe u tim CIA, pomenuvši je po imenu. O ženi koja je odgovarala Altejinom opisu i koja je petljala oko Blejkovog kamioneta pre nego što je sleteo s puta, i njenom kasnijem pojavljivanju u bolnici gde su se lekari borili da spasu Nika.

„Ako je to tačno", završila je Trejsi prevrćući i upredajući salvetu u rukama, „ako je zaista ubila Nikolasa, onda se to desilo zbog mene. Moja je krivica što je umro."

Džef je zgrabio Trejsi za ramena. „Ne, nije. Nije tvoja greška, Trejsi. Pogledaj me. Ne možeš tako da razmišljaš."

„Ali poznavala me je! Poznaje me! Želela je da postanem deo ovoga, a kada sam to odbila, Nik je umro."

„To ništa ne znači. Ne samo za sebe. Sabiraš dva i dva i dobijaš dvadeset."

„Imaš li ikakvu predstavu o tome ko bi mogla da bude, Džefe?", upitala ga je očajnički. „Ikakvu ideju o tome odakle me zna? Šta želi od mene?"

„Ne", odgovorio je Džef. „Nemam. Ali kladio bih se u veliku svotu da Hanter Dreksel zna. Kada ga pronađemo, to će biti prvo pitanje koje ćemo mu postaviti. U redu?"

Trejsi je klimnula glavom, zahvalna. „U redu."

„Već je napustio Pariz", rekao je Džef.

„Kako znaš?"

Trejsi je, takođe, to podozrevala, ali se iznenadila kada je Džef potvrdio njene sumnje.

U proteklih pet dana, Trejsi nije uspela da dobije nikakav odgovor od Sali Fejers. Salin telefon je bio isključen i prestala je da otvara mejlove, što je bilo vrlo neobično. Mesec dana ranije Sali je pomenula Trejsi da radi na nečemu – na nekoj priči – ali je vrlo oprezno preskočila da kaže o čemu piše. Da li je njeno ćutanje moglo da se poveže s tim?

Trejsi nije sumnjala u to. Da je Hanter Dreksel povukao potez i da je Sali Fejers iznenada uvučena u to, pritom ponovo čuvajući njegove tajne. Međutim, nije imala nikakav čvrst dokaz.

Da li ga je Džef imao?

„Evo."

Džef je na ajfonu pokazivao Trejsi niz nejasnih fotografija jednu za drugom. Pokazivale su mršavog, plavokosog muškarca na benzinskoj pumpi kako ulazi u reno klio s lepom mladom devojkom. Mladom devojkom koja sigurno nije bila Sali Fejers.

„To je on?" Trejsi je žmirkala na čoveka na slici. Rezolucija je bila užasna.

„Mislimo da jeste."

„A devojka?"

„Kola su registrovana na Elen Fobur. Dvadesettrogodišnjakinja, studentkinja likovnih umetnosti iz Pariza. Nema poznatih veza s Grupom 99. Niko je od prijatelja nije video od pucnjave na Monmartru. Automobil je ostavljen nekoliko kilometara od belgijske granice. Od tada nema tragova."

„U redu", reče Trejsi. Mahnula je konobaru da donese račun i prvi put se osmehnula Džefu. „Dakle, pretpostavljam da idemo u Belgiju."

„Ne mi. Ti."

„Ali mislila sam da si rekao..."

„Ne možemo tako očigledno da sarađujemo", kazao je Džef. „Ne ukoliko ne želimo da agenti posumnjaju. Kaži šta god hoćeš o Frenku Dorijenu, ali on nije glup."

Ne, pomislila je Trejsi, *nije.*

„Pridružiću ti se za nedelju dana. Ili čim jedno od nas nešto otkrije."

Oprostili su se i dogovorili da se sastanu sledećeg dana u podne. U međuvremenu će Trejsi smisliti odgovarajuću priču za svoje šefove u CIA, a Džef će učiniti isto sa svojim britanskim nalogodavcima.

Džef je sačekao da mu Trejsi potpuno nestane s vidika, pre nego što je uskočio u taksi i uputio se u drugačiji, podjednako bezličan bistro u drugom delu grada.

Frenk Dorijen toplo ga je pozdravio.

„Bravo. Uspeo si."

„Da", uzvratio je Džef bez oduševljenja. Zavukao je ruku pod košulju i strgao maleni diktafon zalepljen na prsa, pa ga vratio generalu. „Jesam."

„Skrenuo si sa scenarija jednom ili dvaput", rekao je Frenk, i dalje se smešeći. „Nisam siguran da je uopšte bilo potrebe za onim *Džulija Kabot ne veruje predsedniku.*"

„To je istina", odgovorio je Džef.

„Pretpostavljam. Ipak, Trejsi Vitni nije trebalo da sazna. Kako bilo, ne žalim se. Obavio si posao. Veruje ti."

Da, pomislio je Džef. *Veruje mi. A ja sam je upravo izdao.*

Pročitavši mu misli, Frenk čvrsto reče: „Radiš ovo za nju, Džefe. Nemoj to da zaboraviš. Spasavaš je iz vrlo opasne situacije. Misli da može ovo sama da reši, ali ne može. Zaštitićemo je."

„Hoćete li?“

„Naravno.“ Frenk je zazvučao gotovo nestrpljivo. „Imate moju reč.“

Tvoju reč.

Njih dvojica su se pogledali. Trejsine reči odjeknule su u Džefovoj glavi. *Dorijen te iskorišćava, Džefe. U ovome je do guše.*

„Moram da idem.“ Džef je odgurnuo stolicu od stola. Iz minuta u minut sve se više osećao kao Juda Iskariotski.

„Zašto ste rekli Trejsi da ide sama u Belgiju?“, iznenada ga je upitao Frenk. „Rekli ste da ćete kasnije doći za njom.“

„Tako je. Potreban mi je odmor.“

„Odmor?“ Frenkovo lice se smračilo.

„Da. Potrebno mi je nekoliko slobodnih dana. Nasamo. Sedam bi bilo dovoljno.“

Frenk ga je pogledao s nevericom. „Sedmica? Jeste li sišli s uma? Ovo nije vreme da uzmete godišnji odmor, Stivense. Na *ovoliko* smo da uhvatimo Dreksela. Sada više nego ikada treba da motrimo na Vitni.“

„Motrite, onda.“ Sada je došao red na Džefa da se naljuti. „To je vaš posao.“

„Ozbiljno mislim. Ne možete da odete.“

„I ja“, reče Džef. Nije mu se dopalo to *ne možete*. „Uzimam slobodnih sedam dana, Frenk.“

„A za *šta* vam je tačno potrebna ta sedmica?“

„Lično je.“

„To nije dovoljno dobro! Ovo je pitanje nacionalne bezbednosti. Pitanje dužnosti.“

Džef je slegnuo ramenima, kao da kaže: *To nije moj problem.*

„Treba nešto da uradim, to je sve. Bićemo u vezi.“

Frenk Dorijen posmatrao je Džefa Stivensa kako izlazi iz kafea. Pod stolom je stezao pesnice tako jako da su mišići u prstima počeli da mu se grče.

Ne ide to tako, Stivense, besno je pomislio. *Ti i Vitni niste oni koji komanduju.*

Frenk je upozorio Džejmija Makintoša da će se to desiti. Da će uvođenje amatera biti početak lošeg razvoja situacije. Ali, naravno, niko ga nije slušao.

Frenk je platio račun i iskrao se u noć.

Nažalost, došlo je vreme da uzme stvari u svoje ruke.

* * *

Trejsi je prebrzo razmišljala posle večere sa Džefom da bi se vratila u hotel da spava. Odlučila je da prošeta pored reke.

Pre nego što se odmakla sto metara od bistroa, telefon joj je zapištao, jer je stigla poruka.

Bila je od Kamerona.

Nedostaješ mi.

Trejsi je odgovorila: *I ti meni.* Zatim ju je preplavila krivica, jer to nije bila istina. U svakom slučaju, ne u tom momentu. A možda je krivica usledila zbog toga što se upravo videla sa Džefom – i ne samo videla nego i dogovorila da ponovo rade zajedno – što je bila informacija za koju je već znala da je neće podeliti s Kameronom.

Zašto ne? Upitala se sada. *Ima li nešto kod Džefa Stivensa što budi lažova u meni? Prevarantkinju?*

Kada je Džef bio tu, život je uvek postajao uzbudljiv. Ali se i komplikovao. Postajao sivlji.

Ili je možda Trejsi krivila Džefa za sopstvenu nesigurnost? U tom trenutku nije imala predstavu o tome šta oseća prema Kameronu niti prema Džefu, niti je uopšte išta znala. *Jedva da više znam ko sam.* I dalje se nadala da će staviti tačku na Nikovu smrt i moći da krene dalje kad reši misteriju Alteje. Ipak, kuda posle toga?

Bez Nika, ko je ona?

Ko je želela da bude?

Kameron Kru ju je voleo. Nije to izneo u toliko reči, bar ne još. Ali, posle boravka na Havajima, Trejsi je znala.

Pitanje je bilo voli li i ona njega.

Nažalost, Trejsi nije imala odgovor. Bila je srećna kada je s njim i tužna kad ode od njega. Da li je to ljubav?

Osećala se smireno u njegovom prisustvu. Da li je *to* ljubav?

Njen voljeni otac govorio joj je da, ako mora da se pita voli li nekoga, onda ga ne voli. Trejsi nikada nije morala da se pita u vezi sa Džefom. A opet, ljubav prema Džefu donela joj je više patnje od svega ostalog u životu – osim, očito, gubitka Nikolasa. Možda bi ljubav prema Kameronu Kruu bila drugačija? Smirena, laka i bezbolna.

Može li ljubav da bude takva?

Možda je izlazak na večeru sa Džefom bio greška? Ponovo je sve u njoj uzburkano. Trejsi se opet borila sa sumnjama, strahovima i osećanjima za koje je sve do sada ubeđivala sebe da su pod kontrolom. Činjenica da je Džef toliko očito ljubomoran na Kamerona samo je sve pogoršala.

S druge strane, ideja da ponovo radi sa Džefom *bila je* uzbudljiva. Ako je iko mogao da nadmudri Hantera Dreksela i pomogne Trejsi da pronađe Alteju, onda je to bio Džef. Zajedno su ona i Džef mogli sve.

Osim da ostanemo zajedno, zakikotala se Trejsi sebi u bradu. *Zbog nekog razloga, to je uvek bio teži deo.*

Pogledavši preko mirne vode Sene koja se presijavala poput rastopljenog srebra pod svetlošću punog meseca, Trejsi je shvatila da je otišla dalje nego što je nameravala. Preko reke je videla vrtove Sorbone. Biće joj potreban dobar sat hoda odatle do hotela, a večernji povetarac više nije bio osvežavajući, već osetno hladan.

Obavila je maramu čvršće oko ramena i okrenula se da se vrati istim putem, kad je osetila prvi udarac. Nešto tvrdo i teško, poput metalne šipke, bolno ju je udarilo u leđa, odbacivši je napred u mrak. Pre nego što je Trejsi videla odakle je to došlo, začula je vrisak. Neko iza nje sigurno je video napadača.

Potom joj se drugi udarac teško spustio postrance na glavu. Poslednje čega se Trejsi sećala bio je mučni krckavi zvuk pucanja vlastite lobanje.

Posle toga usledilo je ništavilo.

DVADESET DRUGO POGLAVLJE

Džef Stivens parkirao je kola ispred Tržnog centra Mauntin u centru Stimbout Springsa i ušetao u prodavnicu kafe Džamping bins.

Mesto je bilo prepuno sveta. Mlade majke s decom u kolicima borile su se za mesto sa školarcima zalepljenim za telefone i manjim brojem kauboja čiji su šeširi pokrivali stolove dok su čekali u redu na svoje jutarnje piće. Džamping bins bilo je klasično varoško okupljalište. Džef je uhvatio sebe kako se pita da li je Nik navraćao ovamo i da li mu je neko od te dece bio drugar, kad ju je ugledao.

Karen Jang, medicinska sestra u Medicinskom centru u Jampanskoj dolini, sedela je za stolom u uglu i nervozno se skrivala iza svog primerka *Stimbout heralda.* Osmehnula mu se i on joj se pridružio.

„Nisam znala da li ćete doći", reče Karen utišavši glas skoro do šapata.

„Zašto ne bih?" Džef se široko osmehnuo. „Naposletku, treba da napišem priču. Rekao sam da ću doći i evo me, tu sam."

Predstavljajući se kao nagrađivani istraživački novinar iz Njujorka, Džef je prethodna četiri dana proveo u Stimboutu, u proučavanju knjige o kaubojskoj kulturi. Postavljao je po gradiću mnogo pitanja o Blejku Karteru.

„Karterovi su bili jedna od najstarijih kaubojskih porodica u ovom delu države, kao što sam siguran da znate. Blejk je bio poslednji u svojoj lozi. Što mi više ispričate o njemu, to bolje."

Isprva su Blejkovi radnici na imanju rado govorili o njemu, kao i njegovi pajtaši pecaroši i lokalni baptistički sveštenik. Međutim, čim su Džefova pitanja počela da se usredsređuju na nesreću – koliko je policijski izveštaj bio ili nije bio temeljan; da li je neko video nepoznatu ženu u gradu ili na imanju Trejsi Šmit u danima koji su prethodili udesu; koji su lekari bili na mestu događaja – pojavile su se sumnje. Vrata su počela da se zatvaraju, a meštani prestali da pričaju.

Zbog tog razloga je medicinska sestra Jang bila toliko važna. U tesno povezanoj zajednici poput te, koja radi na tračeve, ali iskazuje veliku odanost, Džef je znao da će biti teško pronaći nekoga voljnog da mu pomogne. Do tog trenutka svi u Medicinskom centru u Jampanskoj dolini opametili su se da ne pričaju s piscem iz *Njujork tajmsa.* Tako je Džef dao pun gas svom šarmu kada je veče pre toga u lokalnom baru Kod Rubija zapazio Karen Jang.

„Zahvalan sam vam što mi verujete, Karen." Ispruživši ruku pod stolom, stegao joj je šaku. „Znate, poslednje što želim jeste da ukaljam uspomenu na Blejka Kartera. Ili da povredim ovu zajednicu."

„Znam to." Karen je uzvratila stisak.

Za jednog čoveka u godinama, baš je zgodan, pomislila je.

Karen je odustala od veza sa starijim muškarcima otkad je Nil – doktor Šeridan – prekinuo njihovu vezu i otpuzao nazad svojoj ženi poput zmije, što je i bio. Međutim, Džef Stivens delovao je drugačije.

Časno.

Zainteresovan samo za istinu.

Činjenica da bi Nil mogao da završi u čitavoj gomili problema ako se ispostavi da su Blejk Karter ili dečko naposletku *mogli* da budu spaseni, i Džef napiše članak o njegovom nemaru za *Njujork tajms,* rasturivši mu reputaciju i uništivši karijeru, bila bi tek neizbežna nuspojava iznošenja istine.

Karen Jang sasvim se unela u taj zadatak.

„Pomoći ću vam na svaki mogući način, Džefe." Zatreptala je gledajući u njega svojim nebeskoplavim očima. „Samo treba da budemo diskretni, ništa više."

„Diskrecija mi je srednje ime", kazao je Džef, prislonivši mogu uz Kareninu. Pitao se zbog čega je, za ime sveta, rešila da se sastanu u krcatoj kafeteriji ako nije želela da ih ljudi vide zajedno. Mlada dama očito je imala koefcijent inteligencije koliko i ptičje govance. „Naravno, ono što bi mi zaista bilo od pomoći..." Iznenada je skrenuo pogled, povukao nogu i pustio joj ruku. „Ne. Previše je opasno."

„Šta?" Karen je izgledala obeshrabreno. „Šta je previše opasno?"

„Ne, ne. Zaboravite. Nikako ne bih to mogao da tražim od vas."

Džef je otpio veliki gutljaj kafe i odgurnuo stolicu, praveći se da će otići.

„Molim vas. Samo mi recite!"

Džef je odmahnuo glavom. „Mogli biste da ostanete bez posla."

„Postoje mnogo važnije stvari od poslova", uzvratila je Karen revnosno, nagnuvši se napred da pruži Džefu bolji pogled na svoje bujno poprsje. „Ako se nešto loše desilo gospodinu Karteru ili tom jadnom dečaku, a ja stajala pored ne preduzevši ništa, nikada to sebi neću oprostiti."

Džef ju je ponovo uzeo za ruke i duboko joj se zagledao u oči.

„Karen?"

„Da, Džefe?"

„Pretpostavljam da slučajno znate nekoga ko ima pristup bolničkoj arhivi snimaka bezbednosnih kamera?"

Devojka se snuždila. „Bože, ja... ne. Zaista mi je žao, ali ne znam ništa u vezi s obezbeđenjem. Postoji li bilo šta drugo što vam treba?"

Ostatak dana se vukao.

Frenk Dorijen i Džejmi Makintoš ostavili su mu toliko poruka otkad je stigao u Sjedinjene Države, da je Džef naposletku isključio telefon i kupio aparat za jednokratnu upotrebu s pripejd-karticom. Taj, sasvim suprotno prvom, nikada nije zvonio. Činilo se iznenada da se niko na imanju niti u lokalnoj auto-mehaničarskoj radionici nije sećao da je video neku ženu, neobičnu ili običnu. Niko u policijskoj stanici nije imao pristup policijskom izveštaju. Svi članovi osoblja u bolnici odvraćali su ga od zapitkivanja, i niko od Nikolasovih školskih drugova ili nastavnika nije pamtio ništa neuobičajeno u tim danima pred saobraćajnu nesreću. Niti, uistinu, u bilo kojim drugim. Ako je Džef Stivens, njujorški novinar, tragao za skandalom, neka ga potraži negde drugde. Stimbout Springs zbio je redove poput uplašene školjke kad zatvori oklop.

Posle večere s Trejsi u Parizu, Džef je znao da mora tu da dođe. Morao je sam da otkrije šta se uistinu dogodilo njegovom sinu. Naposletku, Nikolasova smrt prvenstveno je i uvukla Trejsi u sve to. Grupa 99, Alteja, Hanter Dreksel, Kameron Kru. Nijedno od tih imena ne bi dotaklo Trejsi da Blejk Karter nije one noći sleteo s puta, baš ovde, u Stimbout Springsu.

A sada je i Džef upetljan. Nije to bio njihov svet, ni njegov, ni Trejsin. Njih dvoje nisu bili ni špijuni ni stručnjaci za antiterorizam, za boga miloga. S druge strane, eto ih kako jurcaju Evropom i biju tuđe bitke, rešavaju tuđe zagonetke, poput pešaka u ogromnoj šahovskoj igri. Partiji u kojoj nikada neće biti pravog pobednika, prema Džefovim sve dubljim sumnjama.

U međuvremenu, Trejsi, njegova Trejsi, svaljivala je krivicu na sebe. Trejsi je verovala da je Alteja ubila Nika. Da su Nik i Blejk mrtvi zbog nje. Uz to se okretala drugom muškarcu da joj ublaži grižu savesti i uteši je u njenom bolu.

Ali šta je zaista istina? Šta se tu dogodilo?

Možda bih, pomislio je Džef, *mogao da zaustavim ludilo ako bih dao odgovor na to jedno pitanje. Spasao bih Trejsi, poštedeo je mučenja.*

Spasao bih sebe.

Problem je bio u tome što nije imao odgovor. Glasine su se kovitlale oko njega rugajući mu se, nalik na lišće nošeno vetrom koje nikako nije mogao da uhvati. Međutim, nije imao nijedan stvaran dokaz ni za šta. Po svemu što je uspeo da zaključi, postojala je neka žena kobne noći u restoranu koja je mogla, a nije morala da pođe istim putem kojim se uputio Blejk Karter. Međutim, to je bilo sve. Možda je policija mogla da kopa malo dublje ili da vozač ambulantnih kola vozi malo brže, ili je pak hirurg mogao da operiše Nika sat ranije. Ipak, svaka nesreća imala je svoja *možda*, i svaka tragedija svoja *šta da je*. Džef nije primetio u Koloradu ništa što bi ga navelo da poveruje da je Trejsina suluda teorija zavere o Alteji tačna. Sve to predstavljalo je varku i zabunu.

Sutra letim nazad za Evropu, odlučio je Džef. Medicinska sestra Karen Jang bila mu je poslednja nada, ali je čak i ona od početka bila tek pokušaj s malim izgledima na uspeh. Velike su šanse da na snimku bezbednosnih kamera nije ni imalo šta da se vidi.

Džefov hotel nalazio se u gradu, u jednostavnoj ali prijatnoj viktorijanskoj kući s kružnim tremom i vatrom stalno naloženom u predvorju. Skijaška sezona je završena i turisti su istekli iz Stimbout Springsa poput vode kroz slivnik, tako da je na parkingu pred hotelom bilo mnogo slobodnih mesta. Počeo je da se spušta suton kada se Džef vratio, umoran i poražen. Najveći deo dana proveo je beskorisno vršljajući po mestima koja je Blejk Karter često posećivao, hladno dočekivan od opreznih meštana.

Međutim, uprkos lošem raspoloženju, zastao je da podigne pogled i divi se lepoti okruženja. Planine su se uzdizale iza hotela nalik na džinove, a njihovi snežni vrhovi sijali su ružičasto tokom sunčevog zalaska. Duga boja isticala se ka plavom nebu poput prosute farbe, a sve nijanse narandžaste, crvene, ljubičaste i ružičastonarandžaste probijale su se horizontom uz odbleske tirkizne.

Nije ni čudo što je ovo mesto privuklo Trejsi.

Kakav magičan kutak sveta za Nikovo odrastanje.

Dok se peo uz stepenice trema, Džef je osetio ubod gubitka i čežnje, kidanje utrobe usled bola za svim godinama koje je propustio. S Trejsi. S njihovim sinom. U tom trenu snažno ga je pogodila pomisao da je čitava ideja o završetku tog poglavlja apsurdna. Saznanje o tome šta se desilo neće ništa promeniti. Nije mogao da spase Trejsi agonije Nikove smrti nimalo više nego što je mogao da spase sebe.

„Ah, gospodine Stivense, tu ste." Džejn, veoma gojazna recepcionerka, toplo mu se osmehnula. „Žao mi je, ali mlada dama upravo je otišla. Čekala vas je duže od sata, ali mislim da je naposletku morala na posao. Pozvala bih vas, ali nisam imala broj i..."

„Koja mlada dama?", prekinuo ju je Džef.

Džejn je pocrvenela. „O, gospode. Baš sam glupa. Sve vreme bila je tu, a ja je nisam pitala za ime. Bila je mlada. Plavokosa. Vrlo privlačna."

Karen.

„Ostavila vam je ovo."

Recepcionerka je uzela zapečaćen smeđi koverat u mesnate ruke i dodala ga Džefu.

Puls mu se ubrzao. Odmah je shvatio da je unutra USB memorijski stik.

Preskačući istovremeno po dve hotelske stepenice, Džef je požurio u sobu, pa zaključao vrata. Navukao je zavese, seo za kompjuter i ubacio USB.

Snimak je nosio vremensku oznaku. Trajao je nešto manje od dva sata. *Hvala ti, Karen!* Slike su se nizale od parkinga Medicinskog centra u Jampanskoj dolini, preko prednjeg ulaza, prijemnog pulta i čekaonice, do tri hodnika unutar zgrade. Jedan je očito vodio do nekakve operacione sale. Ostali su izgledali kao obični hodnici na odeljenju sa sobama za pacijente sleva i zdesna.

Džef se zavalio da gleda, ne znajući pouzdano šta tačno traži, ali nadajući se da će mu sinuti kada to bude ugledao.

Minuti su prolazili. Deset. Dvadeset. Trideset. Ceo sat.

Kada je naposletku spazio tu osobu kako s mnogo samopouzdanja prilazi prijemnom pultu, morao je da zaustavi snimak i da ga premota.

Nemoguće. Džef se nagnuo napred, zureći u ekran kao da je video duha. *To nije moguće.*

Zatim je skočio, izvukao fiočicu noćnog ormarića i počeo ponovo da sastavlja telefon, pa ubacio karticu i bateriju.

Moram da pozovem Trejsi. Odmah.

Nestrpljivo čekajući da se učita početna strana na ekranu, Džef je pokušao da smisli šta će tačno da kaže. Koje će reči upotrebiti da saopšti ovu vest? Da kaže Trejsi da je pogrešila. Da joj kaže da...

Telefon je glasno zazvonio, trgnuvši ga.

„Halo?“, javio se bez razmišljanja.

Glas Frenka Dorijena zagrmeo mu je u uhu, ljutit i zloslutan. „Stivense! Gde ste, za ime Isusovo?“

„Ne mogu sada da pričam“, kaza Džef da ga otkači. „Moram da razgovaram s Trejsi.“

„Džefe...“

„Žao mi je, Frenk. Ovo ne može da čeka.“

„Pa, moraće“, užurbano uzvrati Dorijen pre nego što Džef prekine vezu. „Trejsi je u komi, Džefe.“

Džef se oduzeo. Soba se zavrtela oko njega.

„Molim?“

„Napadnuta je one noći kada ste otišli iz Pariza. Izudarana je otpozadi.“

Džef se pridržao za sto da ne padne. Odjednom ga je spopala vrtoglavica. Pred očima su mu zaigrale crne mrlje. Kad je progovorio, glas mu je zvučao pridavljeno. „Ne razumem. Ko ju je napao?“

„Nismo sigurni. Različiti svedoci...“

„Zašto me ranije niste obavestili?“

„Pokušali smo“, odgovorio je Frenk. „U više navrata. Niko od nas nije uspeo da dopre do vas.“

„Dakle, šta kažu lekari? Mislim, u komi je. Ali oporaviće se, zar ne? Biće dobro?“

„Nije se budila otad“, reče Frenk otvoreno, mada ne bez saosećanja. „Žao mi je, Džefe, iskreno. Ipak, ne izgleda dobro.“

DVADESET TREĆE POGLAVLJE

Trejsi je prvo začula glas Blejka Kartera u hodniku.

„Gde je ona? Moram da je vidim. Moram da objasnim."

Zatim doktorov: „Nije još spremna da prima posete, gospodine Kartere."

Spremna sam!

Blejk je živ?Živ je sve ovo vreme? A sada je došao da me vidi?

Blejk! Uspravila se u krevetu i pokušala da vikne njegovo ime, ali nije ispustila ni glasić. Zatim se bol vratio, agonija, kao da joj krdo slonova u stampedu juri kroz lobanju, drobeći joj kosti u prah jednu za drugom. *Blejk, tu sam, ne idi!*

Onesvestila se.

Frenk Dorijen bio je u sobi.

Trejsi ga nije videla. Ništa nije videla. Nije mogla da se pomeri, niti da govori, ni da čini bilo šta drugo osim da diše. I sluša.

„Ko joj je najbliži rod?", pitao je lekar.

Glas generala Dorijena: „Nema rođake."

„Zar nema nikoga koga bismo obavestili? Prijatelja ili prijateljicu?"

„Ne. Mi ćemo se za to postarati."

„Ali sigurno postoji..."

Frenkov glas opet, ovog puta oštriji: „Ne postoji. Hajde, doktore. Budimo iskreni. Obojica znamo da se neće probuditi. Ionako je to samo sporno pitanje."

Trejsi pomisli: *Neću se probuditi.*

Preplavio ju je duboki mir.

Konačno će biti s Nikom.

„Budi se!“

Neko ju je drmusao. Uperio joj svetlost u oči.

Sanjala je najlepši od svih snova. Ona i Nik igrali su šah u staroj kuhinji u Stimboutu. Blejk nije bio tu – odjahao je nekuda – ali Džef jeste. Šaputao je Niku na uho, podučavao ga kako da vara, ili makar kako da nadmudri majku. Obojica su se smejali. Trejsi se nije slagala s tim, ali se i sama smejala.

Sve dok nije ušla Alteja s dugom crnom kosom koja joj se vijorila za leđima i licem poput smrtne maske. Kada je sela za sto, zbrisala je figure s table. Trejsi je sva oduzeta gledala kako padaju na pod. Nešto nije valjalo. Nešto je bilo strahovito pogrešno.

„Mrzim šah. Hajde da igramo poker.“

Zatim je kuhinja nestala, i Nik, i sedeli su za stolom u kasinu – u Beladu? – i Hanter Dreksel je delio. Međutim, karte nisu bile one za igru, već tarot, i Trejsi je okrenula ljubavnike, a Alteja je pogledala u Džefa i počela da se smeje i smeje. Onda je Hanter Dreksel zgrabio Trejsi za ramena i dreknuo:

„PROBUDI SE! Pogledaj u svetlo! Istina je pravo ispred tebe, Trejsi! Probudi se!“

Trejsi je otvorila oči.

Voljene, poznate oči uzvraćale su joj pogled.

„To si ti!“ Osmehnula se.

Onda je ponovo utonula u tamu.

Bila je to najduža noć u životu Kamerona Krua. Štaviše, duža od one u kojoj je izgubio Markusa. Tada je bio obamro, isuviše zaprepašćen da bi obradio sve što se događalo. Sećao se da je Šarlot sedela pored njega na Markusovoj postelji i da su se njih dvoje držali za ruke. Da ih je neko tada slikao i dao fotografiji naziv, on bi verovatno glasio *Ujedinjeni u bolu.* Izuzev što, naravno, bol nije ništa ujedinio. Samo je uništio. Rastavio. Raščinio.

Kameron Kru to onda nije znao, ali jeste sada, dok je posmatrao kako se Trejsi bori za život. Dok ju je gledao kako se upinje da izađe na svetlost samo da ponovo izgubi oslonac i skotrlja se nazad u mrak sasvim bespomoćna.

Greg Volton ga je pozvao, posle čitava dvadeset četiri sata otkad je Trejsi doživela napad. Kameron se razbesneo.

„Zašto me, dođavola, niko ranije nije pozvao?"

„Nismo ni mi znali", insistirao je Greg Volton. „Agent Bak bio je u Parizu, ali FBI vodi sopstvenu istragu, odvojeno od onoga što je Trejsi radila za nas. Nas su alarmirali Britanci. MI6."

„General Dorijen?" Kameron je praktično ispljunuo njegovo ime.

„Tako je." Volton je zvučao iznenađeno. „Da li se vas dvojica poznajete?"

„Ne. Ali Trejsi ga zna. I ne veruje mu ni najmanje."

„Britanci misle da ju je možda napao Hanter Dreksel. Uprkos mojim izričitim uputstvima, čini se da je Trejsi pokušavala da na svoju ruku uđe Drekselu u trag, nezvanično, naravno. Vi ne znate ništa o *tome*, pretpostavljam?"

Međutim, Kamerona nisu zanimale igre nagađanja u CIA. Umesto toga, doleteo je svojim G650 pravo na Aerodrom Burže, stigavši od svog stana u Njujorku do Trejsinog uzglavlja za manje od deset sati. Čim se tamo našao, potegao je sve postojeće konce da se postara da ni Frenk Dorijen ni bilo ko drugi od obaveštajnih oficira nema nikakav dalji pristup. Srećom, Don Piters, novi ambasador Sjedinjenih Država u Francuskoj, bio mu je blizak lični prijatelj. Kao i Gijom Anri, najveći darodavac bolnice.

„Trejsi Vitni mi je prijateljica. Nema nikoga bližeg od mene", objasnio je Kameron Gijomu. „Niko je neće posećivati osim mene."

„Tvoja je želja za mene naređenje, stari druže. Mora da je žena i po."

„Jeste", odgovorio je Kameron.

Nekoliko sati posle njegovog dolaska, Trejsi je otvorila oči i prvi put nešto izustila.

„To si ti!", rekla je kada ga je videla. A zatim se osmehnula onim očaravajućim, tužnim, inteligentnim osmehom koji joj je igrao na usnama, ali uvek počinjao u mahovinastozelenim očima. Osmehom koji je na samom početku i osvojio Kamerona.

Međutim, nekoliko sekundi kasnije osmeh je izbledeo, a Trejsine oči još jednom su se zatvorile.

To je bilo pre dva dana.

Sada je, sudeći po rečima Grega Voltona, Džef Stivens bio na putu ka bolnici. Britanska vlada žestoko je protestovala i zahtevala da joj se omogući da vidi Trejsi i proceni njeno stanje.

„Besni su. MI6 tvrdi da je Trejsi kompromitovala njihovu operaciju protiv Dreksela i da je vaša greška što je niste nadzirali. Dakle, žele *vašu* glavu na tacni."

„Šteta."

„Tvrde da joj je Stivens najbliži rod", dodao je Greg Volton. „Ako je to istina, nećete moći da ga sprečite da je poseti. A on će dovesti Frenka Dorijena i svakog drugog koga Dorijen bude želeo da povede sa sobom."

Kameron Kru se izbezumio.

Nije mogao to da dopusti. Morao je da probudi Trejsi.

Došao je do tačke odustajanja, kada se iznenada, u ranim jutarnjim časovima, probudio u stolici pored Trejsinog kreveta. Ona je glasno stenjala, tražila vodu i žalila se na bolove u glavi. Isprva je bila zbunjena. U delirijumu. Međutim, za nekoliko kratkih sati već je sedela, pijuckala zaslađen čaj i držala ga za ruku, razgovarajući s njim sasvim normalno.

„Da li znaš šta ti se desilo?", upitao ju je Kameron. „Sećaš li se nečega?"

Trejsi je skrenula pogled ispunjena krivicom.

„Znam da si izašla na večeru sa Džefom Stivensom", rekao je Kameron. „U redu je."

Pokušavao je da je ubedi u to, ali su joj se oči u trenutku podozrivo suzile.

„Kako znaš?"

„Pomenuo mi je Greg Volton", odgovori Kameron malo više živahno. Poslednje što je želeo bilo je da se Trejsi sada udalji. Jednom ju je ispustio iz vida, iako je znao da ne treba, i nije mu se žurilo da ponovi to iskustvo. „Imaš li ikakvu predstavu o tome ko ti je ovo uradio?", upita je promenivši pristup.

Trejsi je odmahnula glavom. „A ti?"

„Imam dve teorije."

„Pričaj."

„Neće ti se svideti."

„Iskušaj me."

„Dobro. Džef Stivens."

„Džef?“ Trejsi je prasnula u smeh, ali ju je zbog toga zabolela glava. „To je besmislica.“

„Da li je?“ Kameron joj se duboko zagledao u oči. „Ne vidim zašto. Znao je gde si. Za njega ne bi bilo ništa lakše nego da te prati te noći. Već je tokom večere pokušao da izvuče informacije od tebe. Da sazna ono što zanima njegove nalogodavce. Više mu nisi bila potrebna.“

„Džef me nikada ne bi povredio“, prokomentarisala je Trejsi nedvosmisleno.

„Jesi li sigurna? Šta ako je osećao da ti je te noći isuviše rekao? Šta ako se pokajao? Možda se uplašio?“

Trejsi odmahnu glavom. „Na krivom si tragu.“

Ipak, Kameron nije odustajao. „Možda je ljubomoran. Ljut. Napao te je u slepom nastupu besa.“

„Zbog čega bi bio besan?“

„Zbog tebe i mene“, odgovorio je Kameron. „Jer smo zajedno. To mu sigurno ne pada lako.“

Trejsi je naglo pocrvenela. Poželela je da kaže *Mi nismo zajedno! Ko kaže da jesmo?*, ali se činilo da nije pravi trenutak. Osim toga, stvarno nije znala kakva ljubavna osećanja u tom momentu gaji prema Kameronu ili Džefu ili ma kome.

„Sama si mi rekla da je impulsivan“, nastavio je Kameron. „To ima smisla, Trejsi.“

„Nema. Hajde dalje. Kako glasi druga teorija?“

„General Frenk Dorijen.“

Trejsi je načuljila uši. „Nastavi.“

Kameron je izneo osnovne konture svoje postavke. Kao i Džef, i Dorijen je znao gde je Trejsi te večeri i lako je mogao da je prati posle večere. Možda je upoznat s tim da mu je Trejsi ukrala hard-disk iz kuće u Engleskoj, kao dokaz koji ga povezuje sa smrću princa Ahila. Već bi to bio dovoljan motiv da pokuša da je ubije. Od početka nije krio antipatiju prema njoj. Sada su, po rečima Grega Voltona, Dorijenovi pretpostavljeni u MI6 podjednako nezadovoljni njenim naporima da na svoju ruku satera Hantera Dreksela u ugao, a da i ne spominje nenapredovanje u pogledu pronalaženja Alteje.

„Niko u Vajtholu ne bi ronio suze u svoj erl grej čaj da umreš pre vremena, Trejsi“, kazao je Kameron otvoreno. „Žele da se prvi domognu

Dreksela. Žude za slavom. Zato su prvenstveno i ubacili Džefa Stivensa, da te ponize."

Trejsi je pomislila: *Moguće je. Džef je, u osnovi, to i priznao za večerom.*

„Šta ako je Dorijen spazio svoju priliku i iskoristio je?" Kameron se zagrejao za sopstvenu temu. „Ali zeznuo je stvar. Nisi umrla na licu mesta. Postojao je svedok. Najednom se pojavljuje kao *prolaznik*, sređuje da te dovedu ovamo, kontroliše pristup. Čak ni CIA nije obavestio o napadu na tebe čitavih trideset šest sati. Zar ti to ne deluje sumnjivo?"

Problem je bio u tome što je Trejsi sve delovalo sumnjivo. Bila je više nego spremna da poveruje u to da ju je napao Frenk Dorijen. Nije ni za tren posumnjala da je za to kadar, naročito ako ga na to nagoni neki uvrnut osećaj dužnosti. Ili puka potreba da spase sopstvenu kožu. Pa ipak, nešto joj se tu nije uklapalo. Nešto što nije delovalo istinito.

„Šta je s Hanterom Drekselom?", upitala je Kamerona.

„Šta s njim?"

„Mogao je da me napadne. Ako je pomislio da sam mu se suviše približila. Da sam blizu otkrivanja istine."

„Pretpostavljam da je moguće." Kameron nije zvučao uvereno.

„Ili Alteja?", promrmljala je Trejsi.

„Ne. To nema smisla. Zašto bi se toliko namučila da te upetlja u ovo, ako je želela samo da te ubije? Osim toga, svedok je opisao muškarca."

„Bio je mrak. Visoka žena sa skupljenom kosom lako je mogla da izgleda kao muškarac."

Kameron je odmahnuo glavom. „Mislim da je u pitanju Britanac, Trejsi. Ili Dorijen ili Stivens. Sada su u istom timu, na kraju krajeva. A to nije naš tim. Sva ta priča o *saradnji* potpuno je sranje."

S tim se i Trejsi složila. „Znam."

Stegla je Kameronu ruku.

„Ne možeš da veruješ Džefu Stivensu, Trejsi."

„I ja sam toga svesna. Nameravala sam da radim s njim, ne da mu verujem."

Kameron ju je zbunjeno pogledao.

„Džef me nikada ne bi povredio", objasnila je. „Međutim, ako pronalaženje Hantera i Alteje doživi kao takmičenje između nas – a mislim da je tako – ništa ga neće sprečiti da pobedi."

„Pa zašto onda da radiš s njim?"

Trejsi se slabašno osmehnula. „Zato što ni mene ništa neće sprečiti da pobedim. A obično pobedim. Na kraju."

Razgovor se nastavio još nekoliko minuta, posle čega je Trejsi počela da se zamara. Poljubivši je nežno u teme, iznad zavoja, Kameron je otišao pošto je pri odlasku prethodno dvaput proverio da nikome nije dozvoljeno da prođe pored obezbeđenja.

Dok se vraćao u hotel, Kameron nije mogao da skine osmeh s lica, razmišljajući o trenutku kada se Trejsi prvi put probudila.

„Kako si mi se samo osmehnula", rekao joj je dan ranije. „Tvoj pogled kada si mi kazala: *To si ti*. Ne mogu da ti objasnim šta mi je to značilo."

To je uticalo i na Trejsi. „Ne sećam se", uzvratila mu je. Ipak, njeno crvenjenje govorilo je drugačije.

Ona me voli, mislio je Kameron. *Još je previše uplašena da prizna. Ali me voli.*

Posle Kameronovog odlaska Trejsi je dugo zurila u tavanicu.

Prestani da kriviš sebe, oštro je kazala sebi. *Besmisleno je osećati krivicu. Ne možeš da kontrolišeš snove, Trejsi.*

Niko ne može.

Zaista se sećala osmehivanja. Sećala se kako se zagledala u te ljubljene, poznate oči i rekla: „To si ti!", i bila duboko srećna.

Međutim, te oči nisu bile Kameronove.

Bile su Džefove.

Pa ipak, Džef je nije posetio u bolnici. Kameron jeste.

Džef nije proveravao kako je, niti je preleteo hiljade kilometara da bez prestanka bdi kraj njene postelje.

Kameron jeste.

Kameron joj je pružao nešto što je bilo stvarno. Nešto što je mogla da dodirne i na šta je mogla sa se osloni. Nešto u šta je imala poverenja.

S druge strane, Džef...

Džef je bio samo divan san.

* * *

Džef je sleteo na Aerodrom Šarl de Gol crvenih očiju i iscrpljen. Morao je da preseda u Njujorku, ali se jedva i sećao da je bio na Aerodromu Kenedi. Sve što se desilo pošto ga je pozvao Frenk Dorijen bilo je zamagljeno.

Stići do Trejsi. Jedino je to sada bilo važno.

Ostatak sveta izbledeo je do sivila.

„Džefe."

Frenk Dorijen čekao je čim je Džef zakoračio u aerodromsku halu. Glatko izbrijan, očito dobro naspavan i u svojoj uobičajenoj civilnoj uniformi koja se sastojala od tamnoplavih plišanih pantalona, savršeno ispeglane pamučne košulje, sportskog sakoa od tvida i brog cipela, general je izgledao poput bića s neke druge planete.

„Kako joj je?", izletelo je Džefu dok se probijao pored njega. „Moram da stignem u bolnicu."

Frenk Dorijen zgrabio ga je za mišicu. „Ona nije tamo." Videvši kako su se Džefove oči užasnuto razrogačile, brzo je objasnio: „Nije umrla. Ne brinite. Probudila se oko sat vremena posle našeg razgovora."

Džef je osetio kako mu kolena klecaju. Olakšanje je bilo tako prožimajuće da je pomislio da će mu pozliti.

„Moram da je vidim."

Frenk je ukočeno rekao: „Bojim se da je to nemoguće."

Džef se okrenuo ka njemu. „O čemu vi to govorite?" Otresao je generalovu ruku i krenuo prema taksi stanici. General ga je pratio.

„To nije moje maslo", kazao je Džefu. „Ako želite nekoga da krivite, onda krivite Kamerona Krua."

Pominjanje Kruovog imena zaustavilo je Džefa u trenu.

Frenk mu je objasnio da je Kameron doleteo da vidi Trejsi i ubrzo svima zabranio posetu. Zatim, da je Trejsi dobrovoljno otpuštena na njegovu odgovornost i da se sada oporavlja na jednom od bezbrojnih Kameronovih raskošnih imanja, oko sat vožnje južno od Pariza.

„Kada imate toliko novca koliko ima Kameron Kru, možete da kupite lekare, političare, svakoga koga želite", ogorčeno je primetio Frenk. „Obična pravila ne važe."

„I dalje treba da vidim Trejsi."

Džef je ispričao Frenku šta je saznao u Koloradu. General se zaprepastio.

„Dobri bože. Jeste li sigurni?"

„Potpuno sam siguran."

„Još imate snimak?"

„Oh, da. Imam ga. Imam i kopije. Sve su na vrlo bezbednim mestima."

Neko vreme stajali su ćutke. Užurbani putnici navirali su i tiskali se oko njih, poput vodene struje koja kulja pored dveju velikih stena. Naposletku Frenk reče:

„Nemojte joj još reći."

Džef je izgledao šokirano. „Kako to mislite? Moram da joj kažem. Ima pravo da zna."

„I saznaće. Samo ne baš sada."

Džef je zinuo da se pobuni, ali ga je Frenk presekao.

„Razmislite o tome. Ne znate kako će ta vest uticati na nju. Tek što se probudila iz kome, Džefe."

Džef je oklevao. Dotle nije razmišljao o tome na taj način.

„U ovom trenutku je bezbedna. Kru se stara o njoj."

Toga se i bojim.

„Pustite je da se odmori. A dok je ona van igre..." Zavukao je ruku u džep jakne i uz širok osmeh izvukao smeđi koverat i predao ga Džefu. „*Vi* možete da odete u Belgiju i dovedete Hantera Dreksela."

Frenk je, bez sumnje, bio oduševljen što je Trejsi gurnuta na sporedni kolosek. Amerikanci su ispali iz trke.

Džef je zurio u koverat. „Šta je ovo?"

„Vaša karta do Briža. Očekujemo da će se Dreksel u subotu pojaviti na tamošnjoj partiji pokera. Igraće pod imenom Hari Grejam."

Hari Grejam... zašto ga je to podsetilo na nešto?

„Grad je zadivljujuće lep", primetio je Frenk.

„Znam."

Džef i Trejsi obavili su jednom u Brižu sjajan posao, izradivši podlog porodičnog nasilnika tako što su odneli jednu od njegovih zbirki najlepših holandskih minijatura u severnoj Evropi.

„Voz vam kreće za jedan sat", nastavio je Frenk osorno. „Odvešću vas do Gar di Nora i usput vas u sve uputiti."

DVADESET ČETVRTO POGLAVLJE

Partije pokera subotom uveče kod Lika Šarla bile su legendarne u krugu umetnika u Brižu. U Šarlovom idiličnom prilagođenom manastiru iz petnaestog veka koji je gledao na kanal Spinolerai, uvek se igralo sa sedam karata. Uprkos činjenici da je sam Šarl, bez izuzetka, svaki put pobeđivao – čovek koji je isključivo vlastitim naporima postao kolekcionar i vlasnik najvrednije zbirke dela holandskih impresionista koja su još bila u privatnim rukama svakako nije voleo da gubi – pozivi na pokerske seanse kod Lika Šarla predstavljali su pravu čast. Biti ponuđen mestom za čuvenim pokerskim stolom prekrivenim zelenom čohom u domu Lika Šarla, za koji se šuškalo da je nekada pripadao kraljici Francuske, Mariji Antoaneti, i sedeti pod slikama Vermera i Rembranta, značilo je dospeti u sam vrh belgijskog društva. Šarlov novac možda je bio nov – Likov otac bio je pekar u briselskom predgrađu – ali su njegov dom i umetnine bili dovoljno stari i dovoljno veličanstveni da i oči najvećih aristokratskih snobova ispune suzama zavisti, a zenice raširе žudnjom. Bogatstva su se sticala i gubila za pokerskim stolom Lika Šarla, a domaćin je uvek s radošću primao sliku umesto gotovine. Prema sopstvenoj vrednosnoj proceni, podrazumeva se.

Večerašnji igrači predstavljali su mešavinu stalnih i novopridošlih. Pjer Gasen, stariji partner u Gasen Kurežu, najprestižnijoj pravnoj firmi u Briselu, bio je poznato lice, kao i Dominik Kresi, veliki kolekcionar modernista. Džoni Krej, čedo nekog američkog uzajamnog fonda na proputovanju mestom koje je izgovarao kao „Jevropa“, bio je novajlija. To je važilo i za njegovog prijatelja, Harija Grejama.

Grejam je bio stariji čovek, veoma mršav i loše ofarbane kose, povučen i pomalo mrzovoljan.

„Izgleda bolesno", rekao je Lik Šarl Džoniju Kreju, povukavši mladića u stranu. „Žut je u licu. Ima li trovanje krvi?"

„Pojma nemam", odgovori Džoni. „Upoznao sam ga pre nedelju dana na nekoj maloj partiji u unutrašnjosti. Preklinjao me je da ga dovedem večeras. Nadam se da je to u redu?"

Lik Šarl razvukao je vučji osmeh. „Jeste, ako izgubi."

„O, hoće." Džonijev osmeh toliko se proširio da se činilo da će progutati ostatak lica. „Nikada nisam sreo nesmotrenijeg igrača."

„Nesmotrenijeg?"

„Kao da je opsednut. Ma, bizarno je. S prosečnim deljenjem odigra briljantan, promišljeni poker. Međutim, čim pomisli da pobeđuje? Bum!" Džoni je prstima dočarao eksploziju. „Izgubi. Prošle sedmice uzeo sam mu petnaest hiljada evra, a to je bila sitna igra. Čuo sam da je mnogo izgubio u Dovilu."

„Koliko?" Usta Lika Šarla ispuniše se pljuvačkom.

„Sedam cifara."

„Za jednu noć?"

„Jebeš jednu noć. U jednom *deljenju*", odvrati Džoni.

Lik Šarl vratio se do mesta na kome se Hari Grejam divio jednom od njegovih portreta.

„Jeste li ljubitelj umetnosti, gospodine Grejame?"

Amerikanac je slegnuo ramenima. „Znam šta mi se dopada."

„Izvrsno polazište." Lik se osmehnuo. Zatim se zagledao u Harija i upitao ga: „Ne znamo se odranije, zar ne? Imam utisak da vas odnekud poznajem."

Na svoju nesreću, Lik Šarl je u poslednje vreme upoznavao mnogo Amerikanaca. Grupa 99, naporni mrzitelji bogataša i slave željni teroristi, preduzimala je usaglašene napore da cilja u svet lepih umetnosti, uvodeći tokom poslednjih meseci veliki broj izuzetno kvalitetnih falsifikata na tržište. Prevarene su čak i najbolje aukcijske kuće, uključujući moćnu kuću Kristi, koja je prodala ono za šta je verovala da je slika Isaka Lazarusa Izraelsa i to za sedam miliona dvesta hiljada dolara, samo da bi Grupa 99 objavila na Jutjubu video u kome otkriva njeno poreklo. Mnogi su oštro kažnjeni, ali je ukupan rezultat bio taj da je tržišna pouzdanost snažno pogođena, a osiguravajuća društva naročito su se unervozila. Likovo osiguranje pokrivao je američki gigant UOG (Ujedinjena osiguravajuća grupa). Samo tokom poslednjeg meseca Lika su triput „kurtoazno" posetili izvršioci UOG. Ne bi se iznenadio da se još jednom pojave tokom partija pokera, nadajući se kakvom insajderskom tragu. Osim toga, Hari Grejam *jeste* izgledao poznato.

„Ne bih rekao." Grejam se okrenuo i nestrpljivo pogledao na sat. „Hoćemo li početi?"

„Svakako."

Lik Šarl poveo ga je do kartaškog stola. Verovatno je uobražavao. Dobra vest glasila je da je „nesmotreni" prijatelj Džonija Kreja već postajao nestrpljiv.

To je predskazivalo dobru noć.

Iz svoje hotelske sobe tačno preko puta kanala, Džef Stivens imao je gotovo savršen pogled kroz prozorski okvir salona Lika Šarla.

Svojim pouzdanim med teleskopom ACF LX90 Džef ne samo što je video igrače za Šarlovim stolom već i ruke onih koji su mu bili okrenuti leđima. Siroti stari Dom Kresi nije imao naročitih izgleda da te večeri napusti Šarlovu rezidenciju bogatiji nego što je došao, dok se grčevito držao svog para kraljeva nalik na davljenika koji se u cunamiju hvata za granu. Džef nije video karte Hantera Dreksela, ali imao je izvrstan pogled na njegovo lice. Na Džefovo iznenađenje, Hari Grejam odlučio je da sedne tačno nasuprot prozoru, otvorenom da propušta noćni vazduh. Bio je to prvi put da Džef lično vidi Hanterove crte lica, uživo, i shvatio je da je oduševljen dok je nastojao da izvuče bilo kakvu informaciju iz njegovog izraza lica i pogleda.

Ko si ti? Pitao ga je Džef u sebi.

O čemu razmišljaš, baš u ovom trenutku?

Šta želiš?

Ipak, kao što je to slučaj kod svih dobrih pokeraša, Hanterovo lice nije odavalo ništa. Da li je bio terorista ili žrtva? Dobar čovek ili izdajica? Da li je uistinu igrao poker da bi preživeo, da bi imao dovoljno gotovine za hranu i skrovište radi završavanja priče o frakovanju – ili o čemu god da se radilo? Džef je imao svoje sumnje. Ako je Hanterov plan bio opstanak, ne bi jurio igre s velikim ulozima poput pokera sa sedam karata kod Lika Šarla ili legendarnih pokerskih večeri kod Paskala Košena.

Ne. Postoji neki drugi razlog zbog kog ovo radi. Igra s milijarderima. Reskira izlaganje. Niko nema potrebu da zaradi milione dolara samo da preživi.

Kakvi god da su mu planovi bili, činilo se da se Hanter te noći bori. I to ne samo u pokeru. Lice mu je izgledalo skoro neprepoznatljivo u odnosu na fotografije koje je Džef video, a koje su datirale pre otmice od strane Grupe 99. Hanter je delovao mršavo i bolesno, iscrpljeno i staro.

Džef je nastavio da posmatra.

Pošto se vratila u skroman bungalov koji su iznajmili na periferiji grada, Sali Fejers uznemireno je gledala na sat.

Želela je da je Hanter kod kuće.

Imala je loš predosećaj te večeri.

Čak ni posle svega što je učinila za njega, posle svih preduzetih rizika, ništa nije pomoglo da joj Hanter nešto kaže. Na primer, ko je Elen i zašto je otišla u takvoj žurbi. Ili zašto je te večeri morao da ide na tu partiju pokera. Ili šta planira s novcem, pod pretpostavkom da pobedi.

„Pobediću", rekao joj je kroz cvokotave zube. Bio je to blesak starog Hantera, razmetljivog šarmera kog se sećala. Ali redak. Osim toga, više nije izgledao poput pobednika. Ostavljao je utisak očajnika, čoveka kome je potreban pravi lekar.

Posle dve sedmice provedene zajedno, Sali još nije znala o čemu je tajanstveni Hanterov članak, kao ni to gde i kada namerava da ga objavi.

„Uskoro", glasilo je sve što joj je odgovorio. „Što manje znaš, to si bezbednija, Sal."

Ali Sali se nije osećala bezbedno. Dok je čistila Hanterove rane, ublažavala mu groznice i kljukala ga nelegalnim antibioticima koje je kupovala na internetu, osećala je da se sve više udaljava od stvarnosti. Od normalnog sveta koji je ostavila za sobom u Londonu. Svog stana. Svog posla.

Bivšeg posla.

Ostao joj je samo sopstveni tekst, kao i vlastite tajne. Pokušala je da se usredsredi na pisanje dok je Hanter jurcao po gradu, radeći ko zna šta, ali joj je teško išlo. U ovom trenutku Sali nije mogla da zamisli kako će se dan završiti, a kamoli da je mogla da ima bilo kakav plan za budućnost.

Nekako joj se obelodanjivanje korupcije u industriji frakovanja više nije činilo toliko važnim i potresnim kao kada je bila tek na početku. Osećala se izolovano i bila je ispunjena sumnjama.

Čak je i Trejsi Vitni prestala da zove. Kao da su Sali i Hanter bili na brodu kome je otkazao motor i plutali sve dalje i dalje na pučinu. Hanter je tvrdio da zna kuda su se uputili, ali Sali je mogla samo da sedi i čeka da potonu ili umru od gladi, ili polude tu gde jesu, sasvim sami.

Kucanje na vratima učinilo je da iskoči iz sopstvene kože. Oteturavši se u spavaću sobu, Sali je drhtavim rukama posegnula ispod kreveta i zgrabila Hanterov pištolj. Slike raznete glave Boba Dejlija nepozvane su joj navrle u misli.

S leđima prislonjenim uza zid vratila se u dnevnu sobu i krenula prema vratima. Adrenalin joj je jurio krvotokom. Bila je spremna da puca kad je iznenada krajičkom oka spazila osobu koja je stajala na pragu.

Gospodin Ano, njihov dragi, učeni prvi sused.

Za boga miloga. Osetivši se budalasto i smešno, Sali je ćušnula pištolj pod jastuk i otvorila vrata. Verovatno je želeo šolju šećera ili nešto takvo. Ovo je Belgija, a ne prokleti Bejrut.

„Zdravo, mesje Ano. Upravo sam..."

Hitac je bio nečujan, ali je napravio rupu veličine grejpfruta u Salinim grudima.

Bila je mrtva pre nego što je i dotakla pod.

Hari Grejam izgubio je prve dve igre. Skromno je pobedio u trećoj, a groteskno se zaigrao u četvrtoj i naposletku izgubio nekoliko stotina hiljada evra.

Lik Šarl pomislio je: *Nesmotrenost ne počinje da pokriva jačom kartom.* Taj Grejam očigledno ima novac za bacanje.

U devet sati prekinuli su igru da nešto pojedu – debele, sočne školjke u belom vinu i belom luku, uz lokalno belgijsko pivo. Hari Grejam jedva je taknuo svoju porciju. Razumljivo, s obzirom na to koliku je svotu upravo izgubio, mada je Lik Šarl stekao uznemiravajući utisak da gubljenje, izgleda, nije mnogo značilo gospodinu Grejamu.

Ne radi se o pobeđivanju, zaključio je Lik. *Reč je o igri. Visoki ulozi. Rizik. Sve dok mu je adrenalin na visokom nivou, ništa drugo nije važno.*

„Još jedno deljenje, gopodine Grejame?", upitao je Šarl kada je batler sklonio tanjire.

Bilo je to retoričko pitanje, ali je Amerikanac svakako odgovorio, klimnuvši naprasito glavom:

„Naravno. Uvek."

Četrdeset minuta kasnije, Lik Šarl je ubilačkim pogledom pratio s prozora svoje goste u odlasku. I Pjer Gasen i Dom Kresi otišli su kolima pošto su njihovi vozači tiho dovezli bentlije do sporednog ulaza u manastir. Džoni Krej odvezao se u sopstvenom mat crnom lamborginiju iz ograničene proizvodne serije.

Krejev prijatelj, Hari Grejam, večerašnji veliki pobednik, uskočio je u vodeni taksi. Lik je gledao njegovu mršavu, plavokosu glavu kako se sve više smanjuje, dok nije potpuno izbledela u mraku, kada je čamac otplovio niz kanal, progutan u noći.

U džepu Harija Grejama nalazio se ček spreman za unovčavanje.

Ispisan na osam stotina pedeset hiljada evra.

Izradio me je, mračno je pomislio Lik Šarl. *Kopile me je prevarilo.*

Lik se nikada nije kladio na iznos viši od njegovog ličnog limita od sto hiljada po deljenju. Nikada. Pa ipak, ćutljivi stranac nekako ga je navukao na to.

Džoni Krej opisao je Harija Grejama kao nemarnog. Međutim, istini za volju, Hari je učinio Lika Šarla nesmotrenim.

Napravio je od mene prokletu budalu.

Lik Šarl nije znao mnogo o Hariju Grejamu, ali nameravao je da sazna više.

Mnogo više.

Čim je Grejamov čamac nestao s vidika, Lik Šarl uzeo je telefon i izabrao broj.

Čamac Džefa Stivensa tiho je plovio nekoliko metara iza Hanterovog.

Džefov hotel imao je dva staromodna kanalska čamca nalik na gondole s dugačkim motkama, koja su gostima stajala na raspolaganju danju i noću. Hotel je upošljavao trojicu starijih ljudi čiji je jedini posao bio da drvenim motkama odguruju čamce i pažljivo teraju ta plovila niz čuvene vodene puteve Briža.

Veče je bilo tiho. Džef je bio jedina čamdžijina mušterija, pa čak ni on nije išao daleko, jer je zamolio da izađe pošto su prošli ispod samo nekoliko mostova. Hanter je iskoračio iz čamca na jednom od mnogih pristaništa duž kanala Spinoleraj i krenuo slabo osvetljenom kaldrmisanom ulicom. Jedva uspevši da ga sustigne pre nego što mu se izgubio iz vida, Džef ga je pratio prema Stenstratu. Dreksel je nakratko osmatrao oko sebe, ali činilo se da nije primetio ništa loše. Skrenuo je udesno na lep kaldrmisan Trg Simona Stevinplajna, pa zatim ulevo u Aude Burg, gde su se još tiskale grupice turista, iako je bilo kasno. Čuveni Zvonik u Brižu bio je osvetljen odozdo, što mu je davalo kvazimagični sjaj koji je okolne kuće sa zabatima činio još bajkovitijim nego što su bile danju.

Ovo je nalik na Diznilend, pomislio je Džef, vodeći računa da ne izgubi Hantera na Brajdelstratu, pa prošao pored prodavnica sa čipkama i kolačima pre nego što je zastao ispred bara na Trgu Burg. Uklešten odmah do veličanstvene gotske Bazilike Svete krvi, Gerta je bio ona vrsta neupadljivog lokala koji je imao tek odsjaj kafića u bilo kom evropskom gradu, luka za žedne turiste. Osvrnuvši se nakratko oko sebe, Hanter šmugnu unutra.

Bar se direktno naslanjao na zid bazilike, što je značilo da nije bilo drugog izlaza, osim onog koji je predstavljao ulaz spreda.

Mogao bih odmah da ga uhvatim, pomislio je Džef. *Da okončam ovo.*

Međutim, i Frenk Dorijen i Džejmi Makintoš bili su jasni u instrukcijama.

Prati. Prikupi tajne informacije. Ne ulazi u sukob.

Problem je bio u tome što je pročelje bilo toliko malo da Džef nikako nije mogao ništa da vidi osim da stoji neposredno uz izlog ili da, zapravo, i sam uđe u bar. Natukavši kačket niže na lice, opredelio se za potonju varijantu. Koliko mu je bilo poznato, Hanter nije znao ko je on, a još manje kako izgleda.

Džef se uputio pravo prema šanku i naručio viski. Tek kad je dobio piće, podigao je pogled.

Dreksel je sedeo za stolom u uglu, u društvu žene. Krajičkom oka Džef je primetio da je brineta, otprilike tridesetih godina. Bila je privlačna i dobro odevena, skupo odevena, u krem pantalonama širokih nogavica i tankom kašmirskom džemperu. Nosila je klasičnu zlatnu ogrlicu oko vrata i dijamantsko prstenje, i upravo je optužujuće upirala prstima u Hantera.

„Uzmi“, govorio joj je i pritom gurao nešto u njenom pravcu. Džefu je bilo teško da razazna šta je to, a da se ne okrene i ne pogleda direktno, ali je naposletku shvatio da je to ček. *Dobitak Harija Grejama.*

„Ne želim ga. Nije mi potreban!“ Bila je ljuta. Uznemirena. „Misliš li da sam ovamo došla zbog novca?“

„Nisam to rekao.“ Hanterov ton zvučao je pomirljivo.

„Nikada se nije radilo o novcu. Nikada!“

Na Džefov užas, neko za šankom pojačao je muziku. Više nije čuo šta njih dvoje pričaju. Što je još gore, baš u tom ključnom trenutku njemu je zazvonio telefon, tako glasno da su se i Dreksel i žena okrenuli i zagledali u njega.

Okrenuvši se od njih, Džef je šankeru ostavio novac i požurio nazad na ulicu. Da primi poziv. Samo je dvoje ljudi imalo taj broj. Jedna je bila Trejsi.

Međutim, nije ga ona zvala.

„Molim, dođavola?“, ljutito je upitao Frenka Dorijena. „Dreksel je sedeo na metar i po od mene! Zašto zovete?“

„Gde se nalazite?“

„U nekom lokalu. Sastao se s jednom ženom.“

„S devojkom?“

„Ne znam. Moguće je. Deluju prisno. Pokušao je da joj da novac, ali nije htela da uzme. Mogla bi da bude Alteja, Frenk. Moram da se vratim unutra. Razgovarali su...“

„Da li je otišao u bar odmah posle pokera?“

Frenkov ton odavao je hitnost.

„Jeste. Zašto?“

„I imali ste ga na oku sve vreme?“

„Otkad je stigao u Šarlovu kuću, da. O čemu se radi, Frenk?“

„Sali Fejers je mrtva. Neko joj je napravio rupu veličine ragbi lopte na trupu. Otprilike pre dva sata.“

Džef je polako izdahnuo. Trejsi je volela Sali.

„Isuse.“

„Sumnjam da je imao nešto s tim. Naši ljudi su trenutno tamo, čiste. Ne možemo dozvoliti da se belgijska policija umeša u ovo.“

„Samo čas", reče Džef. „Kako ste saznali? Da li je neko posmatrao bungalov? Mislim da ste mi napomenuli da sam ovde sam."

„Pustite to", odgovorio je Frenk otkačivši ga. „Jesu li još u baru?"

„Jesu. Ja... sranje. Upravo izlaze."

Džef je bez reči ubacio telefon u džep ne prekinuvši vezu i zakoračio u senku bazilike.

„Skloni se od mene!" Žena je plakala. „Ti si lažov!"

„Ne, nisam. Znam šta se desilo Danijelu. *Znam*, Kejt."

„Ozbiljna sam. Dalje od mene!"

Jecajući, fizički je odgurnula Hantera, tako jako da je udario u zid samo pola metra od mesta gde je stajao Džef, ukočen poput statue. Zatim je otišla u noć nalik na gazelu, a duga kosa lepršala je za njom.

„Kejt!", viknuo je Hanter za njom, krenuvši da je juri. „Vrati se! Kejt!"

Čim je i Hanter otišao, Džef je izvadio telefon.

„Jeste li čuli to?", upitao je Frenka Dorijena.

„Svaku reč."

„Šta treba da radim?"

Frenk je oklevao dve-tri sekunde. Zatim je kazao: „Zaboravite Dreksela. Pratite devojku."

DVADESET PETO POGLAVLJE

„Jesi li sigurna da nećeš sa mnom do aerodroma?"

Kameron je stajao pored svog mercedesa koji je vozio šofer, na prilazu svog francuskog zamka. Trejsi je izašla da ga isprati.

„Ili, što je još bolje, da dođeš u Njujork?"

„Uskoro, obećavam." Poljubila ga je. „Prvo moram ovde da rešim neke probleme."

Posle pet dana provedenih u oporavljanju u Kameronovoj vili izvan Pariza, gde je samo spavala, čitala i uopšte bila mažena i pažena, Trejsi se osećala bolje. Bolje svakako, ali počela je i da se dosađuje, pa je jedva čekala da se vrati zadatku pronalaženja Alteje i Hantera, pre nego što Džef stekne preveliku prednost nad njom.

Greg Volton lično ju je posetio dan ranije. Kamerona nije bilo lako ubediti da ga pusti u kuću. Ono što je Greg imao da joj kaže bilo je, u najmanju ruku, uznemiravajuće.

„Sada smo potpuno sigurni da je Hanter Dreksel posetio Kamp Pariz najmanje četiri puta u danima koji su prethodili pucnjavi. Nekoliko svedoka potvrdilo je to. Predstavio se kao pozorišni producent po imenu Leks Brajtman i ponudio posao jednom broju studenata. Uključujući Džeka Čarlstona."

„Sina Ričarda Čarlstona."

„Tačno tako. Naslednika Brekonskih prirodnih resursa i prvog nastradalog posle jadne nastavnice na parkingu. Ne postoji nijedan razlog zašto bi Dreksel išao tamo, Trejsi", rekao je Greg sumorno. „U svakom slučaju, nijedan kog mogu da se dosetim."

„Ne“, promrmljala je Trejsi. „Ni ja.“

„Pričajte mi o Monmartru“, nastavi Greg. Bilo je to takvo skretanje s teme da je Trejsi bila potpuno nepripremljena. Što mu je, verovatno, i bila namera. „Bili ste tamo, zar ne? Kada se desila pucnjava?“

„Pretpostavljam da znate da jesam“, odgovorila je Trejsi.

„Da li se Hanter pojavio na partiji pokera?“

„Nije. Ali očekivali su ga. Tada je još koristio lik Leksa Brajtmana. Očito je da nisam bila jedina koja je to znala. Ko god da je bio na tom motociklu, gonio je njega.“

„Ko vam je to rekao?“, upitao je šef CIA sarkastično. „Džef Stivens?“

Trejsi je uzdahnula. Nije imalo mnogo svrhe u poricanju.

„Kako bi bilo da budemo iskreni jedno s drugim, Trejsi? Znam da ne mogu da verujem Britancima, ali mi je potrebno da verujem vama.“

„Dobro“, odgovorila je. „Sve dok je iskrenost obostrana.“

Greg se široko osmehnuo, pa se Trejsi setila šta joj se to kod njega isprva i svidelo. „Pokazaću vam moje, ako vi meni pokažete svoje.“

Tako je Trejsi izvestila Grega o svom razgovoru sa Džefom, preskočivši neosnovane sumnje u vezi s Kameronom i reči koje su ona i Džef razmenili o svom sinu.

„MI6 poseduje fotografije Hantera s mladom francuskom studentkinjom. Moguće je da je pogođen u nogu i da mu je ta devojka pomagala. Misle da se uputio ka Belgiji. To je poslednje što sam čula pre nego...“ Dodirnula je glavu na mestu gde joj je kosa prekrivala kopče.

„Dakle, dozvolite da vam dam sveže informacije“, kaza Greg. Više se nije osmehivao. „Ta devojka, Elen Fobur, mrtva je.“

Trejsi se užasnula. „Kako?“

„Očigledno je otrovana. Sestra je pronašla telo, i dalje s licem u činiji supe s rezancima. Unela je količinu polonijuma dovoljnu da ubije vola.“

„Znamo li ko je...“

„Nikada ne znamo ko je“, odgovorio je Volton mračno. „Znamo tek toliko da svako ko se susretne s Hanterom Drekselom umire. Zaista je išao u Belgiju, uzgred budi rečeno. Tamo se našao sa Sali Fejers. Ona ga je dovezla u Brež.“

„Kako je Sali?“ Trejsi se razvedrila. „Da li sada razgovara direktno s vama?“

„Ne. I ona je mrtva.“

Trejsi je prestravljeno slušala pojedinosti o Salinoj smrti.

„Neko je ušao pre nego što je policija stigla. Očistio mesto, tako da nije bilo nikakvih otisaka, ničega. Osim Salinog leša."

„Nemojte", prostenjala je Trejsi. Salina smrt je na neki način čitavu tu noćnu moru učinila još ličnijom. „Šta je s Hanterom?"

„Ispario je", odvratio je Greg. „Imamo tim koji ga traži, ali taj čovek klizaviji je od jegulje u bačvi nafte. Verujemo da je otišao iz Belgije. Svakako se više nije ponovo vratio u bungalov u kom su on i Fejersova odseli."

Trejsi je o svemu tome razmišljala u tišini.

„Zašto je agent Bak toliko brinuo da me skloni iz potere za Drekselom?", upitala je Grega Voltona direktno. „Svaki put kad bih ga nešto pitala, prekidao me je."

„Zato što je opasno", odgovorio je Greg jednostavno. „Kada sam vas uveo u ovo, ideja je bila da pratite Alteju putem kompjuterskih tragova. Želeo sam da budete sigurni s druge strane ekrana. Ne na terenu i u opasnosti."

„Poslali ste me u Ženevu, Greg", podsetila ga je Trejsi.

„Znam. Možda nije trebalo. Međutim, ovo je drugačije. Hanter Dreksel je opasan čovek, Trejsi", kazao je Volton. „Nije ono što se čini da jeste. Mislimo da je od početka deo Grupe 99."

„Moguće je", priznala je Trejsi.

„Više nego moguće. Verujemo da je lažirao sopstvenu otmicu da bi Grupi 99 pribavio nacionalnu pažnju. Po našem shvatanju, bio je saučesnik u smaknuću Boba Dejlija – možda su on i Alteja to zajedno isplanirali? Još ga ne možemo povezati s bombaškim napadom u Ženevi, ali hoćemo. Znamo da je bio u predgrađu Neji. Po svemu sudeći, jedan od njegovih pajtaša iz Grupe ubio je Elen Fobur, potpuno nedužnu studentkinju čiji je jedini zločin to što je pokušala da mu pomogne. Verujemo da je neko drugi presudio Sali Fejers."

„Zašto?"

„Nagađam da su obe žene znale previše. Možda su ga naposletku prozrele."

Trejsi je protrljala slepoočnice. Iznenada je osetila strahovit umor.

„Šta vam je potrebno od mene?"

„Na prvom mestu – iskrenost. Šta god da saznate o Drekselu od Stivensa ili bilo koga drugog, podelićete te informacije sa mnom ili agentom Bakom."

„Džef mi se nije javljao od one noći", rekla je Trejsi s nezadrživom notom razočaranja u glasu. Džef je svakako znao da ju je neko napao. Britanci su mu to preneli. Pa ipak, nijednom nije pokušao da je obiđe u bolnici niti posle izlaska. To je bolelo.

„Javiće se", kazao je Greg. „U međuvremenu, vratite se u Neji i obratite se svim drugim kontaktima koje imate ovde u Parizu, a koji mogu da nam pomognu. Čim se histerija zbog pucnjave stiša i mediji se prebace na sledeću priču, pretpostavljam da će se Dreksel vratiti. Ne mislim da je ovde završio."

Bila je to otrežnjujuća misao.

Pošto je Kameron odlazio, Trejsi je mogla potpuno da se posveti traganju za Hanterom Drekselom. Više se nije radilo samo o Niku i onome što bi Hanter mogao da ispriča o Alteji. Radilo se i o Sali Fejers. I o Elen Fobur i svim drugim ljudima koji su izgubili živote zato što su se na neki način našli na putu Hanteru Drekselu.

Sirota Sali. Volela je Hantera isto onako kako sam ja volela Džefa.

Razlika je bila u tome što je Sali verovala Hanteru.

Trejsi nije nameravala da napravi istu grešku.

„Obećaj mi da ćeš se odmarati. Da nećeš gurati sebe preko granica", kazao je Kameron kada je zatvorio vrata kola i provirio kroz prozor da se pozdravi s njom.

„Obećavam", uzvratila je Trejsi.

Rasplela je prste koje je držala prekrštene, pa se vratila u kuću i počela da telefonira.

Koga poznajem u Parizu ko je mogao da vidi Leksa Brajtmana?

Gde bi se to muvao bogati gej njujorški pozorišni producent zaljubljen u poker?

Nekoliko sati kasnije Trejsi se zaustavila ispred prodavnice nakita na Levoj obali, čiji je vlasnik bio stari prijatelj.

Nije baš mislila da bi Hanter bio jedna od mušterija Gija de Lafajeta. Ipak, pošto je Gi bio *onaj* epicentar tračeva u vezi s pariskim pozorištem i neko kod koga su dolazili bogati i slavni stanovnici Leve obale.

Trejsi je Giju opisala Hantera.

„Moguće je da se predstavlja kao Leks Brajtman. Ili kao Hari Grejam, ili pak koristi ko zna koliko drugih pseudonima. Od vitalne je važnosti da ga pronađem."

Gi je na to rekao: „To je smešno."

„Šta je smešno?"

„Džef mi je pre nekoliko dana rekao doslovce isto."

„Džef?"

„Da. Rekao mi je da vas dvoje ponovo radite zajedno. Na nečemu što je *strogo poverljivo.*" Starac joj je zavererenički namignuo.

„Je li tako?", upita Trejsi. *Podli kučkin sin. Već se vratio u Pariz, a ni da me pozove.*

„Oh, Trejsi, draga, *stvarno* mi reci da ste vas dvoje opet zajedno", prenemagao se Gi. „Umro bih srećan ako je tako, stvarno bih."

Pljesnuvši rukama, sitni juvelir poskočio je poput detenceta koje mora na nošu i molećivo pogledao Trejsi žmirkavim, vragolastim očima.

Trejsi nije delila njegovo oduševljenje. „Kada je Džef bio ovde?"

„Došao je da me vidi pre nekoliko dana, blagosloven da je. I tako mi svega, stvarno je izgledao lepo! Taj čovek ne stari. Kao ni ti."

Trejsi je izgledala kao da će nekoga ubiti.

Hajde da radimo zajedno. Biće baš kao nekada. Toliko o toj gluposti! Džef je ovo radio na svoju ruku. Ili, još gore, i dalje se ponašao kao kučence Frenka Dorijena. *Pa, mogu i ja tako.*

Trejsi je osetila nalet pravičnog gneva, prikladno zaboravivši da je i ona sama potražila Gija na svoju ruku, i da se upravo saglasila da će o svemu što bude saznala izvestiti CIA.

Problem s korišćenjem starih kontakata radi pomaganja Gregu Voltonu sastojao se u tome što su to bili i Džefovi kontakti.

„Dakle, Džef te je pitao za tragove koji vode do istog čoveka?"

„Jeste."

„I, šta si mu rekao?"

„Poslao sam ga, jasno, kod madam Dibone." Gi se osmehnuo. „Koliko sam shvatio, vaša lovina je kockar?"

„Između ostalog", uzvratila je Trejsi.

„Svi ozbiljni pokeraši u Parizu završe kod Diboneove. Zar ti Džef to nije pomenuo?"

Trejsi je odgovorila kroz stisnute zube: „Mora da mu je skliznulo s uma."

* * *

Madam Dibone bila je bezuba stara veštica koja je stavljala previše ruža, mirisala na kolonjsku vodu s notom ljubičice i na cigarete žitan, i nosila bluzu dovoljno nisko raskopčanu da otkrije veliko prostranstvo namreškanog dekoltea. Imala je dubok, hrapav glas i promukao smeh, a kvrgave šake s ispoljenim venama bile su joj ukrašene dijamantima velikim poput čičaka.

Međutim, uprkos poodmaklim godinama, očito je sebe smatrala seksualno privlačnom. Trejsi je u trenutku stvorila sliku njene očaranosti Džefom. I, bez sumnje, zgodnim Hanterom Drekselom, ako je Gi bio u pravu i on se zaista tu pojavio.

„Vaš prijatelj rekao mi je da ćete doći." Madam Dibone arogantno je odmerila Trejsi. Bilo je jasno da joj nije milo društvo mlađe i privlačnije žene.

„Moj prijatelj? Mislite na Gija?"

„Gij? Ko je Gi? Ne! Mislim na Amerikanca, mesjea Bauersa."

Gospodin Bauers. Trejsi se osmehnula sama za sebe. Džef dugo nije koristio to ime.

„Krasan čovek." Oči madam Dibone jasno su blesnule.

„Kada je gospodin Bauers navratio ovamo, onako pitam?"

„To se vas ne tiče", odgovorila je starica kratko. „Stvar je u tome što me je upozorio. 'Doći će kod vas i postavljaće vam pitanja o svom ljubavniku', rekao mi je. I evo vas sada."

Trejsi se namrštila. „O ljubavniku?"

„Tja, *oui*! Naravno, o vašem ljubavniku. Gospodinu Grejamu. Niste mu baš samo devojka, jasno. Svaki čovek dovoljno bogat da igra za stolom Albera Dime čuva žene isto kao što pčelar čuva pčele. *Bzzzz bzzzz bzzz.*"

Izborana usta madam Dibone groteskno su se namreškala dok je proizvodila zvuk zujanja pčele.

„Po prirodi stvari, ne sudim nikome", dodala je gledajući u Trejsi onako kako šef kuhinje gleda u pacova koji mu je ušetao u kuhinju. „Međutim, ovde, u Parizu, postoje izvesne konvencije čak i kada se radi o ljubavnicama."

Trejsi je složila deliće mozaika. Džef je pretpostavio da će ona otići kod Gija i da će ga naposletku slediti dovde. Tako je od madam Dibone izvukao informacije o Hanteru, a zatim ubedio staru vešticu da je Trejsi neka vrsta opsesivne bivše ljubavnice koja je tu da dovede Harija Grejama u nevolju.

„Madam", kazala je Trejsi čvrsto. „Moj prijatelj, mesje Bauers, greši. Nisam ljubavnica mesjea Grejama. Niti bilo čija, kad smo već kod toga."

Prešavši preko Trejsinog protestovanja, madam Dibone uperila joj je artritični prst ka licu, umalo ne oslepevši Trejsi blistavim petokaratnim dragim kamenom.

„Znate, *cherie*, nije lepo što pokušavate da *uhvatite* gospodina pretnjama da ćete otići kod njegove žene." Madam Dibone coknula je jezikom i s neodobravanjem zavrtela glavom pre nego što je izgovorila: „Ja to ne podržavam."

Trejsi je iskolačila oči. *Auh, Džef je baš preterao.*

„Madam. Uveravam vas da grešite. Kao prvo, mesje Grejam, kako sâm sebe zove, nije nikakav džentlmen. Kao drugo, uopšte nema ženu. Mada ste možda u pravu u pogledu košnice", priznala je, setivši se šta joj je Sali Fejers ispričala o Hanterovom beskrajnom nizu ljubavnica. „U svakom slučaju, *nisam* njegova ljubavnica, kao što i moj *prijatelj*, gospodin Bauers, takođe vrlo dobro zna. Istina je da", Trejsi je tu utišala glas, „radim za američku obaveštajnu službu."

Madam Dibone obzirno se osmehnula. „Zaista? Za CIA?"

„Tako je", kazala je Trejsi, odahnuvši što je razjasnila nesporazum. „Radim za CIA."

„A ja za NASA, madmoazel." Starica se krkljavo nasmejala sopstvenoj šali. Zatim je poslednji put napućila usne. „Kao što sam već rekla, ne raspravljam o privatnim stvarima mojih pokrovitelja. Marijan će vas ispratiti."

Džef je pozvao Trejsi čim je izašla iz zgrade madam Dibone i našla se na ulici.

„Draga! Kako glava?"

Trejsi je eksplodirala: „Nemoj ti meni *draga*. Rekao si toj staroj veštici da spavam s Hanterom Drekselom!"

Džef se zakikotao. „Ah, mila madam Dibone. Dakle, bila si joj u poseti?"

„Naravno da jesam. Znao si da hoću."

„Nemoj da se ljutiš, anđele. Nisam rekao da spavaš s njim. Ne tim rečima."

„Pa, kojim god rečima da si rekao, bilo je dovoljno da me izbaci odatle. Dakle, šta je ona *tebi* tačno kazala? Šta si se toliko upro da sakriješ od mene?"

„Ništa!"

„Kako da ne, Džefe. Ozbiljna sam. Očigledno je da poznaje Hantera. Srela ga je. Šta znaš? Kada je poslednji put bio ovde?"

„Nemam pojma."

„Lažeš."

„Trejsi, dušo, u čemu je svrha ovog razgovora? Ako odbijaš da poveruješ u sve što izgovorim?"

„Ta ti je dobra", reče Trejsi besno i prekide vezu.

Džef ju je istog časa ponovo pozvao.

„Koliko vidim, sasvim si se oporavila?"

Trejsi se ujela za usnu. Poriv da opet prekine vezu bio je skoro sveprožimajući, ali želela je da sazna šta on zna.

„Jesam, hvala. Lepo od tebe što si me posetio", dodala je otrovno.

„Želeo sam." Džef je zvučao iskreno pogođeno.

„Pa, zašto nisi?"

„Nešto je iskrslo."

„Nešto uvek iskrsne", gorko je uzvratila Trejsi.

„Hej, stani", pobunio se Džef. „Nije od pomoći kad tvoj momak čuva bolnicu poput rotvajlera, a onda te misteriozno odnese u svoju kulu u šumi poput proklete Zlatokose!"

Trejsi je duboko udahnula i izbrojala do tri. „Gde se nalaziš?"

Džef joj reče.

„Naći ćemo se za dvadeset minuta kod Crkve Svetog Luja u Domu invalida."

„Gde?"

„Samo budi tamo."

Slabo poznata turistima, Crkva Svetog Luja bila je smeštena duboko unutar kompleksa Doma invalida, pod veličanstvenom zlatnom kupolom. Projektovao ju je arhitekta Žil Arden Mansar, a kapelu je u sedamnaestom veku otvorio Luj XIV, kao utočište posebno namenjeno vojnicima. Svaki kamen, počevši od njenih zidova na kojima su bile okačene zastave, pa do kripte s grobovima francuskih generala, duboko je uronjen u vojnu istoriju. Ipak, tog popodneva, kao i gotovo svakog drugog, crkva je bila skoro pusta, sa svega nekolicinom tihih vernika koji su diskretno klečali u klupama ili palili sveće za spomen na pokojnike.

Čim je stigao, Džef je uočio Trejsi kako sama kleči u bočnoj kapeli. Prekrstivši se, kleknuo je pored nje i šapnuo joj na uho:

„Za šta se moliš?"

„Za snagu", uzvratila je šapatom. „Potrebna mi je svaki put kada si u blizini."

„Kako si?", upitao ju je Džef, prešavši preko njenog podsmevanja.

„Dobro."

„Rekli su mi da si bila u komi."

Trejsi je pomislila: *A ti ni tada nisi došao.* Naglas je rekla: „Dobro sam, Džefe. Nismo ovde da bismo pričali o meni. Gde si bio?"

„U Brižu."

Džef je pristao da posluša savet Frenka Dorijena i ne kaže Trejsi da je išao u Stimbout. Za to će kasnije biti dovoljno vremena.

„Video si Dreksela?"

„Jesam."

„I znaš za Sali Fejers?"

Džef je sumorno protresao glavom. „Da."

Crkvenjak, uposleno polirajući oltarsku nišu i svećnjake na oltaru, dobacio je Džefu i Trejsi prekoran pogled. Džef je utišao glas.

„Grozna stvar."

„Imaš li neku ideju o tome ko je to uradio?"

„Pa, nije Hanter", šapnu Hanter. „Pratio sam ga kada se to desilo. Zaradio je veliku svotu na pokeru u Starom gradu, a zatim se sastao s nekom ženom. Trejsi, prilično sam siguran da je to bila Alteja."

Trejsine se oči raširiše. „Ti to ozbiljno?"

Džef je opisao ženu s kojom se Hanter susreo i njihov međusobni odnos u onoliko pojedinosti koliko je mogao. „Tvoj prijatelj, general Dorijen, pozvao me je da mi kaže da je Sali ubijena pre nego što sam uspeo da čujem još nešto. Međutim, čuo sam ga da ju je oslovio s *Kejt*. Dvaput."

Kejt. Ime. Stvarno ime. Bio je to prvi put da je Alteja nešto više od senke. Možda to i nije bilo mngo za početak, ali bilo je nešto.

„Raspravljali su se. Da nisam iskusniji, rekao bih da je reč o nesporazumu između dvoje ljubavnika. Pokušavao je da joj dâ novac, ali nije htela da ga prihvati. Bila je uznemirena kada je otišla."

„Rekao si da si je pratio?"

„Da. Dorijen je to tražio od mene. Ipak, izgubio sam je na jednom od trgova. Grad je malen, ali je nalik na lavirint, posebno noću."

„Sećam se", reče Trejsi. Za trenutak se među njima osetio drhtaj topline, varnica obostrane čežnje za nekim drugim životom. Međutim, brzo je zgasnula.

„Ti si na redu."

„Nemam ništa da ti ispričam", uzvratila je Trejsi. „Oporavljala sam se od velike povrede glave, sećaš se? Skinuli su me sa slučaja."

Džef joj je uputio pogled pun ljubavi. „Moraćeš da pokušaš to s nekim drugim ko te ne zna, dušo. Da ne radiš, ne bi otišla kod Gija, a ni kod madam Dibone. Takođe, ne bi znala za Sali Fejers. Dakle, šta se dešava?"

Trejsi mu je iznela najnovije teorije CIA. Da je Hanter Dreksel neporecivo umešan u pucnjavu u predgrađu Neji. I da je isto tako verovatno umešao prste u Salino ubistvo. I Elenino.

„Nisam znao za studentkinju. Žalosno..." Džef se namrštio. Ipak, činilo se da okleva.

„Osećam da postoji neko *ali*."

„Ne znam." Zagledao se u Trejsi. „Hanter je očigledno na neki način upetljan u Grupu 99. Nije onaj za kog se izdaje."

„Slažem se."

„I Amerikanci i Britanci sada ga imaju na nišanu. Verovatno s punim pravom. Međutim, nešto se ne uklapa."

„Tako je", prošaputala je Trejsi. „Poput činjenice da nije ubio Sali Fejers."

„Tačno."

„Ali Frenk Dorijen je u roku od nekoliko minuta već znao da je ubijena."

Džef je klimnuo glavom. „Razmišljao sam o tome. Moguće je da je motrio na kuću."

„Što će reći da je u tom slučaju video ubicu. Pa ipak, niko nije uhapšen."

„I o tome sam mislio."

„Ipak mu i dalje veruješ?" Trejsi se duboko zagledala u Džefove oči. Dok joj je uzvraćao pogled, žudeo je da joj sve ispriča. Bio mu je potreban svaki atom samoobuzdavanja da se uzdrži.

„Znaš mene", rekao je. „Ne verujem nikome. A ti?"

„Mislim da je Greg Volton dobar lik", odgovori Trejsi. Nije nameravala da opet pomene Kameronovo ime pred Džefom. Prošli put naučila je lekciju. „Usput, rekla sam mu da ću mu preneti sve tajne informacije koje dobijem od tebe. Pošto smo tako *otvoreni* jedno s drugim."

„Nemoj", kaza Džef glasnije nego što je nameravao. „Sve što stigne do Voltona, stići će do Miltona Baka", obrazložio je, ispljunuvši ime agenta FBI-ja kao da je otrov. „Nikada to nemoj da zaboraviš, Trejsi. Nikada."

Trejsi se iznenadila. Džef je imao podjednako mnogo razloga da ne voli agenta Baka koliko ih je imala i ona. Naposletku, da je Bak isterao svoje, Džef bi bio ostavljen da umre u rukama Danijela Kupera, prikucan za krst u zabačenoj štali u Bugarskoj. Ipak, u prošlosti je uvek Trejsi bila ta koja se bojala Miltona Baka. Džef se prema njemu odnosio kao prema mačjem kašlju.

Da li se nešto promenilo?

„Pretpostavljam da Britanci znaju za Kejt?", upitala ga je da promeni temu.

„Da. Preneo sam Frenku Dorijenu sve što sam upravo ispričao i tebi. MI6 kopa već nedelju dana, tražeći u Hanterovoj prošlosti sve žene koje se zovu Kejt."

„Jesu li nešto pronašli?"

„Ima ih čitava gomila. Kažem ti, u poređenju s Drekselom, Medžik Džonson deluje kao budistički monah. Ipak, nema nikoga važnog. Još."

„U redu", prokomentarisala je Trejsi pa se još jednom prekrstila i ustala. „Pozabaviću se time."

Džef ju je blago uhvatio za mišicu. „Nemoj da mi nestaneš, Trejsi. Mislim da se Hanter vratio u Pariz zato što planira još neki napad. Ta glupost s *pričom* samo je paravan."

Trejsi klimnu glavom. U Hantera Dreksela kao nevinog, neustrašivog novinara niko više nije verovao. Previše je ljudi umrlo.

„Pokušava da navede Kejt, ko god da je ona, da mu pomogne. Ne smeš previše da se približiš toj ženi. Ako postane sumnjičava, možda ćeš upasti u veoma stvarnu opasnost."

„Misliš li da to ne znam? U ovo vreme pre sedam dana bila sam u komi", podsetila ga je. „Radim ovo zbog Nika, Džefe. To je jedini razlog."

Džef je posmatrao Trejsi dok je izlazila iz crkve pognute glave, nalik na bilo koju drugu anonimnu ratnu udovicu.

To je ona, na neki način, tužno pomisli Džef. *Njen život bio je jedan dugi rat. Uz to, izgubila je toliko onih koje je volela.*

U tom trenutku bio je potpuno preplavljen ljubavlju prema njoj.

Čak su i za Džefa Stivensa postojali trenuci kada nije mogao da laže.

„Zdravo. Dobili ste Džefa. Ostavite poruku."

Frenk Dorijen se nervirao. Bio je to treći put u toku dana da nije uspeo da dobije Stivensa.

Frenk je posle Briža bio siguran da je Stivens pouzdan saradnik. Da je njegova naporna samovoljna crta pod kontrolom. Međutim, to je bilo pre nego što se Džef ponovo susreo s Trejsi Vitni.

Trejsi je svakako bila od velike koristi Frenku Dorijenu, mada nesvesno, nenamerno. Njena veza sa Stivensom obezbedila je agenciji MI6 ogromnu prednost. Međutim, obaveštajni podaci koje je pribavila imali su svoju cenu. Kada bi se Trejsi i Džef sastavili, ništa se više nije moglo predvideti. Uz to, ulozi bi mogli porasti.

Frenk Dorijen osetio je prve trnce stvarnog straha u dnu stomaka, nalik na leptire koji oživljavaju ugrejani i obasjani suncem.

Pogledavši na sat, Frenk je užurbano krenuo prema Džefovom hotelu.

„Kada ste se poslednji put čuli s Trejsi?"

Miltonu Baku ukočio se ceo trup zbog iznerviranosti i ozlojeđenosti. Šta je, dođavola, Kameron Kru uobražavao da je, kad ga tako prekida usred važnog sastanka s francuskom obaveštajnom službom?

„Već sam vam rekao. Ne mogu sada da razgovaram."

„Ne tiče me se uopšte šta ste mi rekli, agente Bak. Ne mogu da dođem do nje i želim odgovore. Smesta!"

Arogantno kopile. Ja nisam jedan od tvojih servilnih službenika.

„Pozvaću vas kad mi se završi sastanak", odgovorio je Milton kroz stisnute zube.

„Ne mučite se", prasnuo je Kameron. „Potražiću nekoga ko je na vrhu. Sam će bog znati zašto razgovaram s majmunom. Obojica znamo da je Volton verglaš."

Zatim je prekinuo vezu, zbog čega je Milton Bak proključao od besa.

* * *

Greg Volton trudio se da zvuči umirujuće.

„Video sam je pre dva dana. Sve je u redu. Ne očekujem da nam se javlja svakog dana."

„E pa ja očekujem", rekao je otvoreno Kameron Kru. Napetost u njegovom glasu podrhtavala je duž telefonske linije. „Uvek mi uzvrati poziv, obično u roku od jednog sata. Prošli su dan i noć."

„Radi, Kamerone. Verovatno obnavlja veze sa Džefom Stivensom. To smo tražili od nje."

„Upravo zbog toga i brinem. Jeste li znali da se odjavila iz hotela?"

Nastupila je duga pauza. „Da li ste sigurni u to?"

Kameron je eksplodirao. „Bože moj, Greg. Vi ste CIA! Vi treba da je nadgledate."

„Pronaći ćemo je", uzvratio je Greg Volton. Međutim, njegovo samopouzdanje sasvim je nestalo, poput vazduha iz probušenog balona. „Uposliću svoj najbolji tim. Agent Bak..."

„Agent Bak je prokleti moron", razdraženo kaza Kameron. „Zaboravite, Greg. Imali ste svoju šansu. Pronaći ću je sam."

Predsednik Džim Hejvers govorio je neprirodno usporeno. Kao da bi meditiranjem nad svakom reči u pitanju nekako mogao da odloži odgovor.

„Dakle, kažete mi da su oboje nestali?"

Premijerka Džulija Kabot jezgrovito mu je odgovorila: „Tako mi kaže moj obaveštajni tim."

„Vitni i Stivens."

„Tako je."

„Zajedno?"

„Očito jesu."

„Sranje."

Teška tišina spustila se između dvoje vođa. Džulija Kabot prva ju je prekinula.

„Pretpostavljam da niste raspoloženi da mi kažete o čemu se radi, Džime?"

Predsednik je zvučao ljutito: „Na šta mislite?"

„Mislim na to *ko* je Hanter Dreksel", pojasnila je britanska premijerka. „Ko je on zaista?"

Džim Hejvers duboko je uzdahnuo. „Zamršeno je, Džulija."

„Razmrsite mi."

Još jedan uzdah.

„Ne mogu."

„Pa, šteta. Zato što sam bila spremna da se opkladim u priličnu svotu novca da je *upravo* to ono što Vitni i Stivens trenutno rade. A ako im to pođe za rukom, *oboje* ćemo imati problema."

Pet minuta kasnije, i Greg Volton iz CIA i Džejmi Makintoš iz MI6 primili su telefonske pozive od svojih političkih gospodara.

Jezik koji su koristili bio je različit.

Međutim, poruka je glasila isto:

Pronađite ih. Pronađite ih ovog momenta. Ili će vam otkaz biti najmanja briga.

DVADESET ŠESTO POGLAVLJE

„Uskoro slećemo na ženevski aerodrom. Molimo vas, vežite pojaseve i postarajte se da torbe budu na mestu..."

Trejsi je prestala da obraća pažnju dok je glavna stjuardesa izgovarala uobičajene instrukcije. Sedeći pored nje u ekonomskoj klasi, Džef je čvrsto spavao. Trejsi je pod tim mislila zaista čvrsto – glavu je zabacio unatrag, usta su mu bila otvorena i glasno je hrkao dok su mu se prsa podizala i spuštala u ujednačenom ritmu još otkad je avion poleteo.

Trejsi je nebrojeno puta letela sa Džefom. Neka putovanja bila su raskošna, pa su mogli da se opruže u luksuznim privatnim avionima. Druga su bila sušta suprotnost. Ipak, na svakom letu, bez izuzetka, Džef je uspeo da utone u san.

Jedno putovanje za pamćenje odnosilo se na situaciju kada su Trejsi i Džef, isprepletenih udova, bili bolno sklupčani u paletama s dijamantima, nalik na dve lutke sa savitljivim zglobovima. Palete su tada zapečaćene uz ostavljeni mali otvor za vazduh, pa gurnute u ledeni prtljažnik aviona. Narednih osam sati nijedno od njih nije moglo da pomeri ni mišić. I samo disanje predstavljalo je teškoću. Pa ipak, čak i na tom letu Džef je nekako zaspao. Njegova sposobnost da se voljno isključi poput električne igračke i sklizne u podsvest bila je isto onoliko impresivna koliko i razdražujuća.

Dok ga je sada posmatrala, Trejsi se vratila pravo u stara vremena. Pre sveg tog ludila. Pre Nikolasa. Pre svega. Uložila je napor da istisne uspomene iz uma. Mora da ostane u sadašnjosti ako misli da preživi.

Današnji let predstavljao je tačku bez povratka. Sada su Trejsi i Džef zvanično bili prepušteni sami sebi. Ukrcali su se na avion Er Fransa kao gospodin i gospođa Brajan Krik na putu u lepo skijaško mesto po imenu Mežev, gde planiraju da provedu odmor. Eni Krik bila je strastvena skijašica. I Brajan je voleo planine. Međutim, bio je tu zbog pokera.

Džef je smislio tu teoriju. Međutim, kako je koji dan prolazio, Trejsi se sve više zagrevala za nju.

Upao je u njenu hotelsku sobu u Parizu manje od dvadeset četiri sata posle sastanka u Domu invalida i iznenada kazao: „Šta ako se ne radi o novcu?"

Trejsi je iscrpljeno podigla pogled s kompjutera. Poslednjih šest sati mukotrpno je temeljno upoređivala podatke o svakoj Kejt, Ketrin ili Ketlin koja je ikada radila ili spavala s Hanterom Dredselom, s bazama podataka CIA, MI6 i Interpola. Oči su joj se ukrštale od umora.

„Ako se ne radi o novcu?"

„Pričam o pokeru. Šta ako je on samo pokriće za nešto drugo? Šta ako se partije pokera održavaju tamo gde se susreće sa svojim zaverenicima? Tamo gde planira sledeće napade?"

Bilo je to tako očigledno pitanje da Trejsi nije mogla sasvim da veruje da se nije sama toga setila. Da se niko od njih nije setio.

„Sve ovo vreme pretpostavljali smo da igra da bi pobedio. Da bi stekao gotovinu od koje može da živi i ostane neprimećen. Ali, šta ako novac nije ni u kakvoj vezi s tim?"

Trejsi se složila da predahne od jalove potrage za Kejt/Altejom i da se malo pozabavi drugim igračima u različitim partijama pokera Hantera Dreksela u Rumuniji, Letoniji, Francuskoj i Belgiji.

Postojale su neke zajedničke niti. Većinu partija organizovali su superbogati domaćini poput Paskala Košena ili Lika Šarla. Ljudi koji su se, bez sumnje, nalazili na listi meta Grupe 99. Energetski sektor, a posebno sektor frakovanja, bio je zastupljen u dobroj meri. To se odnosilo i na likovnu umetnost. Antoan de la Kur, trgovac, predstavio je Hantera Košenu kao Leksa Brajtmana. Lik Šarl bio je legenda u svetu likovne umetnosti.

„Dreksel možda koristi slike da usmerava fondove ka Grupi 99 ili iz nje", predložio je Džef. „Oboje znamo da polovina vrhunskih dilera u Evropi služe kao paravani ili perači novca."

„Vidi ovo!", uzbuđeno uzviknu Trejsi.

Brzo pretraživanje zaleđa Džonija Kreja, mladog američkog bogataškog sina koji je doveo Hantera na poker u Briž, otkrilo je dugotrajno flertovanje s radikalnim levičarskim ciljevima. „Uhapšen na dva antiglobalistička mitinga u Sjedinjenim Državama. *Optužen* za navodni pokušaj bombaškog napada prošle godine u Davosu, na ekonomskom forumu!"

„Šta se dogodilo?", upitao je Džef.

Trejsi je kucala dalje. „Roditelji su ga izvukli iz te situacije. Otprilike, darovali su trideset miliona dolara nekom korupcionom švajcarskom fondu za međunarodni razvoj."

Pokazala je brojeve Džefu. Minimalno dalje pretraživanje povezalo je ime Džonija Kreja s mnogim znanim članovima ili donatorima Grupe 99.

Kada je Džef nekoliko dana kasnije saznao da je Krej trenutno u Meževu i da će prisustvovati pokeru s visokim ulozima u brvnari Gistava Arenta, lokalnog multimilionera koji se obogatio ulaganjem u afričke poduhvate frakovanja, on i Trejsi rezervisali su karte.

„Probudi se." Trejsi je potapšala Džefa po ramenu. „Slećemo."

Džef se ispravio, protrljao oči i široko se osmehnuo.

„Izgledate ljupko, kao i uvek, gospođo Krik. Spremni za skijanje?"

Trejsi je zakolutala očima. Džef je od svega umeo da napravi igru. Ali ovo je bilo ozbiljno. CIA i MI6 mogu da ih sustignu u svakom trenutku. Sve su stavili na kocku zbog predosećaja da će se Hanter Dreksel sutradan pojaviti na noćnoj partiji u Meževu, i da će na neki način, između sebe, uspeti da ga izvedu iz Arentove kolibe bez krvoprolića, i da će im posle toga Hanter ispričati istinu.

Bila su to tri velika *ako.*

Uz to, nije samo Trejsin odnos s njenim rukovodiocima iz CIA bio potencijalno ugrožen. Napustila je i Kamerona Krua, odjavivši se iz Hotela Žorž V, a da nije ostavila poruku za njega. Uništila je stari telefon pre nego što je otišla iz Pariza. Čak ni samoj sebi nije umela da objasni zašto. Kameron se mnogo trudio da brine o njoj. Čak ju je ubedio da pođe s njim na Havaje, što uopšte nije ličilo na Trejsi. U to vreme želela je to. Štaviše, bilo joj je potrebno. Ideja oslanjanja na nekog drugog delovala je opojno. Međutim, taj period je prošao. Trejsi je sada bila jača i ni u kom slučaju nije mogla da razgovara s Kameronom dok je sa Džefom. Jednostavno, nije mogla. Možda će postojati način kada se sve ovo završi? Budućnost za njih dvoje? Ali do tada...

Avionski točkovi dotakli su asfalt uz blago poskakivanje.

„Dobro došli u Ženevu."

* * *

Zahvaljujući Džefovoj ludački brzoj vožnji auto-putem Albervil–Šamoni, bilo im je potrebno manje od sata da ponovo pređu francusku granicu i stignu u Mežev, idilični gradić u Francuskim Alpima u senci Monblana.

Mežev uistinu oživljava tokom zime, kada pouzdane snežne padavine i malobrojni superluksuzni butik hoteli učine ovaj skijaški centar izborom poznatih Parižana. Ali on je zadivljujuće lep i u proleće. Zahvaljujući glečeru, pozno skijanje moguće je sve do dubokog maja.

Trejsi je istog momenta bila očarana.

„Pogledaj ovo mesto“, rekla je Džefu. „Kao da je iz bajke.“

Neodoljive rustične kolibe i stare kamene zgrade bile su grupisane oko kaldrmisanih trgova, a njihovi prozorski simsovi bili su prepuni cveća. Okružujući varoš, zelene padine Alpa sunčale su se pod plavetnilom neba, dok su im se vrhovi i dalje beleli i svetlucali svojim neprolaznim snežnim kapama. Kafei su se prolivali po pločnicima, gde su turisti koji su večerali – a skoro svi su bili Francuzi – jeli topao, sveže ispečen hleb i jastoge, i pijuckali ledeno hladan šabli okupani suncem.

Krikovi – Brajan i Eni – odseli su u Le Ferm d'Mari, prelepom planinskom raju sagrađenom od oblica i nesumnjivo najotmenijem hotelu u gradu.

„Vidi, mila. Imaju fenomenalan spa. Želiš li da nas prijavim za neke tretmane?“

Džef je beskrajno uživao kao Brajan Krik, nekakav glasan, drzak, prost Amerikanac koji je išao na nerve svakom Francuzu i Francuskinji.

„Važi.“ Trejsina Eni Krik bila je primetno neupadljivija. Njen posao bio je da bude zaboravna, bleda senka svog važnog, napadnog supruga. „Došla sam da skijam.“

„Svakako, srce. Svakako. A ja sam došao da napravim pare! Ha-ha-ha!“ Brajan Krik smejao se dovoljno glasno da ga čuju svi u hotelskom predvorju. „Došao sam da igram poker kod Gistava Arenta“, saopštio je recepcioneru. „Kladim se da znate Gistava. Mora da je najbogatiji čova u gradu, je li tako?“

Dok ih je posramljeni recepcioner prijavljivao, Trejsi je zauzela mesto u baru koji je odisao starinskim duhom. Sve je bilo u mesingu i ispoliranom drvetu, dok je iza šanka ogroman panoramski prozor pružao gostima neverovatan pogled na alpsku scenografiju. Planine su podsetile

Trejsi na Kolorado, Nika i Blejka Kartera. Uz žaoku krivice shvatila je da skoro nikada nije mislila na Blejka. Nikova smrt upotrebila je svaki atom tuge i bola u njoj. Ali Blejk je bio drag prijatelj, zapravo, porodica. Vrlo je mali broj ljudi odigrao tu ulogu u Trejsinom životu.

Ganter Hartog.

Ernestina Litlčap, davno, u kaznenom domu.

„Prijatelji ste mesjea Arenta?"

Neki Englez seo je pored Trejsi i zapodenuo razgovor. Bilo joj je potrebno nekoliko trenutaka da se seti gde je – i ko je: *Eni Krik, odana i posvećena supruga Brajana Krika. Bogata domaćica iz Ohaja.*

„Nismo baš prijatelji. Moj muž ga poznaje", odgovorila je stidljivo. „Došao je da se karta."

„Pa, na pogrešnom je mestu ako hoće da zaradi novac", nastavio je Englez, odmeravajući Trejsinu zavidnu figuru s odobravanjem. Čak i tako odevena kao Eni, u pantalone širokih nogavica i plišanu rolku s visokom kragnom, očito je bila najprivlačnija žena u prostoriji. „Gistav Arent s razlogom je najimućniji čovek u Meževu. On nikada ne gubi."

Eni Krik se nasmejala. „Svako ponekad gubi, gospodine..."

„Dejvis. Piter Dejvis."

Potom su se rukovali.

„Arent ne. Ako vam je muž pametan, ostaće daleko od te kolibe sutra uveče."

Naredni dan osvanuo je sunčan i vedar. Trejsi je provela jutro u iznajmljivanju skija i štapova i organizovanju ski-pasa. Džef je lepršao po gradu kao Brajan Krik, kupovao satove i precenjeni nakit, razmetao se novcem na sve strane i inače vodio onoliko glasnih i groznih razgovora o pokeru, Gistavu Arentu i svojim planovima za to veče koliko je mogao.

Sreo se s Trejsi u vreme ručka u fondi restoranu na planini. Mesto je bilo dovoljno pusto da Džef utiša glas i za trenutak iskoči iz uloge.

„Iscrpljen sam", progunđao je.

„Kupovao dok nisi pao, je li?", začikavala ga je Trejsi.

„Ne šalim se. Pravljenje sebe metom za Grupu 99 nije toliko zabavno koliko izgleda. Potrošio sam pola prepodneva na vikanje, a drugu polovinu na trošenje bogatstva na sranja koja ne želim."

„Srce mi krvari."

„Uz to sam loše spavao", naglasio je Džef. Eni Krik provela je udobnu noć na francuskom ležaju. Brajan se lošije proveo na sofi. Ne da nije bila udobna – Džef je čvrsto spavao i na mnogo gorim krevetima – nego je ležanje toliko blizu Trejsi, bez mogućnosti da je dodirne i zagrli, predstavljalo čisto mučenje. Jedva da je uopšte sklopio oka cele noći.

„Jesi li još nešto saznao?", upita ga ona.

Džef je klimnuo glavom, pa otpio dug gutljaj hladnog piva koje je naručio.

„Kao prvo, tvoj prijatelj Piter bio je u pravu. Gistav Arent često pobeđuje i uzima velike svote. Toliko mu dobro ide da retko ima dvaput iste goste u kolibi. Slučaj kad te ujede zmija, pa se plašiš i guštera. Kruže glasine da negde krije kamere i špijunira suparnikove ruke."

„Vara?"

Džef je slegnuo ramenima. „Ko zna? Tako se priča. Drugo, nisam siguran da će se Dreksel pojaviti večeras."

Trejsi se snuždila. „Zašto ne?"

„Ne kažem da neće. Rekao sam da nisam siguran. Po onome što sam načuo, nijedna od večerašnjih žrtava ne liči na našeg čoveka. Igrači treba da budemo ja, još jedan bogataš iz Rima koji se bavi energijom, naš prijatelj Džoni i još trojica."

„Nastavi."

Džef je otpio još gutljaj piva. „Jedan je prodavac slika iz Ženeve. Lars Berensen. Da li ga poznaješ?"

Trejsi je odmahnula glavom. Međutim, to je zvučalo zanimljivo. Još jedan trgovac umetničkim delima ne može biti slučajnost. Osim ako...

„Zar to ne bi mogao da bude Dreksel?"

„Ne bih rekao", odgovori Džef. „Berensen je, izgleda, u šezdesetim. Priličan raspon."

Trejsi se složila s tim. „Šta je s drugom dvojicom igrača?"

„Očekuje se biznismen po imenu Ali Lasferli. Moguće je da je Hanter – nema ga na Guglu – mada čovek s kojim sam pričao tvrdi da je francusko-arapskog porekla."

„Dreksel bi mogao to da izvede", primeti Trejsi.

„Možda", priznao je Džef. „Pretpostavljam da ćemo to saznati večeras. Više me zanima poslednji igrač."

„Ko je on?“

„Ona. Reč je o ženi. Očito je udovica koja živi u Sen Tropeu, ali je Amerikanka. Bogatašica. Želiš li da pogađaš kako se zove?“

Dlake na Trejsinoj podlaktici vidno su se nakostrešile. „Kejt?“

Džef se nagnuo napred. „Blizu si. Gospođa Ketlin Klark.“

„Stvarno misliš da bi to mogla da bude ona?“

„Ne znam. Ipak, večeras će se nešto desiti. U to sam siguran.“

„Trebalo bi da pođem s tobom“, izbrblja Trejsi.

„Ne dolazi u obzir.“

„Moglo bi da bude opasno, Džefe.“

„Tačno.“

Trejsi je otvorila usta da se pobuni, ali ju je Džef presekao: „Imamo plan. Dobar plan. Nema nikakvog razloga da ga menjamo.“ Zavukao je ruku u džep i predao Trejsi novi telefon za jednokratnu upotrebu, tek da bude siguran da oboje na svaka dva dana menjaju aparate.

„Ostavi ga uključenog. Pozvaću te ako mi budeš potrebna.“

Gistav Arent bio je loše raspoložen. Zbog tri dobra razloga.

Žene.

Novac.

Hemoroidi.

Gistavova supruga, Alis, prethodne noći saznala je za njegovu ljubavnicu, Kamilu. Alis je bila naporno konzervativna u pogledu preljube, zvocala je i vikala, davala neprikladne komentare u vezi s Kamilinim silikonskim grudima i pretila razvodom. Gistav to nije razumeo.

Šta li žene očekuju kada se udaju za imućnog muškarca? Monogamiju?

Alisin nervni slom nije mogao da se desi u gorem trenutku. Gistav je već imao lošu sedmicu za sobom, izgubivši milione zbog promašene investicije u Ukrajini. Zemlja za koju je verovao da puca po šavovima od količine gasnog škriljca, zapravo je, zauzvrat, proizvela oskudnu zaradu. Gistav je otpustio glavnog inženjera, ali je to malo pomoglo u stišavanju njegovog nezadovoljstva.

Hemoroidi govore sami za sebe.

Jedina svetla tačka na inače crnom horizontu Gistava Arenta bila je prilika da odere svoje goste u večerašnjoj partiji pokera. Pogledavši kroz prozor Kolibe Mirabel, gledao je kako se dovoze prvi igrači.

Video je Luku Andronija, njegov debeli, špagetima ispunjen stomak, kako se prvi pojavljuje iz rejndž rovera kojim je upravljao šofer.

Svinja. Gistavu Arentu nije se dopadao nijedan njegov takmac u poslu, ali je posebnu mržnju gajio prema Androniju. Tome nije pomagalo ni to što se, uprkos očitoj gluposti, Italijan ponašao poput ukrajinskog bandita. Polja gasnog škriljca Luke Andronija graničila su se direktno s Gistavovim, a ipak je Androni uspeo da izvuče milione dolara iz svoje zemlje, dok Arentovo mahnito frakovanje nije proizvelo ništa više od prduckanja.

Gistav je nameravao da uživa te večeri u prisvajanju nekoliko tih Andronijevih miliona. Za razliku od evropske sirotinje koja je postajala sve tromija, neradnija i pohlepnija, njemu nije bila potrebna Grupa 99 da za njega obavlja prljave poslove. Mada, kad je već kod toga, Gistava Arenta iznenađivalo je to što Grupa 99 još *nije* naciljala čoveka poput Luke Andronija. Bar je na papiru izgledao kao savršeni kandidat za njihov gnusni brend samopravičnog komunizma. U tome je bio problem s nasilnim ekstremistima. Nikada ih nije bilo u blizini kad su vam potrebni.

Sledeći igrač koji je stigao bio je Lars Berensen, za kojim je brzo stigla i ona smešna američka budala, Brajan Krik. Sa svojim povijenim ramenima, geganjem i ćelom, Berensen je ličio na begunca iz lokalnog staračkog doma. Međutim, trgovac umetninama bio je daleko oštriji nego što je njegova pojava sitnog starčića nagoveštavala. Te večeri je pod pazuhom nosio sliku, da je dâ svojoj klijentkinji, gospođi Klark. Nema sumnje da ju je kučka prilično preplatila. Međutim, to su bila Berensenova posla. Gistav se nije protivio tome da njegovi gosti pomalo posluju u Kolibi Mirabel, naročito ako bi doveli druge bogate marionete za njegov kartaški sto. Lars Berensen bio je odgovoran za pozivanje bogate udovice Klark i Arapina. Večeras, Lasferlija. Zaradio je za vodu i hranu.

Brajan Krik ušao je u kolibu govoreći glasno i na pragu udario rukom Luku Andronija po mesnatim ramenima u izveštačenom maniru dobronamernosti.

„Drago mi je što sam vas upoznao.“ Gistav je s prozora čuo Amerikančev grmeći glas. „Mnogo toga čuo sam o vama. Brajan. Brajan Krik.“

Gistav se osmehnuo. Gospodin Krik biće mnogo tiši kada kasnije bude odlazio. I mnogo siromašniji.

Dvaput kucnuvši umetak u uhu, Gistav je pričekao da čuje poznati glas. Dva sprata iznad njih, tehničar je sedeo pod nadstrešnicom kuće i pratio snimke šest kamera na ekranu koji je predstavljao pravo umetničko delo.

„Proba."

Arent je jedva primetno klimnuo prema kameri broj četiri.

Jasno kao dan.

Trejsi je sedela za šankom. Barmen je slagao kristalne čaše na policu.

Osvrnula se naokolo ne bi li videla Pitera Dejvisa, ali Englez te večeri nije bio tu. U stvari, čitav hotel bio je sasvim tih.

Barmen se okrenuo.

„Čime mogu da vas uslužim, gospođo Krik?"

„Džin i tonik, molim. Gordonov, ako imate, s ledom, bez limuna."

„Odmah stiže."

Trejsi je uznemireno pogledala telefon, a zatim sat na zidu. Bilo je tek sedam sati. Pomislila je na to kako Džef dolazi na zakazanu partiju pokera i čeka da se pojavi Hanter Dreksel ili Alteja. Tačno je znala kako se u tom trenutku oseća s adrenalinom koji mu juri venama i nervima napetim poput struna. Baš kao nekada.

Za trenutak je osetila krivicu zbog onoga što se spremala da uradi.

Ali samo za trenutak.

Ovo nije igra, podsetila se. *Niti su ovo prošli dani. Koliko god Džef želeo da budu.*

Treba da obavim posao.

Džef je sedeo za pokerskim stolom i trzao se poput zeca.

„Verujem da je to moje."

Gistav Arent zadovoljno se nasmešio i po mekoj zelenoj čohi raširio drugi fleš te večeri, pa zatim pružio ruku prema gomili čipova, nalik na dete koje grabi bombonu. Džef se u svoje vreme nagledao varanja, ali ovaj čovek bio je potpuno bestidan.

Džef, naravno, nije mario za karte.

Nešto je pošlo naopako. I to mnogo.

Na partiji se nisu pojavili ni Ketrin Klark ni Ali Lasferli. Osim toga, nije bilo ni Džonija Kreja. Da jedno ne dođe, moglo je biti slučajnost, ali troje? Nešto se zbivalo.

Nije samo Džef bio razočaran odsustvom igrača. Gistav Arent očigledno je besneo, jer su nedostajala još tri novčanika za pelješenje. Međutim, Berensen, trgovac umetninama, samo što nije zaplakao. Stalno je bacao pogled ka vratima, kao da se uprkos svim izgledima nada da će ući. Zatim je ponovo gledao u sliku koju je doneo sa sobom, pažljivo umotani pravougaoni predmet prislonjen usamljeno i beznadežno uza zid brvnare.

Neko je otkucao ostale. Ali niko nije rekao Berensenu.

Situacija je bila nepovoljna zbog više razloga. Prvi je bio taj što će večerašnji plan morati da se odloži. Njihov plen još jednom im je iskliznuo kroz mrežu.

Drugi je bio daleko gori.

Dreksel i njegovi prijatelji iz Grupe 99 znaju da smo ovde.

Znaju ko smo.

Znaju li gde smo odseli?

Džefove misli odletele su prema Trejsi, nazad u Le Ferm d'Mari. Da li je bezbedna? Čeznuo je da je pozove, ali nije mogao da napusti igru sve dok Arent ne proglasi pauzu, bar ne, a da ne izazove sumnju.

Konačno, posle perioda koji se svima činio poput večnosti, Luka Androni zgađeno je bacio karte na sto i obelodanio da će otići.

„To važi i za mene", zevnuo je Džef glasno, i dalje igrajući ulogu nespretnog Brajana. „Čovek ne može da podnese više poraza za jedno veče. Hvala na gostoprimstvu, Gistave."

Izvadivši čekovnu knjižicu, Džef je Arentu ostavio ono što su Trejsi i on obično nazivali „poskakujućom bombom" – prelepi falsifikat čeka – na pola miliona dolara, pa žurno izašao u noć.

Iz kola je pozvao Trejsi, ali nije bilo odgovora.

Čudno.

„Počni da se pakuješ", kucao je u poruci. „Ni Klark ni Lasferli nisu se pojavili. Stižem za deset minuta."

* * *

Ostavivši motor uključen, Džef je utrčao u hotel.

Ignorišući devojku za recepcijom koja je pokušavala da privuče njegovu pažnju, ušao je u lift i popeo se pravo u sobu, ali je zaključio da kartica za bravu ne radi.

„Eni? Dušo?" Glasno je lupao na vrata.

Prokletstvo, Trejsi!

Svoju osujećenost istresao je na recepcionerki. „Ne mogu da uđem u sobu", besno je rekao. „I ne mogu da pronađem svoju ženu."

„Pokušala sam malopre da vam kažem, gospodine Krik, čim ste ušli. Gospođa Krik se nešto ranije odjavila. Platila je ceo račun. Bojim se da sam pretpostavila da oboje odlazite iz Meževa, jer je gospođa Krik ponela sa sobom sav prtljag."

„Sve stvari?"

„Tako je, gospodine."

Džef je brzo razmišljao.

Moj laptop.

Moj drugi telefon.

„Ako vam je soba još potrebna, biće mi drago da vam reaktiviram kartice..."

Ali Džef je već trčao.

Trejsi je sedela na zadnjem sedištu taksija i presnimavala poslednje Džefove fajlove na svoj USB memorijski stik dok su se približavali Grenoblu. U to doba noći, putevi su bili pusti. Trebalo bi da stigne na voz na vreme.

Siroti Džef. Nadam se da će mi oprostiti kada se sve ovo završi.

Džef. Kameron. Greg Volton. Postojalo je mnogo ljudi kojima će Trejsi morati da objasni svoje postupke. Međutim, nije marila. Jedina osoba koja je zaista važna bio je Nik.

Zatvorivši oči, Trejsi se usredsredila na njegov lik.

Blizu sam, mili. Zaista blizu. Uradiću ovo za tebe, obećavam.

Dovođenje Džefa u Mežev i čitavo nameštanje pokerske partije bilo je komplikovano, ali neophodno.

Sada je imala sve potrebne informacije.

Vreme je da se ovo okonča.

* * *

Džef nikada brže nije vozio.

Deo njega želeo je da zadavi Trejsi golim rukama. Ali drugi deo želeo je da je strasno ljubi i nikada je ne pusti iz zagrljaja.

Nije se promenila. Ne zaista. Ne u dubini svoje ličnosti. Šta god da kaže.

To veče dokazalo je ovu teoriju, iako je dokazalo i da ga je sve vreme lagala. Trejsi je znala gde je Hanter Dreksel. Verovatno je znala i ko je Kejt. I to nije bilo ni u kakvoj vezi ni sa kakvom glupom pokerskom partijom.

Sve je povezala, prokleta da je. I potpuno me je odsekla. I dalje mi ne veruje.

Čitava partija pokera bila je nameštaljka. Sve u vezi s tim – osim onog dela da je Gistav Arent varalica. Džoni Krej uopšte nije nameravao da se pojavi tamo. Što se tiče Ketrin Klark i Alija Lasferlija, ko god da su oni...

Iznenadna pomisao zaustavila je Džefa u mestu. Parkirao je kola i otvorio pregradu za rukavice, pa izvadio nalivpero i papir.

Pažljivo je ispisao svako slovo.

A-L-I-L-A-S – F-E...

Ne mogu da verujem. Džef je prasnuo u smeh.

Ali Lasferli bio je anagram.

Za Sali Fejers.

Možda Trejsina zamisao o odavanju počasti?

Kada se ponovo uključio na auto-put, sa stopalom čvrsto naleglim na papučicu za gas, Džef je osetio trenutni talas sreće. Trejsi je i dalje bila ona ista divna, pametna, proračunata, varljiva, savršena žena kakva je uvek i bila. I evo njega kako juri za njom. Opet.

Džef je pogledao na crvenu tačku na satelitskom sistemu za praćenje koji je povezao s instrument-tablom i osmehnuo se. Trejsi se kretala ka železničkoj stanici u Grenoblu.

Hvala bogu pa joj je ćušnuo lokator u telefon.

Za petama sam ti, draga.

Ni Džef Stivens nije se promenio.

Na stanici u Grenoblu bila je veća gužva nego što je Džef očekivao tako kasno noću.

Ogromna tabla s redom vožnje postavljena iznad stanične dvorane objavljivala je dolaske i odlaske velikog broja vozova, od kojih su mnogi bili međunarodni.

S uređajem za satelitsko praćenje sada čvrsto stisnutim u šaci, Džef je krivudao između grupa umornih putnika sve bliže Trejsinoj crvenoj tački.

Sledeći indikator išao je pravom linijom prema platformi trinaest, gde je voz čekao da krene. Znak na ogradi obavestio je Džefa o njegovom odredištu – Rimu – i vremenu polaska. Imao je dva minuta.

„*Kartu.*" Nabusiti nadzornik na kapiji namrštio se na Džefa kad je ovaj pokušao da se probije na platformu.

„Kasnim. Platiću u vozu!" Džef je frenetično kuckao u sat na ruci.

„*Kartu*", ponovio je čovek ravnodušno.

Džef je razmišljao da li da ga udari u ružno, mlitavo, jadno francusko lice, ali nije mogao da rizikuje da ga uhapse. Ne pre nego što uspe da vidi izraz Trejsinog lica kad sedne preko puta nje. *Kakvo iznenađenje što te ovde vidim, draga.*

Ma kakav Hanter Dreksel. Vredelo bi samo za taj njen pogled.

Okrenuvši se, Džef je otrčao do šaltera za prodaju karata, praktično izgarajući od ljutnje dok je čekao da porodica ispred njega okonča raspravu u vezi s cenom karte.

„*Je vous en prie!*"*, molio je, mašući ka njima krupnim novčanicama u evrima i očajnički pokazujući na voz za Rim. „Molim vas! Moram da uhvatim taj voz. Hitno je."

Jurnuo je nazad ka platformi trinaest i stigao do rampe baš kada se zatvarala. U tom času ju je video, u istoj krem rolki i šivenim sivim pantalonama koje je nosila pre, sa skupljenom kosom. Nalazila se na udaljenom kraju platforme, u prednjem vagonu. Nagnuvši se kroz vrata, Trejsi je pogledala nazad ka staničnoj dvorani kada je otpravnik vozova zviznuo u pištaljku. Očigledno zadovoljna, povukla se nazad u voz.

Džef je mahnuo otpravniku kartom.

„*Mon billet.*"

Nabijeni čovečuljak slegnuo je ramenima. „Izvinite", kazao je na francuskom. „Prekasno. Rampa je zatvorena."

Voz je kretao.

---

* Franc.: Preklinjem vas! (Prim. prev.)

Džefovo lice u trenutku se smračilo. Potom je čoveku uputio blistav osmeh.

„Baš mi je žao", rekao je. „Mislim da me niste čuli."

Džefova pesnica udarila je u čovekovu jagodicu uz zadovoljavajuće krckanje. Uz bolni jauk. Srušio se na pod. Džef je preskočio galeriju i potrčao prema vozu koji je ubrzavao.

„Mesje!", dreknuo je otpravnik za njim. „*Arrêté!*"*

Ali Džef je nastavio da trči ispruženih ruku. U poslednjem trenutku uspeo je da otvori vrata i uskoči unutra pre nego što je voz toliko ubrzao da bi uskakanje bilo nemoguće da je prošla samo još koja sekunda. Napola dahćući, napola se smejući, Džef se presamitio i odmarao glavu na kolenima sve dok nije povratio dah.

Prestar sam za ovu ludoriju. Posebno u ovo doba noći.

Čim se oporavio, ispravio je leptir-mašnu, zalizao kosu i smireno krenuo niz voz prema Trejsinom vagonu. Zasad je makar bio bezbedan. Bio je to brzi voz i nije trebalo da se zaustavi sve dok ne pređu granicu i ne uđu u Nemačku. Posle kratke pauze u Minhenu, nastaviće na jug kroz Italiju tokom noći, i stići u Rim sutradan u vreme ručka.

Džef je pred sobom imao mnogo vremena da uživa u svom trijumfu nad Trejsi – ona je pametna, ali on je pametniji – i da je ubedi da, pošto nikada nije uspela da ga se reši, može isto tako da mu kaže i istinu i dozvoli mu da joj pomogne. Da uhvati Dreksela i Kejt.

Ovog puta stvarno.

Uprkos tome što se radilo o noćnom vozu, postojala su samo jedna spavaća kola. Većina vagona sadržala je obična sedišta, mnoga s obaveštenjima da su rezervisana, pričvršćenim iznad uzglavlja. Ljudi su pijuckali kafu, spavali ili čitali vesti na ajpedovima. Ono malo razgovora što se moglo čuti bilo je prigušeno, tek tiho mrmljanje na francuskom, nemačkom i italijanskom izmešanim u jedno.

Džef je postao još uzbuđeniji kada je stigao do prvih kola. Crvena tačkica na lokatoru dala je jedan jedini postojani zvučni signal i prestala da trepće.

Još je bila tu.

Pronašao ju je.

---

* Franc.: Stanite! (Prim. prev.)

Biće velikodušan u pobedi. Naposletku, i dalje je morao da ubedi Trejsi. Ne vredi da se raduje pre vremena.

Video ju je kako se naginje napred i zavlači ruku u tašnu da nešto uzme. Telefon.

Skliznuvši na sedište pored nje, Džef je čekao da podigne pogled, a onda se sledio, užasnut.

„Je li vam dobro?“ Žena koju nikada nije video pogledala ga je upitno. „Izgledate kao da ste videli duha.“

Džef je isprva zurio u nju, a zatim u telefon u njenoj ruci. Trejsin mobilni telefon. Onaj koji joj je dao u fondi restoranu pre manje od dvanaest sati.

„Taj telefon. Odakle vam?“, upitao je pretrnulo.

„Pojma nemam.“ Žena se namrštila. „Nije moj. Upravo sam ga pronašla. Mora da ga je neko greškom ispustio u moju torbu.“

Džefu je srce počelo snažno da lupa. U tom času zapištao je njegov mobilni telefon, jer mu je stigla poruka.

Izvadio ga je iz džepa.

Samo jedna osoba imala je taj broj.

Žao mi je, dragi, napisala je Trejsi. *Uživaj u Rimu. T. x*

Džef je mahnito oslovio konduktera u prolazu.

„Izvinite“, rekao je na lošem francuskom. „Došlo je do greške. Hitno je. Moram da izađem iz voza.“

Kondukter se osmehnuo. „Žao mi je, mesje. Voz se neće zaustavljati sve do granice.“

„Vi ne razumete.“

„Ne, mesje. *Vi* ne razumete. Ako vam je potreban lekar, imamo jednog u vozu.“

Džef se sručio na sedište.

Nije mu bio potreban lekar.

Zurio je u Trejsinu poruku čitav minut pre nego što je ukočeno ustao i otišao u prazan hodnik voza da obavi sledeći poziv.

Frenk Dorijen spavao je dubokim snom kada je telefon zazvonio.

„Izgubio sam je.“

Glas Džefa Stivensa momentalno ga je probudio, poput čaše ledene vode sasute u lice.

General se uspravio i seo. „Gde ste, dođavola, bili?“

„Pustite sad to“, odgovorio je Džef. „Trejsi je u opasnosti. U stvarnoj opasnosti. Potrebna mi je vaša pomoć, Frenk.“

Kameron Kru stajao je ispred sinovljevog groba.

Bio je sparan njujorški dan, pun isparenja i vlažan, bez i najmanjeg daška vetra. Znoj se slivao niz Kameronova leđa, ali on je to jedva primećivao.

Groblje Crkve Svetog Luke u Kvinsu predstavljalo je neuglednu kvadratnu parcelu, najvećim delom zapuštenu i obraslu korovom, zbrku zarđalih krstova i izbledelih nadgrobnih spomenika. Mnogi su pripadali deci. Zaboravljenoj, činilo se. Pa ipak, bilo je nečeg mirnog u vezi s tim mestom, nečeg lepog i tajanstvenog. Kameron je često dolazio tu, težeći Markusovom spomeniku, čistoj ali jednostavnoj mermernoj ploči.

Dolazila je i Šarlot, Markusova majka, mada je nije bilo u poslednje vreme. U stvari, sudeći po policijskom izveštaju, Šarlotina majka, Kameronova nekadašnja tašta, zvanično je prijavila kćerkin nestanak pre nedelju dana. Kameron je detektivima obećao da će ih obavestiti ako išta sazna o Šarlot.

Nije saznao ništa.

Ni Trejsi mu se nije javila, a prošlo je više od dve sedmice. Činilo se da svi nestaju, da otplovljavaju iz Kameronovog života podjednako iznenadno kako su jednom u njega uplovili.

Sve prolazi.

Ništa ne traje večno. Ljubav najmanje od svega.

Zazvonio mu je telefon. Namrštio se zbog prekidanja. Mora da je zaboravio da ga isključi.

„Molim?“, prasnuo je.

„Imamo trag.“

Bio je to muški glas. Glas koji Kameron dugo nije čuo. Predugo.

„Gde?“

„Italija. Jezera.“

„Kada možete tamo da se stvorite?“

„Sutra. Potrebna su mi sredstva.“

Kameron je cinično šmrknuo. *A kada nisu?*

„Poslaću vam telegramski još sto hiljada."

Prekinuo je vezu i pokušao da povrati spokoj koji je osećao pre nekoliko minuta, trudeći se da oseti Markusovo prisustvo. Ono je, međutim, nestalo.

Obrisavši znoj s obrve, Kameron se okrenuo i iscrpljeno krenuo ka kolima.

Trejsi se osmehnula kada se erbas 300 vinuo u plavetnilo.

Jadni Džef. Osam sati u vozu bez nade u spas!

Do sada je, bez sumnje, pronašao najprivlačniju ženu u vozu i počeo neumorno da je zagovara i šarmira. Sve, samo da ne misli na to kako je nasamaren.

Ali *jeste* nasamaren. Svi su.

Trejsi je veselo otpila malo šampanjca.

Došao je dan obračuna.

DVADESET SEDMO POGLAVLJE

Jezero Mađore bilo je nalik na san, oživljena slika s razglednice. Trejsi je odsela u malom pansionu na samo nekoliko trenutaka hoda od obale. Svakog jutra posle izvrsnog doručka sastavljenog od svežeg bobičastog voća, lokalnog jogurta i slatkih kiflica koje su bile specijalitet kuće, odlazila je do jezera da pliva. Najčešće je bila jedini kupač. Prozirna plava voda bila je samo njena. Osećala se poput kraljice, zaboravna u tim veličanstvenim momentima koji su prethodili povratku u stvarnost.

Kada se okrenula na leđa i zagledala u plavo nebo bez ijednog oblaka, a Monte Roza se nadvila nad njom poput dobroćudnog džina, Trejsi je zamislila da je neko sasvim drugi. Princeza koja pluta po kraljevstvu iz bajke. Ili nesmirena duša novopridošlice u raju.

Da li je Niki na nekom sličnom mestu? Trejsi se nadala da jeste. Tu je imala osećaj da mu je blizu, bila je spokojna i mirna. Što je bilo čudno, s obzirom na razlog zbog kojeg je došla.

Jedan stari prijatelj javio joj je da se Hanter Dreksel ponovo pojavio u severnoj Italiji. Antonio Speroto bio je džentlmenski lopov iz Milana, specijalizovan za krađu dela majstora koji su se bavili slikanjem duhovnih tema. Bio je i okoreli kockar.

„Tvoj čovek pojavio se na pokeru kod Roka Boromea“, obavestio je Antonio Trejsi. „Bar pretpostavljam da je to tvoj čovek. Predstavlja se kao Lester Trent i niko nikada nije čuo za njega.“

„Jesi li ti prisustvovao kartanju?“, upitala je Trejsi.

„Ne, lično nisam. Prijatelj je bio. Očito je gospodin Trent opelješio jednog od Anjelijevih za više od dvesta hiljada evra. Podigao je priličnu prašinu, mogu ti reći."

„Da li je taj tvoj prijatelj pričao s njim?", upitala je Trejsi. „Šta je još otkrio?"

Antonio Speroto se zakikotao. „Draga moja, ova dešavanja nisu poput književnih klubova. Reč je o ozbiljnom pokeru. Nema nikakvog ćaskanja. Mada je očito jedna od Boromeovih kćerki u jednom trenutku ušetala, što je nekima odvuklo pažnju."

„Ali ne i tvom prijatelju, rekla bih?", začikavala ga je Trejsi. Antonio je bio toliko gej da bi pored njega Liberači delovao kao mačo. Većina njegovih prijatelja uklapala se u isti kalup.

„Đovani ume da ceni lepotu, draga, u svim njenim oblicima", nadurio se Antonio. „Ali, ne. Podozrevam da su ga više privukle freske. Jesi li znala da su Boromeove freske najstariji primerci nereligioznih, gotskih Lombardijevih dela koja su još u životu? Naslikane su 1342. godine, ali boje sijaju kao da su juče rađene!"

Trejsi nije znala. Više ju je interesovao Lester Trent.

„Trent je poklonio pažnju mladoj dami", rekao joj je Antonio. „Iako ga bije glas da inače više voli da mu drugarice u igri budu s malo niže prečke društvene lestvice. Voli profesionalke."

„Kurve?"

„Tako sam načuo", odgovorio je Antonio. „Očito privodi čitav niz devojaka tamo gde se smestio."

Trejsi je pomislila na Sali Fejers, na njenu ljubav i lojalnost prema Hanteru. Sali je otišla u Belgiju da pokuša da pomogne Drekselu i za taj trud popila je smrtonosni metak. A evo njega sada, dok se Seli još nije ni ohladila, kako se već ševi naokolo, i u međuvremenu, nesumnjivo, planira sledeći čin ubistva u ime Grupe 99.

Đubre.

„Gde je smešten?", upitala je Antonija.

„U zadivljujućoj srednjovekovnoj vili, Vili Mišel, na nekom drugom privatnom ostrvu. U vlasništvu je Viskontijevih, lokalne aristokratske porodice. Sigurno ju je od njih iznajmio."

„Viskonti", promrmljala je Trejsi. „Imam utisak da sam čula za njih."

Antonio je slegnuo ramenima. „Bogati su. Ne baš u ligi Boromeovih, ali su ipak imućni. Ona poseduje neverovatnu zbirku dijamantskog nakita, jednu od najvećih u Italiji."

„Mora da je to", ozarila se Trejsi.

Izraz zabrinutosti uspuzao se na lice Antonija Sperota. „Ne nameravaš da pokušaš nešto budalasto, zar ne, Trejsi?"

„Ja? Nikada."

„Taj momak, Dreksel, zvuči kao veoma loša vest."

„I jeste", reče Trejsi ozbiljno. „Ali on zna mnogo toga, Antonio. Zna stvari koje moram da saznam."

„Za boga miloga, budi oprezna."

„Hoću." Trejsi ga je zagrlila. „Obećavam."

Sledeći korak bio je da smisli kako da priđe Vili Mišel, a da ni Hanteru ni bilo kome drugome ne skrene pažnju na svoje prisustvo. Do tog momenta Trejsi nije primetila nikakav znak MI6, CIA ili Grupe 99, ali bila je sigurna da sve tri organizacije ulažu znatna sredstva kako bi otkrile ono što ona već zna. Bilo je samo pitanje vremena kada će se pojaviti na jezerima. Trejsi je morala da okonča ovo pre nego što se dogodi i pre nego što Dreksel opet ode.

Nažalost, pristup vili Viskontijevih pokazao se težim nego što je Trejsi pretpostavila. Delimično stoga što je sama kuća bila tvrđava iz petnaestog veka, sa zidovima debelim nešto više od metra, uz koje nije bilo moguće popeti se, i projektovanim tako da zadrže napolju vekovne pljačkaše, a delimično zato što se nalazila na ostrvcetu, u stvari, na steni koja je štrčala iz vode u krajnjem južnom delu jezera. To je značilo da je dovoljno blizu obale da bi neko ko prilazi čamcem bio jasno uočljiv i iz glavnih gradskih hotela s pet zvezdica, i iz malog broja privatnih domova uz jezero. Ne treba preskočiti ni činjenicu da se lokalna policijska stanica nalazila skoro pravo naspram zdanja, kao da nekoga izaziva da se odvaži na provalu.

Uprkos tim preprekama, Trejsi je imala plan u roku od dvadeset četiri sata.

Međutim, pre nego što preduzme završni korak, postojalo je nešto što mora uraditi.

* * *

Kada se vratila u pansion, Trejsi je pozvala Kamerona na njegov privatni broj, sa svog novog italijanskog telefona. Odmah je prebačena na govornu poštu.

Čudno. Mora da je na putu.

Prekinula je vezu.

Pozvala ga je da se oprosti. I da se izvini. I da mu kaže da ga voli. Ali ništa od toga nije se moglo reći u aparat koji snima poruke.

Možda je tako najbolje.

Baš kada je isključivala telefon, usledio je poziv.

„Trejsi?" Kameronov glas bio je pun brige. „Jesi li to ti?"

Trejsi je oklevala. Već se kajala što ga je zvala, ali sada je bilo prekasno.

„Da. Ja sam."

„Hvala bogu. Bio sam van sebe. Bar je jedna od vas dobro."

„Jedna od nas?"

„Šarlot je nestala", izleteo se Kameron. „Moja bivša žena. Dolazila je policija i... kako bilo, ništa od toga nije važno. Gde si ti?"

Trejsi je duboko udahnula. „Nije važno gde sam. Bezbedna sam."

„Nisi bezbedna! I jeste važno."

Zvučao je krajnje očajno. Trejsi se osećala užasno.

„Pozvala sam te da se oprostim", izlanula se. „I da ti zahvalim. I da ti poželim sreću."

„Stani." Kameronov glas postao je strog. „Trejsi, saslušaj me. O *nama* možemo da pričamo kasnije. U ovom trenutku verujem da si u ozbiljnoj opasnosti. Pronašla si Dreksela, zar ne?"

Trejsi je ćutala.

„Ako si ga pronašla, veruj mi, to je zato što *on želi da ga pronađu.* To je zamka, Trejsi."

„Meni se ne čini tako", uzvratila je tiho. „Moram da idem."

„Hrista radi, Trejsi, probudi se!", uzviknuo je Kameron očajnički. „Zamka je! Hanter je *želeo* da ga nađeš."

„A zašto bi to želeo?"

„Zato što zna da ćeš pokušati da mu se sama suprotstaviš. A kada to budeš uradila, ubiće te." Kameronov glas ponovo je smekšao. „Molim te, draga. Reci mi gde si. Reci mi gde je Dreksel. Neću preneti ni Voltonu ni Baku, kunem se. Pomoći ću ti lično. Samo nemoj ovo da radiš sama."

Trejsine oči ispunile su se suzama. Pogledala je na sat. Još šest sekundi i moći će da uđe pozivu u trag.

„Zbogom, Kamerone. I srećno."

Prekinula je vezu, izvadila bateriju iz aparata i zavrljačila je u vatru.

„Kasnite."

Frenk Dorijen namrgodio se na Džefa Stivensa. Dogovorili su se da se nađu u podne u Kafeu Italija na Pjaci Grande u Lokarnu. Sada je bilo dvanaest i tri minuta.

„Teško." Džef je pogledao na svoj patek filip i seo. U lanenim pantalonama i komotnoj košulji s kratkim rukavima, i s panama šeširom, Džef je bio savršeno odeven za toplo vreme. Za razliku od generala, koji se pojavio u košulji od kepera, teškom sakou od tvida i brog cipelama s čarapama.

Džef je pomislio: *Ako bi ovaj čovek bio samo malo veći Englez, smestili bi ga u Britanski muzej.*

„Kako to mislite *teško*? Kašnjenje je kašnjenje", prasnuo je Frenk. „Shvatate li da smo u potpunosti vašom krivicom u ovoj situaciji? Vreme ističe, Džefe."

„Znam. Žao mi je."

„To što je vama žao neće spasti Trejsi. Niti bilo koga drugog koga Dreksel i njegovi prisni prijatelji iz Grupe 99 ovog trenutka planiraju da smaknu."

„Isuse, Frenk, razumem, u redu?" Džefov je glas napukao. „Zeznuo sam. Mislio sam da smo Trejsi i ja..."

Nije dovršio rečenicu.

Frenk Dorijen otpio je gutljaj čaja i namrštio se. Bio je mlak i odvratan, kao i svaki koji je naručio otkad je stigao u Italiju. Nepotvrđeni izveštaji da su britanski agenti u više navrata videli Aleksisa Argirosa u blizini italijanskih jezera bili su sasvim dovoljni Džejmsu Makintošu da tamo pošalje Frenka.

Ako se Apolon nalazi u severnoj Italiji, velike su šanse da je tu i Dreksel, mada je vođa grčke Grupe 99 bio meta sam za sebe.

Da ironija bude veća, upravo je Frenk Dorijen insistirao na tome da s njim pođe i Džef Stivens.

„Ne dolazi u obzir." Džejmi Makintoš još se oporavljao od Džefove nimalo mudre niti podržane odluke da nestane s Trejsi. „Gospodin Stivens jasno nam je stavio do znanja kome je odan. A svakako nije nama."

„Ne tiče me se kome je odan", odgovorio je tada Frenk direktno. „I dalje nam je najveća šansa da pronađemo Trejsi Vitni. A *ona* je i dalje ta s kojom imamo najveće izglede da pronađemo Dreksela."

Naposletku, mada nevoljno, Makintoš je pristao. Amerikanci su potpuno izgubili kontrolu nad Trejsi Vitni. To što su u timu imali Džefa Stivensa u kombinaciji s tom novom tajnom informacijom o Argirosu, ponovo je dalo prednost agenciji MI6.

Samo kad bismo znali kud smo pošli, gorko je pomislio Frenk Dorijen.

„Argiros je propao u zemlju, bar zasad", kazao je Džefu. „Naš trenutni prioritet jeste da pronađemo Trejsi."

„Slažem se", uzvratio je Džef. „Odakle predlažete da počnemo?"

Bilo je trenutaka kada bi general-major Frenk Dorijen s radošću zadavio Džefa Stivensa.

„Odakle *ja* predlažem? Vi ste onaj koji bi trebalo da je nadmudri, sećate se? Mada bih posle njenog malog podviga u vozu rekao da je ta teorija ozbiljno dovedena u pitanje."

Džef je nesrećno zurio u svoje cipele.

„Razmislite, čoveče. Dreksel je ovde negde. Trejsi ga pronalazi. Smatra da je jedina koja zna da je tu, ali greši. Argiros joj je za petama."

„Ili za korak ispred nje", ubacio je Džef. „Možda je Argiros već došao do Hantera."

„Možda. A možda ga je i ubio. Ili možda nikada nije ni nameravao da ga ubije. Možda je došao da se sastane s Hanterom kao sa sunarodnikom. Prijateljem. Kozaverenikom. Možda njih dvojica zajedno kuju planove o sledećem pokolju."

Džef se stresao. „Nadajmo se da ne."

„Ali Trejsi to ne zna", nastavio je Frenk. „Veruje da je sama."

„Tako je."

„Dakle, kakav joj je plan? Šta bi sledeće uradila?"

Džef je zatvorio oči i molio se za inspiraciju. Na njegovo iznenađenje, koliko i na iznenađenje Frenka Dorijena, ona mu je i došla.

Iznenada se ispravivši, reče: „Imam ideju."

* * *

Trejsi je isključila motor glisera kada je prišla spoljnom zidu Vile Mišel.

Na sebi je imala cipele s veoma visokim platformama, mrežaste čarape i tesnu crnu haljinu s likrom koja je malo toga prepuštala mašti. Njene grudi, iako joj inače nisu bile najjači adut, izgledale su te večeri bujno i veoma istaknuto raskošnim pušap grudnjakom. Kako to nije bila ona vrsta odevnog stila koji je dozvoljavao lako skrivanje pištolja, Trejsi je nosila malu štepovanu tašnu, jeftinu kopiju šanela načinjenu od lako prebrisive plastike.

Bilo joj je hladno i neudobno, i osećala se apsurdno. Međutim, njen kostim obavio je posao. Starac na doku koji joj je iznajmio čamac nije je dvaput pogledao, a još joj manje tražio neki identifikacioni dokument. Sve devojke koje su odlazile u vilu kao gošće gospodina Trenta, u povratku su plaćale gotovinom. Kurve su bile dobre mušterije, redovne i pouzdane, a čamac im je retko kada bio potreban na više od dva ili tri sata.

Trejsi se dobro uklopila.

Kad bude stigla do ostrva Viskontijevih, objasnio joj je starac, Trejsi treba da priveže čamac pomoću teškog užeta koje će zavezati za veliki gvozdeni prsten prikovan za zid privatne luke. Kako je stigla po mrklom mraku, trebalo joj je vremena da locira pomenuti prsten. Zapazila je da izgleda poput nečega iz srednjovekovne tamnice, zarđao, škripav i ogroman. Dok je obezbedila čamac, ruke su joj se uveliko smrzavale i gulile, a dlanovi bili umrljani prljavštinom i rđom.

Prava prostitutka imala bi vlažne maramice u torbici, pomislila je Trejsi. *Ja imam samo pištolj, novi mobilni telefon, diktafon i nešto žice.*

Iskočivši iz čamca na tanku traku trave u podnožju zida, obrisala je ruke o busen najbolje što je mogla. Njoj zdesna, niz strmih stepenica peo se do drvenih vrata koja su dalje vodila u uređene vrtove i potom u samu vilu. Bezbednosna kamera tačno iznad njene glave slepo je gledala preko jezera u mrak. Trejsi je šmugnula ispod nje do podnožja stepeništa i počela da se penje.

Stigla je do vrha, spremna da obije bravu, ali otkrila je da su drvena vrata ostavljena otvorena. Glas Kamerona Krua odjeknuo joj je u ušima: *On želi da bude pronađen. To je zamka!*

Možda je to bilo tačno.

Ako je tako, Hanter Dreksel treba da pazi šta želi.

Srce joj je tuklo o rebra dok je prelazila preko negovane bašte u italijanskom duhu. Čekala je da se aktiviraju alarmni sistemi, da je reflektorsko svetlo iznenada obasja ili da ka njoj potrče čuvari, probuđeni iz svog pijanog dremeža. Krckanje njenih stopala na pošljunčanoj stazi njoj samoj zvučalo je zaglušujuće glasno dok je vijugala putem koji je ulazio u senke topola i izlazio iz njih. Prema njenim saznanjima, u vili nije bilo nijednog psa. Ipak, Trejsi je i dalje napola očekivala da čuje teško, dahtavo disanje balavih dobermana koji su se nameračili da je iskidaju na komade. Pola svog zrelog doba provela je provaljujući i ulazeći u imućne domove, ali nalet adrenalina nikada nije izostao.

Poslednji put kada je igde provalila, bio je upad u kuću Frenka Dorijena. Trejsi se sada prisetila kako se pobednički osećala te noći kada je pronašla hard-disk iz kompjutera princa Ahila i prve fotografije Alteje – Kejt. Te slike dokazale su da je general slagao u vezi s kapetanom Bobom Dejlijem i njegovim odnosom s mrtvim princem, kao i s drugim stvarima. Osim toga, to su i dalje bile jedine poznate Kejtine fotografije. Žene koja je ubila Nika i tvrdila da poznaje Trejsi, ali koja je i sada predstavljala misteriju isto koliko i na početku svega ovoga.

Uz malo sreće, za nekoliko kratkih minuta ta misterija biće razrešena. Trejsi će razgovarati licem u lice s Hanterom Drekselom i konačno saznati istinu. Celu istinu.

Konačno je prišla samoj kući. Pognuta nisko ispod visine prozora u prizemlju, priljubila se uza zid, gadno ogrebavši noge na ružino grmlje koje se držalo za zidove nalik na trnovite prilepke. Unutra su svetla bila popaljena. Trejsi je osluškivala. Čula je klasičnu muziku – nekakvu sonatu koja je dopirala iz dubine kuće – ali ne i glasove. Čitavo mesto je, zapravo, bilo potpuno tiho. Mirno, ali ne na dobar način. Do nje je doplivao bledi miris jela koje se spremalo – belog luka, ringlica i limuna – sa udaljenosti od nekoliko metara. Trejsi je primetila da su dupla vrata koja vode u sobu za primanje širom raskriljena prema vrtu, verovatno da omoguće ulazak svežeg večernjeg vazduha.

Oprezno im je prišla, izvukla pištolj i pripremila se za borbu. Nije želela da ubije Hantera, ali morala je da ga savlada. Nadala se da će pričati s njom bez prisile. Naposletku, bio je novinar u nekom drugom životu. Pripovedač. Naravno, suvišno je i reći, sujetni egoista. Ta vrsta ljudi uvek voli da priča. Međutim, Trejsi nije nameravala da rizikuje.

Udahnuvši duboko još jednom, Trejsi je upala u sobu.

DVADESET OSMO POGLAVLJE

Soba je bila prazna.

U jednom kraju vatra je nežno pucketala u ogromnom baronskom kaminu. Pred njim je ležalo nešto što je ličilo na nedavno odbačene novine – *Republika* od tog jutra – i napola ispijena čaša viskija.

Muzika je dolazila iz neke još dalje prostorije. Trejsi ju je sledila, pripijena leđima uza zid i s oružjem nagotovs, krećući se centimetar po centimetar niz dugački hodnik pokriven parketom. Velika dvostruka vrata na njegovom kraju otvarala su se prema trpezariji. Trejsi je videla dugačak, rustični trpezarijski sto i na njegovoj sredini upadljivo plave hrizanteme. Zatim se neočekivano zaledila.

Ugledala ga je.

Posle svih prijavljenih viđenja i mutnih fotografija, svih tih *šta ako* i mimoilaženja za dlaku, Trejsi je konačno gledala u Hantera Dreksela. Plava kosa je nestala. Vratio se svojim uobičajenim tamnim loknama. Osim toga, delovao je nabijenije i zdravije nego na slikama s Monmartra. Opušteno obučen u džemper i farmerke, leđima okrenut Trejsi, nosio je veliku činiju salate do stola, poput nekoga ko nema nikakvih briga na svetu. Još je samo jedva primetno hramao i mada se činilo da je sam, postavljao je sto za dvoje.

Baš kada se Trejsi zapitala koga li očekuje, Hanterov glas je odzvonio, odbijajući se o drevne zidove.

„Jeste li to vi, gospođice Vitni?" Nije podigao pogled, već je nastavio da postavlja sto. „Molim vas, nemojte se skrivati u hodniku. Uđite."

Trejsi je krenula napred i otkočila pištolj uz čujno *klik*.

„To vam neće biti potrebno", dodao je bodro, pa se okrenuo i pogledao je prvi put. „Nenaoružan sam, kao što vidite."

Raširio je ruke i bezazleno se osmehnuo. Trejsi je odmah shvatila šta je Sali Fejers privuklo njemu. Taj fatalni dečački šarm. *Jadna Sali.*

„Očekivao sam vas. Verujem da ćete mi se pridružiti za večerom?" Pokazao je na njen tanjir i seo.

„Uvalili ste se u veliku nevolju, gospodine Dreksele."

Blago se naklonio. „Trudim se."

„Hoće li nam se Kejt pridružiti?"

Hanterove obrve odmah su poskočile.

Iznenađen je što joj znam ime.

„Ne večeras."

„Da li je ovde? U Italiji?"

Trejsi je to pitanje postavila kao da je najobičnije raspitivanje o vremenskim prilikama. Čitava situacija bila je toliko nadrealna da je zaključila da bi i to mogla.

Hanter je otvorio bocu šato muton rotšilda, a čep je napravio očekivani prasak.

„Ne znam. Istini za volju, ne znam gde je."

„Ali, i kad biste znali, ne biste mi rekli, zar ne?"

S uzdahom je napunio Trejsinu čašu, a zatim seo pored nje. „Nije Kejt ta koju želite, gospođice Vitni. Ona nije neprijatelj. Nekako sam se nadao da ste do sada to shvatili, posebno kad se uzme u obzir koliko toga vas dve imate zajedničkog. I to da je ona vaša velika obožavateljka."

Trejsi je ćutke čekala da nastavi.

„Kejt je mnogo godina radila za CIA kao stručnjak za kompjutere u Lengliju. Bila je u timu koji je pokušao da uđe u trag vama i Džefu Stivensu na vrhuncu slave. Niste to znali?"

Trejsi je odmahnula glavom. Sumnjala je da bi Alteja mogla biti insajder obaveštajne agencije, ali nije joj palo na pamet da bi to moglo da objasni vezu između njih dve. *Imala je osećaj da me poznaje, jer me je pratila svih tih godina. Ali ja nju nikada nisam znala.* Sada je to delovalo vrlo očigledno.

„Da li je Sali Fejers to zaključila?", upitala je Trejsi. „Da li je to razlog što je ubijena?"

Opasan blesak sevnuo je u Hanterovim očima.

„Užasno se osećam zbog Sali. Voleo sam je.“

Ali, čak i dok je izgovarao te reči, Trejsi ga je uhvatila kako s divljenjem odmerava njenu haljinu prostitutke. Nije mogla da ga razume.

Primetivši da se zbunila, Hanter reče: „Mnogo je toga što ne znate, gospođice Vitni.“

„Ali vi ćete me prosvetliti. Je li tako?“

Osmeh se vratio, nalik na sunce koje se probija kroz oblake.

„Hajde da jedemo.“

DVADESET DEVETO POGLAVLJE

Obrok je bio izvanredan – neka vrsta gulaša od piletine, crnog luka i ringlica. Na sopstveno iznenađenje, Trejsi je shvatila da je gladna. Sačekala je da Hanter prvi počne pre nego što je okusila hranu – posle svih smrti i razaranja koje je prouzrokovao, trovanje ne bi bilo nimalo čudno – a isto je postupila i s vinom. Ipak, uskoro su oboje jeli i pili i, uprkos pištolju koji je i dalje počivao pod Trejsinim prstima, napetost među njima je popustila.

„Kako ste znali da ću večeras doći ovamo?", naposletku je upitala Trejsi, pazeći da pije vodu koliko i vino.

„Zato što sam vas pozvao. Pa, skoro pozvao. Čim sam se uverio da ste se otresli CIA i Britanaca, stavio sam vam do znanja gde ću biti. Postarao sam se da me vidi nekoliko pravih ljudi. Znao sam da nećete moći da se odupretе."

Trejsi pomisli: *Dakle, Kameron je imao pravo. Želeo je da ga pronađem.*

Naglas je rekla: „Mogla sam da vas ubijem."

Hanter je izgledao pometeno. „Zašto biste to želeli?"

„O, ne znam. Možda zbog predgrađa Neji? Svih tih mrtvih tinejdžera?"

„Nemam ništa s tim", pobunio se Hanter.

„Britanska obaveštajna služba povezuje vas s tim. Kao i naša."

„Onda britanska obaveštajna služba greši!" Zvučao je iskreno užasnuto. „Pokušavaju da vas sklone s traga, gospođice Vitni, i čini se da su uspeli."

Trejsi ga je skeptično pogledala.

„Niste došli ovamo da me ubijete", nastavio je Hanter. „Došli ste zato što želite da saznate istinu. A ja sam vam to dopustio, jer želim da je ispričam."

„Ispovest?"

Široko se osmehnuo. „I dalje me smatrate lošim momkom, zar ne?"

Trejsi je sklonila pogled. Istini za volju, nije znala za šta ga smatra.

„Ja sam novinar", reče Hanter. „Iznošenje istine je moj posao. Moj problem sastojao se u tome da pronađem nekoga kome dovoljno verujem da bih je ispričao."

„I mislite da meni možete da verujete?"

„Zapravo, mislim", Hanter otpi gutljaj vina, „da ste nepotkupljivi. To vas, otprilike, izdvaja od svih ostalih u ovoj žalosnoj zbrci."

Trejsi je znala da joj laska, ali je pustila da prođe. „Počastvovana sam."

„Oh, sumnjam", kazao je Hanter. „Držite da sam terorista, tako da bi me iznenadilo kad bi vam moje lepo mišljenje nešto značilo. Međutim, svakako ću vam ispričati. Pretpostavljam da već snimate?" Znalački je klimnuo ka Trejsinoj lažnoj šanel tašni.

Trejsi je savesno izvadila pudrijeru sa sićušnim uređajem za snimanje i spustila je na sto, odmah do pištolja.

„Uvek ste korak ispred, zar ne, gospodine Dreksele?"

„U mom poslu mrtvi ste ako ne idete korak unapred", otegao je Hanter. „Počnimo, hoćemo li?"

Trejsi je sedela, sleđena, i upijala svaku reč koju je izgovorio.

„Sve je počelo s pričom za *Njujork tajms.*" Njegov dubok, hrapav, pušački glas odbijao se od zasvođene tavanice vile. „To jest, bila je to *moja* priča. Pisao sam je slobodnjački, ali planirao sam da je prodam *Tajmsu.* Viđao sam se s jednom devojkom koja tamo radi."

„Fiona Baron", reče Trejsi. Mogla je i ona da ide korak unapred.

Na Hantera je to, izgleda, ostavilo utisak. „Tako je. Fi. Kako bilo, Fi i ja smo se posvađali. Uz to ni urednik nije bio moj najveći obožavalac. Da budem fer prema njemu, reći ću da sam bio prilično govedo."

Trejsi nije ispitivala. Mogla je da zamisli.

„Želeo sam da izgradim mostove na papiru, a jedini način koji znam jeste da napišem nešto ludački sjajno. To je trebalo da bude *ona* priča koja će me vratiti na svačiju listu omiljenih likova."

„Dakle, o čemu je bila priča?"

„U to vreme pisao sam o frakovanju", odgovorio je Hanter. „Naročito o korupciji u industriji frakovanja. Ali grozno kako je bilo, uskoro se ispostavilo da se radi samo o vrhu ledenog brega govana. *Govnobrega*, kako mi se sviđalo da ga zovem."

Osmehnuo se, ali se Trejsi nije smejala. „Nastavite."

„Korporativna korupcija sprovođena je masovno, širom sveta. Međutim, ono što stvarno smrdi jeste umešanost vlada. Gotovina za ugovore. Diplomatsko podmićivanje. Svi žmure na zloupotrebu ljudskih prava. Video sam agente CIA koje je Vašington sankcionisao, kako se pojavljuju u Kini s koferima doslovno punim gotovine. Hejversova administracija bila je u tome sve do svojih prljavih vratova s belim okovratnicima. Predsednik je opsednut uklanjanjem kontrole koju Saudijci imaju nad našom ekonomijom. Džim Hejvers želi da uđe u istoriju kao čovek koji je prekinuo zavisnost Amerike od nafte i ništa ga neće sprečiti da to ostvari. Pritom mislim – doslovno ništa."

„Dakle, planirali ste da razotkrijete Hejversa?", upitala je Trejsi.

„I ne samo njega."

„Znali ste dovoljno da ga zbacite s predsedničke funkcije?"

„Svakako. Zapazio sam neoznačena kola parkirana ispred mog stana. Odjednom nisam mogao da odem u klozet, a da CIA ne zna za to. Niko nije pročitao moj tekst. U tom času sve mi je bilo u glavi. Ali vlada je znala koja sam pitanja postavljao i kome. Želeli su me mrtvog."

Trejsi se namrštila. „Prilično neosnovana optužba. Pričamo o istoj vladi koja je pokušala da vas spase u Slovačkoj, nemojmo to zaboraviti. Ako su toliko želeli da vas nema, čemu upadanje u nevolju?"

„Želeli su me mrtvog", ponovio je Hanter. „Međutim, hteli su da izgleda kao nesrećni slučaj. Dakle, nije bilo ni pucnjave niti nekakve otmice. Umesto toga, došlo je do curenja plina u mojoj zgradi."

„Ma dajte", rekla je Trejsi. „Curenje gasa dešava se stalno."

„Tačno tako. Osim što se ovo dogodilo samo u mom stanu – nigde više u zgradi. Dovoljno ugljen-monoksida da ubije čoveka triput težeg od mene za manje od jednog sata. To znam, jer su tu koncentraciju pronašli u krvotoku mog mačora pošto je te noći umro umesto mene. Ja sam prespavao kod devojke."

Bez sumnje, Hanter je bio taj koji je imao devet života.

„Nedelju dana kasnije malo je nedostajalo da kolima sletim s autoputa za Atlantik Siti."

„Šta se desilo?"

„Zaglavio mi se volan. Sledeće što znam jeste da jurim prema izlaznoj rampi i gađam u drvo. Imao sam sreće. Slomio sam ključnu kost, zadobio nekoliko udaraca u glavu, i to je bilo sve. Ipak, da nisam naglo skrenuo, sigurno bih bio mrtav. Verovatno bih u smrt poveo i gomilu drugih. Kasnije mi je momak u radionici rekao da je neko petljao sa letvom volana i omogućio sporo curenje kočione tečnosti. Namerno sabotiranje."

Nerv je zaigrao na Trejsinoj vilici.

Namerno sabotiranje. Stuba volana.

Greg Volton rekao joj je da se upravo to dogodilo kamionetu Blejka Kartera u noći kad je došlo do nesreće. U noći kada je Nikolas izgubio život.

„Američka vlada nije jedina vlada zapadnih zemalja koja igra prljavo u ratovima za gasne škriljce", produžio je Hanter. „Svi su u tome. Britanci, Francuzi, Nemci, Rusi. Protivnici se ućutkavaju, neplaćanje poreza se toleriše i sve vreme se imućni u vrhu industrije bogate sve više, poput debelih komaraca koji neumorno sisaju krv nekoj nesrećnoj životinji. Ono što me je zaista zaprepastilo bio je opseg korupcije. To i činjenica da o tome *niko* nije izveštavao."

„Zašto je, po vašem mišljenju, bilo tako?", upitala je Trejsi.

„Nemam pojma." Hanter je dosuo sebi vino. „Možda niko drugi nije istraživao. Ili su ljudi možda tragali, ali ih je neko ućutkivao."

„Mislite – ubijao?"

„Ponekad", odgovori Hanter. „Uzgred, mislim da se to i dogodilo Sali. Ona je na svoju ruku razradila sve ovo, dok sam ja bio u bekstvu. Neko je odlučio da je vreme da pitanja prestanu. Neko ko se manje brine za okolnosti od vaših šefova u CIA. Međutim, ponekad neke ljude naprosto isplate. Što me dovodi do sledećeg poglavlja u svemu ovome: do Grupe 99."

Trejsi se nagla napred. Na to je sve vreme čekala. Upravo se tu sve spajalo, tu su su počinjali da se uklapaju svi delići mozaika.

„Dakle, pišem svoj članak, razotkrivam sav taj prljavi novac i prljavu politiku koji okružuju frakovanje, nastojeći da me ne ubiju. I tako, dok obavljam svoje istraživanje, nalećem na gomilu različitih antiindustrijskih grupa. Većina su ekolozi – s dobrim namerama, ali loše organizovani – koji daju sve od sebe da budu trn u oku giganata eksploatacije gasnih škriljaca i vlada koje im pomažu da zarade gomile novca. Ali onda, niotkuda, iskače ta grupa, i drugačija je od svih ostalih."

„Grupa 99", reče Trejsi.

Hanter je klimnuo glavom. „Grupa 99 zainteresovala se onda kada su u Grčkoj otkrivena polja gasnih škriljaca. Kružile su glasine da su pripadnici nekadašnje grčke kraljevske porodice potpisali veliki, privatni ugovor o prodaji čitavih pojaseva zemljišta radi frakovanja. Porodica je podržala štampanje novca, kao što su to učinili i jedan ili dvojica vladinih zvaničnika, i, naravno, sami industrijalci. Međutim, javnost nije trebalo da ima nikakve koristi od eksploatacije tog prirodnog resursa. U to vreme, situacija u Grčkoj bila je prilično loša. Siromašni su se nalazili pred tačkom pucanja. Tada sam prvi put počeo da slušam o Apolonu – Aleksisu Argirosu – i Alteji, ženi sa Zapada, navodnoj Amerikanki, koja je prikupljala novac za tu grupu, a možda čak i upravljala njenim aktivnostima.

Grupa 99 menjala je pravila igre. Imala je sasvim drugačiju agendu od svih drugih organizacija koje su se borile protiv frakovanja. Njeni članovi nisu marili za ekologiju. Želeli su ravnopravno raspoređeno bogatstvo, kao i da kazne pohlepne na vrhu stabla. Takođe, imali su potpuno drugačiji način rada. Setite se, tada nisu bili nasilni. Bili su pametni, superpametni, i izuzetni tehnički stručnjaci. Raspolagali su solidnim fondovima. Njihova struktura bila je visoko organizovana, a opet nehijerarhijska. Osim toga, ostvarili su globalni domet. Kako sam shvatio, to ih je dovelo u jedinstven položaj da napadnu industriju frakovanja, možda čak i da je poraze, ali u najmanju ruku da makar u Grčkoj okončaju korupciju."

Hanter je duboko udahnuo, prvi put u nekoliko minuta. Trejsi je tek tada primetila koliko umorno izgleda. Dugo je čekao da ispriča svoju priču, ali, kad se to konačno dešavalo, činilo se da taj napor crpi svu energiju iz njega.

„Ispričajte mi nešto više o Alteji", kazala je Trejsi. „O Kejt. Znali ste njen identitet sve vreme?"

Hanter je protrljao oči. „Ne. Ne od početka. Znao sam da je Alteja posetila princa Ahila u Sandherstu. Princ je znao za dogovor svoje porodice s Kranstonom, što mu je nesumnjivo tištilo savest. Alteja ga je navela da se zainteresuje za Grupu 99. Mislim da je ideja bila da im pomogne da otkriju ili na neki način sabotiraju dogovor. Međutim, princ se uplašio. Kako bilo, otišao sam u Englesku. Da se sretnem s njim."

„Sastali ste se s princem Ahilom?" Trejsi je u tom trenutku prvi put pokazala iznenađenost.

Hanter je klimnuo glavom. „Svakako. Intervjuisao sam ga za članak."

„Da li ste tada upoznali i Boba Dejlija?"

„Ne. Samo princa."

„I, šta je rekao?"

„Ne mnogo toga, bar kad je reč o frakovanju. Dotle je već bio duboko depresivan. Mrzeo je Sandherst. Momak je očigledno bio gej i teško se s time nosio. Uz to, bio je otuđen od oca. A komandujući oficir mrzeo ga je iz dna duše."

„Frenk Dorijen...", promrmljala je Trejsi sebi u bradu.

„Rastužio sam se kad sam čuo da se ubio", kazao je Hanter zureći u vinski talog na dnu čaše. „Rastužio, ali ne i iznenadio. Bob Dejli rekao je isto za njega kada smo se kasnije upoznali u kampu u Slovačkoj. Taj klinac bio je namučena duša. Njih dvojica bili su prijatelji, verovali ili ne."

„Znam", prokomentarisala je Trejsi.

„U svakom slučaju, Ahil mi nikada nije ispričao mnogo o tom grčkom dogovoru u vezi s frakovanjem. Ipak, govorio mi je o Grupi 99. Kako se ispostavilo, bio je prilično oduševljen njome. Dok sam bio tamo, pokazao mi je sliku rukovodioca s kojim se ranije sreo – Alteje. Kao što vam je poznato, nije se radilo o najboljoj fotografiji, već o mutnoj i napola slikanoj iz profila. Međutim, bila je dovoljna da me potpuno zaprepasti."

„Zato što?"

„Zato što sam tada shvatio da je poznajem. I da će moja priča postati veća nego što sam ikada zamišljao."

TRIDESETO POGLAVLJE

„Njeno pravo ime glasi Ketrin Evans." Hanter se naslonio laktovima na sto i pogledao u Trejsi. „Kejt. Znao sam čim sam video njenu sliku kod Ahila. Išli smo zajedno u školu."

„U *školu*?" Trejsi se namrštila. „Ali mislila sam da ste pomenuli CIA?"

„Tako je. Međutim, znao sam je odranije, s Kolambije", objasnio je Hanter. „Pohađali smo istu grupu."

„Dakle, družili ste se?"

Hanterovo lice odavalo je nostalgiju. „Više od toga. Kejt je verovatno bila moja prva velika ljubav."

Trejsi je bila zadivljena. „Kakva je njena prošlost? Da li je na koledžu bila radikalna?"

Hanter se nasmejao. „Radikalna? Dovraga, ne. Ako ste iz školskog godišnjaka mogli da izaberete devojku za koju je najmanje verovatno da će se uplesti s organizacijom kakva je Grupa 99, onda bi to bila ona. Kejtina porodica poticala je iz Ohaja. Dobri ljudi, hrišćani, republikanci. Uz to imućni. Njen tata bio je vlasnik lokalnih novina, ali je najveći deo novca zaradio na Volstritu. Nepotrebno je reći da mu se ni najmanje nisam sviđao."

Trejsi je postavila očito pitanje: „Dakle, kako je ta fina, bogata devojka sa Srednjeg zapada dospela na listu najtraženijih u CIA?"

Hanterovo lice odjednom se smračilo. „Izgubila je sve", odgovorio je gorko. „Eto kako. CIA je uništila Kejtin život, pa je smislila da vrati uslugu."

Trejsi je čekala da Hanter objasni.

„Pošto smo Kejt i ja raskinuli, ona je počela da se zabavlja s momkom po imenu Danijel Heršovic. Otprilike godinu dana kasnije udala se za njega. Nisam dobro poznavao tog momka, ali svi su pričali da je Den divna osoba. Jaka, pouzdana. Sve što ja, u osnovi, nisam." Nakratko se osmehnuo. „Takođe, bio je ludački inteligentan, baš kao i Kejt. Ona je briljirala kad se radilo o kompjuterima – zbog čega su je i angažovali da vam uđe u trag – a Dena su smatrali nekom vrstom matematičkog genija. Oboje su regrutovani u Lengli pre nego što su završili postdiplomske studije."

Zbog načina na koji je Hanter to izneo, sve je zvučalo poput srećne priče. Zlatni, nadareni američki par koji se zaljubljuje i posvećuje živote svojoj zemlji. Pa ipak, nekako i negde duž puta između onda i sada priča se tragično završila. U strahoti i ubistvu i nesreći.

Upirući se da savlada emocije, Trejsi je upitala Hantera: „Šta se desilo? Šta je krenulo po zlu?"

„Nisam upoznat sa svim pojedinostima. Međutim, rezime glasi da je Den bio u Iraku, ubačen u neku tajnu misiju za agenciju. Kod kuće je nešto pošlo naopako – došlo je do nekakvog curenja bezbednosnih podataka – pa mu je identitet doveden u opasnost. Uspeo je da stupi u kontakt sa svojom vezom i uredio da se nađu u sigurnoj kući u Basri. Stigao je tamo, očekujući da ga prošvercuju iz zemlje. Umesto toga, sačekala su ga trojica Al Kaidinih operativaca, užasno su ga mučili i naposletku nasmrt pretukli."

Trejsi je rukom pokrila usta. „Oh, bože moj. Ali kako je Al Kaida saznala za sigurnu kuću?"

Hanter je slegnuo ramenima. „To pitanje je otvoreno. Kejt je oduvek ubeđena da se radilo o unutrašnjem poslu. Da je CIA prodala Danijela. U to vreme još je radila u Lengliju. Tvrdi da je provalila u dosijea, sve do direktorove kancelarije, i da ona dokazuju da su joj muža izdali i ubili. Ipak, sve je zataškano. Lekari su rekli da je ju je tuga poremetila, tako da je narednu godinu provela u obezbeđenoj ustanovi za mentalno obolele u gornjoj Virdžiniji."

„Isuse Hriste."

„Da. Bilo je loše. Mučila ju je patnja, uništila. Izdali su je svi kojima je verovala. Kako bilo, ona je verovala u to. I veruje i dalje."

Trejsi nije bila sigurna zašto je tako, ali verovala je u ono što joj je Hanter govorio. Po ono malo podataka koje je već znala o CIA i FBI-ju, i po načinu na koji je obaveštajna zajednica zbijala redove kad bi osetila da je pod pretnjom, priča o Kejt Evans zvučala je užasavajuće prihvatljivo.

„Kada je naposletku izašla iz bolnice, imala je cilj. Jedino za šta je marila bilo je da uništi CIA. Da naplati svakome ko je umešao prste u Danijelovo ubistvo i sve što je potom usledilo. To ju je odvelo do Grupe 99 i svega što se zatim desilo. Kejt nikada nije nasela na njihovu potpuno komunističku ideologiju o kažnjavanju bogatih. Oduvek je bila imućna. Grupa joj se sviđala, jer je izmicala CIA i koštala vladu Sjedinjenih Država milione dolara. Osim toga, Kejt je bila talentovana hakerka s neprocenjivo vrednim informacijama o načinima rada Agencije. Kejt je preobrazila Grupu 99 u planetarnu silu. Uzela je klimavu gomilu ljutitih klinaca iz sirotinjskih četvrti Atine, Pariza i Karakasa, pa ih organizovala, finansirala i nemilosrdno usredsredila na cilj.

Trejsi se zavalila u stolici. U nju su se uvukle prve sumnje.

„Zvučite kao da joj se divite."

„Tako je."

„Ali šta je s nasiljem? Ubistvom svih tih nedužnih ljudi?" Uz ogroman napor, Trejsi je iz uma izbacila Nikovo lice. „Šta je s predgrađem Neji?"

„To nije bila ona", odgovorio je Hanter. „Kejt je izričito zabranila napad na tu školu. Međutim, do tada je već izgubila kontrolu nad Apolonom – Argirosom – i njegovim pajtašima."

„Onda, Henri Kranston."

„Kranston je zaslužio da umre", glatko je izjavio Hanter. „Ipak, Kejt nije podmetnula ni tu bombu."

„Bila je tamo!", pobunila se Trejsi.

Hanter je odmahnuo glavom. „Namestili su joj. Kažem vam, nije ona."

„U redu", rekla je Trejsi. „Bob Dejli. Kejt je lično ovlastila njegovo smaknuće. Lično sam čula audio-zapis. Naredila je Argirosu da ga ubije. To je činjenica."

Hanter je teško uzdahnuo. „Znam da jeste."

„Pa kako onda možete da je branite? Mislila sam da vam je Bob Dejli bio prijatelj."

„Bio je. Priznajem, Kejt je pogrešila u vezi s njim."

Pogrešila? Nipodaštavanje je bilo toliko šokantno da Trejsi nije bila sigurna kako da odreaguje. *Pogrešila? Prosuli su mu mozak. Čoveku je eksplodirala lobanja!*

Hanter je iznenada ustao.

„Hajdemo napolje. Potrebno mi je da izađem na vazduh."

Trejsi je krenula nazad niz hodnik do salona istim putem kojim je prethodno i došla, pa izašla kroz dvokrilna vrata u vrt. U poslednjih sat vremena povetarac koji je osvežavao postao je hladan. Trejsi je zadrhtala u oskudnoj haljini. Brzo se vrativši unutra, Hanter je dograbio kašmirski prekrivač s jedne od fotelja i prebacio ga oko Trejsinih ramena, uopšte ne pridavši važnost činjenici da je ponela pištolj sa sobom i čvrsto ga držala u desnoj ruci. Počinjala je više da veruje Hanteru, ali postojale su granice.

„Hvala", rekla je Trejsi.

Hanter ju je na toliko načina podsećao na Džefa. Obojica su bili beskrajno šarmantni, ali su i jedan i drugi koristili svoj šarm da manipulišu drugima. *U ovom slučaju, mnome.* Bilo je bizarno to što je znala da se uljuljkava u lažan osećaj sigurnosti, ali, svejedno, dopušta da se to dešava.

Trejsi je pogodilo to što je Hanter pričao skoro ceo sat, pa ipak i dalje nije znala zašto ga je Grupa 99 kidnapovala niti kakva je njegova stvarna povezanost s njom. Što se tiče Kejt Evans i njene veze s Trejsi i Nikovom smrću, još je tumarala u mraku.

Ispod njih su mirne vode jezera Mađore svetlucale srebrnim crnilom. Iznad su se topole nadvijale i njihale poput mračnih džinova, a njihovi paperjasti prsti zloslutno su šuštali na vetru. Na drugoj strani jezera, svetla grada ljupko su namigivala. Nazirale su se udobne kuće, restorani i hoteli koji vrve od života, čitav jedan raspevani svet koji odiše sigurnošću, normalnošću i mirom.

Nalazi se samo tri kilometra preko vode, pomislila je Trejsi, *ali bi isto tako mogao biti i u spoljnom svemiru.*

Ona je sada živela u drugačijem svetu. U svetu mučenja i izdaja. Laži i tajni.

U svetu smrti.

Hanter je išao šljunkovitom stazom pored Trejsi. „Mislim da i dalje imate pogrešan utisak o meni, gospođice Vitni", kazao je. „Vaši prijatelji u Lengliju ubedili su vas da simpatišem Grupu 99. Da podržavam njihove ciljeve i odobravam njihove metode."

Zadigao je majicu i pokazao bolne ukrštene ožiljke, tragove biča, rane od noža i opekotine koji su u brazdama presecali njegove grudi, rebra i leđa.

„Lično sam iskusio metode Grupe 99. Verujte mi kad vam kažem, niko ih ne mrzi više od mene. Ti ljudi su me kidnapovali. Tukli su me. Ukrali su mi godinu dana života. Aleksis Argiros, nesumnjivo najveći sadista i najzlobnije ljudsko biće koje sam ikada upoznao, tamo je negde *baš sada*. Pokušava da mi uđe u trag i još nastoji da me ubije. A vi iskreno mislite da sam na njegovoj *strani*?"

„Mislim da ste na Kejtinoj strani", odgovorila je Trejsi tiho.

„To je nešto drugo." Hanterov glas zazvučao je preko. Prvi put te večeri Trejsi je u njegovom tonu čula ljutnju. „Kejt je bolesna. Bolesna je krivicom CIA."

„To nije opravdanje..."

„Verujem da jeste. CIA ju je mentalno slomila. Da nije, Argiros nikada ne bi bio u stanju da manipuliše njome na način na koji je to uradio."

Trejsi je zastala. „Kako to mislite?"

„Argiros je ubedio Kejt da je Bob Dejli radio za CIA. Da je bio deo udružene britansko-američke operativne grupe u Iraku koja je obmanula Danijela i ostavila ga tamo da umre. Kejt jeste naredila Bobovo pogubljenje, ali samo zato što je verovala da joj je ubio muža.

Po mom mišljenju, CIA, Argiros i njegovi siledžijski prijatelji imaju na rukama Dejlijevu krv. Argiros je taj koji je pretvorio Grupu 99 u nasilne teroriste, a ne Kejt. Poveo je svoju grupicu besnih momaka upravo tamo kuda je oduvek želela da ide."

Ljutiti dečaci... ko je još to rekao?

Trejsino sećanje pojurilo je nazad u Ženevu, na prvu večeru s Kameronom Kruom. Sada mu je čula glas kao da stoji tu pored nje: *Grupu 99 čini samo gomila besnih mladih ljudi... Oni se ne bore za cilj. Borba je njihov cilj. Okreću se nasilju zato što se zbog toga osećaju dobro. Prosto i jednostavno. Ja ih zovem* Izgubljeni dečaci.

Vratili su se unutra. Hanter je zatvorio dvostruka vrata za njima i navukao draperije. Zatim je otišao do šanka i vratio se s dvema kristalnim čašama s viskijem.

„Evo."

Jednu je dao Trejsi. Posmatrala ju je nekoliko trenutaka, ali činilo se da je vreme opreza prošlo. Sručila je piće u dva brza gutljaja, a zatim mu postavila pitanje koje joj se obrazovalo u umu sve vreme boravka napolju.

„Zašto su vas oteli? Radite na svojoj priči o frakovanju. Industriji se to ne sviđa. Vladi Sjedinjenih Država se ne sviđa. Ali Grupa 99 je na neki način na vašoj strani, pretpostavljam? Zašto su *vas* oteli?“

Hanter ju je pogledao s obnovljenim poštovanjem.

„E, dakle, gospođice Vitni, *to* je dobro pitanje. To je *to* pitanje, zar se ne slažete? Zašto me je Grupa 99 *zaista* otela?“

„A odgovor je...“

„Jednostavan. Mada bih više voleo da do njega sami dođete. Kidnapovan sam zato što je neko to naredio. Neko veoma bogat i veoma moćan. Neko ko je znao da sam mu za vratom i ko je imao mnogo toga da izgubi.“

„Nije reč o predsedniku Hejversu?“

„Ne, ne. Otmice su isuviše prljave. On bi uredio da me ubiju.“

„Kejt?“

Hanter je odmahnuo glavom.

Trejsi se namrštila. „Ko je onda?“

„Ja sam.“

I Trejsi i Hanter se okrenuše.

Kameron Kru opušteno je stajao u dovratku i široko se osmehivao. U jednoj ruci držao je piće, a u drugoj kolt pajton elit.

Bio je uperen pravo u Trejsinu glavu.

TRIDESET PRVO POGLAVLJE

„Molim te, odloži pištolj, draga."

Kameron se i dalje smešio Trejsi. Bio je to isti onaj opušteni, topao osmeh koji je pamtila iz Ženeve, i Njujorka, i s Havaja, i iz Pariza. Osmeh koji je činio da se oseća sigurno. Onaj koji ju je posle Nikove smrti vratio u život.

Istina je da Trejsi nikada nije osetila istu duboku strast prema Kameronu kakvu je imala sa Džefom. Ipak, Kameron joj je pružio nešto drugo u kratkom vremenu koje su proveli zajedno.

Zadovoljstvo.

Dobrotu.

Nadu.

Sada je Trejsi osećala da joj sve tri stvari klize kroz prste poput zrna peska.

„Tvoj pištolj, Trejsi. Spusti ga na sto, molim te. Polako."

Kameronov ton bio je smiren, čak nežan. Ali revolver je i dalje nepokolebljivo ciljao među Trejsine oči.

„Uradi kako zahteva", meko reče Hanter.

Kameron je gledao poput jastreba kako Trejsi ustaje i pažljivo stavlja pištolj na dnevni stočić od orahovine koji se nalazio odmah pored kamina. Sa svakim korakom borila se da se prilagodi novoj stvarnosti.

Kameron Kru nije njen zaštitnik.

Nije njen prijatelj.

Nije došao ovamo da je spase od Hantera Dreksela niti bilo koga drugog.

On je bio taj od kog je Trejsi trebalo da se spase.

„Hvala", kazao je. „A sada sedi. I ti."

Nemarno je cimnuo pištoljem prema Hanteru, koji je seo na kauč baš do Trejsi. Ako se Hanter bojao, nije to pokazivao. Prekrstio je noge i udobno se smestio, kao da su njih troje stari drugari koji su se okupili da ćaskaju pokraj ognjišta.

Kameron se obratio Trejsi: „Žao mi je što je došlo do ovoga, mila. Stvarno jeste. Nadao sam se drugačijem kraju. Međutim, kad si mi pobegla posle Pariza... kada si insistirala na tome da sama goniš Dreksela... zaista mi nisi ostavila nikakav izbor."

Trejsi je potisnula beznadežan poriv da prasne u smeh. Čitava situacija najednom je delovala toliko apsurdno. Njih troje tu, u toj veličanstvenoj sobi, poput likova u predstavi, igraju scenu. Osim što su svi dobili pogrešan tekst. Sada je Kameron glumio zlog teroristu, a Hanter pogrešno shvaćenog junaka.

A šta sam onda ja? Upitala se Trejsi. *Gospođica u nevolji?*

Ne bih rekla.

Kada je pogledala u Kamerona, u njenim očima nije bilo straha, samo radoznalosti. Konačno će saznati celu istinu.

„Dakle, to si bio ti?", upitala ga je. „Ti si naredio da kidnapuju Hantera?"

„Jesam. U retrospektivi, to je greška. Trebalo je da se postaram da ga ubiju. Međutim, čovek se uči dok je živ."

Trejsi ga nikada nije čula da tako govori, toliko bezobzirno. Kao da je sasvim drugačija osoba zaposela Kameronovo telo.

Je li ovo bio čovek kog je poznavala Šarlot Kru? Čovek na koga je pokušala da me upozori?

Da li je zbog toga Šarlot nestala?

„Dakle, ti si finansirao Grupu 99? Radili su za tebe?"

„Šljam poput Aleksisa Argirosa radiće za bilo koga ko im ispiše najveći ček. Njihova suština je pohlepa. Pohlepa i zavist lepo upakovane u socijalnu pravdu. Nije li tako, gospodine Dreksele?"

„Jeste. To je ono što sam saznao posle razgovora s princem Ahilom u Sandherstu", objasnio je Hanter Trejsi. „I Grupa 99 primala je mito. Čak su i takozvani dobri momci bili korumpirani. Kru oil posedovao ih je u potpunosti, a Apolon i njegovi saradnici od prvog dana nedvosmisleno su se ponašali kao banditi. Pažljivo su ciljali sve Kruove takmace, ali su njega poštedeli. Henrija Kranstona ubili su naročito zato da bi Kru na kraju dobio grčke gasne škriljce, i to po niskoj ceni."

„*Ti* si ubio Henrija Kranstona?" Trejsi više nije mogla da skriva zaprepašćenost. „Jesi li zbog toga bio u Ženevi?"

Kameron je slegnuo ramenima. „Ja sam biznismen. Štitim svoje poslovne interese."

„Raznošenjem rivala?"

„Ako je neophodno. Na tvom mestu, mila, ipak ne bih trošio suze na Henrija. Veruj mi, nije bio vredan toga."

Trejsi je piljila u njega. Nije progovorila ni reč, ali je njeno lice jasno govorilo: *Ko si ti?*

Kako je moguće da je toliko loše procenila čoveka, toliko užasno, fatalno, potpuno pogrešno?

Džef je pokušao da je upozori, ali je pretpostavila da je, jednostavno, ljubomoran.

Dugovala je Džefu izvinjenje.

Pitala se hoće li poživeti da se izvini.

„Raščistimo ovo", rekla je. „Hanter je znao da si kontrolisao Grupu 99?"

„Da."

„I da si je koristio za izvođenje napada na tvoje suparnike?"

„I na vlade, tamo gde je želeo da izvrši uticaj", prekinuo ju je Hanter, „uključujući vlade Sjedinjenih Država i Velike Britanije. Kameron je regrutovao Kejt u Grupu 99. Približio se Gregu Voltonu, prokrčio sebi put kao osobi važnoj za CIA, a zatim pomogao da se orkestrira razorni sajbernapad na sisteme Lenglija, kao i čitavo mnoštvo procurelih neprijatnih informacija o vladi."

„Ali... donirao si novac za izbornu kampanju Džima Hejversa", kaza Trejsi. „Podržao si ga."

„Otvoreno, jesam. Podržao je i on mene. Međutim, u politici nema ničeg takvog kao što je poverenje. A kad smo kod toga, ni u životu. Čovek mora da drži prijatelje blizu sebe, ali neprijatelje još bliže."

Hanter na to reče: „Onog dana kad su me kidnapovali, bio sam na putu ka Kruovoj kancelariji. Želeo sam da ga suočim s dokazima, da čujem njegovu stranu priče. Do tada sam već znao da Grupa 99 dobija velike injekcije gotovine iz izvora u Sjedinjenim Državama. Alteji – Kejt, kako sam kasnije saznao – namešteno je da izgleda kao ta osoba, ali je ona očito bila samo paravan. Brzo sam uvideo da sigurno postoji neko drugi iza nje, neko daleko imućniji i s mnogo većim dobitkom u najavi. Kru je odgovarao tom opisu. Njegovi interesi u industriji frakovanja čudesno su izbegli sve napade Grupe 99, a opet su svi njegovi protivnici trpeli teške gubitke. Kameron je imao i sredstva i motiv da kupi kontrolu nad Grupom 99, i upravo je to i učinio. U roku od dve godine Kru oil postao je najprofitabilnija kompanija na svetu, kada je reč o frakovanju."

Kameron je klimao glavom, uvažavajući Hanterov opis njegove velike srčanosti.

„I u vezi s tim bio je mudar", nastavio je Hanter. „Postarao se da razvije odlične veze s obe strane ograde. U Sjedinjenim Državama imao je CIA koja mu jede iz ruke. Već su ga smatrali svojim špijunom, pa im tako nijednom nije palo na pamet da ga provere. Što se tiče Hejversove administracije, Kruova kompanija dala je ogroman doprinos predsedničkoj kampanji. Uz to, u industriji frakovanja, Kamerona svi vide kao jednog od dobrih momaka. Ima sve te dobrotvorne i neprofitne organizacije..."

„Tako je", rekla je Trejsi i okrenula se Kameronu. I dalje se držala za slamku, pokušavajući da ponovo sastavi nešto od Kamerona Krua kakvog je upoznala, čoveka koji joj se dopao na prvi pogled. „Vraćao si. Jesi. Mario si za lokalne zajednice u kojima si radio."

On ju je sažaljivo pogledao.

„Kakva divna zamisao, Trejsi. Ipak, ne."

„Najveći broj davanja nije bio u dobrotvorne svrhe", obrazložio je Hanter. „Radilo se o fasadi. O operacijama pranja novca smišljenim da se finansiraju razne terorističke ili ekstremističke grupe, često sa suprotstavljenim ciljevima. Kruova politika bila je jednostavna: davao je gotovinu svima. Dakle, tu je bila Grupa 99 koja se naročito protivila jednom procentu najbogatijeg sloja, ali je Kameron isto tako podržavao i ekstremno desničarske, antiimigracione grupe. Davao je novac političkim separatistima, proislamskim organizacijama, antiislamskim grupama, republikancima, nacionalistima. Ideja je bila da se učini sve što je moguće, kako bi se destabilizovali ciljani regioni – a mogli bi biti svuda gde su postojala bogata nalazišta gasnih škriljaca: Poljska, Grčka, Kina i Sjedinjene Države – i da se ta politička neizvesnost zloupotrebi zarad isterivanja konkurenata. U mom tekstu to sam nazvao *ekonomijom haosa.*"

„Ekonomija haosa!" Kameron se ozario. „Vrlo dobro. To mi se sviđa."

„Bilo je genijalno", kazao je Hanter okrenuvši se ka Trejsi. „Funkcionisalo je. Naravno, bilo je i krajnje odvratno s moralnog stanovišta. Ovde prisutni Kameron predstavlja školski primer besramne gramzivosti. Ljudska nesreća i nedužna patnja drugih njemu ne znače ništa. Iskreno, ne bih mu dao ni da mi očisti cipele."

Samozadovoljni osmeh nestao je s Kameronovog lica.

„Poštedi me nadmenih predavanja", zarežao je na Hantera. „Prosta je činjenica da većina država nema pojma kako da profitira na vlastitim prirodnim izvorima. Ili nemaju infrastrukturu da to izvedu, ili im nedostaje politička volja. Frakovanje znači izgubiti glasače. Ipak, neko je nameravao da stvori bogatstvo iz svih tih gasnih škriljaca. To je bar bilo izvesno. Ja sam samo dao sve od sebe da se postaram da ću to biti ja."

„Finansiranjem ubistava i terorizma?", oštro mu je uzvratila Trejsi. „Pomaganjem sadistima i ubicama da preuzmu mirnu organizaciju kakva je bila Grupa 99?"

Kameron je prevrnuo očima. „Oh, molim te. Ne budi toliko naivna, dušo. Grupa 99 žudela je da nekome raznese glavu mnogo pre nego što sam ja naišao. Oduvek je nameravala da se okrene nasilju na kraju, s mojom pomoći ili bez nje. Argiros i njegovi ortaci su primitivne, krvožedne životinje. Pogledaj samo šta su napravili u predgrađu Neji. Pre ili kasnije počeli bi da ubijaju."

„A ti si se samo postarao da to bude pre", primetila je Trejsi zajedljivo, iako se u sebi osećala tužno i postiđeno.

Verovala sam ti! Zaljubila sam se u tebe. Bar sam mislila da jesam. Kako je ovo moguće?

Hanter je upitno pogledao Kamerona. Posle razmene s Trejsi, samodopadan osmeh mu se vratio.

„Shvataš li da si mentalno bolestan?", upitao ga je Hanter.

Kameron se malo okrenuo i uperio pištolj pravo u Hantera. „Tišina!", prasnuo je. „Nikoga ne zanima tvoje mišljenje. Sad vidiš zašto sam morao da sredim da ga kidnapuju", rekao je Trejsi. „Tu je bio taj arogantni nikogović, ovaj ženskaroš zavistan od kocke, koji je planirao da uništi ne samo mene već i moju kompaniju, sve za šta sam radio."

Hanter se nasmejao. Njegov nedostatak straha, izgleda, bio je smišljen da naljuti Kamerona. Delovao je. „Ti si psihopata."

„REKAO SAM TI DA ĆUTIŠ!“ Revolver je zadrhtao u Kameronovoj ruci. „Razgovaram s Trejsi, ne s tobom.“

„Nisam psihopata“, rekao je zatim njoj, najednom delujući ranjivo. „Bar nimalo više od tebe. Nimalo više od bilo koga ko je prošao ono što smo mi prošli i ko shvata da više nema šta da izgubi. Sve se promenilo posle Markusove smrti.“

Na delić sekunde Trejsino srce osetilo je saosećanje prema njemu i ponovo je osetila usklađenost s njim. Stara povezanost među njima, varnica koja je tako neočekivano planula u Ženevi, sada se vratila. Kameron je izgubio Markusa, a Trejsi Nikolasa. To je bilo dovoljno da ih zbliži, da ih na neko vreme emocionalno sjedini. Zato što je u Trejsinom životu jedno vreme postojao samo gubitak Nikolasa. Jedini događaj, jedini osećaj, jedina misao, jedina svrha njenog postojanja. Kameron ju je pronašao u tom momentu – ili je ona pronašla njega? – i uklopili su se poput dva dela mozaika.

Ipak, više ne.

Nije se radilo samo o tome da Kameron, očigledno, nikada nije bio čovek kakvim ga je Trejsi smatrala. Da je poremećen i opasan, da je ubica. I Trejsi je bila drugačija.

Bol usled Nikove smrti nikada je neće napustiti. Međutim, to više nije bilo jedino. Tamo je postojao čitav svet, prepun drugih ljudi, drugih života, drugih nada i snova. Trejsi možda te ljude nije poznavala. Ali bili su važni. Čovečanstvo je važno. Istina je važna. Bar njoj.

Kameron je nastavio.

„Pre Markusove smrti imao sam život izvan posla. Ali kasnije je Kru oil bio jedino što mi je preostalo. Ljudi pričaju o moralnosti, o pravdi, o dobrom i lošem, o *bogu.*“ Frknuo je podrugljivo. „Sve su to gluposti. Život i smrt su proizvoljni. Kada je Markus umro, spoznao sam da nema boga. Nema pravde. Nema ispravnog i pogrešnog. Nema milosti. Nastavljanje s takvim ponašanjem kao da svega toga ima, jednostavno bi bilo... iracionalno.“

Molećivo je pogledao Trejsi, kao da želi da je nagna da razume.

„Pričaj mi o Alteji“, zamolila ga je Trejsi u pokušaju da dobije na vremenu. „O Kejt Evans. Ti si je regrutovao?“

„Jesam. Upoznali smo se na konferenciji u Njujorku. Pogled u njene oči nalikovao je na pogled u ogledalo.“ Kameron je čežnjivo uzdahnuo.

„Ne poput tebe i mene. Nije bilo nikakve fizičke privlačnosti. Ipak, odmah sam prepoznao Kejtin očaj. Njenu potrebu da se bori protiv sveta koji joj je oduzeo jedino za šta je marila. Ta žena nije brinula da li će poginuti od metka. Nije je se ticalo šta joj se dešava. Moj cilj bio je Kru oil. Kejt je uništavala CIA. Međutim, razumeli smo se međusobno, Kejt i ja. Bila je spremna da sledi moja uputstva, bar u početku."

„Jesi li joj rekao da mi ubije sina?" Trejsi se zagledala u Kamerona, prisilivši se da govori mirnim glasom.

„Ne!" Zvučao je iskreno zgroženo. „Svakako nisam. Nisam imao ništa s Nikovom nesrećom, Trejsi. Moraš da poveruješ u to."

Trejsi mu je proučavala lice, tražeći bilo kakav nagoveštaj. Da li je poverovala? Nije znala. Više ništa nije znala.

„Razmisli o tome", dodade Kameron. „Zašto bih lagao?"

„Zato što je to ono čime se baviš?", umeša se Hanter.

Kameron se besno okrenuo. U jednom užasnom trenutku Trejsi je pomislila da će ubiti Hantera na licu mesta. Međutim, uzdržao se. Makar je za nekoliko trenutaka bio više zainteresovan za Trejsi.

„Posle pogubljenja Boba Dejlija potpuno sam izgubio kontakt s Kejt", produžio je. „Grupa 99 za mene je već odslužila svoje. Nemam predstavu zašto je Kejt odlučila da te uvuče, a iskreno bih voleo da nije. Ono što smo imali bilo je stvarno, Trejsi. Ta noć u Ženevi. Havaji... Razvio sam osećanja prema tebi. Prava osećanja. Osećanja za koja sam mislio da ih nikada više neću doživeti."

Trejsi je podigla ruku. „Molim te, nemoj."

„Istina je. Pokušao sam da te zadržim u blizini. Da kontrolišem situaciju. I dalje sam se nadao da ću te nekako poštedeti. Ali, kada su Britanci uveli Džefa Stivensa i vas dvoje počeli da se približavate Drekselu, shvatio sam da nema nade. Čim pronađeš Hantera, on će ti izneti istinu o meni. A ti bi se postarala da priča bude objavljena. Nisam mogao da dopustim da se to dogodi. Ipak, stvarno sam te voleo, Trejsi. Želeo sam da..."

Pre nego što je stigao da završi, Hanter je poleteo s kauča poput rakete. Uz parajuću buku koja je predstavljala napola krik, a napola riku, bacio se na Kamerona. Trejsi je kao na usporenom snimku gledala kako Hanter leti kroz vazduh, s glavom nadole i ispruženih ruku pred sobom, u nameri da dograbi Kameronov pištolj isto onako kako se ragbista ustremljuje na loptu.

To je bilo toliko neočekivano da je Kameronu bio potreban delić sekunde duže da odreaguje, nego što bi odreagovao inače.

Medutim, zatečenost nije potrajala.

Trejsi je videla kako se Kameronov izraz lica menja iz iznenađenog, preko ljutitog, do odlučnog. Tada je odjeknuo pucanj nalik na jedan jedini prasak groma.

Metak je pogodio Hantera iz tako velike blizine da se činilo kako se zaustavio u vazduhu, kao da je neko aktivirao zamrzavanje slike na filmu, ili da je neka nevidljiva ruka posegnula nadole i zgrabila ga odozgo. Potom je, poput vreće pune kamenja, tresnuo o pod.

Trejsi je užasnuto zurila u njega.

Ležeći na leđima, s potpuno raširenim rukama, Hanterove beživotne oči prazno su piljile gore, u ništavilo.

TRIDESET DRUGO POGLAVLJE

Nije bilo vremena za suze. Nije bilo vremena za šok. Nije bilo vremena ni za šta.

Hanter Dreksel bio je mrtav, i to za nekoliko sekundi. Biće i Trejsi.

Njen pištolj i dalje se nalazio na dnevnom stočiću, oko šest metara daleko. Više u očajanju nego s nadom, potrčala je prema njemu.

„O, ne, nećeš."

Kameron je jurnuo za njom i uspeo da je uhvati za nogu. Trejsi je osetila da pada napred sa istim onim utiskom usporenog snimka koji ju je držao u minutu agonije koji je prethodio ovome, kao da sa strane posmatra šta se dešava nekome drugom, a ipak je sasvim bespomoćna da to spreči. Bolno je tresnula glavom o sto. Krv joj je potekla niz čelo u oči, delimično je oslepivši. Kameron je pojačao stisak držeći je za noge, dok je Trejsi očajnički grebla da dohvati oružje. Nekim čudom zgrabila ga je i stegla hladan metal u borbi za goli život. Ali nije bilo šanse da puca. Kameron je sada bio iznad nje, pritiskajući je celom težinom uz tvrdo drvo stola, lomeći je i istiskujući vazduh iz njenog tela poput vazduha iz starog meha. Krv, topla i gusta, curila joj je iz duboke posekotine na čelu.

„Ne opiri mi se, Trejsi. Ne otežavaj."

Trejsi je osetila Kameronov dah u uhu i dobovanje njegovog srca uz njena leđa.

Uspela je da se malo izvije u jednu stranu, tek toliko da zabije koleno u Kameronove prepone. Bio je to potez koji je pre mnogo godina naučila od Ganterovog prijatelja Taj Lija, stručnjaka za borilačke veštine, za koga je Ganter smatrao da i ona i Džef treba da ga upoznaju.

„Samoodbrana može biti važna u vašem poslu, dragi moji", rekao im je tada Ganter. „Provedite nekoliko sati s Tajem. Nećete zažaliti."

Bilo je to davno. Trejsi se još sećala kako su Džef i ona umirali od smeha tokom časova učitelja Lija. Taj Li bio je star i smežuran, s licem nalik na ukiseljeni orah – mada je, kako je Džef rekao, orah imao više smisla za humor. Starac je džudo shvatao *vrlo* ozbiljno, oštro izdajući instrukcije Trejsi i Džefu, poput vodnika u centru za borbenu obuku. Trejsi se nije sećala skoro ničega od onoga što ju je učio. Ali zapamtila je ovaj naročiti pokret i bio joj je od koristi više nego jednom.

Kameron je zacvileo od bola i skotrljao se s nje. U toj borbi pištolj mu je ispao na pod. Trejsi ga je šutnula u stranu, poslavši ga preko parketa poput paka na klizalištu.

„Kučko!", prosiktao je. Bol ga je razbesneo.

Bilo je sada ili nikada. Uperivši pištolj u Kameronovu nogu, Trejsi je opalila. Međutim, ovog puta bio je prebrz za nju. Odgurnuo joj je ruku nagore tako da joj je pištolj izleteo iz ruke, a metak se beskorisno zario u tavanicu. Komadi maltera pali su odozgo kao sneg. Zatim ju je Kameron zgrabio za ramena. Pritiskao ju je na sto, ali ovog puta leđima nadole, tako da je gledala u njega. Znoj mu je curio s čela i kapao po Trejsinoj koži. Njegovo lice, isto ono lice koje je volela i koje je s njom vodilo ljubav pre samo nekoliko sedmica, sada je bilo neprepoznatljivo, iskrivljeno u ružnu kombinaciju gneva i bola. Plava kosa zalepila mu se za teme poput psećeg krzna.

On jeste pas, rekla je Trejsi sebi. *Životinja, divlja, smrtonosna i lišena saosećajnosti.*

Šake su počele da mu se sklapaju oko njenog vrata, a prsti se uvijali oko dušnika poput boe. „Žao mi je, Trejsi", rekao joj je šišteći usled napora da je zadrži pod sobom. „Nikada ovo nisam želeo."

Na sopstveno iznenađenje, Trejsi je osetila kako je preplavljuje panika nalik na ledeni talas.

Bezbroj puta od Nikove smrti rekla je sebi da se više ne boji za sopstveni život. Ali sada, dok se Kameronov stisak pojačavao, a ona se borila i grabila vazduh, instinkt samoodržanja preuzeo je vlast. Bila je uplašena, i ljuta.

Ko je taj čovek da joj oduzme život?

Ko je on, Kameron Kru, da odluči ko će da živi, a ko da umre? Čiji su životi važni, a čiji nisu? Koje istine treba da se iznesu, a koje da se sakriju?

Ne. Trejsi to neće dozvoliti!

Ali nije mogla ništa da preduzme.

Mlatila je nogama divlje, beskorisno. Njene ruke, prikovane Kameronovim kolenima, jadno su se uvijale i trzale po svojoj volji, u groteskno plesu smrti. Na usta joj je izbila pena dok se uzaludno batrgala da se oslobodi stiska koji ju je davio, a snaga joj je slabila sa svakim novim trenutkom bez kiseonika. Trejsi je osetila da joj se oči kolače i da joj krv juri kroz lobanju kao da će joj glava svakog časa eksplodirati. U filmovima je davljenje bilo brzo, nekoliko sekundi borbe, a zatim mir. Međutim, ovo uopšte nije bilo tako. Nije se onesvestila. Umesto toga, nije mogla da učini ništa osim da podigne pogled i posmatra čoveka koga je jednom volela, kako je ubija polako i bolno, a napor da iz nje istisne život bio je vidljiv u njegovim raširenim nozdrvama i ružnim venama koje su poiskakale.

Besan na sebe što mu je trebalo toliko vremena, Kameron je počeo da je divljački drmusa, onako kako terijer trese pacova stisnutog u vilici. *Pokušava da mi slomi vrat*, pomislila je Trejsi. Zamislila je kako joj mozak odskače i udara o zidove lobanje, nalik na meku pulpu u unutrašnjosti kokosovog oraha. Bol je bio grozan, neizdrživ. Nije više mislila o preživljavanju. Samo je želela da se agonija okonča.

A onda se, tek tako, to i desilo.

Nije se čuo nikakav pucanj. Bar ga Trejsi nije registrovala. Umesto toga hitac je zvučao tek kao kretanje vazduha, nežno *fiju*, kao da joj je neko – bog? – poslao poslednji milostivi poljubac.

Kameron Kru širom je otvorio oči u zaprepašćenju. Zatim se sručio preko Trejsi, a ruke su mu skliznule s njenog vrata i visile uz telo, poput lutkinih.

Poslednje čega se Trejsi sećala bila je nepodnošljivo bolna senzacija upliva vazduha u pluća, koja su vapila za kiseonikom, osećaj gutanja pune šake žileta.

Posle toga izgubila je svest.

TRIDESET TREĆE POGLAVLJE

LONDON, TRI MESECA KASNIJE

Trejsi je šetala vrtovima Kensingtona, uživajući u jesenjoj lepoti parka i neočekivano toplom septembarskom suncu koje joj je obasjavalo leđa. Nosila je prugaste pantalone uvučene u jahaće čizme, mornarskoplavi džemper s odgovarajućom plavom ešarpom s odštampanim sidrima i raskopčani strukirani mantil. Tamna kosa sada joj je dopirala do ramena, što je bilo najduže otkad je Nik nastradao, a jagodice su joj bile rumene od zdravlja. I dalje je bila mršava – previše mršava prema rečima lekara – ali telo je počelo da joj se zaobljava na kritičnim mestima. Nije više bila kostur kao u junu, u jeku potrage za Altejom i Hanterom Drekselom.

Bio je vikend, kasno jutro. Londonska deca ponovo su krenula u školu, a njihovi roditelji na posao posle dugih letnjih meseci. Ipak, park je i dalje bio prepun. Ljudi iz kraja šetali su pse, treneri se zagrevali s polaznicima ispod bukovih krošnji, penzionisani parovi besciljno šetali s rukom u ruci ili pak čitali novine na drvenim klupama napravljenim od letava. I, naravno, sveprisutni turisti okupljali su se u brbljive grupice oko palate, nadajući se da će baciti koji pogled na Vila i Kejt, ili da će makar imati šansu da snime selfi ispred građevine koja je nekada bila londonski dom princeze Dajane.

Trejsi se i ovde osećala kao kod kuće. U tom parku. U tom gradu.

Oduvek je volela London. Nikolas je tu začet i, mada je ubrzo posle toga pobegla iz grada progonjena propalim brakom sa Džefom, sada je znala da je deo svog srca ostavila tu. Kolorado je predstavljao novi početak, novi život za nju i Nika. Zahvaljujući Blejku Karteru, i to je bio srećan period njenog života. Međutim, budući da Nika više nema i da je njen rad za CIA priveden kraju, došlo je vreme da otpočne novo poglavlje.

Trejsi je koketirala s idejom da se vrati u Nju Orleans, u kome je odrasla. Ili pak u Filadelfiju, gde je jedno kratko vreme kao mlada bila srećna. Pre majčinog samoubistva. Pre zatvora, i Džefa, i Nikolasa. Pre početka njenog stvarnog života. Međutim, London joj se obraćao najsnažnijim glasom, London koji ju je, činilo se, pozivao kući.

Popevši se uz brdo iz Ulice Kensington haj, Trejsi je zaobišla palatu, skrenuvši ulevo duž staze koja je vodila prema igralištu Memorijal princeze Dajane i Noting Hilu u pozadini. Čovek u staromodnom kaputu od tvida ustao je s jedne od klupa i mahnuo joj dok se približavala. Trejsi je uzvratila mahnuvši, i ubrzala korak prema njemu.

„Lepo je od vas što ovo radite." Pozdravila ga je toplo, uz zagrljaj. „Sigurna sam da imate mnogo važnijih obaveza danas, nego da idete sa mnom na ručak."

„Važnijih od ručka s Trejsi Vitni?" General-major Frenk Dorijen podigao je čupavu obrvu. „Ne bih rekao. Nikako ne mogu da smislim ništa zabavnije. Hoćemo li?"

Savio je ruku u laktu, ponudivši Trejsi da ga uhvati podruku. Bio je to staromodni gest, kavaljerski i, Trejsi je to sada znala, tipičan za Frenka. Stidela se pri pomisli na to koliko je pogrešila u vezi s njim.

Nije imao ništa sa smrću princa Ahila, iako je priznao da mu se momak nije dopadao.

„To nije bilo ni u kakvoj vezi s njegovim seksualnim opredeljenjem. Na to nisam davao ni pet para. Ono što nisam mogao da mu oprostim bila je podrška koju je davao Grupi 99, posebno zbog njegovog porekla. Čak i pre nego što su se okrenuli nasilju, prezreo sam sve za šta se zalagala Grupa 99. Zavist i ogorčenje zaodenuti u društvenu pravdu. Međutim, rukavice su zaista skinute tek posle kidnapovanja Boba Dejlija, bar ako se ja pitam. Bob je bio divan čovek i Ahilov prijatelj. Kako je mogao da nastavi da flertuje s njima posle..." Frenk je ljutito odmahnuo glavom.

Frenk je spasao Trejsi život u Vili Mišel. Frenk je ubio Kamerona Krua i stavio tačku na vladavinu terora. Kasnije je objasnio Trejsi kako su on i njegovi nadređeni u MI6, sve do premijerke, posumnjali da i Kameron Kru i vlada Sjedinjenih Država igraju dvostruku igru u pogledu Grupe

99. Takođe, popunio je neke njene praznine zaostale posle smrti Hantera Dreksela o motivacijama Kejt Evans da uopšte uplete Trejsi u sve ovo.

„Kao što znate, Kejt je bila deo američkog tima zaduženog da vam uđe u trag još dok ste se vi i Džek nalazili u vrhu svih lista traženih osoba. Oduvek se divila vašoj genijalnosti, vašoj sposobnosti da uvek budete korak ispred Agencije. Mislim da je u vama počela da gleda znamenitu osobu. Nekoga ko je nadmudrio CIA u njenoj sopstvenoj igri, i pobedio. Recimo, neku vrstu antiheroja. Divila vam se."

„Pokazivala je to na čudan način", rekla je Trejsi.

Frenk Dorijen slegnuo je ramenima. „Nije bila mentalno zdrava. Ne smete to da zaboravite."

S jedne strane bilo je dobro znati sve to. Krug je konačno zatvoren. Međutim, s druge strane, Trejsi se osećala lišenom svih informacija. Možda nikada neće saznati ko je odgovoran za Nikovu smrt. Frenk Dorijen bio je potpuno ubeđen da Kejt nije učinila ništa što bi ga povredilo.

„Nema ni najmanjeg dokaza koji je povezuje s tom nesrećom", kazao je Frenk Trejsi. „Zaista smo ubeđeni, onoliko koliko je moguće, da je u to vreme bila u Evropi. Greg Volton izmislio je sve te gluposti kako bi vas motivisao da mu pomognete."

„Dakle, ako nije Kejt, ko je onda?", upitala je Trejsi.

Frenk ju je obzirno uzeo za ruke. „Možda nije niko. Možda je to stvarno bila nesreća, Trejsi."

Za nju je to sada predstavljalo najteži deo. Živeti s tolikim *možda*.

Ipak, tog dana život je delovao vedro, a budućnost moguća. Trejsi i Frenk polako su šetali parkom. Ona se zvanično potpuno oporavila od mučenja na jezeru Mađore. Ipak, lekari su je upozorili na to da bude obazriva i prvi put sledila je njihov savet. Napori koje je pretrpela u poslednjih šest meseci ostavili su posledice kojih Trejsi nije bila svesna dok se sve nije završilo.

Sada je bila nevoljno primorana da prizna da joj više nisu dvadeset tri godine. Stres i iscrpljenost nisu od nje više odskakali poput oblutaka koji se odbijaju od površine reke. Pogađali su. I stvarali bol.

„Divno izgledate", reče Frenk. „Vrlo francuski."

Trejsi se osmehnula. „To je zbog ešarpe."

„Pristaje vam."

Nekoliko minuta hodali su u prijatnoj tišini. Trejsi se naslanjala na Frenka kao mladica drveta koja se povija na vetru. Onda je rekla: „Znate, mislim da vam dosad nisam propisno zahvalila."

„Za šta?"

Trejsi se nasmejala. „Za to što ste mi onog dana spasli život. Da se niste pojavili... da niste ubili Kamerona..."

„Da, dobro", uzvratio je osorno Frenk Dorijen. „Uopšte nisam smeo da dozvolim da sve ode toliko daleko. Nismo smeli da izgubimo vaš trag."

„Mislite, Džef nije smeo da ga izgubi", ironično je primetila Trejsi.

„Ne, ne", odgovori Frenk. „To ne prihvatam. Ja sam bio vođa tima. Preuzimam punu odgovornost."

Trejsi pomisli: *Britanac je. Tako ograničen i rezervisan. Ne daj bože da pokaže neku emociju ili prihvati zasluge za svoj heroizam.*

Već su u tom času stigli do vrha brežuljka. Frenk ju je poveo do prazne klupe, da Tresji može da povrati dah.

„Pretpostavljam da ste ovo videli?"

Predao joj je primerak najnovijeg *Tajmsa.*

„Nisam!" Trejsi ga je s oduševljenjem prihvatila. „Mislim, pročitala sam tekst na internetu, očito, ali nisam videla prave novine. Sve su ih trafike već rasprodale kad sam pored njih prošla."

Niko se nije više zapanjio od Trejsi kad je saznala da je Hanter Dreksel još živ – da je preživeo Kameronov direktni hitac one noći u vili. Naposletku, gledala je svojim očima kako Hanter pada i videla njegov prazan pogled. Da ju je neko pitao, Trejsi bi se zarekla da je mrtav. Međutim, očigledno je tokom večere nosio zaštitni prsluk ispod odeće kako bi se, ironično, zaštitio od *nje*, a ne od Kamerona Krua. Svejedno, prsluk mu je sačuvao život.

Trejsi je doživela olakšanje zbog toga što je Dreksel živ. Međutim, i dalje je prema njemu gajila pomešana osećanja i nije sa sigurnošću mogla da kaže kome je lojalan. Odbio je da kaže agenciji MI6 bilo šta u vezi s lokacijom Kejt Evans, i odlučno tvrdio da treba da izmakne pravdi za ubistvo Boba Dejlija – njegovog navodnog prijatelja – kao i za ostale sajbernapade Grupe 99 koje je organizovala. I mada nije umešan u smrt Sali Fejers niti Elen Fobur, po Trejsinom mišljenju, oporavio se od oba ta tragična događaja na način koji mu nije išao u prilog, niti je budio poverenje.

S druge strane, prošao je kroz pakao i mnogo rizikovao da privede Kru oil pravdi i iznese istinu i o industriji globalnog frakovanja i o Grupi 99.

Nažalost, to nije bila cela istina.

Trejsi je nestrpljivo otvorila novine i preletela preko prve četiri strane, od kojih su sve bile posvećene Hanterovom članku. Sadržao je mnogo iznenađenja, ali je Trejsi najviše zaprepastilo sve ono što je izostavljeno.

Nije bilo pomena o uključenosti predsednika Hejversa u dela korupcije, a još manje nagoveštaja o nespretnom pokušaju spasavanja u Slovačkoj. Umesto toga, plasirana je lažna priča o Hanterovom bekstvu za vreme premeštanja iz jednog kampa Grupe 99 u drugi. Što je još gore, tvrdio je da je radio *zajedno* sa CIA dok je bežao od Grupe 99, i pomagao da se namami u zamku vođa grupe Aleksis Argiros, alijas Apolon, što je dovelo do njegove pogibije posle napada dronom. Imena i lokacije uskraćeni su kao „poverljivi", što je priču činilo prikladno neproverljivom. U međuvremenu su Greg Volton i njegov tim izašli iz svega nevini, dok je Hanter pozdravljen kao junak.

Trejsi je odmahnula glavom. „I dalje ne mogu da verujem da je izdao."

„Oh, ja to ne bih baš tako nazvao", kazao je Frenk. „Hejversova administracija nikada nije bila toliko loša kako ju je Dreksel prikazao. Naposletku, sve što im se može pripisati jeste nekoliko nezvaničnih dogovora za promovisanje interesa Sjedinjenih Država, zaključenih rukovanjem. Nismo ni mi bolji."

„Sigurna sam da jeste", reče Trejsi. „Ali neko to tako treba i da kaže!"

„Sali Fejers je pokušala", podsetio ju je Frenk. „Pogledajte šta joj se desilo."

Trejsi mu je vratila novine. Krenuli su dalje.

„Mislite li da su Amerikanci ubili Sali?", upitala je Trejsi.

Frenk je odmahnuo glavom. „Ne. Prilično smo uvereni da je Kru naredio ubistvo u Brižu. I Elenino. Hanter je u obe imao poverenja, znate."

„Kejt nije spomenuta u tekstu", kazala je Trejsi. „Posle svega kroz šta smo prošli! Čak i ne govore o Alteji."

„Dreksel je insistirao na tome da bude van ovoga." Prvi put da je Frenk zazvučao podjednako besno koliko i Trejsi. „To je bila njegova *usluga za uslugu*, da bi ćutao o Slovačkoj i predsedniku. Znamo da joj je dao više od milion dolara od novca zarađenog pokerom, verovatno da negde započne novi život. Na kraju, u svačijem je interesu bilo da se zaboravi na

Kejt, a usredsredi na Argirosa. Napad dronom na Apola bio je uspešan. Puštanje Alteje da se izvuče iz mreže bio je propust. S Kruom i Argirosom koji su mrtvi, Grupa 99 potpuno je sasečena. Hanter Dreksel je heroj, kao i predsednik. Svi su pobednici."

„Kažite to udovici Boba Dejlija", ogorčeno je uzvratila Trejsi. „Ili roditeljima one jadne dece u francuskom kampu."

„Slažem se, draga moja", reče Frenk. „To nije pošteno. A opet, život je retko fer, zar ne? Ah, evo nas – Še Patrik. Nadam se da ste gladni."

Skrenuli su za ugao i obreli se u ljupkoj kaldrmisanoj uličici. Nekoliko metara ispred njih nalazio se izuzetno lep francuski restoran s plavo-belom platnenom tendom razvučenom iznad stolova u bašti, jednostavnim pletenim stolicama i prozorskim sandučićima punim turskih karanfila smeštenim iznad otvorenih vrata. Fantastičan miris belog luka i belog vina doplovio je niz uličicu prema njima, učinivši da Trejsi pođe voda na usta.

Unutra je vrvelo kao u košnici. Neki vremešni Francuz uzeo je Trejsin mantil i ešarpu. Krenuo je da pomogne Frenku s njegovim teškim kaputom od tvida, kad je generalu zazvonio telefon.

„Izvinite", nemo je rekao Trejsi, pa izašao napolje. „Uđite. Neću dugo."

Ostavivši ga da obavi razgovor, Trejsi je pratila šefa sale kroz restoran. Krivudajući između stolova zastrtih kariranim stolnjacima i pored gostiju koji su jeli uz čavrljanje, stigla je do stola skrivenog iza ugla u maloj zasebnoj prostoriji.

Džef Stivens podigao je pogled i osmehnuo se.

„Zdravo, Trejsi."

TRIDESET ČETVRTO POGLAVLJE

Trejsi se okrenula i izjurila iz restorana.

Pogledala je duž kaldrmisane ulice, tražeći Frenka Dorijena. Ali Frenka nije bilo.

Smestio mi je. Skot mi je smestio.

Dok se okrenula, Džef je stajao napolju. U tamnom odelu koje mu je savršeno isticalo sive oči i s talasastom crnom kosom razbarušenom vetrom, izgledao je isto onoliko zgodno kao onog dana kad ga je Trejsi prvi put srela u kupeu voza na putu za Sent Luis. Trejsi se sećala tog prvog susreta kao da se desio juče. Upravo je izvela svoj prvi posao u karijeri, opljačkavši dragulje Lois Belami za pokvarenog njujorškog juvelira Konrada Morgana. Džef, koji se predstavio kao agent FBI-ja Tomas Bauers, nasamario ju je da mu ih preda, a Trejsi je njega nasamarila zauzvrat.

Ali, naravno, to nije bilo juče. Decenije su prošle od tog putovanja vozom. Decenije avantura i uzbuđenja, ljubavi i gubitaka, izuzetne sreće i nepodnošljive patnje. Nikolasovi život i smrt ležali su među njima onda i sada, nepremostivi veliki kanjon tuge koji Trejsi nikada neće preći, bez obzira na to koliko želela.

„Molim te“, rekao je Džef pomirljivo. „Nemoj da pobegneš. Ručaj sa mnom.“

„Ne mogu da verujem da je Frenk ovo uradio“, besno je promrmljala Trejsi.

„Ne smeš njega da kriviš“, reče Džef. „Preklinjao sam ga. Rekao sam mu da moram da te vidim.“

„A ja sam mu rekla, vrlo jasno, da ne želim da vidim tebe“, uzvrati Trejsi.

Izraz povređenosti na Džefovom licu bio je poput udarca u stomak. Smekšavši ton, Trejsi kaza: „To nije dobra ideja. Znaš da nije."

„To je samo ručak."

Trejsi ga je rečito pogledala. Kada se radilo o njih dvoje, nije postojalo nešto takvo kao što je „samo ručak", i toga su oboje bili svesni.

„Moramo da porazgovaramo", pritisnuo ju je Džef.

Trejsi se ustezala samo sekundu, a Džef se osmehnuo. Znao je da je njegova.

Hrana je bila izvrsna. Ništa previše bogato i kremasto, kakva francuska jela nekada umeju da budu. Trejsi je naručila salatu od malog jastoga koja je imala božanstven ukus, a Džef se opredelio za hranljivi kotlet s pomfritom koji je spirao dobrim burguncem za hrabrost.

Znao je da će mu biti potrebna.

Prvih pola sata pričali su o slučaju. O Hanteru i Kejt, i napadu dronom koji je ubio Aleksisa Algirosa. O industriji frakovanja, korupciji i dvoličnoj prirodi političara.

„Kada bi samo više ljudi bilo iskreno poput nas, eh, draga", našalio se Džef.

Trejsi je volela njegov smisao za humor i zavidela mu je na tome. Priželjkivala je da još može da se smeje svetu onako kako je to činio Džef. Nekada se mnogo smejala.

„Volim te, Trejsi."

Trejsi se cimnula unazad kao da ju je nešto ubolo. Ovo je došlo toliko izvan konteksta, veoma neočekivano. Pogledala je Džefa gotovo ljutito.

„Prestani."

Džef ju je netremice gledao u oči. „Zašto?"

„Znaš zašto. Nikada ne bi funkcionisalo."

„Zašto ne bi?"

„Zato što smo potpuno nekompatibilni!"

„To je nebuloza. Potpuno smo kompatibilni."

„Izluđujemo jedno drugo", dodala je Trejsi.

„Znam." Džef se ozario. „Nije li to divno?"

Trejsi je na to morala da se osmehne. Ipak, vedro raspoloženje nije dugo potrajalo. Džef se pružio preko stola i uzeo obe Trejsine ruke u svoje.

„Pričaj mi o Nikolasu."

Trejsi se namrštila. „Kako to misliš? Šta da ti pričam?"

„Sve. Kako je izgledao kad se rodio. Koje su mu bile omiljene žitarice za doručak. U kom je položaju spavao."

„PRESTANI!" Trejsi je divlje odmahnula glavom. Pokušala je da izvuče ruke, ali je Džef pojačao stisak. Ostali gosti okrenuli su se da ih pogledaju. Bilo je mučno gledati Trejsi kako se upreže i migolji da se skloni od njega, nalik na insekta čija je krila dohvatila vatra.

„Ne mogu da pričam o njemu", preklinjala je. „Ne s tobom. Ne ovako."

„Kako?"

Trejsi je s mukom progutala. „Kao da je još živ."

Zurila je u stolnjak, izbegavajući Džefov pogled. Dao joj je nekoliko minuta, pa ponovo posegao za njenom rukom.

„Možeš da pričaš o njemu, Trejsi. Moraš da pričaš o njemu", rekao je nežno. „Ako ne pustiš tu tugu napolje, naposletku će te ubiti. Otrovaće te potpuno, kao kiselina iz akumulatora. Kao što je otrovala Kamerona Krua."

Trejsi ga je oštro pogledala. „Možda je to ono što želim. Možda želim da me ubije."

Džef na to reče: „Ne verujem. Znaš da Nik to ne bi želeo."

Trejsi je ljutito otrla suze. „Ti ne razumeš, Džefe. Ako oslobodim bol, ako pustim da izađe, bojim se da ću pustiti i *njega.*"

„Nikada ga nećeš pustiti", kaza Džef. „Neće nijedno od nas."

„Da, ali..."

„Ovde se ne radi samo o tebi, Trejsi!", presekao ju je Džef, ne baš srdito, već pre ogorčeno. Očajno. „*Ja* moram da pričam o njemu. Da saznam sve o njemu, o njegovom životu. Propustio sam to. Sve sam propustio i nikada neću moći da vratim te godine. Ako ne pričaš sa mnom o njemu, s čime ću *ja* ostati? Kako da ga ožalim?"

Trejsi se osećala užasno. Bol urezan u Džefovo lice bio je podjednako stvaran kao i njen. Kako to nije ranije primetila? U Parizu ili Meževu, kada su proveli izvesno vreme zajedno? Mora da je bio tu. Da li je to zato što ju je njegovo lice toliko podsećalo na Nikolasa, pa je prestala da vidi u njemu osobu samu za sebe?

Da. To je bilo to.

Ali sada ga je videla. Džefa, njenog Džefa. Ispružila je ruku i pomilovala ga po obrazu.

„Žao mi je. Mnogo mi je žao."

Džef joj je poljubio ruku. „Nemoj da ti bude žao. Samo razgovaraj sa mnom. Molim te. Pričaj mi o našem sinu."

I tako, isprva nesigurno, Trejsi je govorila. Govorila je sve dok nisu završili jelo. Govorila je kada je Džef platio račun. Govorila je dok im se kafa nije ohladila, a restoran ispraznio. Govorila je dok naposletku upravnik nije prišao i učtivo ih obavestio da sada zatvaraju, kako bi se pripremili za večeru.

Napolju je nisko sunce obasjavalo uličicu purpurnom svetlošću. Krckavo, zlatno lišće kovitlalo se oko Trejsinih i Džefovih nogu i pucketalo im pod stopalima dok su s rukom u ruci išli nazad prema kapiji Noting Hila.

„Hoćeš li ostati neko vreme u Londonu?", upitao ju je Džef.

Klimnula je glavom. „Neko vreme, da. Možda zauvek. Još razmišljam. A šta je s tobom?"

„I ja još razmišljam."

Ljubav je visila u vazduhu između njih poput nečega živog, poput duha.

Trejsi je podigla pogled ka Džefu i izrekla ono što su oboje mislili: „Ne znam da li možemo nazad. Volim te, ali..."

Prekinuo ju je poljupcem.

„Ne možemo nazad. Možemo samo napred. Ipak, ne moramo u tome biti sami."

Trejsi je za trenutak dozvolila sebi da se ponada kako je Džef možda u pravu. „Treba da pođem."

Džef je zaustavio taksi i pomogao joj da uđe.

„Nemoj sada da mi nestaneš."

„Neću", osmehnula se Trejsi. „Obećavam."

„Sutrašnjica je velika avantura, Trejsi", dodade Džef, kucnuvši po vratima kada su kola krenula. „I dolazi, želeli mi to ili ne."

Posmatrao je kako se Trejsin taksi uključuje u londonski saobraćaj i odlazi u noć.

EPILOG

Džef je čekao u tami.

Bilo je veoma kasno, skoro dva sata posle ponoći, i parking je bio pust.

Počeo je da paniči da on neće doći. Da će to biti jedina subotnja noć kada se kopile neće pojaviti tu, na izlasku iz tržnog centra, gde se sastajao s potkazivačem. Međutim, baš kad je Džef prestao da se nada, čovek se pojavio, savršeno odeven kao i uvek, u skupom odelu i s kravatom. Sačekao je dok se njegov izvor nije dovukao, odrpan i štrokav, i u očajničkoj potrebi za novcem kojim će platiti drogu, a koji će upravo zaraditi na izdaji nekoga iz podzemlja. Zatim se brzo osvrnuo oko sebe i prišao.

Dvojica su razgovarali pet minuta. Onda je lepo odeveni čovek predao snežnobeli koverat drugome, kako je uvek i činio, a narkoman je otperjao.

Skoro da je stigao do kola, kada je osetio hladan metal Džefovog pištolja prislonjen iza uha.

„Ko si ti?"

Pokušao je da zvuči smireno, ali Džef je čuo strah u njegovom glasu i osetio miris straha na koži.

„Šta želiš?"

„Istinu", odgovorio je Džef. Zavukao je ruku u čovekov sako i izvukao pištolj. „Okreni se."

Milton Bak uradio je kako mu je rečeno.

„Nasloni se na zid."

Bak se povukao dva koraka unazad, prkosno gledajući u Džefa. FBI-jev agent oduvek je mrzeo Džefa Stivensa, koji je sebe nesumnjivo video kao nekakvog Robina Huda, dok je, zapravo, bio tek običan lopov. „O čemu se ovde radi, Stivense?"

„Video sam te. Na snimku bezbednosnih kamera u bolnici. Bio si tamo one noći kada je Nikolas umro."

Milton Bak slegnuo je ramenima. „Pa?"

„Dakle, to si bio ti. Otišao sam u Stimbout Springs. Istraživao. Ti si taj koji je sabotirao kamionet. Očekivao si da Nik pogine, ali, kada se to nije desilo, otišao si u bolnicu i poigrao se njegovim anestetikom. Ubio si poštenog čoveka i nevino dete. Ubio si mi sina."

Milton Bak je za trenutak oklevao. Razmatrao je mogućnost poricanja, ali očito da nije bilo svrhe.

„Da li Trejsi zna?"

„Ne. Misli da je reč o nesrećnom slučaju. Istina bi je ubila."

Milton Bak prkosno je gledao u Džefa. „Šta želiš? Izvinjenje? Pa, nećeš ga dobiti. Ne od mene. Moj je zadatak da branim Ameriku, Stivense. Da zaštitim naše nacionalne interese. Moja misija bila je da neutrališem pretnju koja je dolazila od Grupe 99 kada je postojala *globalna* pretnja ekonomskoj stabilnosti. Verovali smo da je Trejsi direktno povezana s Altejom. Bila nam je potrebna da obavi njenu dužnost. Ali ona je odbila. U više navrata. Tako sam ja obavio *moju.* Ponekad to podrazumeva donošenje teških odluka. I da, ponekad podrazumeva da ljudi moraju da umru."

Džef je dugo ćutao. Zatim je klimnuo glavom i spustio pištolj. „U pravu si."

Milton Bak se namrštio. Uopšte nije očekivao takav odgovor. „Molim?"

„Rekao sam da si u pravu." Džef se osmehnuo. „Ponekad ljudi zaista moraju da umru."

Podigavši ruku, ispalio je dva hica među oči Miltona Baka.

Potom se okrenuo i otišao.

ZAHVALNICE

Iskrenu zahvalnost upućujem svim članovima porodice Šeldon, jer su mi još jednom poklonili poverenje, a posebno Meri – hvala ti za podršku i dobrotu tokom poslednje dve godine – i Aleksandri, čiji je rad na romanu imao neprocenjivu vrednost. Takođe, zahvaljujem Luku Dženklou, koji umeće ono *gent** u reč *agent*, Mortu Dženklou i svima u *Dženklouu i Nezbitu*, a posebno Heli Ogden u Londonu i ljupkoj i oštroumnoj Kler Dipel u Njujorku. Veliko hvala svima u izdavačkoj kući *Harper Kolins*, naročito mojim urednicima, Mej Čen u Njujorku i Kimu Jangu u Londonu, za sve vaše uvide, naporan rad i, oh, *vreme* koje ste svi potrošili pomažući mi da ovu knjigu napišem kako treba. Doslovna je istina kad kažem da bez vas ne bih mogla da završim roman. Iskreno sam zahvalna. Konačno, hvala mojoj porodici za beskrajnu ljubav, posebno mom suprugu, Robinu. Obožavam te.

Ova knjiga posvećena je Belen Hormič, jednoj od mojih najstarijih i najdražih prijateljica. Bels, ti si mi poput sestre. Hvala ti što si uvek tu za mene. Ljubim te.

* Engl.: gospodin, otmen čovek. (Prim. prev.)

Sidni Šeldon i Tili Bagšo
ŠTA DONOSI SUTRA
2017.
II izdanje

Za izdavača
Miroslav Josipović
Nenad Atanasković
Saša Petković

Izvršni urednik
Dubravka Trišić

Urednik
Svetlana Babović

Lektura / Korektura
Ivana Ćurčić / Srđan Jovanović

Dizajn i prelom
Vulkan izdavaštvo

Štampa
Vulkan štamparija
Vojvode Stepe 643a, Beograd

Izdavač
Vulkan izdavaštvo d.o.o.
Gospodara Vučića 245, Beograd
office@vulkani.rs
www.vulkani.rs

Tiraž: 500 primeraka

CIP – KATALOGIZACIJA U PUBLIKACIJI
dostupna je u Narodnoj biblioteci Srbije, Beograd

COBISS.SR-ID 241239308